Truppen der Konterrevolution stoßen durch die preußischen Stellungen hindurch, am 23. Mai auf Paris vor.
Fort d'Aubervilliers
De la Chapelle
La Vilette
Pré Saint G
Montmartre
Romainville
Belleville
Menilmontant
Charonne
Vincennes
Reuilly
Bercy
Fort de Vincennes
Ivry sur Seine
Fort d'Ivry
Fort de Bicêtre
Seine
Rue Marcadet
Bd. de la Chapelle
Rue Lafayette
Bd. de Strasbourg
Bd. Montmartre
Rue Montmartre
Rue de Richelieu
Rue de Turbigo
Bd. de Sébastopol
Rue Turenne
Boulevard Voltaire
R. de Rivoli
Rue St. Antoine
Bd. St. Germain
Boulevard de l'Hôpital
Boulevard de la Gare
Boulevard d'Italie
Avenue d'Italie
Quai et Port de la Gare
Quai de Bercy
Boulevard Mazas
Boulevard Daumesnil
Rue de Reuilly
Cour de Vincennes
Av. Philippe Auguste
Rue de la Puebla
Bd. de Belleville
Boulevard de la Vilette
Rue d'Allemagne
Sitz des Rates der Kommune im Rathaus
Frontlinie der revolutionären Truppen der Kommune Anfang Mai, der Versailler
Gebiete der heftigsten Kämpfe bis zum 20. Mai im Vorfeld von Paris
Stab des Oberbefehlshabers der Truppen der Kommune und Befehlshabers der 1. Armee Gen. Jaroslaw Dombrowski, in La Muette Stab des Befehlshabers der 3. Armee, Gen. Walery Wróblewski, in Gentilly und der Bürgermeisterei Gobelin
Verteidigungsstellungen der Kommunarden am 20. Mai
Frontlinie der Versailler Truppen am 20. Mai
Positionen der preußischen Truppen
Fort in den Händen der Kommunarden bis zum 14. Mai
Panzerzug der Kommunarden
Kanonenboot der Kommonarden
Barrikaden von Paris
Große Barrikaden
Linie, die die konterrevolutionären Versailler Truppen bis zum 24. Mai in den Kämpfen in den Straßen von Paris erreicht hatten
Rue Myrrha, auf der Gen. Jaroslaw Dombrowski, der Kämpfer „für euere und unsere Freiheit", fiel
Barrikade, auf der Charles Deslescluze, der Kriegsdelegierte der Kommune, den Heldentod starb
Rue Rosiers, auf der Eugène Varlin, Ratsmitglied der Kommune, Mitglied der I. Internationale, Kämpfer der Pariser Barrikaden, erschossen wurde
Stellen, an denen Gen. Walery Wróblewski die letzten Kämpfe auf dem linken Seineufer leitete
Letzte Barrikade der Kommune
Stelle, an der die Versailler die letzten Verteidiger der Kommune auf dem Friedhof Père-Lachaise erschossen

Jokostra Als die Tuilerien brannten

PETER JOKOSTRA

ALS DIE TUILERIEN BRANNTEN

DER AUFSTAND DER PARISER KOMMUNE 1871

ECON VERLAG · DÜSSELDORF · WIEN

Fotonachweis:

Archiv Gerstenberg (19); Staatsbibliothek Berlin
Bildarchiv [Handke] (2); Historia-Photo (3)

Vor- und Hintersatzkarte: Verlag des Ministeriums für
nationale Verteidigung, Warschau

1. Auflage 1970

Gesetzt aus der 10/12 Punkt Garamond der Linotype GmbH
Gesamtherstellung: St. Otto-Verlag, Bamberg
Printed in Germany
ISBN 3 430 15132 5

»SIE WAREN NARREN, ABER IN
IHNEN BRANNTE JENE KLEINE
FLAMME, DIE NIE VERLÖSCHT«

(Auguste Renoir)

INHALT

VORABEND

Am Vorabend der Niederlage der französischen Armee und der Gefangennahme ihres Kaisers Napoleon III. am 2. September 1870 bei Sedan lebte die bonapartistische Gesellschaft nach dem Motto »enrichissez-vous!« Diese brutale Methode, zu schnellem Reichtum zu gelangen, wurde für die kaiserlichen Expropriateure zum Unheil, als sie den Krieg mit den vereinigten Preußen, Bayern, Sachsen und Württembergern – die sich noch vier Jahre zuvor gegenseitig bekämpft hatten – vom Zaun brachen.

Die Parole »Auf nach Berlin!« sollte die ausgebeutete Masse des städtischen Proletariats und der zurückgebliebenen Provinz in einen nationalistischen Rausch versetzen und von dem Elend im Land ablenken. Verblendet folgten die Franzosen dem Aufruf ihres Kaisers an die Front. Die schlecht gerüstete, von eitlen, unfähigen Generälen und Marschällen wie Mac Mahon und Bazaine geführte und von dem hemmungslosen Ehrgeiz der schönen Kaiserin Eugénie angestachelte Armee stürzte sich in das Feuer der Kruppschen Riesenkanonen, die Napoleon noch 1867 auf der Weltausstellung in Paris so sehr bewundert hatte. Wie groß die Verwirrung war, wie tief die selbstherrliche Blendung ging, kann man an dem Kuriosum ermessen, daß die Truppenführer nur Landkarten von dem zu erobernden deutschen Territorium besaßen, aber keine Generalstabskarten vom eigenen Land. Man glaubte darauf verzichten zu können, da man ja sicher nicht auf französischem Gebiet kämpfen würde. Man setzte auf einen Blitzsieg. So kam es, daß sich die 2. Armee beim Marsch auf die Festung Metz, in die sich Marschall Bazaine nach verlustreichen Kämpfen zurückgezogen hatte und aus der ihn sein Kaiser an der Spitze der Hauptstreitmacht befreien wollte, so verirrte, daß die Truppe schließlich völlig demoralisiert in der Maasfestung Sedan von der deutschen Übermacht eingekesselt und vernichtet werden konnte. Napoleon III. mußte dem Sieger Bismarck in einem Gasthaus an der Straße nach Sedan seinen Degen übergeben.

Aber am Vorabend der Katastrophe lebte Paris im Bewußtsein seines unbegrenzten Glückskredites und im festen Glauben, daß die Seine-Metropole der Nabel der Welt sei und bleiben würde. Ein Zustand, der nur den privilegierten Schichten der kaiserlichen Hofgesellschaft und den von ihr protegierten und abhängigen Industrie- und Kaufmannskreisen, den Spekulanten und Nutznießern des Systems vorteilhaft und erhaltenswert erschien. Chronisten, zuverlässige Zeugen der Szene, berichteten, daß sich auf den Boulevards Scharen von Lebemännern, Hochstaplern, Huren, Zuhältern und Taschendieben drängten. Die Syphilis wurde zur Volksplage. Eine ganze Generation von Intellektuellen wurde ihr Opfer. Dichter wie Baudelaire, Goncourt, Dumas, Maupassant starben an der damals noch unheilbaren Paralyse. Der große impressionistische Maler Edouard Manet holte sich diese Krankheit auf dem Karneval in Rio und siechte langsam in seinem Atelier dahin. Damals kam der besonders von den puritanischen Engländern gegen die Pariser Gesellschaft gerichtete Vorwurf auf, daß sie Paris zu einem europäischen Babel gemacht habe.

Die Masse der Rechtlosen, der »Erniedrigten und Beleidigten«, die von Emile Zola und Victor Hugo in ihren Werken aufgerufenen »Elenden«, vegetierten in den Slums und Wohnhöhlen der Vorstädte Belleville und Ménilmontant und auf den Baustellen des Montmartre, der zu dieser Zeit noch ein Dorf am Rande der City war.

Professor Hauser hat in seiner »Sozialgeschichte« den Zustand dieser Gesellschaft einer Scheinopulenz am Vorabend des Zusammenbruchs der bonapartistischen Diktatur überzeugend beschrieben: »Im Frankreich Napoleons III. strebte man nach einem ausgeglichenen, harmonischen, friedlichen Weltbild. Unter ›idealen‹ Gegenständen versteht die Bourgeoisie solche, die beruhigend, beschwichtigend, betäubend wirken. Die Aufgabe, die sie der Literatur stellt, ist, die Unglücklichen und Unzufriedenen mit dem Leben zu versöhnen, die Realität vor ihnen zu verschleiern, an der sie keinen Anteil haben und keinen haben können. Das Ziel, das sie verfolgt, ist die Betörung und nicht die Aufklärung des Lesers ... Es war dieselbe Zeit, in der Georges Eugène Haussmann (1809—1891) die repräsentativen Boulevards durch die alten Viertel von Paris brechen ließ, die neben Repräsentationszwecken auch den Vorteil hatten, bei Revolutionen die Möglichkeiten schneller Truppenbewegungen und ein freies Schußfeld zu schaffen.«

Das Drama der Kommune sollte sich auf diesem »freien Schußfeld« abspielen. Denn hier, auf den breiten, zum Flanieren einladenden und schnurgeraden Boulevards, gerieten die Kämpfer der Kommune, die Verteidiger der »Räte von Paris«, in das konzentrische Feuer der rund 800 Geschütze und Mitrailleusen, die die nach Versailles geflohene Regierung des bürgerlich-bonapartistischen Präsidenten Thiers in der Blutwoche des Mai 1871 — der sogenannten »semaine sanglante« — gegen sie aufgefahren hatte. Kommune, das bedeutete zuerst nichts anderes als »Stadtrat von Paris«. Der umstrittene Begriff wurde von der »Großen Revolution von 1789—93« abgeleitet, als sich diese Räte zum erstenmal gebildet hatten. Es waren die Neo-Jakobiner unter ihrem Führer Charles Delescluze, die 1871 in den Märztagen ihres Sieges über die bürgerliche Regierung diese Anleihe bei der glorreichen Revolution machten. Sie hatten sich in ihrer Ohnmacht und Einfallslosigkeit an dieses große und unerreichbare Vorbild geklammert.

Es war ein Kuriosum der Historie, aber gleichzeitig eine bezeichnende Zeiterscheinung, ein demaskierendes Phänomen für die wahren Hintermänner der sich bürgerlich nennenden, im Grunde bonapartistisch gesinnten Versailler Regierung, daß sie die bei Sedan geschlagenen kaiserlichen Generäle von Bismarck aus der Gefangenschaft zurückerbat und auch erhielt, um dann mit diesen Verlierern von Sedan den Volksaufstand in Paris niederzuschlagen. Bismarck hatte aus seiner Genugtuung und Schadenfreude keinen Hehl gemacht.

Es war vor allem der Marschall Mac Mahon, der mit 100 000 Mann aus der Gefangenschaft zurückkam und mit diesem dann neuausgerüsteten Heer zum Sturm auf Paris antrat. Der Verlierer von Sedan wurde so zum Sieger über Paris und zum Henker der Kommune. Terror war auch damals bereits das einzige wirksame Rezept, um das Volk zum Gehorsam zu zwingen.

Als die Kanonen dann in den letzten Maitagen ihre blutige Arbeit beendet und die Hinrichtungskommandos den Rest der überlebenden Kommunarden liquidiert hatten, waren in den Straßen von Paris etwa 40 000 Bürger für die Kommune gefallen.

Die genaue Zahl läßt sich ebensowenig ermitteln wie die der Opfer des Spanischen Bürgerkrieges von 1936–39. Franco hatte Hitlers Legion Condor und die Schwarzhemden der italienischen Faschisten zu Hilfe geholt, um sein blutiges Regime in Spanien aufzurichten. Thiers, der 72jährige Präsident der sogenannten »Regierung der nationalen Verteidigung«, holte die kaiserlichen Marschälle aus der deutschen Gefangenschaft zurück, um das Volk von Paris auf die Knie zu zwingen. Zwei gleich schandbare Verfahren imperialistischer Machtanwendung, beide gegen das Volk gerichtet, das auch damals, 1871, nichts anderes wollte, als durch einen frei gewählten Rat der Stadt Paris vertreten zu werden, der die Grundrechte auf Leben und Arbeit garantierte und die intakt gebliebenen Reste der kaiserlichen Gesellschaft beseitigte.

Wie kam es zu diesem Aufstand, zu der ersten Kraftprobe des Proletariats von Paris mit der bürgerlichen, in Wahrheit bonapartistischen Regierung in Versailles?

TEIL I

DIE JAKOBINER KOMMEN

SCHWÄRMER, SCHWÄTZER, SCHARLATANE

Die Bedeutung einer Bewegung wird erkennbar und ablesbar aus den großen Persönlichkeiten, die sie hervorgebracht hat. Der Kommune gab Charles Delescluze ihr Profil. Er konnte sie nicht retten, aber er konnte sie in den Augen der neutralen, um Gerechtigkeit bemühten Zeitkritiker wenigstens partiell rehabilitieren. Er war auch der einzige führende Kopf der Revolution, der ein klar umrissenes politisches Konzept der Revolution vorlegte: Die Wiederkehr des Jakobinismus, und das beinhaltet: Sicherheitsausschuß, Revolutionstribunal – dem Volksgerichtshof und Standgericht des faschistischen Regimes vergleichbar –, Terror, kurz, autoritäres Zwangsregiment. Es bedeutet in diesem Fall des Kommune-Experiments: Fortsetzung der Revolutionen von 1789 und 1848 mit den alten Mitteln.

Die Symbolgestalt dieser Renaissance war der »unbestechliche« Robespierre. Seine Reinkarnation im Sinn der Legende hieß »König Jacobin«. Wir denken dabei an den 61jährigen Charles Delescluze, den letzten Kriegsminister der Kommune. Er folgte am 9. Mai auf Louis Rossel, der an den Jakobinern gescheitert war und sich seiner Verhaftung und möglichen Liquidierung nur durch die Flucht entziehen konnte, wobei ihm allerdings der generöse und loyale Delescluze, dieser Fanatiker der Gerechtigkeit in einer Unrechtsherrschaft, gewisse Schützenhilfe leistete, wie wir – wieder zur Entlastung des »Terroristen« Delescluze – feststellen können.

Dieser Mann nährte keine Legende, und es gibt daher nur wenige und auch sehr voneinander abweichende Ansätze einer Charakterisierung dieser Persönlichkeit durch ihre vielen ihr feindlich gesinnten und wenigen ihr zugetanen Zeitgenossen, den Mitkämpfern und Gegenspielern. Wir wollen aus diesen widerspruchsvollen Quellen ein nicht ganz hypothetisches Bild des Jakobiners Charles Delescluze nachzuzeichnen versuchen.

Während sich die zurückhaltenden Zeitgenossen, auch die großen Wortführer wie der zwielichtige Rochefort, der todesmutige Scharlatan Flourens, der ruhmlos von der Kampfszene abgetretene General Cluseret im Memoirenschreiben übten, während Pyat seine intriganten Manöver im Stadthaus inszenierte, der »Procureur« Rigault die Liquidierung der Geiseln vorbereitete und Karriere machte, ging der wortkarge, aber, *wenn* er sprach, um so flammender und leidenschaftlicher zum Widerstand aufrufende Delescluze an die Arbeit. Diese Arbeit galt der Organisierung der letzten Reserven in dem ungleichen Bruderkampf. *Er war* das Proletariat. *Er war* diese Stadt in ihrer Agonie. Und weil er eine Persönlichkeit von überdurchschnittlicher Energie und Leistung war, gehen die von bürgerlichen Augenzeugen gelieferten Beschreibungen an der Wahrheit vorbei. Denn diese Erscheinung hielt sich außerhalb der herkömmlichen Vorstellungen von einem Berufsrevolutionär. Daher kann die überlieferte Beschreibung nur ein Entwurf sein, es muß ihr die Plastizität, die Authentizität, die Verbindlichkeit fehlen. Mit diesem einschränkenden Veto muß man lesen, was der Antirevolutionär und Bürger Philibert Audebrand über Delescluze zu sagen wußte:

»Er hatte eine kleine Gestalt, die ziemlich schlecht zusammengefügt war, und keine Eigenschaften, die Sallust bei denen für notwendig hält, die die Menge führen wollen. Seine Stirn hatte nichts Edles; das Auge beobachtete starr, aber es besaß keine faszinierende Macht. Ein Mund ohne Adel und ohne Lächeln wurde von einem Bart verborgen, der einmal rot gewesen war, jetzt aber mehr weiß als grau war. Daraus kam eine bebende Stimme hervor, die immer heftig war und manchmal an das Knarren einer Gefängnistür erinnerte. Er besaß die gelbe Hautfarbe eines Brutus.«

Nun, Delescluze war kein Tyrannenmörder, er war wohl ein Fanatiker, aber ein vom Willen zur Gerechtigkeit besessener, und das Lächeln war ihm in den Schreckensjahren auf der Teufelsinsel vergangen, wohin er nach der Revolution von 1848 deportiert wurde. Audebrands verständnisloses Kurzporträt gleicht eher einem Steckbrief, aber es gibt Auskunft über die Leiden und Fragilität dieses Revolutionärs, der als Sohn eines Jakobiners von 1792 seine Lehrjahre auf den Barrikaden absolvieren mußte. *Hier* brachte er es zur Meisterschaft, und seine Zeit in der Gefangenschaft wurde nur noch von dem Rekord Blanquis übertroffen. Zusammen konnten diese beiden Fanatiker auf die imponierende Zahl von 47 Haftjahren hinweisen, wenn sie ein Alibi für ihre Sache brauchten.

Audebrands ein wenig zynisches Resumee verrät nichts über die strahlende Eloquenz des Volkstribunen Delescluze. Der loyal gesinnte Sekretär des amerikanischen Botschafters Elihu Washburne urteilt objektiver und kommt der Wahrheit sicher näher. Dieser Mister McKean traf mit dem letzten Kriegsminister der Kommune noch im Mai, also kurz vor dem Ende, zusammen und berichtete: »Er ist die Verkörperung eines Jakobiners und Revolutionärs von 1793. Er kleidete sich à la mode de Marat und trug einen groben Schal um den Hals. Er war ein alter Mann mit langem Haar, unsauber, unrasiert und in einen schäbigen Rock gekleidet.«

Delescluze war, auch das wird hieraus ersichtlich, nicht korrumpiert, er profitierte nicht von der Macht, bereicherte sich auch nicht nach dem Motto »Die Revolution ernährt ihre Kinder«, abgesehen davon, daß ihm dazu gar keine Gelegenheit mehr gegeben wurde; aber er glitt auch nicht ab in eine lasterhafte Schattenexistenz wie sein skrupelloser Mitverschworener, der »Procureur« des Revolutionstribunals Raoul Rigault.

Zwischen diesen beiden Exponenten der letzten Stunde klafft ein Abgrund, dem keiner der zeitkritischen Augenzeugen dieses vergeblichen Ringens bisher gerecht geworden ist. Am treffendsten hat der jugendliche Louis Rossel vor seiner Flucht die traurige Gestalt dieses auf verlorenem Posten kämpfenden Mannes skizziert: »Er sprach nicht mehr, kaum atmete er; er war ein wandelnder Leichnam.« Aber wenn er sprach, brachte er sogar den unheilvollen und feigen Schwätzer Pyat zum Schweigen.

Hier in Rossels wenigen Worten klingt Menschliches an. Delescluze hatte den des Verrats angeklagten Rossel in entscheidenden Stunden vor dem Zugriff des Sicherheitsausschusses geschützt. Mit dem Haftbefehl in der Tasche – Rossel sollte sich wegen der vorzeitigen Bekanntgabe der Kapitulation des wichtigsten Forts Issy vor der Kommune verantworten, und Delescluze sollte ihn festnehmen – gab dieser so »unbestechliche« Jakobiner seinem brüderlichen Gefühl für den bedrohten Rossel nach und ließ ihn entweichen. Es war eine Bewährungsprobe der Menschlichkeit, eine Haltung, zu der kein anderer Führer der Kommune in ähnlich aussichtsloser Lage fähig gewesen wäre.

»Ich beschloß, mich der Justiz der Kommune zu entziehen«, gestand der gestürzte Kriegsminister Rossel lakonisch in seinen »papiers posthumes«. Wie er dann in die Fangnetze der Versailler Rächer und vor das Peloton geriet, ist ein anderer Abschnitt dieser verworrenen Lebensgeschichte. Rossel hatte, ebenso wie Delescluze, das Scheitern in seiner Rechnung einkalkuliert. Von dieser letzten Begegnung der beiden Kriegsminister, der beiden sich eine Sekunde der Wahrheit lang berührenden und – fast kann man sagen – im Imaginären treffenden Sterne blieb dem zur Flucht ermutigten, so wesensverschiedenen militärischen Führer ehemals kaiserlicher Provenienz eine Erinnerung, die es möglich erscheinen läßt, Delescluze, dem Partner dieses letzten Gesprächs, Größe und Würde zu konzedieren, auch wenn es wenige Tage später nicht zu dem dramatischen Ende der Tragödie gekommen wäre: dem Tod auf der Barrikade des Boulevard Voltaire. In diesem Schlußakt trat der zum Selbstopfer Entschlossene dann allerdings in großer Gala auf.

Aber verfolgen wir den Weg – von Laufbahn oder noch anspruchsvoller von Karriere kann nicht gesprochen werden – dieses hervorragenden Kommunarden von dem Augenblick an, da er sein Debüt auf der großen Schaubühne des gescheiterten Volksaufstandes gab.

Warum kann man im Fall Delescluze so klar formulieren und sagen: Es war ein *jakobinischer* Weg, ein Leitweg? Und warum war der Mann, der ihn absolut kompromißlos und konsequent zu Ende ging, ein Prototyp, wie es McKean unter dem leicht verschobenen Objektiv eines amerikanischen Diplomaten so treffend anmerkte? War der Berufsrevolutionär wirklich ein

Mann ohne Privatleben, eine Vorform des modernen Legionärs? Kann die Macht der Erinnerung an den Vater – auch an das Vater-Imago Robespierres –, an die proletarisch-revolutionäre Vergangenheit, also an die Erbschaft von 1789, ein Leben so ausschließlich prägen und okkupieren, daß nichts darüber hinaus Platz hat in diesem Entwurf, daß der Inhaber dieses Erbes gezwungen wird, den Weg der Väter weiterzugehen und der Spur der Tradition blind zu folgen? Denn um traditionelles Denken handelt es sich wohl in diesem Konzept. Gefangen und bis in den Tod dem Vaterbild des Jakobinismus verpflichtet. Die gewaltige Hubkraft der Tradition hat die Struktur dieser Existenz bestimmt.

Charles Delescluze, an dem ein so eigensinniger Kopf wie Lenin seine Freude gehabt hätte, wenn er ihn in sein Zentralkomitee hätte aufnehmen können, war ein in den Gewohnheiten, mehr, viel mehr als nur das – er war ein im Mythos der Revolution verwurzelter, verankerter Mann, der das Muster übernahm, ohne es zu korrigieren, ohne ihm neue Züge zu verleihen. Er mußte seiner Natur gemäß mit konservativer Strenge jede Abweichung als unerlaubte Spekulation verurteilen. Er leistete sich keinen »Seitensprung« auf dieser Plattform letzter und tödlicher Entscheidungen, wie sie jede Revolution erfordert. Denn die Revolution zeichnet sich vor der Rebellion durch die Zwanghaftigkeit ihrer Zäsuren aus. Die Revolte nimmt ihren Impuls und Elan aus der Zufälligkeit eines Anlasses, sie reagiert auf eine Provokation, sie endet im Zufälligen. Die Revolution hebt sich von diesem Phänomen durch ihre Endgültigkeit, aber auch Unwiederholbarkeit ab. Warum erschöpfte sich das politische Konzept des großen alten Mannes, der mit pfeifenden Lungen seine Tagesbefehle diktierte, in der Wiederholung des Schemas von 1793 und 1848? Warum fand er keine neuen Lösungen?

Es gibt nur eine Antwort: Er wurde von der Zeit geschlagen, er wurde überrundet von der vernichtenden Schnelligkeit, mit der sich die Kommune und ihr Zentralkomitee zersetzte und in der Selbstauflösung unterging. Dieser Pariser Stadtrat nach dem Vorbild des Konvents – denn nichts anderes besagt das zur Legende gewordene Wort »Kommune«, es beinhaltet den frei gewählten Stadtrat von Paris (wenn sich unsere voreiligen Apologeten dieses Begriffs nur daran erinnern würden, sie würden begreifen lernen, daß es keinen pseudopolitischen Kinderschreck verbirgt, mit dem man einen Teufelsspuk oder gar karnevalesken Mummenschanz treiben kann) – dieser sogenannte Pariser Stadtrat war ein Konglomerat heterogener Elemente und daher nur als Übergangssituation lebensfähig, und das bedeutet eben: er war au fond nicht lebensfähig, er mußte ein Provisorium bleiben.

»In Wirklichkeit war die Kommune die Pariser Stadtverwaltung, die Verwaltung der von den deutschen Armeen eingeschlossenen und von der Regierung verlassenen Hauptstadt. Sie bestand in der Minderheit aus Sozialisten, in der Mehrheit aus kleinbürgerlichen Handwerkern und Intellektuellen. Die Maßnahmen, die sie durchführte, waren die in einer belagerten Stadt erforderlichen Notmaßnahmen. Die Internationale, auch Marx' wenig zahlreiche Anhänger, nahmen an den Vorbereitungen des Aufstandes nicht teil und zögerten einige Zeit, sich ihm anzuschließen ... Nach der Niederlage erklärte Marx sogleich in der alten Kühnheit der Sprache seine und des ›Generalrats‹ Solidarität mit den aufständischen Arbeitern. Die Verherrlichung der Kommune, die Schöpfung des Kommune-Mythos, die in den Hauptthesen des ›Kommunistischen Manifestes‹ aufgenommen wurde, ist vor allem Marx' Werk.«

Diese Definition des Historikers Werner Blumenberg trifft den Kern des Problems; sie ist, was die Besonderheit, den Status der Kommune als Stadtrat von Paris angeht, präzise. Aber Karl Marx erklärte sich nicht erst *nach* der Niederlage mit den Pariser Arbeitern solidarisch, sondern schon in der ersten Phase der Kämpfe. Er formulierte das unmißverständlich in seinem großen Brief an Kugelmann am 12. 4. 1871, in dem er die »heroischen Pariser Parteigenossen« lobt und ihnen begeistert applaudiert: »Welche Elastizität, welche historische Initiative, welche Aufopferungsfähigkeit in diesen Parisern!«

Nur aus Delescluzes jakobinischer Besessenheit ist auch seine Beharrlichkeit, seine Todesverachtung zu erklären. Die Option für die rebellierenden Nationalgarden von Belleville und Montmartre war selbstverständlich. So setzte sich der Todkranke am

31. Oktober 1870 mit seinem Knastbruder aus Leidenschaft, Louis-Auguste Blanqui, an die Spitze der proletarischen Bataillone, der »Tirailleurs de Flourens«, und wagte das Unwägbare, wählte den Mythos. Delescluze brauchte kein Manifest und kein Programm. Er hätte auch auf jeden Posten in dem so heterogenen, vom Zwiespalt paralysierten Zentralkomitee verzichten können, aber niemals auf sein Ende auf der Barrikade des Boulevard Voltaire. Prosper Lissagaray, der Mitkämpfer, letzter Augenzeuge und Chronist der Kommune, hat in seinem wichtigen, dem wohl einzigen authentischen Geschichtswerk »Geschichte der Kommune von 1871« sieben Jahre nach dem Zusammenbruch von den letzten Amtshandlungen des »Unbestechlichen« berichtet:

»Delescluze unterzeichnete seine Befehle, bleich, stumm wie ein Geist. Die Agonien der vergangenen Tage haben ausgeleert, was von seinem Leben noch blieb. Seine Stimme ist nichts als ein Krächzen. Nur sein starrer Blick und sein Herz leben noch.«

Der Nekrolog entspricht der Haltung, mit der der Kriegsminister seinem Tod entgegenging. Gibt dieses Phänomen nicht mehr als alle Fakten Auskunft über die tiefen Wurzeln eines Vorganges, den wir oft leichtfertig als Revolte abtun und doch nicht erklären können? So schrieb dieser einseitige, schweigsame »König Jacobin« auch seinen letzten Brief an die geliebte Schwester. Wir wissen sonst nichts Zuverlässiges über die Intimsphäre des letzten Jakobiners, keine Liebeleien, keinen Inzest, keine invertierten Exzesse.

»Meine liebe Schwester,
ich wünsche nicht und bin außerstande, als das Opfer und Spielzeug einer siegreichen Reaktion zu handeln. Vergib mir, wenn ich vor Dir gehe, die Du Dein Leben für mich geopfert hast. Aber ich fühle, daß ich nicht mehr die Kraft besitze, mich einer neuen Niederlage zu unterwerfen. Ich umarme Dich tausendmal in aller Liebe.«

Ein Dokument voll Hingabe und Zärtlichkeit, das nicht zu dem pauschalen Bild des »Terroristen« passen will. Darum soll noch einmal resümiert werden: Nur die erzwungene Komplizenschaft mit dem blutigen Schatten des »Procureurs« Raoul Rigault disqualifiziert Delescluze in den Augen der Ahnungslosen und Beckmesser, der mit Tabus gepanzerten Historienschreiber. Die summarische Verteufelung der Kommunarden als »Bestien«, als »Mob«, ist eine Unterstellung, der sich sogar der mit der Kommune sympathisierende und zeitweilig zusammenarbeitende 29jährige Bürgermeister von Montmartre, der große Patriot und Deutschenhasser Georges Clemenceau anschloß, als er, empört über die willkürliche Erschießung der regierungstreuen Generale Lecomte und Thomas am Tage der Erhebung am 18. März – Lecomte hatte voreilig auf die demonstrierende Menge feuern lassen – schrieb:

»Der Mob, der den Hof füllte, ergoß sich unter dem Zwang einer Art kollektiver Besessenheit auf die Straße. Alle brüllten wie wilde Tiere, ohne zu merken, was sie taten. Dann beobachtete ich jenes pathologische Phänomen, das man Blutdurst nennen könnte. Ein Hauch von Wahnsinn schien über diesen Mob hinweggegangen zu sein. Das war einer jener ungewöhnlich nervösen Ausbrüche, wie sie im Mittelalter so häufig waren und sich noch heute unter Menschenmassen ereignen, die unter der Spannung eines urzeitlichen Gefühls stehen.«

Eine treffendere Interpretation des mythischen Elementes eines Volksaufstandes kann es kaum geben. Aber stammt nicht von dem gleichen linken Republikaner der Revanchegedanke, der den Ersten Weltkrieg mit anheizte, stammt nicht von ihm der hybride Ausspruch von den 20 Millionen Deutschen, die seiner Meinung nach zu viel unter Gottes geduldiger Sonne leben?

General Thomas hatte immerhin aktiv an der Niederschlagung der Revolution von 1848 mitgewirkt. So hatte wohl das Volk von Paris eine gewisse Berechtigung, diese alte Rechnung zu begleichen. Mit einem ehrbaren humanen Konzept der Weltgeschichte kommt man dem Phänomen der »kollektiven Besessenheit« nicht auf den Grund, wird man jenen »ungewöhnlich nervösen Ausbrüchen« nicht gerecht.

Aber wenden wir uns nun entschlossen dem Schicksal des Bürgers Delescluze zu, der wie ein Monolith das Mittelmaß der Kommune überragte. Die Fakten dieser Existenz verteilen sich, koordiniert mit den Ereignissen, vom Allerseelentag 1868 bis zum Exitus am Abend des 25. Mai 1871. Sie begleiten wie

Wegmarken den revolutionären Prozeß, an dem wir teilhaben, sofern wir ihn verstehen und in seiner Notwendigkeit wenn nicht akzeptieren, so doch respektieren lernen.

Charles Delescluze, der nicht zu den ruhmlosen Intellektuellen der Kommune gehörte, betrat die historische Szene — man kann sie in diesem spezifischen Fall die Tribüne der Revolution nennen — als aktives Mitglied des »Extremistenklubs«. Dieser »rote« Klub der fanatischen Republikaner bildete die Keimzelle der späteren Kommune, er lieferte die Kader der Revolution. Auch Rochefort, Blanqui und andere extreme Erscheinungen gingen aus dieser antinapoleonischen Verschwörergruppe hervor. Zwei Zeitungen wurden zum Sprachrohr der republikanischen Bewegung, deren linker Flügel Haß statt Mäßigung forderte und die Jakobiner von 1848 unter der Parole »Mäßigung ist Tod!« erneut aufs Schild hob. Es waren Rocheforts »La Lanterne« und Delescluzes »Le Réveil«. Zwei Publikationsorgane, die, nach Aufhebung der Zensur von 1852, nun die Schleusen des Unmuts öffneten und Feuer gegen die kaiserliche Familie spien. Eine Flut von Schmähungen, Beleidigungen, Boudoir- und Skandalgeschichten brach über die kompromittierte Monarchie herein. Der »Prozeß Baudin« wurde von Delescluze, der zu allem entschlossen war, erneut aufgegriffen. Baudin, der Anarchist des Aufstandes von 1851, der mit dem Schrei »Ich will euch zeigen, wie man für 25 Sous den Tag stirbt« auf den Barrikaden gefallen war, wurde nun zum Märtyrer der Revolution erklärt. Im Zeichen des wiedererwachten Jakobinismus startete Delescluze in seiner rebellischen Gazette »Le Réveil« diese postume »Heiligsprechung«. Es geschah am Allerseelentag 1868. Von diesem Tage an sollte der Name des alten Jakobiners bestimmend für die Entwicklung des politisch-revolutionären Geschehens in Frankreich werden.

Delescluze wurde prompt der Prozeß gemacht. Es war Léon Gambetta, der spätere Organisator des Widerstandes gegen die deutschen Belagerungsarmeen, der mutige Ballonfahrer, der als eine Art Pariser Astronaut zuerst aus der verlorenen Stadt ausflog, um in der Provinz neue Armeen gegen den Einschließungsring aufzustellen und antreten zu lassen, Gambetta, der wortmächtige Anwalt der Republik, der dann 1882 von einer eifersüchtigen Frau wegen einer Liebesaffäre ermordet wurde – es war dieser zum Mythos der Republik gewordene Verteidiger, der den Fall Delescluze übernahm. Sein glanzvolles Plädoyer wurde eine der vernichtendsten Anklagen gegen das Kaiserreich, die je während seines nach außen so erfolgreichen Bestehens erhoben wurden.

Volkstribun und Demagoge: Gambetta erhob beide Eigenschaften zu Tugenden. Dieses elegante, aber oft leere Pathos, das nachher, als es zum Kampf kam, viele Funktionäre der Kommune so meisterhaft handhabten – aber eben mehr als Wort- und Spiegelfechter, die redeten, statt zu handeln –, war eine der auffallendsten Gaben dieser Republikaner à tout prix. Die Unfähigen unter ihnen wurden zu haltlosen Schwätzern. Diejenigen aber, die Eloquenz mit Energie, Leidenschaft mit Entschlossenheit verbinden konnten, wurden zu wirklichen Kämpfern. Zu dieser Gruppe gehörte Delescluze.

Rochefort, der deklassierte Marquis, hielt dagegen den Rekord an Beredsamkeit, an journalistischer Routine. Er war der Typ des pathetischen Schwärmers, der im Ernstfall, in der Notsituation allzuschnell korrumpiert wird. Er entlarvte die Versailler Exilregierung und ihren Präsidenten Thiers als Monarchisten und Bonapartisten, wurde nach dem Zusammenbruch am 20. Mai 1871 verhaftet und zu lebenslänglicher Deportation nach Neu-Kaledonien verurteilt, von wo ihm 1874 zusammen mit den führenden Kommunarden Jourde und Paschal Grousset die Flucht gelang. Amnestiert kehrte er nach Paris zurück und – schlug sich während der Dreyfuß-Affäre auf die Seite der nationalistischen Gegner des unschuldig auf die Teufelsinsel verbannten französischen Offiziers. Rochefort wurde an intriganter Doppelzüngigkeit nur noch übertroffen von dem Herausgeber des »Combat«, dem berüchtigten Félix Pyat, den Karl Marx mit gutem Grund den »bösen Geist der Kommune« nannte. Nachdem Pyat sein Mandat als Delegierter der Kommune niedergelegt hatte, versuchte er die führenden Männer der Volksbewegung zu diffamieren, wo immer sich dazu eine Möglichkeit bot, er ging sogar so weit, sich Thiers und seinen Henkern in einem offenen Brief als Vermittler für eine »Befriedungsaktion« anzubieten. Aber zurück zu der vorrevolutionären Situation, wie sie sich im Verlauf und nach dem Baudin-Prozeß abzeichnete.

Jetzt, nachdem Delescluze den von Unkraut überwucherten und vergessenen Grabstein des armseligen Baudin für die Revolution wiederentdeckt hatte und Gambetta zum Propheten der Rache wurde, gab es für die Extremisten, die zum Sturz Napoleons und seiner ränkesüchtigen Kaiserin Eugénie aufriefen, nur zwei Männer, die ihre Sternstunde wahrnehmen konnten: Gambetta und Delescluze. Aber noch hieß der Kampfruf, die Parole, um die sich die sozial Deklassierten, die richtungslosen Intellektuellen — die »heimatlose Linke« des zweiten Kaiserreichs — sammelten, »Vive la République«. Der Schatten der Kommune hatte sich nicht erhoben. Er schlief, ein lauernder Drache, in den Katakomben der Erinnerung an die Schreckenszeit von 1793.

Der 4. September 1870, der Tag der Wende, drei Tage nach der Kapitulation des Kaisers und seiner letzten Armee in der Festung Sedan, sieht die Extremisten um Delescluze, zu denen sich auch der unvermeidliche Schwätzer Félix Pyat und ein Individuum namens Jean-Baptiste Millière gesellte, in voller Aktion. Es war der Tag der blamablen, ruhmlosen und endgültigen Abdankung Napoleons, die Liquidierung der Monarchie auf alle Zeiten, jedenfalls für Frankreich, so wie es die Geschichte erwiesen hat und wie es voraussichtlich unrevidierbar bleibt. Die Republik war die einzige Alternative. Aber was für eine Republik? Würden die »Ultras«, die Extremisten und mit ihnen die verschiedenen Fraktionen der sogenannten »Roten« die Stunde nutzen und die Macht, die so greifbar nahe war, die sich ihnen bereits anbot, an sich reißen? Es kam nicht dazu. Die linken Republikaner konnten sich nicht formieren, nicht auf einen Mann einigen, der sie in dieser unerwarteten Situation führen und vorwärts reißen konnte.

Das Volk war von der Niederlage wie gelähmt. Kein Sturmwind trieb diese geballte, aber noch zu keiner Tat fähige Kraft zu einem Orkan an, der die Befreiung bringen konnte.

Edwin Child, ein zwanzigjähriger Engländer und Lehrling in einem Juweliergeschäft, der später als Nationalgardist den Kampf der Kommune bis zum bitteren Ende mitmachte, beobachtete aus einem Ladenfenster die gespenstische Szene. Es war ein Tag, der alles Unglück der folgenden Monate im Keim enthielt wie eine unaufhaltsame und unheilvolle Krankheit. Child beschrieb dieses Phänomen der Lähmung im Augenblick der totalen, aber ungenützten Machtfülle, als er die Einheiten der Nationalgarde aufmarschieren sah »in festem, schweigendem Marsch mit Trommelschlag; die beinahe erschreckend ausdrucksvolle Stille hier und da unterbrochen durch Rufe »A bas l'Empire! Vive la République!«

Kein Sturmwind, kein Volksaufstand. Die »Elenden« blieben in ihren Quartieren. Die Republik kam mit sanftem Säuseln, auf Katzenpfoten, im späten Licht des sterbenden Sommers zu den Parisern, und sie schlich sich zur Hintertür ins Panthéon. Das Volk war auf dieses Geschenk nicht gefaßt, nicht vorbereitet. Und so war es eine Farce, wenn Delescluze und seine Extremisten nun eine radikale linke Gegenregierung bilden wollten. Es blieb bei der Geste. Und während Gambetta im Stadthaus die bürgerliche Republik proklamierte und die Menge aus dem Fenster der imponierenden Residenz mit dem Feuerwerk seiner brillanten Metaphern überschüttete, bot Jules Favre dem General Trochu den Posten des Präsidenten der Republik an. Eine janusköpfige Entscheidung, die das Schauspiel zur Posse degradierte. Die Menge stimmte ahnungslos zu, als der wendige Anwalt Jules Favre vorschlug, daß die Regierung aus den Abgeordneten von Paris – Paris war in diesem Augenblick höchster Bedrohung durch die anrückenden Divisionen Moltkes das nervöse hochempfindliche Zentrum Frankreichs – gebildet werden sollte. Daran konnte auch das verspätete Auftauchen Rocheforts, der mit anderen Führern der rebellischen Linken seit einem Jahr im Gefängnis gesessen hatte, nichts mehr ändern. Es war ein Bluff, als man den Opportunisten Henry de Rochefort, bändergeschmückt und pfingstlich aufgeputzt, durch die unentschlossene Menge trug. »Armes Frankreich!« bemerkte der Zyniker und Erzreaktionär Jules Goncourt, der dem Spuk aus der Distanz beiwohnte. Immerhin, Rochefort wurde mit einem Amt abgefunden, mit einem Pfründenposten. Er durfte der Republik assistieren, ihr in den Augen der »Elenden« ein Alibi verschaffen helfen. Denn nun war der »Retter Frankreichs« mit von der Partie und die Republik legalisiert.

Trochu, der sich nichts aus der Würde machte, die man ihm quasi aufdrängte, nahm seinen Posten ohne viel Umstände an. Er sollte es später bereuen. Gambetta, eitel und als Volkstribun bestätigt, präsentierte sich als Innenminister.

Das Tauziehen und die Postenjägerei hatten begonnen. Diese Republik, die ohne Mitwirkung des Volkes, in dem Augenblick einer beschämenden Niederlage improvisiert wurde, war vom ersten Tage an eine Totgeburt, ein nicht lebensfähiges Gebilde, da sie Schwächlingen als Lebensversicherung dienen sollte. Das Volk von Paris konnte sich hinter diesem papierenen Paravent, der ihm keinen Schutz vor den anrückenden Armeen Bismarcks und Moltkes bieten konnte, nicht sicher fühlen.

Delescluze und seine Gruppe verzichtete auf die Kraftprobe angesichts der zunehmenden Angst vor dem Eintreffen der deutschen Belagerer und der unvermeidlichen Katastrophe, dem zu erwartenden Fall von Paris. Noch glaubten Narren und Ahnungslose an die siegreiche Abwehr der bevorstehenden Invasion. Man wartete auf das Wunder an der Seine, das ja kommen *mußte,* wenn die Barbarei nicht über die Kultur, die nackte Gewalt nicht über den gallischen Geist triumphieren sollten. Narren und Betrüger nahmen nun die Geschäfte wahr, während Delescluze und seine Getreuen in den Untergrund gingen, untertauchten in den Quartieren des Elends und dort auf ihr Comeback warteten, nicht geduldig, aber mit planvoller und kalter Entschlossenheit. So wachte der schlafende Drache, auch wenn er mittlerweile anscheinend erfolgreich mit der Droge der patriotischen Phrasen eingeschläfert und betäubt wurde. Paris befand sich in dem selbstmörderischen Taumel einer Illusion, die den verhaßten Preußen und ihren bayerischen und sächsischen Söldnern vor den Toren und Festungen von Paris ein Cannae bereiten wollte. Keiner dachte an Karthago. Ein Vergleich, der sich, so wie die Dinge in diesem September lagen, geradezu anbot.

Die Kaiserin Eugénie ließ alles im Stich, nachdem sie den Nachmittag dieses traurigen und glanzlosen 4. September mit dem italienischen Gesandten Nigra und dem Österreicher Metternich, zwei besorgten Freunden, in den Tuilerien ausgehalten hatte.

Während nun in diesen ersten Septemberwochen die preußisch-bayerische Belagerungsarmee den Einkreisungsring um die »Ville-Lumière« zu schließen begann, richtete Victor Hugo am neunten Tag dieses letzten Sommermonats einen bombastischen, phrasengespickten Appell an die Mächte der Welt, die nicht zulassen durften, daß die Barbaren von jenseits des Rheins ihre Militärstiefel auf die Champs-Elysées setzten. Denn, so suggerierte der dichtende Volkstribun seinen Bewunderern: »In Paris fühlt man den Herzschlag Europas. Paris ist die Stadt der Städte. Paris ist die Stadt der Menschheit. Es hat Athen gegeben, es hat Rom gegeben, und es gibt Paris. Wird das 19. Jahrhundert das schreckliche Schauspiel erleben, daß eine gesittete Nation in die Barbarei zurückfällt, indem sie die Stadt der Nationen vernichtet, Deutschland Paris auslöscht? Könnt ihr der Welt dieses Schauspiel geben?«

Der von seinem Pathos berauschte Rebell unter den Dichtern seiner Zeit, der allerdings dann bei der Nagelprobe ebenso versagte wie fast die gesamte französische Elite unter den in Paris lebenden Künstlern – dieser wortgewaltige Rhetoriker gab sich selbst eine Antwort, deren Versprechen er ebensowenig einzulösen gedachte wie die anderen Schönredner in dem belagerten Paris:

»Die Straßen der Städte sollen den Feind verschlingen, die Fenster sich wütend öffnen, die Gräber schreien. Der Despotismus greift die Freiheit an, Deutschland legt Hand an Frankreich. Und Europa, was geht uns Europa an? Mag es uns beistehen, wenn es will, wir betteln nicht um Hilfe. Wenn Europa sich fürchtet, mag es sich fürchten. Wir leisten Europa einen Dienst, das ist alles.«

Die momentane Situation, die Situation des Jahres 1970, lehrt, daß die pathetische Geste auch noch heute bewußtseinsbestimmend für die französische Staatsführung und ihre Politik des irrationalen Überschwangs ist. Europa als Vorwand, als Chiffre, höchstens als Paravent, hinter dem die Spekulationen einer nationalistischen Politik getarnt werden. »Was geht uns Europa an?«

Mit Victor Hugo als Propagandaminister wäre die bürgerlich-republikanische Regierung der »Nationalen Verteidigung«, wie sich Trochus Geisterkabinett nannte, allerdings gut beraten gewesen. Aber Hugo gehörte zum links-intellektuellen Flügel der Republikaner, er war Extremist, und im belagerten Berlin hätte er seine Tiraden vor dem Volksgerichtshof beendet. Ein meisterhafter Schattenboxer, ein wahrhafter Volkstribun mit der imponierenden Geste eines Senators, dessen Talent, die Massen zu mobilisieren, ohne Frage bedeutend war. Aber es mangelte seinen hochfliegenden Träumen, seinem kühnen Geist und eleganten Esprit an Energie und Konsequenz. Victor Hugo war, bei aller bravourösen Gesinnung, bei aller Entschlossenheit zum Durchhalten, nicht zu einem Selbstopfer bereit. Er war kein Mann für die Barrikaden, und in dieser Hinsicht glich er all denen, die später die Kommune propagierten, ihren Machtantritt erzwangen, ihren Einzug ins Stadthaus dialektisch vorbereiteten, sich aber in der Todesstunde des Volksaufstandes, als sie ihr Leben für das einsetzen sollten, was sie so leidenschaftlich propagiert und heraufbeschworen hatten, aus dem Staub machten.

Auch Victor Hugo gehörte zu diesen halben Helden, die sich in der Stunde der Bewährung in Sicherheit brachten. Er floh nach Brüssel und, als ihm dort der Boden zu heiß wurde, weiter nach England. Von den anderen Trommlern der Revolution werden wir hören, sobald sie das Stichwort auf die Szene ruft. Hugos Wortschwall, der pompöse Aufwand, den er mit barockheroischen Metaphern trieb, steht ganz im Gegensatz zu dem sparsamen Text der Tagesbefehle, die Delescluze in den Tagen des Infernos erließ. Er war ein Mann, der keine blutige Fata Morgana an den Himmel projizierte. Er sagte das Notwendige. Er fiel für die Sache, die er vertrat. Das Versagen der Intelligenz in der Sternstunde der Revolution – fast jeder Revolution! – ist eines der makabresten Schauspiele in der Geschichte der Völker und ihrer Erhebung gegen die Mächte der Willkür und Restauration.

Indessen marschierten zwei deutsche Armeen, von keinem Propagandachef und keiner Volkswut aufgehalten, unter ihrem Oberkommandierenden, dem Generalfeldmarschall Graf Helmuth von Moltke, auf Paris. Der Tag, da die Lichter erlöschen mußten, schien nicht mehr fern zu sein. Schon hielt Preußens

König Wilhelm vor dem Altar der Jeanne d'Arc in Reims die Parade seiner Truppen ab. Es war immer eine preußische Manier, den geschlagenen Gegner zu verhöhnen, zu demütigen und die Revanche zu provozieren. Eine Schande gebar die nächste.

Am 17. September begann das tatsächliche Einkreisungsmanöver, während Paris auf seine mächtigen Forts und die 500 000 Mann reguläre Truppen und Mobilgardisten vertraute, die sich jedoch in einem desolaten Zustand befanden, demoralisiert und gelähmt von der Niederlage des Kaisers, und daher einen Minimalwert an Verteidigungskraft darstellten. Moltke verfügte dagegen nur über etwa 150 000 Mann, aber dafür über eine kampfbereite, durchtrainierte Truppe. Wie oft praktizierten später deutsche Heerführer und Strategen die Zermürbungstaktik des belagerten Gegners! Auch hier entschlossen sich Bismarck und Moltke für die langsame, aber gründliche Zernierung der Eingeschlossenen. Kein Wort davon, Paris im Handstreich zu nehmen. Vielleicht schätzten sie ihre Kräfte zu schwach ein. Im Vergleich zur zahlenmäßigen Überlegenheit der Franzosen war das auch der Fall. Aber sie konnten sich einfach den Grad der Demoralisierung im Lager Trochus nicht vorstellen. Als militärische Routiniers erschien es ihnen undenkbar, daß der Gegner seine Chance nicht nutzte, zum Beispiel die Möglichkeit, in die exponierte, kaum gesicherte Flanke der Armee des preußischen Kronprinzen hineinzustoßen, die an den mächtigen Forts im Süden vorbei auf Versailles vorrückte. Eine Chance, der Paris 1914 seine Rettung verdankte, als General Gallieni, der damalige Gouverneur von Paris, die schwache Position der deutschen Angreifer erkannte und das Wunder an der Marne vollbrachte, die Invasoren aufhielt und so ihre allmähliche Vernichtung einleitete.

Trochu war nicht der Typ des Retters in der Stunde der Not. Er war ein General, der Sicherheit jedem Vabanquespiel vorzog. So instruierte er seinen Stabschef und Oberbefehlshaber der Restarmeen, den wagemutigen General Ducrot: »Sie können seine (eben des preußischen Kronprinzen) Flanke sondieren, aber mit allergrößter Umsicht.«

Ducrot war zu jeder Aktion bereit, nur nicht zu halben Lösungen. Er war vielleicht der Mann, der an Trochus Posten gehört hätte, der die Eigenschaften besaß, Paris zu entsetzen, den Ring zu sprengen, wenn auch nicht mehr den Krieg zu gewinnen. Der Krieg war von der ersten Stunde an verloren. Das Verblüffende dieses beschämendsten Kapitels französischer Geschichte ist die unleugbare Tatsache, daß sowohl im kaiserlichen als auch im bürgerlich-republikanischen Lager und später dann wieder im Zentralkomitee der Kommune die untauglichsten Männer die Führung an sich rissen, nein, daß sie ihnen einfach zufiel und daß sie dann am Schalthebel der Macht wie verängstigte Kinder mit einem empfindlichen Spielzeug hantierten, dessen Mechanismus sie nicht kannten und daher zerbrachen.

Die Geschichte der Belagerung, beziehungsweise der Verteidigung und der aus ihr hervorgegangenen Volkserhebung, ist eine Geschichte der Pannen, in der aus jedem falschen Kalkül eine Reihe beschämender Fehlentscheidungen entsprang.

Der beherzte Ducrot, auf dessen Kopf Bismarck einen Preis gesetzt hatte, weil es diesem Draufgänger gelungen war, aus dem Gefangenenlager von Sedan zu entkommen, war zwar die militärische Trumpfkarte, der Vertrauensmann Trochus, aber Trochu spielte diese Karte nicht aus. Ducrot kam nicht zum Zuge. Mit ungedeckter Flanke marschierten die Deutschen auf und nahmen nach kurzer Gefechtsberührung ihre Belagerungsstellungen im Süden und Westen von Paris ein. Ein paar preußische Granaten, die inmitten der ihnen entgegengeworfenen Zuaven und Mobilgardisten krepierten, führten zu einer Panik unter Ducrots Truppen. Auch der General, der den Fliehenden entgegenstürmte und sich im Galopp in das Getümmel stürzte, konnte die Katastrophe nicht aufhalten. Die nicht kampferfahrenen Kolonialsoldaten und Mobilgarden – der »Volkssturm« des Deutsch-Französischen Krieges – desertierten und überschwemmten, zerlumpt und führerlos geworden, die Boulevards. Sie verbreiteten den Schrecken, die Panikstimmung, die stets auf eine getäuschte Siegeshoffnung folgt. Mit dem Ruf »Wir sind verraten!« trugen sie die Anarchie in die verzweifelte Stadt hinein, die Anarchie, der die Agonie folgen sollte. Auch das entspricht dem Rhythmus historischer, vor allem kriegerischer Prozesse.

Ein gewisser Louis Péguret, ein verläßlicher Augenzeuge, der im 115. Bataillon der Mobilgarde diente, berichtete über die Katastrophe von Châtillon und die Deserteure: »Sie sagten, man habe gewollt, daß sie massakriert wurden, denn man habe sie ohne Kartätschen in die Schlacht geschickt. Sie logen. Wir haben ihre Taschen untersucht, und nicht nur hatten sie Munition, es war auch kein einziges Paket Kartätschen geöffnet. Keinen einzigen Schuß hatten diese Schurken abgefeuert.«

Die Höhen von Châtillon waren die beherrschende Riegelstellung vor Paris. Von dort oben bot sich die Stadt den Belagerern als Beute an. Wer sich dort einnistete, war nicht mehr zu vertreiben. Krupps Riesenhaubitzen, die dem Kaiser auf der Weltausstellung von 1867 so imponiert hatten, konnten von hier aus das ungeschützte Herz von Paris treffen und den Exitus des todkranken Patienten herbeiführen.

Der Besitz dieses nur fünf bis acht Kilometer vom Stadtkern entfernten Plateaus hatte für beide Seiten die gleiche militärische Bedeutung wie etwa die Duderhofer Höhen während der mehrjährigen Belagerung Leningrads im Zweiten Weltkrieg für Deutsche und Russen. Von dort konnte die deutsche Artillerie jedes beliebige Ziel in der Stadt unter Beschuß nehmen. Es gibt zwischen beiden Ereignissen noch andere auffallende Parallelen, die Vergleiche zulassen.

Der unentwegte Tagebuchschreiber und später zynische Verächter der Kommune Edmond de Goncourt kommentierte diese Untergangsstimmung in einer Metapher, die genau das trifft, was den Parisern bevorstand. Prophetische Worte am Vorabend der Kommune, mit denen er den Bericht eines aus dem Massaker von Châtillon entkommenen Zuaven in einer lapidaren Notiz zusammenfaßt: »In all diesen Berichten spürt man den Wahnsinn der Angst, die Halluzinationen der Panik!«

Während das alles geschah, gingen Delescluze und seine Extremisten unbeirrt und mit der ihnen eigenen kalten Entschlossenheit an ihre Aufgabe: die Wiedergeburt der Kommune von Paris aus dem Geist von 1793, das heißt die Wiederkehr des Jakobinismus. Ihr erstes Nahziel: die Mobilisierung der Massen. Diese zum Letzten entschlossenen Massen, die Phalanx der Entrechteten, Elenden und im Getto des Elends Dahinvegetierenden sollten die »Levée en masse« erzwingen, den Aufstand des Volkes sowohl gegen die Feinde von außen als auch mit der gleichen Unerbittlichkeit gegen die bürgerlich-republikanischen Schwächlinge, die Erfüllungspolitiker, die bereit waren, Paris an Bismarck und seinen König auszuliefern. Diese von den bürgerlichen Zeitgenossen zynisch als Pöbel titulierte Masse sollte zur Sturmtruppe der Revolution werden. Aber zuerst mußte sie bewaffnet werden. Das zweite Nahziel hieß daher: »Waffen für das Volk von Paris!« Das Fernziel konnte dann anvisiert werden: Sturz der bürgerlich-republikanischen Regierung der »nationalen Verteidigung«, die in Realität eine Regierung der Kapitulation und »nationalen Schande« war. Daraus sollte, utopisch fast, als letzte Konsequenz der Entwicklung alle Macht der Kommune zufallen. Das war das Programm der folgenden Monate. Nur wenn man den ganzen Umfang dieser Verschwörung gegen Trochu und seine Minister erkennt, kann man ermessen, was für Delescluze und seine Vertrauten Kompromisse mit der Kapitulantenregierung im Augenblick bedeuteten.

Vorläufig kämpften sie mit der Feder hinterm Ohr von ihren Redaktionsstühlen aus und dirigierten ihre gefügigen Leser und ergebenen Anhänger in die Ausgangsstellungen, in die Marschrichtung gegen ein Bürgertum, das nach ihrer — geglaubten oder vorgetäuschten — Meinung gewillt war, vor den Preußen zu kapitulieren und korrupt genug, sich mit dem Landesfeind zu arrangieren, um dann gemeinsam mit der deutschen Bourgeoisie die Ausbeutung der Unterdrückten weiter und verstärkt zu betreiben. Ein teuflisches, verräterisches Geschäft also. Das waren gefährliche Parolen, die genug Sprengmunition enthielten, um die Spaltung des Pariser Volkes — die Provinz zählte in diesem Handel nicht mit, sie war konservativ aus traditioneller Bestimmung — zu komplettieren. Am 22. September schrieb der Revolutionär Blanqui in seiner Zeitung »La Patrie en danger«: »Seit dem 4. September hat die Regierung der sogenannten nationalen Verteidigung nur einen Gedanken gehabt: Frieden. Keinen siegreichen Frieden, nicht einmal einen ehrenhaften Frieden, sondern Frieden um jeden Preis ... Sie glaubt nicht an Widerstand.«

Bei fortschreitender Lähmung des bürgerlich-republikanischen Widerstandes gegen die Belagerer wurde die extremistische Presse radikaler, ihre Stimme lauter und ihr Elan zügelloser. Neben Rocheforts »Lanterne« und Delescluzes »Réveil« wurden Blanqui und nicht zu vergessen der immer anwesende, immer Unheil witternde und bringende Félix Pyat mit seiner Gazette »Le Combat« zu Haupteinpeitschern der Revolutionsthesen. Alle zusammen ergaben ein infernalisches Konzert divergierender Stimmen.

Bereits am 15. September zeichnete sich die Wiedergeburt der Kommune von Paris ab, die nichts mit der Vorstellung einer marxistischen Kommune im Sinne des Marxschen Manifestes zu tun hat, sondern lediglich die Erneuerung des Stadtrats von Paris aus dem Geiste Dantons, dem Geist der Tapferkeit, bezweckte, dem es 1792 gelungen war, das Wunder von Valmy zu vollbringen, das mystische Wunder, mit dem die deutschen und mit ihnen verbündeten Invasionstruppen zurückgeschlagen wurden. Das erhofften sich die von der Passivität und den Defensivmaßnahmen der bürgerlichen Regierung, die sich so vielversprechend »Regierung der nationalen Verteidigung« nannte, enttäuschten Pariser.

An diesem denkwürdigen 15. September erließ eine »Zentralkomitee der 20 Arrondissements« genannte Institution – Was verbarg sich hinter dieser Tarnbezeichnung, wer versteckte sich hinter dieser legal erscheinenden Maskierung? – ein Manifest, das alle wesentlichen Punkte der späteren Erklärung der Kommune enthielt, das das Kampfprogramm bereits in großen Zügen vorwegnahm, das aber auch den Explosivstoff für die Brände barg, die es entflammen sollte. Da hieß es: »Gemeindewahlen, Polizeikontrolle, Wahl und Verantwortlichkeiten aller Magistratsbeamten in die Hand der Stadtgemeinde legen; die absoluten Rechte der Presse, das Recht zu Versammlungen und Zusammenschließungen, die Enteignung aller lebensnotwendigen Güter.«

Das »Zentralkomitee der 20 Pariser Bezirke (Arrondissements)« ist nicht identisch mit dem nach der Belagerung gebildeten »Zentralkomitee der Nationalgarde«, der eigentlichen Revolutionsarmee. Es bestand zwar auch dann noch weiter, hatte aber während der kurzen Herrschaft der Kommune an

Bedeutung verloren, da nun naturgemäß die militärische Macht der Nationalgarde dominierend wurde und die Vertreter der Arrondissements in den Hintergrund, ins zweite Glied der Bürgerkriegsfront, zurücktreten ließ.

Es war Vorabendstimmung, als wenige Tage nach dem ersten ein zweites Manifest erschien, daß die *nationalistische* Komponente dieser vorrevolutionären Situation grell beleuchtete: »Artikel 1: Die Republik soll nicht mit einem Feind verhandeln, der auf ihrem Boden steht. Artikel 2: Paris ist entschlossen, lieber unter seinen Ruinen begraben zu werden, als sich zu ergeben.«

Unter diesen Parolen sammelte sich die Revolution, formierte sie sich ideologisch. Das Phänomen der Kommune und ihre tragische Geschichte verstehen bedeutet: Notwendigkeit, Anlaß und Ursache, ja Unvermeidlichkeit ihres Entstehens erkennen! Alle diese Proklamationen waren gegen die Armee der bürgerlich-republikanischen Regierung, gegen Trochu und seine Minister, besonders gegen den verhandlungsbereiten Außenminister Jules Favre gerichtet, der – einem späteren politischen Jargon gemäß – als Prototyp eines »Erfüllungspolitikers« angesehen und verachtet wurde. In dieser Geringschätzung war sich das Volk von Paris einig. Die Presse der Extremisten, die aufrührerischen Artikel der Delescluze, Blanqui, Pyat und anderer bezeichneten diese in eine unausweichliche Katastrophe gedrängten Männer kurzerhand als »Verräter«. »Nous sommes trahis!« Mit diesem Schmähruf konnte ein rebellischer Artikelschreiber in diesen Wochen ganz Paris zum Amoklauf verführen. In dieser Bürgerkriegsstrategie übten sich die oppositionellen Politiker, die geistigen Wegbereiter der Revolution.

Die zukünftige Sturmtruppe der Kommune, die Nationalgarde, war Ende September bereits auf 360 000 Mann angewachsen. Der Sold von 1,50 Franc pro Tag (ihre Frauen bekamen 75 Sous) hatte viele in die Reihen dieser kriegerischen »Wohlfahrtsorganisation« gelockt. So begegnete die Regierung der Arbeitslosigkeit und dem Hunger und versuchte gleichzeitig, dem patriotischen Tatendrang zu genügen, der Revolution ein Ventil zu öffnen.

Diese Kalkulation der resignierenden Generale erwies sich

allerdings als Bumerang. Denn gerade die Nationalgarde, die Übermacht der *proletarischen* Bataillone in den Reihen dieser volkssturmartigen Bürgerwehr, sollte sich als Schlange am Busen der Republik entpuppen.

Karl Marx erkannte schon im Oktober 1870 die Bedeutung dieser voreiligen Bewaffnung einer großen besitzlosen Volksmenge. Er konstatierte in einem lakonischen Brief an seinen Freund Kugelmann: »Wie aber der Krieg immer ende, er hat das französische Proletariat in den Waffen geübt, und das ist die beste Garantie der Zukunft.«

Blanqui hatte es unmißverständlich formuliert: Es gab für das militärische Versagen der Republik nur eine Erklärung: Verrat. Ein Komplott der Bourgeoisie, um Paris und seine »Elenden« an das internationale Großkapital, an Krupp mit seinen Riesenkanonen zu verkaufen, eine neue, moderne Sklaverei vorzubereiten. Daß es trotzdem nicht zu einer wirklichen Front der nationalen Verteidigung kam, wie etwa 1941, als sich die deutschen Truppen vor Leningrad einem unüberwindbaren Sperriegel aus Patriotismus und Todesentschlossenheit gegenübersahen, einer verschworenen Gemeinschaft des Widerstandes um jeden Preis, die schließlich den stählernen Ring der Belagerer sprengen und durchbrechen konnte, lag an den vergleichsweise humanen Verhältnissen der Kriegführung, wie sie dem aufgeklärten bürgerlichen Jahrhundert entsprachen. Es gab keine preußische Vernichtungsanweisung für Paris, keine Ausradierungsdrohung, die die Pariser auf Gedeih und Verderb zum Zusammenschluß gegen den äußeren Feind gezwungen hätte. Auf der anderen Seite stand nicht Hitler, sondern ein verhältnismäßig loyaler, ein christlicher König, dessen Heerführer die Regeln des Kriegsrechts akzeptierten und dem Gegner das Recht auf Verteidigung, das Recht auf Leben nicht absprachen. Leningrad mußte kämpfen oder untergehen, Paris konnte kapitulieren und würde nicht untergehen. So unterschiedlich waren die Bedingungen barbarischer und humaner Kriegführung. Der Barbarismus blieb dem Jahrhundert der neuen Mythen überlassen. Er ist die existentielle Erkenntnis, die brutale Praxis des 20. Jahrhunderts und seiner Programme. Er ist Ausdruck unserer Epoche und ihrer Remythologisierungsprozesse.

Aber schauen wir uns einen Augenblick unter den Männern um, die neben Delescluze für die Wiedergeburt der Kommune im Geiste des Jakobinismus verantwortlich zu machen waren. Da fällt der Blick auf den Trommler des »Combat«, auf Félix Pyat, den sturen »Unvermeidlichen«. Denn er war immer anwesend, wenn es nach Unrat stank, und er war, obgleich Kampfgefährte, so doch aus Gründen der persönlichen »Wertschätzung«, also in diesem Fall Nicht-Wertschätzung, ein erklärter Feind des tapferen und menschlichen Jakobiners Delescluze, dem »Unbestechlichen«, der seinem Vorbild Robespierre auch in der vorbehaltlosen Bereitschaft zur tödlichen Konsequenz glich. Er hat den Ehrentitel »König Jacobin« in jahrzehntelanger Haft erworben und verdient.

Pyat also. Eine geifernde Hyäne auf dem Manöverfeld der Revolution. Es sind zuverlässige, kühle, nüchtern-registrierende Zeugen, deren Beschreibung zur Person für einen Steckbrief genügt hätten, der dem wölfischen Heuchler leider nicht mehr präsentiert werden konnte. Denn Pyat überlebte die Katastrophe, er handelte nach dem Prinzip der Ratten, die wissen, wann es fünf Minuten vor zwölf ist, wann sie das sinkende Schiff, das »Medusenfloß« der letzten Jakobiner, dieser glücklosen »Argonauten«, verlassen müssen. Wären alle Vertreter der Kommune Typen vom Zuschnitt eines Pyat gewesen, dann wäre selbst Marx und Lenin eine moralische und politische Aufwertung ihrer erfolglosen Genossen nicht gelungen, dann wäre jeder Legende der Wind aus den Segeln genommen, das Segel gestrichen, bevor die große Fahrt begann; nicht einmal die Neo-Kommunarden des Jahres 1968 hätten sich auf einen derart seeuntüchtigen Seelenverkäufer gewagt.

Mit vier Worten: Pyat war eine Niete!

Hier einige markante biographische Details seiner Revolutionskarriere. Wir notieren diese Fakten und ersparen uns ein Kommentar. Denn sie geben her, was sie versprechen: das Zerrbild eines Kommunarden, erschreckend in seiner Schamlosigkeit, nackt aus einer Tiefe, die den Abscheu weckt, weil sie die verunstalteten Züge einer verdorbenen Kreatur preisgibt, deren Erinnerung ein Menetekel auf die »Mauer der Kommunarden«, der Hinrichtungsstätte des Père-Lachaise, projiziert.

Louis Blanc, wie Pyat jahrelang im Exil — Pyat war 60 Jahre alt, als er auf der Bühne der Revolution in Paris erschien, fast gleichaltrig mit dem physisch gebrochenen, aber herzensstarken Delescluze —, berichtete über den Pyat des Londoner Exils in einem Aperçu von kaustischer Prägnanz: »Sein Mißtrauen ist außerordentlich; in London kannten wir nie seine Adresse. Er hielt sie vor seinen besten Freunden geheim. Félix Pyat vertraute sie niemals Félix Pyat an, weil er fürchtete, daß Félix Pyat sie verraten könnte.« An anderer Stelle schilderte Louis Blanc diesen glänzenden, fanatischen, von seiner Vision besessenen, aber gleichzeitig feigen Journalisten als »einen hervorragenden Mann mit klugen Gedanken und einer empfindsamen Sprache. Sobald er aber schreibt, wird er zum Wahnsinnigen, außerstande, sich zu kontrollieren.«

Es war nicht die mitreißende Sprache der Volkstribunen wie die eines Rochefort oder gar eines Victor Hugo, die mit wenigen Worten die Masse zur Hysterie bringen konnte, es war eher der hybride Überschwang eines Don Quijote, der sich redend, fortwährend kasuistisch formulierend, selbst bestätigen mußte, um seine Angst zu beschwichtigen und seinen Mangel an wirklichem Mut, seine Feigheit zu überlisten. Denn Pyats Äußeres stand in merkwürdigem Gegensatz zu seiner furchtsamen Natur. Er war, so beschrieb ihn ein anderer Zeitgenosse: »wunderbar hochgewachsen, mit romantischer Mähne und Bart, einem stolzen Löwenmaul und einer Stimme, die über unglaubliche Entfernungen reichte ... der romantischste unter den Terroristen, die je eine Papierbombe geworfen haben ...« Alles in allem also das Zerrbild eines Jakobiners. Es scheint beinahe so, als ob die Wortführer der Kommune-Renaissance gerade diesen Typ eines Schaumschlägers imitieren, wenn sie dem Zwang der kollektiven Erinnerung gehorchen, einer Erinnerung, die ihre Urbilder immer aus dem unergründlichen Fond des Unbewußten rekrutiert.

Als der Kaiser im fernen Schloß Wilhelmshöhe im Gewahrsam der Preußen seine historische Rolle liquidierte, nur noch mit seinem taubeneigroßen Blasenstein beschäftigt, der dann zwei Jahre später im englischen Exil seinen Tod herbeiführen sollte, waren Pyat und andere Internationalisten aus der Verbannung von ebendort nach Paris zurückgekehrt, um das kurze, aber schaurige Drama zu inszenieren, bevor sie ein zweites Mal, viele von ihnen endgültig, auf der gastfreundlichen Insel untertauchten. Rückversicherer Pyat hatte allerdings noch andere Platten im Koffer. Er war geduldiger als Odysseus, er fand immer wieder einen Weg zurück. Nun aber beherrschte er die Bühne und gründete am 16. September seinen »Combat«, die Kampagne mit einem großen Werbeschlager eröffnend. Er stiftete eine Subskription für eine »Ehrenflinte«, die derjenige bekommen sollte, der den König von Preußen erschoß. Auch der erste Regent der pseudorepublikanischen Regierung, General Trochu, stand alsbald auf Pyats Abschußliste.

Ein einmaliges Phänomen in der Geschichte der Arbeiterschaft und des pausenlos proklamierten Klassenkampfes war die Tatsache, daß die damalige Linke, die dann endlich ihren losen Zusammenschluß in der Bewegung der Kommune fand, proletarisch *und* militaristisch war, daß sie international *und* nationalistisch, überregional *und* lokal-pariserisch war. Ein Widerspruch, der an ihrem Scheitern, am Zerbrechen der zwangsweise, eben durch äußeren Druck herbeigeführten Einheit mitschuldig war. Diese heterogenen Elemente mußten die Kommune auseinanderreißen, und zwar in dem Augenblick, als nur der Zusammenhalt à tout prix ihre Rettung vor dem übermächtigen Gegner gewesen wäre: der heimtückischen Allianz der Versailler Regierung mit den Schützenhilfe leistenden Preußen im Hintergrund der makabren Szene.

Aber begleiten wir den federführenden Rebellen Félix Pyat auf seinen Saumpfaden durch den Dschungel der doppelten Belagerung. Ihm war es auch zu verdanken – oder anzukreiden, je nachdem von welchem Aspekt man seine Rolle in der vorrevolutionären Phase betrachtete –, daß die Extremistenklubs mehr und mehr zu einem Machtfaktor in der Entwicklung wurden. Hier konzentrierte sich das politische Leben in der gelähmten Stadt, nicht im Hauptquartier Trochus oder gar im Stadthaus. Denn hier in den Klubs wurden die Kommandeure der Nationalgarde vom Volk, den Vertretern der 20 Arrondissements, gewählt. Und Pyat konnte Trochu sogar den väterlichen, fürsorglichen Rat erteilen, in Zukunft vor jeder militärischen Aktion gegen die Belagerer zuerst »die Klubs zu konsultieren«. Der Grad der Entmachtung der legalen Regierung war bereits weit gediehen, der Prozeß machte in der Tat schnelle, beängstigend rasante Fortschritte.

Am 5. Oktober kam es dann zur ersten offenen Rebellion der Nationalgarde: dem kurzen Marsch der 10 000 Mann aus Belleville und Ménilmontant unter ihrem tollkühnen Kommandeur Gustave Flourens. Die Aktion, von Pyat zumindest rhetorisch gut eingefädelt, fiel buchstäblich ins Wasser. Trochu hatte einige Bataillone aus dem bürgerlichen Lager der Nationalgarde, die ihm ergeben waren, aufmarschieren und einen der Hauptschreier, den wahnsinnigen Sapia, kurzerhand verhaften lassen. Dann hielt Jules Favre eine markige Ansprache, sie und ein plötzlich hereinbrechendes Gewitter genügten, um diese kleine Geländeübung vor der großen Generalprobe zu beenden und die unlustigen Rebellen zu zerstreuen.

Flourens hielt sich diesmal noch im Hintergrund, er hatte Eugène Varlin, den Kommandeur des 139. Bataillons, mit der ungezielten, improvisierten Demonstration der Stärke betraut. Varlin war ein gerade aus dem belgischen Exil eingetroffener Führer der französischen Internationale, ein kluger Kopf, aber kein Taktiker des Straßenkampfes, kein Bürgerkriegsstratege. Man hatte die Möglichkeiten getestet, sich damit begnügt, einem Hauptmann der regierungstreuen Truppen ins Gesicht zu spucken und im Chor »Vive la Commune!« zu rufen. Das Neue, Schockierende und Alarmierende war lediglich die Tatsache, daß dieser Schrecken verbreitende Ruf hier zum erstenmal in der Öffentlichkeit und noch dazu von 10 000 bewaffneten Proletariern zu hören war.

Der Antrag des Polizeipräfekten Kératry, nun außer Sapia auch andere Linksextremisten, so vor allem Flourens und Blanqui, festzunehmen, wurde von dem ängstlichen, um Kompromisse bemühten Trochu zu diesem Zeitpunkt, eben als es noch Zeit war, sozusagen fünf Minuten vor Ausbruch der Revolution, empört abgelehnt. Kératry, der die Katastrophe für die Regierung kommen sah, warf seinem General daraufhin die Karten auf den Tisch, trat demonstrativ zurück und verließ mit dem nächsten Ballon die belagerte Stadt. Das Stichwort »Ausfliegen« wurde bereits damals in der militärischen Praxis der Verlierer geübt. Als strategischer Slogan »Sie werden ausgeflogen« blieb es späteren kriegerischen Expeditionen mit Rückversicherungsaktien vorbehalten. So verließen einige der von ihrem Führer verratenen und getäuschten Generale Jahrzehnte später das von Stalins Entsatzarmeen eingekreiste und zernierte Stalingrad.

Gambetta wurde der Ballonheld der belagerten Stadt, er »flog aus«, um den Widerstand im Lande zu organisieren, neue Armeen aus dem Boden zu stampfen, so die des Generals Chanzy, der allerdings ein General ohne Chance war, Paris wirklich entsetzen zu können. Denn nach einem Remis bei Coulmiers und der vorübergehenden Befreiung von Orléans wurde Chanzys Loire-Armee von den rasch herangeführten Bayern des General von der Tann in die Zange genommen und vernichtet.

Nun folgten die Ereignisse, die unmittelbar zum Putsch vom 31. Oktober 1870 führten, zu der großen Generalprobe der Kommune, die dieses janusköpfige Wesen hervorbringen sollte, das wir simplifizierend die »Commune de Paris« nennen. In Metz hatte sich der träge, entschlußlose, von Napoleon weit überschätzte Marschall Bazaine nach verlustreichen Niederlagen mit 180 000 Mann eingeigelt. Aber während er die Katastrophe seines Kaisers und seiner Armee bei Sedan heraufbeschworen hatte – sie war ja durch den vergeblichen Marsch von Chalons nach Metz eingetreten –, hielt der dekorierte und glücklose Mexikokämpfer die Belagerung der lothringischen Festung immerhin bis zum 29. Oktober durch. Alle anderen französischen Festungen hatten bereits im September kapituliert. Nur Metz, gut mit Nahrungsmitteln und Munition versorgt, hatte dem wachsenden preußischen Druck standgehalten. Straßburg gab, von schwerer Beschießung erschüttert, schon am 26. 9. auf. Nur Bazaine besaß, phlegmatisch und langsam in seinen Entschlüssen, ein beachtliches Stehvermögen, »rauchte tagsüber und spielte nachts Billard«. Metz band immerhin – und hier gleicht das Schicksal dieser Stadt dem schlesischen Breslau im Verzweiflungsjahr 1945 – eine ganze preußische Armee, die dringend zur Verstärkung des Belagerungsringes um Paris gebraucht wurde. Wenn Trochu geahnt hätte, wie schwach und durchlässig im Grunde genommen diese sehr provisorische deutsche Einkreisungsfront war, er hätte sie wie ein undichtes Wehr aufbrechen und wegschwemmen können. Aber in Metz und Paris herrschten Lethargie und Verwirrung, dazu die ungeeignetsten Männer an den exponiertesten Posten. Der vertane Sieg ist die unheilvollste Niederlage, die ein Volk und seine Führer treffen kann. Das gilt für alle Epochen der Menschheitsgeschichte.

Der Billardspieler und Kettenraucher Achille Bazaine, der nach den vernichtenden Schlachten von Gravelotte und Saint-Privat nur noch über eine zerlumpte, demoralisierte und – wie Zeitberichte wissen wollen – meist total betrunkene Soldateska verfügte, beendete seine glorreiche militärische Laufbahn hier in der schäbigen lothringischen Festung. Er bot die Übergabe an. Wir erinnern uns an seine steile Karriere, die schon einmal einen Tiefpunkt erreichte, als er von den mexikanischen Nationalisten des Indianerpräsidenten Benito Juarez gezwungen wurde, den Marionettenkaiser von Napoleons Gnaden, den österreichischen Maximilian, in Queretaro im Stich zu lassen und sich mit seinem Expeditionskorps in Sicherheit zu bringen, bevor ihn das gleiche Schicksal wie Maximilian erreichte: der Tod unter den Salven des Pelotons, die Napoleons überseeischen Traum zersiebten.

Dieser Marschall Bazaine, Versager von Mexiko und Metz, wurde zum Initialzünder des Aufstandes vom 31. Oktober und damit zum Geburtshelfer der Kommune. Die Kapitulation der letzten französischen Armee – die von der Regierung geheimgehalten wurde – rief einen Sturm der Entrüstung, vor allem beim Pariser Proletariat hervor. Es war Pyats »Combat«, der als erstes Organ »den Fall von Metz« bekanntgab. Die Regierung ließ sich daraufhin zu einem Dementi verleiten, was die angestaute Volkswut noch steigerte.

Paris fürchtete eine neue Zensur, es befand sich praktisch im Belagerungszustand, und nun drohte eine Diktatur des Militärs, die sich nicht gegen den äußeren Feind, sondern nach innen, gegen die Pariser selbst richtete. Das war die prekäre Situation am 31. Oktober, als die Minister im Stadthaus sich endlich dazu bequemten, die Niederlage zuzugeben. Gleichzeitig empfahl Thiers, der von einer Goodwill-Reise durch Europa zurückgekehrt war, die deutschen Waffenstillstandsbedingungen anzunehmen, aber auch das natürlich nur hinter vorgehaltener Hand und nicht in der Öffentlichkeit. Statt einen »Kampf um Leben und Tod« zu führen, sollte ein schändlicher »Frieden um jeden Preis« geschlossen werden. Das war selbst den *gemäßigten* Linken zuviel. Zum erstenmal erschien der Mann auf der politischen Bühne, der Frankreich später beim zweiten großen Klingenkreuzen mit der Großmacht Deutschland soviel bedeuten sollte: Georges Clemenceau, Bürgermeister des proletarischen 18. Arrondissement Montmartre. Er ließ einen geharnischten Protestanschlag in seinem Büro aushängen, dessen aggressiver Text bald zum Motto des Widerstandes gegen die Erfüllungs- und Verzichtpolitiker im Stadthaus wurde, die Elsaß-Lothringen aufgeben und 2 Milliarden Entschädigung an die barbarischen Sieger zahlen wollten. Als es dann tatsächlich zum Waffenstillstand kam, waren es sogar 5 Milliarden.

Die französische Wirtschaft verkraftete diese Summe, erholte sich nach diesem Aderlaß überraschend schnell, aber die Wunde, die die Abtretung der Grenzprovinz am Rhein geschlagen hatte, heilte niemals, die Schande blieb und konnte nur durch neues Blutvergießen getilgt werden. So entstand die Kettenreaktion des Unrechts, das immer neue Konflikte auslöste, neue Kriege heraufbeschwor. Annektionen erweisen sich stets als ungeeignete Maßnahmen, historische Gegebenheiten zu korrigieren. Denn Sieger wie Besiegte erkranken an dem gleichen Gift der Verblendung, das die Erwägungen der Vernunft ausschließt. Annektionen paralysieren den Geist der Vernunft. Sie sind antidiplomatische, im Grunde unmenschliche Handlungen, und sie können daher nur barbarische Reaktionen auslösen. Das Revanche-Denken, der Ungeist des Revanchismus, beherrschte von dieser Stunde an die Beziehungen beider benachbarter Völker, die sich im Grunde so viel zu geben hatten. So enthielt Clemenceaus Appell bereits das Stichwort für das Jahr 1914: »Die Stadtvertretung des 18. Arrondissements protestiert empört gegen einen Waffenstillstand, den die Regierung nicht annehmen kann, ohne Verrat zu begehen.«

Es war in der Tat ein »Schwarzer Montag« und die Atmosphäre hochexplosiv. Die aufgebrachte Menge rottete sich, zuerst noch planlos, ohne Führung, auf den Boulevards zusammen und stieß unflätige Drohungen gegen die ohnmächtige Regierung aus. Das Gewitter zog auf, als sich Blanqui, Delescluze, Flourens, Pyat und Victor Hugo, die sich im Zentrum des Widerstandes, in Belleville zu einer Lagebesprechung getroffen hatten, dem Aufstand anschlossen.

Trochu, verblendet wie seit dem ersten Tage seines Amtsantritts, weigerte sich einzugestehen, daß das Volk zur Machtergreifung entschlossen war und daß die Republik bereits gescheitert war, bevor sie ihre erste Kraftprobe bestanden hatte. Er schlug die Warnungen seines neuen Polizeipräfekten Edmond Adam, dessen Ehefrau Juliette Lambert eine kapriziöse und charmante Zeugin dieser Episode war, in den Wind.

Großsprecherisch wehrte er Adams Beschwörungen ab, Streitkräfte zusammenzuziehen: »Wir sind eine Regierung, die aus dem Wunsch der Öffentlichkeit entstanden ist. Daher verwenden wir nur moralische Waffen.« Eine ehrenvolle Einstellung. Gewiß. Aber eine Fehleinschätzung der Situation. Adam hielt sich zum Glück für Trochu und seine zum Frieden entschlossene Regierung nicht an diese schöne Rede seines Generals. Er ließ 20 Bataillone aus den verläßlichen bürgerlichen Arrondissements um das Stadthaus aufmarschieren. Wie gespannt, wie einer Zerreißprobe ähnlich die Lage bereits war, geht aus einem Bericht hervor, den Felix Whitehurst, ein in Paris lebender Engländer, über diese Stunden niederschrieb: »Tausende von Nationalgardisten marschierten in allen Richtungen, und da sie sich nicht wie sonst in fester Marschordnung befanden, zu sauber waren, um von den Forts oder Befestigungen zu kommen, und zu spät dran, um sich dorthin zu begeben, fiel uns auf, daß etwas in der Luft lag ... Ich begab mich sogleich zum Stadthaus. Als ich die Rue de Rivoli entlangging, sah ich auf jeder Seite die Anzeichen eines nahenden Sturms. Männer mit rotgestreiften Hosen schlossen sorgfältig ihre Fensterläden ...«

Es gab Anzeichen, daß die Nationalgarde mit der aufgebrachten Menge fraternisieren würde. Aber auch die Aufständischen waren von der Entwicklung eher überrumpelt und überholt, als daß sie die Begegnung mit der Staatsmacht in den

Griff bekamen. So wurde das Intermezzo vom 31. Oktober nicht mehr als eine schlecht gespielte »Generalprobe«, ein Abenteuer, das für beide Seiten, für die im Stadthaus belagerte Regierung ebenso wie für die planlos mobilisierte Masse aus den Arbeiterbezirken, in einem Fiasko endete. Der gefürchtete Zusammenprall der auf Todfeindschaft eingeschworenen Gegner Volk und Regierung ging aus wie das Hornberger Schießen. Es wurde nicht geschossen. Nur Flourens hatte seinen großen Auftritt. Die Szene ist bekannt. Es war sein Balanceakt vor Trochus Nase, mit dem er das Schauspiel zu einer privaten Clownerie mißbrauchte. Eine mehr als groteske Situation, wenn man sie mit dem Einsatz vergleicht, um den es ja tatsächlich ging: um Tod und Leben für beide Seiten.

Die Gegenregierung, um deren Ressorts sich die Führer der Demonstration stritten, bevor sie sie gebildet hatten, konnte unter den Bedingungen, wie sie die Lage im Stadthaus ergab, nicht ausgerufen werden. Denn Blanqui, Delescluze, Flourens, Millière und der teufliche Pyat gerieten sofort in verbissenen Streit um die zu verteilenden Ministerposten. Die versteckte Fehde der Kontrahenten im jakobinischen Lager, eben die tiefe Antipathie, die Delescluze gegen den eifrigen Scharlatan Pyat empfand, kam bei dieser Gelegenheit offen zum Ausbruch. Das Gebot der Stunde wäre Einigkeit im Vorgehen gegen die in ihrem Konferenzsaal praktisch gefangene Regierung gewesen. Aber hier zeigten sich die ersten Risse in einer Bewegung – einer Koalition heterogener Kräfte –, der die Spontaneität jedenfalls zu diesem Zeitpunkt noch fehlte. Delescluze weigerte sich entschieden, Pyat auf seine Vorschlagsliste der neuen radikalen Regierung zu setzen.

Inzwischen prügelte man sich. Blanqui wurde an seinem weißen Bart durch den Saal geschleift. Eine betrunkene Menge drang in das ungeschützte Stadthaus ein, zerschlug das Mobiliar und plünderte Küchen und Keller. Rochefort, der ja als einziges linkes Paradepferd Regierungsmitglied war und Trochus heuchlerischem Täuschungsmanöver einer Öffnung nach links ein Alibi verschaffen sollte, trat von seinem Posten zurück und verließ unter den Schmährufen der Menge »Nieder mit Rochefort!« die Szene, angeblich, weil er nach Belleville gerufen wurde, wo Kämpfe ausgebrochen sein sollten. In Wirklichkeit war seine Karriere als Volkstribun in dem Augenblick beendet, da er seinem Opportunismus nachgegeben hatte und in eine ihm verhaßte, von ihm verachtete bürgerliche Kapitulantenregierung eingetreten war. An diesem 31. Oktober stürzte die »Kanaille« ihren Liebling von dem tönernen Sockel, auf den er sich selbst postiert hatte, sie machte Rochefort zum Buhmann der makabren Szene, die nun Flourens mit seinen Raufbolden, den »Tirailleurs de Flourens« — wie er selbst seine Anhänger hochtrabend titulierte — ganz allein beherrschte.

A bas Rochefort! Es war niemand da, niemand an seiner Stelle, den die kopflose Menge hochleben lassen, den sie feiern und zum Helden des Tages ernennen konnte. So rief sie dann in verzweifeltem Chor, vom Lärm der Betrunkenen und Geschrei der Huren, die sich aus Prinzip jeder Revolte anschlossen, begleitet, »Vive la Commune!«. Aber es gab keine Kommune, nur ein paar zerstrittene und um sich schlagende Kombattanten, die sich, müde und von der Ziellosigkeit ihrer Aktion erschöpft, in den kalten Morgen des 1. November hineinrauften. Als der Tag erwachte, der Nebel aus der eisigen Seine aufgestiegen war und sich zerteilt hatte, beleuchtete die späte Herbstsonne ein von seinen Streitern verlassenes Stadthaus, zerbrochene Stühle, besudelte Teppiche, verdreckte Treppen, den ganzen Unrat einer Revolte, die außer der gemeinsamen Schande keine sichtbaren Resultate hervorgebracht hatte. Die gesamte Regierung, also Trochu und seine Minister Jules Favre, Jules Simon, Jules Ferry und der Arbeitsminister Dorian, der mit den Delegierten des Volkes verhandelt hatte, waren am gleichen Abend wieder frei und beschlußfähig. Sie zögerten diesmal nicht. Trochus Finanzminister Ernest Picard, der sich während des Aufmarsches der Zehntausend durch eine Seitentür aus dem Stadthaus geschlichen hatte, weckte den Polizeipräfekten am Morgen des 1. November mit der kategorischen Anfrage: »Na, Adam, haben Sie die Verhaftung der Herren Pyat, Blanqui, Delescluze, Flourens, Millière und der anderen Führer des Aufstandes von dieser Nacht befohlen?«

Zweiundzwanzig Rebellen wurden verhaftet, wo man sie gerade erwischte, und in das berüchtigte Mazas-Gefängnis gewor-

Zuname: ....

Vorname: ....

Beruf: ....

Wohnort: ....

Straße: ....

Nehmen Sie bitte auch diese Adresse in Ihre Informationskartei auf:

....

....

....

868200

Bitte als
Postkarte
frankieren

Abteilung Kundeninformation der Verlage

Claassen · Econ
Marion von Schröder

D - 4000 Düsseldorf 1

Postfach 1102

fen, unter ihnen Blanqui, Eudes, Millière, Vallès und Vermorel, alles Persönlichkeiten, die später zu Schlüsselfiguren der Kommune werden sollten. Auch Pyat entging dieser »Säuberungsaktion« nicht, er wurde in seinem Schlupfwinkel aufgestöbert und abgeführt. Flourens, der sich an die Belagerungsfront begeben hatte, um im Kriegsgetümmel untertauchen zu können, ging dort erst vier Wochen später in die Falle. Eine Reihe Kommandeure der proletarischen Bataillone der Nationalgarde wurde wegen Unzuverlässigkeit entlassen, sie schlugen sich sofort auf die Seite der Kommune, gingen in die Illegalität. Unter ihnen befand sich auch der Schwiegersohn von Karl Marx, Charles Longuet.

So war die »Generalprobe« für beide Seiten unblutig verlaufen. Der Sprengstoff, der durch die Kapitulation von Metz und ihre Folgen angehäuft worden war, kam nicht zur Explosion. Der zündende Funke blieb aus. Diesmal hielt das Wehr noch einmal der Flut stand. Die Konstellation für einen Zusammenprall mit tödlichem Ausgang war noch nicht gegeben, dank der Schwäche der Gegner, die sich so schlecht formiert hatten, daß ihre Ausgangspositionen keinen der beiden Kontrahenten eine Chance zum Durchbruch gaben. Die Sternstunde der Revolution war aus einem sehr plausiblen Grund noch nicht gekommen: Paris und seine Bewohner hatten noch nicht genug *gelitten.* Die Belagerung hatte zwar begonnen, aber die letzte Ratte war noch nicht verzehrt.

Am 31. Oktober war zwar vorübergehend für eine Nacht eine bürgerkriegsähnliche Situation entstanden. Aber es wurde kein Blut vergossen. Die Anführer des Putschversuchs ließen sich widerstandslos festnehmen. Nur Flourens gab einen bissigen und zynischen Kommentar, als er abgeführt wurde: »Das war Trochus einzige erfolgreiche Operation während der ganzen Belagerung.« Dieses Bonmot charakterisierte in der Tat die wirkliche Lage der Regierung der nationalen Verteidigung, die von allen Beteiligten, nicht zuletzt von Trochu selbst, als Provisorium angesehen wurde.

Delescluze, der die Forderung nach Wahlen, die Grundforderung zur Bildung eines unabhängigen Stadtrates von Paris – der sich dann am 18. März 1871 als »Commune de Paris« konstituieren sollte – dem Arbeitsminister Dorian vorgetragen hatte, wurde mit dem Versprechen abgefunden und beschwichtigt, daß diese »Wahlen« am 3. November stattfinden würden. Was für eine Farce! Denn statt zu Kommunalwahlen wurde die Bevölkerung zu einer Art »Plebiszit« aufgerufen, in dem sie der Regierung Trochu ihr Vertrauen aussprechen oder verweigern konnte. Es gab keine Kandidaten. Es gab nur ein Ja oder Nein. So stimmten in diesen »Volkskammerwahlen« 567 000 Pariser für Trochu und sein Scheinkabinett und nur 62 000 gegen die provisorische Terror-Regierung. Damit sah sich Trochu bestätigt. Der Schein der Legalität war zwar gewahrt, aber die Position des Generals blieb unverändert kritisch. Die Folgen der Manipulation: Zuerst wurde der unentschlossene Kommandeur der Nationalgarde General Tamisier, der die Radikalisierung des Pariser »Volkssturms« nicht verhindert hatte, durch den verhaßten General Clément Thomas ersetzt. Thomas, der die Revolution von 1848 mit drakonischen Maßnahmen und gnadenloser Härte niedergeschlagen hatte, sollte der Deckel auf dem Pulverfaß sein, auf das sich Trochu nun setzte, in der Hoffnung, auf diese Weise die Explosion verhindern zu können. Inzwischen begab er sich erneut zu Bismarck ins preußische Hauptquartier, um die Waffenstillstandsbedingungen auszuhandeln.

Bismarck, der von den Vorgängen in Paris genau informiert war, lehnte es ab, mit dem Botschafter der Niederlage zu sprechen, da, wie er glaubte – und er sprach es aus – »die Regierung in Paris nicht mehr existiere«.

So taumelte die hilflose, vom eigenen Volk geschmähte bürgerliche Ohnmachtsvertretung von einer Krise in die andere. Der nächste Schlag traf sie mit vernichtender Schwere. Es war am 22. Januar 1871, als eine Gruppe bewaffneter Männer die Gefangenen des 31. Oktober in einem Handstreich aus dem Mazas-Gefängnis befreite und damit der führerlos gewordenen Revolution ihre Initiative, dem Volk aber seine Lieblinge, seine Idole, seine Helden und mit ihnen die Legende, den Mythos der Revolution zurückgab. Es war die Geburtsstunde der ersten Partisanen der modernen Geschichte.

Aber was hatte sich, unabhängig von den alarmierenden Ereignissen in der Kapitale, inzwischen im Land zugetragen, in der verachteten Provinz, die von diesem Kampf um die Macht ausgeschlossen war, die nicht einmal die Kriegsfolgen und weder Hunger noch Prostitution zu spüren bekam, die dahinlebte in schöner Ahnungslosigkeit und Beschaulichkeit, in der etwas trägen Lebensfreude eines Tatarin? Paris war Frankreich! Dantons stolze Devise galt auch für seine fleißigen Schüler, für die späten Erben einer Idee, die noch einmal ihre ganze rebellische, zündende Kraft gesammelt hatte, um explosiv und gesellschaftsverändernd wirksam werden zu können, bevor ihr für immer der Atem ausgehen sollte. Denn nach dem Tod der Kommunarden auf den Barrikaden oder ihrem schändlichen Ende in den Zwangsarbeitslagern Neu-Kaledoniens sollte es keine Jakobiner mehr geben. Was sich in den folgenden Revolutionen und Bürgerkriegen mit dem Namen dieser Bewegung schmückte, war nur ein schwacher Abglanz von dem eigentlichen Geist der Tragödie, die Asche des Feuers, das für alle Zeiten ausgeglüht war. Die Sturmtruppen des Pariser Proletariats waren die ersten Kommunisten, und sie blieben auch die letzten. Denn wer auch nach ihnen unter der roten Fahne marschierte und kämpfte, lebte von ihrem Blut.

In der Provinz war es zwar zu Revolten gekommen, so hatte Bakunin in Lyon die schwarze Anarchistenfahne aufgezogen, die dieser alte Verschwörer und Präzeptor der Anarchie, den sich später Frankreichs Surrealisten zum Vorbild ihrer permanenten Revolution um der Revolution willen wählten (André Bretons diverse »Surrealistische Manifeste« zehren von Bakunins Anti-Staats- und Anti-Gesellschaftsparolen) — diese Fahne also, die der Erzengel der Revolution à tout prix 1849 probeweise in Dresden gehißt hatte. Hier in Lyon wehte sie in friedlicher Koexistenz mit der Drapeau rouge der Kommunarden. Aber das Fähnlein der Verlorenen gab schnell auf, als einige Mitrailleusen, die Wunderwaffen der Armee, aufgefahren wurden.

In Marseille hatte am 31. Oktober zur gleichen Stunde, als Flourens und seine Gefährten in Paris ihr unvorbereitetes Unternehmen wagten und den Einsatz verspielten, der aus Amerika zurückgekehrte und mit Bürgerkriegserfahrungen reichlich ausgerüstete Abenteurer »General« Cluseret die Macht ergriffen, kurzfristig, aber glaubwürdiger, im Anfang sogar erfolgreicher als Flourens und seine aufgeputzten »Tirailleurs«. Aber auch das blieb lediglich ein kriegerisches Intermezzo ohne politische Folgen.

Paris konnte von der Provinz nichts mehr erwarten und erhoffen, es konnte ihr ebensowenig beistehen. Paris mußte den Kampf ganz allein beginnen und beenden. Es war wie ein Magnet, der das Licht und das Feuer bannte, aber dem auch die Nacht und der Tag gehörte, dem die Elemente hörig zu sein schienen, weil diese »Ville-Lumière« alles in ihren magischen Bannkreis zog und verzehrte, was sich ihrer unruhigen Flamme näherte: Körper und Geist, Manifeste und Programme, die ganze Existenz.

DER GROSSE AUSBRUCH

Wir verlieren, alles überspringend, was sich in der Zwischenzeit ereignete, Félix Pyat, den »bösen Geist« der Revolution und damit den Gegenspieler des »guten Geistes« Charles Delescluze, nicht aus den Augen. Aus der Karriere Pyats kann man die Typologie einer gewissen Gruppe von Berufsrevolutionären ableiten, wie sie jede historische Wende, jede Zäsur der Menschheitsgeschichte hervorbringt und ans Tageslicht spült: die erfolgreichen Scharlatane. Wenn die stummen Helden fallen, kommen die Schwätzer zum Zuge, die Intriganten, für die die Kämpfer ihr Blut vergossen und ihr Leben gegeben haben. Das demagogische Talent, das eine genaue Kenntnis der Möglichkeiten, ein sicheres Gespür für Effekte voraussetzt, das Chancen abwägt und Berechnungen, Kalkulationen des gefahrlosen Überlebens anstellt, führt diese Gruppe, der unser »Combat«-Herausgeber und Schattenboxer angehörte, instinktiv zu den richtigen Maßnahmen, das heißt: sich in den Ränken, die sie mit Geschick schmieden, um ihre wirklichen oder auch nur eingebildeten Widersacher auszuschalten, den Rücken freizuhalten, sich reinzuwaschen. Pyat war eine Kreatur dieser zählebigen Art, mit der jede Revolution rechnen, mit der sie fertig werden muß, wenn sie nicht von ihren eigenen Kindern gefressen werden und ihr Prestige aufs Spiel setzen und verlieren will.

Die Kommune setzte alles aufs Spiel, indem sie mit Pyat, *auch* mit Pyat rechnete, statt – um nur einige unbestechliche Männer zu nennen – mit Brunel, Varlin, Rossel und *von Anfang* an ganz mit Delescluze zu rechnen. Sie verlor die Partie, weil sie die falschen Führer wählte und ins Stadthaus schickte.

Es war der Internationalist Malon, der den Nagel auf den Kopf traf, als er Karl Marx das Stichwort zu seinem Urteil über den Delegierten Félix Pyat gab: »Sie sind der böse Geist der Revolution! Halten Sie den Mund! Hören Sie auf, Ihren giftigen Argwohn auszustreuen und Zwietracht zu säen. Ihr Einfluß ist es, der die Kommune zugrunde richtet!« Mit dieser flammenden Anklage wies Malon, ein Mitglied der Minorität im Zentralkomitee, den schlauen Ankläger Pyat in die Schranken, der mit der jakobinischen Majorität die Verhaftung des Kriegsministers Rossel forderte. Malon stellte sich, ebenso wie der von dem Vorfall erschütterte Delescluze, schützend vor den General, dem zur Last gelegt wurde, das Fort Issy an die Versailler übergeben und damit Verrat begangen zu haben. Pyat hatte in der Sitzung im Stadthaus den abwesenden Rossel mit dieser teuflischen Unterstellung verleumden und »abschießen« wollen, als er den Versammelten zurief: »Ich habe Sie gewarnt, Bürger, daß er ein Verräter ist, aber Sie wollten mir nicht glauben. Sie sind jung, im Gegensatz zu unseren Herren vom Konvent sind Sie nicht imstande, sich vor einer Militärherrschaft zu hüten.«

Pyat wollte dem Kommune-General Rossel unterschieben, daß er mit den Versaillern, den Generalen des Präsidenten Thiers, gemeinsame Sache mache und eine Militärdiktatur errichten wollte. Wenn man Rossels späteres Schicksal erfährt, wird man leicht davon überzeugt, daß er absolut unschuldig war und wer hier eigentlich die schamlose Rolle des Verräters spielte.

Auch in der Angelegenheit, in dem »Fall« Pyat hat Karl Marx Klarheit geschaffen. In seinem berühmt gewordenen anklägerischen und grollenden Brief an Freund Kugelmann vom 5. 12. 1868, in dem Karl Marx die »französische Sektion der Internationale« als eine Bande von »Lumpenkerlen«, »Zuhältern« und als Helden der »revolutionären Phrase« bezeichnete, äußerte er sich auch verächtlich über Félix Pyat. »Wir sind natürlich in ihren Augen Reaktionäre«, räsoniert Marx im Zusammenhang mit einer Anklage, die die »französische Sektion« in einer Geheimsitzung auf dem »Kongreß der Internationale« in Brüssel gegen den »despotischen Alleinvertretungsanspruch« vorbrachte, den nach ihrer Meinung Marx für sich und seine

Freunde forderte. In diesem Dokument machte Marx mit Pyat kurzen Prozeß und nannte ihn einen »verunglückten Melodramatiker vierten Ranges, in der Revolution 48 nur als Toastmaster benutzt (So nennen nämlich die Engländer die *bezahlten* Männer, welche bei öffentlichen Essen Toasts auszubringen, resp. die Reihenfolge der Toasts zu überwachen haben.), der eine wahre Monomanie besitzt, ›to shout in a whisper‹ (›im Flüsterton zu brüllen‹) und den gefährlichen Verschwörer zu spielen. Pyat wollte durch diese Bande die ›Internationale Arbeiterassoziation‹ in seinen Schwanz verwandeln. Namentlich galt es, uns zu kompromittieren.«

Im Verlauf dieser wortreichen Tirade warf Marx der »französischen Sektion« vor, daß sie »sich von uns grollend zurückgezogen hat und auf eigene Faust, unter Pyats Ägide, Geschäfte macht«.

Karl Marx hat sich dann, als die Revolution unaufhaltsam erschien, überrascht von ihrem unerwarteten Ausbruch, zu ihr bekannt und sich ihrer bedient, um aus ihrer Legende einen Mythos zu entwickeln, der seiner Lehre nützlich sein konnte. Er hat zwar sein hartes, verächtliches Urteil über die Internationale in Paris – so wie sie sich nun als gemäßigte Gruppierung innerhalb der Kommune zu erkennen gab – revidiert; aber Félix Pyat blieb für ihn mit Recht suspekt. Er war einer jener unheilvollen und Zwiespalt verbreitenden Typen der Schreibtischstrategen und Salonrevolutionäre, die jede Revolution *überstehen*. Nach dem Ende der Kommune, nach den Massakern der »semaine sanglante« tauchte er im Exil in London auf und wurde – amnestiert, ja, er brachte es sogar sechzehn Jahre nach der Katastrophe zum Senator der französischen Republik. Wahrhaftig die Karriere eines Renegaten, wie sie im Jahrhundert der bürgerlichen Restauration gar nicht erfolgreicher sein konnte!

Als nun am 22. Januar 1871, kurz nach Mitternacht, die bewaffneten Befreier in das Mazas-Gefängnis eindrangen und den Gefängnisdirektor zwangen, die Rebellen freizugeben, kam ihnen auf dem kotigen, unbeleuchteten Gang, der ins Treppenhaus führte, außer Blanqui, Eudes, Millière, Vallès und Vermorel auch der als verschollen geltende Pyat entgegen.

Bevor wir die Personalakte Pyat vorübergehend schließen und ablegen — so leicht wird man »böse Geister« nicht los! —, müssen wir die historischen Fakten resümieren. Ein Rückblick, wenn auch nur in stenogrammartiger Kürze, ist notwendig Was war zwischen dem 31. Oktober 1870 und dem 22. Januar 1871 geschehen?

Der Belagerungsring war geschlossen worden, Paris hermetisch abgeriegelt. In der Stadt grassierten die Pocken. Hungersnot drohte. Die Rinder- und Hammelherden, die im letzten Augenblick, bevor es Nacht wurde in Paris und die Preußen kamen, in die Stadt getrieben wurden und im Bois de Boulogne das Gras abweideten, waren dezimiert. Schon wurde das Pferdefleisch rationiert. Alle Vögel, Krähen, Elstern, selbst die Spatzen waren ausgerottet. Nur die Brieftauben blieben unangetastet. Sie stellten neben den risikoreichen Ballonfahrten die letzte und einzige Verbindung mit der Außenwelt, mit der Provinz, mit dem zuerst ausgeflogenen Gambetta, dem Organisator der zum Entsatz der Seine-Metropole aufgestellten Loire-Armee, her.

In dieser hermetischen Abschließung, die immer undurchlässiger wurde, wucherten Gerüchte, schossen Wahnsinnsprojekte buchstäblich aus den Mauerritzen. Die Gaszufuhr war unterbrochen, ja schließlich ganz abgeschnitten, da das letzte Gas für die Füllungen der Ballons verwendet wurde, an die die Pariser eine irrsinnige Hoffnung knüpften, die ebenso vergeblich war wie das Vertrauen auf die militärische Befreiung von außen oder auf einen großen Ausfall aller Bewaffneten, die »Levée en masse«, die die Barbaren wie eine gewaltige Sturmflut einfach hinwegfegen würde. Ja, es gab diese Hoffnung, es gab Hypertrophie und Hysterie und, alles wie mit Schimmel überziehend, die schleichende Krankheit der Verzweiflung, die zum Chaos, zur Selbstaufgabe, zum Brudermord und au fond zum kollektiven Selbstmord führte. Zwischen Selbstüberschätzung, der Hybris der Ohnmacht und der zähneknirschenden Desillusionierung, die immer wieder in den Schreckensruf »Nous sommes trahis!« mündete, erfuhren die Pariser alle Abgründe der Existenz. Es war ein Zustand permanenten Entsetzens, der sich vor Gallienis glücklicher Marne-Offensive 1914 und dann in katastrophaler Form vor dem Einmarsch der Wehrmacht 1940 wiederholte. Dieses mutige Volk läßt sich von Mißerfolgen in eine Paranoia des Unterganges hineintreiben, eine Haltung, die für die Ambivalenz des gallischen Esprit, aber auch für die physische Struktur der Betroffenen charakteristisch ist. Die Kehrseite des Ruhmes und der Tapferkeit, der »Gloire«, ist die Selbstzerfleischung, der Amoklauf, die Anarchie. So war Paris in den Novembertagen, die auf die »Generalprobe« folgten, geradezu zum Harakiri entschlossen.

Das medizinische Bulletin hatte in einer Woche 500 Pockentote zugegeben. Da blies Trochu zum großen Ausfall. Lieber auf dem Schlachtfeld sterben, aber die Ehre retten, als in einem schmutzigen Winkel krepieren! Vorwärts, citoyens, formez vos bataillons! Die große Gegenoffensive mußte die Wende bringen. General Ducrot, ein fanatischer, tollkühner, aber erfolgloser Heerführer, der allerdings Napoleon ausdrücklich vor einem Krieg mit Preußen gewarnt hatte, da er den erbärmlichen Zustand der französischen Truppen kannte, der dann ebenso konsequent mit seinem Kaiser in die Gefangenschaft ging, schließlich das Abenteuer der Flucht aus dem Hungerlager wagte, dieser »wahre Krieger« – wie Trochu ihn nannte – sollte die Aktion vorbereiten und die Pariser zum Sieg führen. Er oder keiner konnte das Steuer herumwerfen.

Der Schlag sollte in südlicher Richtung erfolgen, da General Aurelle de Paladines gleichzeitig mit der Loire-Armee aus dem Raum von Orléans vorstoßen und den Sperriegel der Preußen aufbrechen sollte. Bei Coulmiers zeichnete sich vorübergehend sogar ein Erfolg des Vormarsches ab. Diese hoffnungsvolle Botschaft Gambettas traf am 18. November ein und versetzte die in Lethargie und Stumpfheit versunkene Stadt in einen euphorischen Rausch. Eine Entlastungsoffensive größten Ausmaßes schien angelaufen zu sein. So jedenfalls glaubten die von Siegesmeldungen nicht mehr verwöhnten Pariser und erwachten aus ihren bösen Träumen. Eine Botschaft, die sie in das entgegengesetzte Extrem peitschte.

»Von den tiefsten Tiefen der Verzweiflung sind wir zum Gipfel des Selbstvertrauens gelangt«, schrieb Henry Labouchere, ein Berichterstatter für »Daily News«. Man fiel sich unter

Tränen in die Arme, Fremde küßten einander, und die Freude am leichtsinnigen Spiel, an wortreichen Deklamationen riß die eben noch in Haß Entzweiten zu neuer Leidenschaft hin. Der Aufstand schien vergessen. Das Volk setzte auf die Trumpfkarte, die stechen mußte, wenn Gott die Pariser nicht für immer zu seinen Feinden machen wollte. Der Bann der Niederlage war – so glaubte das strahlende Paris, das sich wieder auf der Sonnenseite des Lebens befand – ein für allemal gebrochen. Was doch so ein Silberstreifen am dunklen Horizont vermag, und wenn es nur die kolossal übertriebene Nachricht eines Agenten ist, eines Bauern, den die Preußen als lebendigen Kassiber nach Paris schmuggelten, um ihn als Roßtäuscher auf die naiven Pariser loszulassen.

Coulmiers erwies sich als Fehlschlag, weil Paladines seine Chance nicht zu nutzen verstand. Er gab dem angeschlagenen bayrischen Korps von der Tann Zeit und Gelegenheit, sich neu zu formieren und den Vormarsch zum Stehen zu bringen.

Inzwischen hatte aber Ducrot Weisung, am 28. November, im Morgengrauen in der angenommenen Richtung, die zur Vereinigung mit der Loire-Armee führen mußte, loszuschlagen. Gelassen beobachteten die Preußen den Aufmarsch von 400 Geschützen, 54 Pontonbrücken – man mußte ja über die Marne setzen – und 80 000 Mann mit dem ganzen Versorgungsapparat: Bagage, Verpflegung, Munition und den unvermeidlichen Stäben. Die Ambulanzen vergaß man. Denn man rechnete nur mit dem Sieg. Selbst Victor Hugo, der Volkstribun und Paradedichter der Republikaner, reagierte verblendet und feierte das selbstmörderische Unternehmen als großes Ereignis. Er tat es mit dem barocken Pomp seiner metaphernreichen Verse, in einer Sprache, die gewisse Entwicklungen des Jugendstils vorwegnahm: der Sprache der Parnassiens, einer Gruppe von Literaten, die sich als Olympier verstanden.

Auch die Kommune konnte diesen an Phrasen patriotischer Observanz übersatten Stil nicht korrigieren. Es war ein seltsames, aber für die Unterschätzung der geistigen Revolution, die das Intermezzo der Kommune ja im Nachhinein auslöste, bezeichnendes Phänomen, daß die Parnassiens auch nach der Katastrophe des Deutsch-Französischen Krieges und der daraus resultierenden Volkserhebung für den künstlerischen Geschmack, für das Stilgefühl, für die Orientierung der Bevölkerung in literarischen Fragen maßgebend blieben. Sie behielten ihren eminenten Einfluß. Auch der soziale Strukturwandel der Gesellschaft, die industrielle Revolution, die ökonomischen Krisen konnten die Vormachtstellung dieser kastenartigen Gruppe nicht aufheben. Die Pariser Gesellschaft, die akademischen Einrichtungen, die sie repräsentierten, blieben von dem revolutionären Prozeß unbehindert. Maler wie Courbet, Manet und Pissarro, Dichter wie Rimbaud oder der 1867 gestorbene Baudelaire blieben Outsider, blieben die »Fauves«, die »Wilden« der neuen Republik der Restauration, wie sie »Bohémiens«, die »Halbseidenen« der Kaiserzeit gewesen waren. Nichts schien sich geändert zu haben. Es blieb den Outcasts, den »Poètes maudits« — wie sie sich nannten — vorbehalten, das geistige Leben zu prägen, zu verändern, zu verteidigen. Sie lebten weiterhin gefährlich in einer Gesellschaft, für die der ökonomische Trend, die Parole »enrichissez-vous!«, also die materielle Repräsentanz, der einzige gültige Ausweis der Qualität, der Zugehörigkeit bedeutete. Er war das Visum, das dem Bewerber um Aufnahme in ihre Clubs und Salons Eintritt verschaffen konnte.

Rimbaud hat in seinen »Illuminations«, die revolutionärer waren als alle Manifeste und Programme, einschließlich des »Kommunistischen Manifestes«, den Ekel vor der Demokratie, so wie er sie erlebte und wie sie sich nach all den Massakern restauriert hatte, in geradezu exotischer Fülle und mit größter Intensität formuliert, in Versen von umwerfender Brisanz. Rimbaud kam als einziger der dichtenden Zeitgenossen zu einer Erkenntnis, die das Weltgefühl der »Poètes maudits« reflektiert und den Nebel der nationalen Phrasen zerreißt:

»Die Fahne marschiert in die unsaubere Landschaft, und unser Kauderwelsch erstickt die Trommel.

In den Hauptstädten werden wir die schamloseste Hurerei hochbringen. Wir werden die vernünftigen Empörungen niedermetzeln.

Hin in die gepfefferten und erschlafften Länder! — im Dienst der ungeheuerlichsten industriellen oder militärischen Ausbeutung.

Auf Wiedersehen hier, ganz gleich wo. Rekruten des guten Willens, werden wir uns an die Philosophie der Barbarei halten; Stümper in der Wissenschaft, Wüstlinge im Genuß des behaglichen Lebens; krepieren muß die Welt, wie sie heute läuft. Das ist der wahre Fortschritt. Vorwärts los!«

Dieses Fragment revolutionärer Poesie, echter Dichtung und großer Kunst ist das lebendige Gegenstück zu Victor Hugos totem Pomp, der eher blasphemisch als überzeugend wirkt und im Grund ohne jede Wirkung auf den kritischen Zeitgenossen bleiben mußte. Die Phrase erschlägt den poetischen Impetus. Hier seine Stimme am Vorabend der gewaltigen Anstrengung Ducrots und seiner Männer, den Ring aus Kruppstahl zu brechen und Paris freizukämpfen:

»Wir erreichen das Ufer der schrecklichen Furt;
Dort ist der Abgrund, taub, umschattet, düster, entsetzlich;
Am andern Ufer erwartet uns Heimsuchung; wir schreiten voran;
Wir blicken uns nicht um;
Bleich erreichen wir den erhabenen Steilhang
Und stoßen mit dem Fuß die Planke in den Abgrund.«

Nun war der wortmächtige Dichter allerdings nicht dabei, als die Rothosen die Steilhänge vor dem Plateau stürmten und fielen, bis das Gelände mit Toten besät war und es dort oben aussah, als wären über Nacht Tausende hektisch blühender Blumen aus dem regenverschlammten Erdreich aufgeschossen.

Am 28. November begann der Totentanz. Mit einer massierten Kanonade eröffneten die Belagerten die Offensive. Die Festungsbatterien aller Forts der südlichen Front hämmerten eine ganze Nacht lang gegen den Einschließungsring. Der eifrige Memoirenschreiber Goncourt beschrieb auch dieses Schauspiel mit der Akribie und Liebe zum Detail, wie es selbst einem Frontberichterstatter des modernen Krieges nicht besser gelingen konnte. Vom Dachboden seines Hauses bot sich ihm ein faszinierendes Bild. Unter einem Himmel, der – wie Goncourt berichtete – in jener Nacht sternenlos war, bemerkte er »vom Fort de Bicêtre bis zum Fort d'Issy (das sind die mächtigen Châtillon vorgelagerten Bastionen, die vier Monate später zu Schlüsselpositionen der Kommune werden sollten und die mit einem Radius von fünf bis sechs Kilometer Breite eine Feuerwirkung von enormer Durchschlagskraft erzielten) auf der gesamten Fläche jener großen, halbkreisförmigen Linie eine Aufeinanderfolge kleiner feuriger Punkte, die sich entzünden wie Gaslaternen und denen dunkles Grollen folgt. Diese laute Stimme des Todes mitten in der schweigenden Nacht ist ergreifend. Nach einiger Zeit fallen heulende Hunde in das donnernde Erz ein, weinerliche Stimmen von aufgewachten Leuten beginnen zu flüstern, Hähne stoßen ihre hellen Töne aus. Dann sinkt alles wieder in Schweigen zurück, Kanonen, Hunde, Hähne, Männer und Frauen.«

Ein Naturvorgang – man mag ihn bösen Zufall oder tückisches Schicksal nennen – kam den bedrängten Preußen zu Hilfe und störte Ducrots wohldurchdachten Plan. Die Marne führte überraschend in der Nacht, da die Pontons über den Fluß gebracht werden sollten, um bei Bry und Champigny in der großen Schleife von Villiers Brückenköpfe errichten zu können, Hochwasser. Sämtliche Brücken waren während der ersten Kämpfe um Paris gesprengt worden. Dieser nicht voraussehbare und daher nicht in den Aktionsplan einkalkulierte Zwischenfall zwang den General, den Angriff der Infanterie um vierundzwanzig Stunden zu verschieben, entscheidende Stunden, da durch diese Verzögerung der Überraschungseffekt des Bombardements vom Vortag verlorenging und die ersten Teilerfolge von Anfang an in Frage gestellt, ja gleich aufgehoben wurden.

Dennoch gelang es Ducrots Elitetruppen unter dem Schutz eines gewaltigen Sperrfeuerriegels des Forts Nogent, die Tagesziele Champigny und Bry zu nehmen und zu halten, bis Moltke eine Division Sachsen herangeführt hatte und den Stoß abzufangen und zum Gegenangriff überzugehen vermochte. Ducrot hatte zwar rechtzeitig den schlimmen Streich erkannt, den das Hochwasser der Operation gespielt hatte und Trochu in einem »Zustand unbeschreiblicher Erregung« davon berichtet, aber es war zu spät, um die Truppen noch umgruppieren zu können und den Ausfall eventuell an einen anderen Frontabschnitt zu verlegen. Fast 100 000 Mann waren ja bereits im Einsatz. Die Verstärkungen, die die bedrängten Württemberger im letzten Augenblick auf dem Plateau von Villiers durch Moltkes Gegenmaßnahmen erhielten, genügten jedenfalls, um den französischen Angriff nicht nur zum Stehen zu bringen, sie brachten auch die Wende. Welle auf Welle brach im zusammengefaßten Abwehrfeuer der Deutschen zusammen. Zwar stürmten Zuaven einige Barrikaden und Geschützstellungen, aber Moltke führte aus der Tiefe immer neue Reserven heran, so daß Ducrot sein Kampfziel nicht mehr erreichen konnte. Das Plateau, in Rauch gehüllt, in nebelhafte Ferne gerückt, wurde von Stunde zu Stunde uneinnehmbarer.

Tommy Bowles, ein Begleiter und Chronist der Nationalgarde, beschrieb diesen Tag, an dem die Hoffnung der »nationalen Verteidigung« für Trochu und seine Generale für immer begraben wurde:

»Ich sah die französischen Plänkler dichtgesät an der Flanke des Hügels in einer Entfernung von dreihundert Metern, und ein wenig darunter feuerten die Preußen aus dem Wald auf sie. Nach ein oder zwei Minuten wurde die Schießerei Ernst – ein rollendes, prasselndes, knatterndes Feuer, das dann und wann zu einem unaufhörlichen Brüllen anschwoll. Die Straße auf der rechten Seite war teilweise von Bäumen verdeckt, aber ein zusammenhängender Vorhang aus weißem Rauch, der sich von der übrigen Linie unterschied, deutete mir die preußische Barrikade an. Plötzlich lichtete sich der Rauch über der Barrikade und wurde nicht wieder ergänzt, und gleich darauf sah ich einen Schwarm Männer auf die Barrikade zurennen, die nun mit aufgepflanzten Bajonetten genommen wurde.«

Der mutige Zeuge des Kampfes sah auch noch die Kehrseite der Attacke, die sich abzeichnende Niederlage:

»Ich ging wieder vor und sah die Plänkler *hinter* ihren Wällen eher zusammengekauert als gesammelt, während die Straße, vorher vollständig verlassen, jetzt mit Versprengten bedeckt war, die sich müde und niedergeschlagen auf das Dorf zu bewegten. Von der Front kam ein Gendarm wütend auf sie zugeritten, der sie fragte ›Sind Sie verwundet?‹ und auf die negative Antwort hin sie anfluchte, zur Front zurückzukehren. Ich sah, daß das Kriegsglück sich wirklich sichtbar gewendet hatte. Die Franzosen rannten über die Kammlinie zurück, und der Nachschub hatte sich mit der Artillerie in das Tal auf eine Linie zurückgezogen, auf deren Rechten das Dorf lag.

Als ich mich umblickte, bemerkte ich, wie die preußische Artillerie auf dem Hügel erschien, eine halbe Wendung machte und sofort eine Granate in das Dorf schoß, die hinter mir ein Haus in Trümmer sprengte ...

Jetzt war es halb eins. Ich kehrte zu dem Platz mitten im Dorf gegenüber der Kirche zurück. Eine derartige Szene, wie sie sich in einem oder zwei Augenblicken vor mir entfaltete, muß ich hoffentlich nie wieder erleben. Das Pflaster war mit Verwundeten bedeckt, die gewöhnlich halb entkleidet waren und hilflos dalagen, während ein Wundarzt sein möglichstes tat, um sie zu versorgen. Mitten auf dem Platz kämpfte und rang ein gärender Soldatenmob um den Durchgang durch das Dorf, ohne Ordnung, ohne Führer, ohne irgendeine Vorstellung, was zu tun oder wohin zu gehen sei – außer den Preußen auszuweichen ...«

Auch Ducrots persönlicher Todesmut konnte die Katastrophe nicht aufhalten, er selber »brach seinen Degen im Leib eines deutschen Soldaten«. Das Fiasko war komplett, als noch in der folgenden Nacht die Preußen mit weiteren Gegenangriffen die Brückenköpfe zernierten. Bry und Champigny lagen unter pausenlosem Beschuß der Krupp-Geschütze. Noch eine Nacht hielten sich die Zuaven und Einheiten der Linie in ihren Igelstellungen. Dann ließ Ducrot zum Rückzug sammeln, er nahm die Reste seiner Sturmtruppen im Schutz des Nebels über die Marne in die Stadt zurück. 12 000 Tote blieben auf dem Schlachtfeld, das Preußen endgültig beherrschte und das die Annahme der harten Friedensbedingungen für die Pariser Regierung nun unumgänglich machte. Denn es gab keine kampffähige, vor allem keine einsatzbereite Armee mehr hinter den Festungsmauern, an die sich die Geschlagenen nun klammerten. Einen Erfolg konnte Trochu allerdings für sich buchen, und wenn es auch kein Sieg war, den er feiern konnte, so doch einen traurigen Triumph über den Rebellen Flourens. Denn dieser seit dem 31. Oktober gesuchte notorische Unruhestifter konnte auf dem Schlachtfeld gefaßt werden. Er hatte sich, besorgt um seine Gefährten, die »Tirailleurs«, die hohe Verluste erlitten, rücksichtslos und ohne an seine Sicherheit zu denken ins Getümmel geworfen. So gelang dem General Thomas die

Festnahme des gefährlichen »Volkshelden«. Paris begann nun die ganze Härte einer Belagerung zu spüren, die kein Hoffnungsschimmer mehr erträglicher machte. Zwei Millionen Pariser verfügten über ausreichende Mittel, um Eßwaren auch zu Über- und Wucherpreisen zu erwerben. Man muß sich somit hüten, die Ereignisse zu dramatisieren. Goncourt und die vermögende Bourgeoisie, die Wohlstandsbürger des zweiten Kaiserreichs und seiner Parole »Bereichert euch!« litten keine Not. Sie tafelten im Café Brébant und hatten »nicht ein einziges Mal bemerkt, daß sie in einer Stadt von Millionen belagerten Seelen speisten«.

Die Rationierung, die daraus resultierende Hungerszeit für die Bewohner der Elendsquartiere, welche nicht in der Lage waren, den zehnfachen Preis für Butter und Fleisch auf dem »Schwarzmarkt« oder von Bauern, die die deutsche Blockade durchbrachen, zu kaufen, galt nur für die Geschlagenen, für die Proletarier aus Belleville und Ménilmontant. Für sie gab es zum Diner Ratte zum Preis von 0,50 Franc pro Pfund.

Aber ein Vergleich mit den verheerenden Hungerkatastrophen, wie sie der moderne Belagerungskrieg auslöste, ein Vergleich also mit dem belagerten Leningrad, mit Warschau oder Berlin, läßt diese Episode fast wie ein Idyll am Rande eines human geführten Krieges erscheinen, wenn diese Simplifizierung eines an sich schon brutalen Geschehens nicht einer Glorifizierung des Barbarismus gleichkäme. Nachweislich starben in den sechs Monaten der ersten Belagerung — nicht der Bürgerkriegsbelagerung! — nur Kinder am Hunger, und auch das hielt sich in Grenzen. Ratten, Schnaps und Prostitution waren die charakteristischen Merkmale, die Chiffren für die Existenz des vom Lebensgenuß verwöhnten Normalbürgers im Paris des Winters 70/71. In Leningrad starben in einem einzigen Monat, im Januar 1942, *täglich* 9000 Menschen an Unterernährung; sie verhungerten, erfroren, verendeten in ungeheizten Räumen, in Kellern und auf den Straßen. Von diesem Schrekken in seiner letzten unmenschlichsten Steigerung blieben die Pariser verschont. Es gab keine Panik des Todes, aber daher auch keinen verzweifelten Verteidigungskampf der *ganzen* Bevölkerung. Man arrangierte sich. Und warum oder wofür sollten z. B. Goncourt und seine Freunde kämpfen, solange es im Café Brébant so gepflegt zuging und Victor Hugo weiterhin Durchhaltelyrik am Fließband produzierte, einen düsteren Heroismus verkündend?

»Die Höllenkreise sind da, düstere Spiralen;
Haß, Winter, Krieg, Trauer, Pest, Hunger, Langeweile.
Paris hat die sieben Knoten der Finsternis über sich.«

Goncourt dagegen beklagte sich *nur* über die Langeweile und sprach von der Belagerung als von einer »Tragödie, die keinen Höhepunkt erreicht«.

Während 70 Jahre später ganz Leningrad gegen den Feind aufstand, ganz Warschau auf den Barrikaden kämpfte und in Flammen unterging, Budapest sich gleichzeitig gegen einen inneren Feind, das Regime Rakocsy, und gegen einen äußeren, die sowjetische Besatzungsmacht, erhob, kultivierten die Intellektuellen im Paris der deutschen Belagerung ihren Weltschmerz. Sie dachten nicht entfernt daran, ihr Leben für die »Kultur« und gegen die »Barbarei« einzusetzen. Die Nationalgarde lag in ihren verwanzten Kasernen und Quartieren, wartete auf den Tag X, den großen Einsatz, der nicht kam. Also vertrieb man sich inzwischen auch dort die Zeit, die ungenutzte Dienstzeit, die arbeitsfreie Zeit, an der kein Mangel war – der Sold wurde pünktlich gezahlt, die Frauen waren versorgt, Strichmädchen gab es schon für eine Brotrinde –, mit Spielen, Trinken und gelegentlichen Prügeleien, wobei manchmal auch mit dem Bajonett und Chassepot nachgeholfen wurde, nach der fröhlichen Parole: »Wenn es draußen regnet, findet der Krieg im Saale statt.«

Alistair Horne vermittelte ein eindrucksvolles Stimmungsbild von dieser chaotischen Situation, es illustriert die hoffnungslose Verfassung und Fäulnis, die alles befallen hatte:

»Ein Bataillon war zum Beispiel als Ersatz für die erschöpfte Garnison nach Fort Issy ausgesandt worden, aber am nächsten Tag wurde es vom Kommandanten des Forts wieder nach Hause geschickt mit der Begründung, es sei betrunken angekommen, habe die ganze Nacht untereinander gekämpft, und er ziehe es vor, mit seinen erschöpften Männern weiterzumachen. Die Nationalgarde besaß allerdings eine Entschuldigung in der

Langeweile ihres Müßiggangs, und man hatte stets zu wenig vorbeugende Disziplin von ihr verlangt. Ein typischer Fall war jener Krämer, der es ›laut Whitehurst‹ ablehnte, Wache zu stehen, ›weil es kalt und naß war‹; oder das gesamte 147. Bataillon, das sich weigerte, auf die Außenposten zu marschieren, weil seine Frauen während des letzten Einsatzes keine Unterstützung bekommen hatten. Die Belleviller hielten Disziplin grundsätzlich für unerwünscht. ›Wozu nützt die Disziplin?‹ fragte ein Redner im Klub Favier mit ungewöhnlicher, wenn auch fehlgeleiteter Logik, als die ›Tirailleurs‹ von Flourens aufgelöst wurden. ›Wozu hat sie uns bis jetzt gedient? Sie hat uns dazu geführt, daß wir von den Preußen geschlagen wurden. Es waren die disziplinierten Truppen, die bei Reichshoffen, bei Forbach, bei Sedan besiegt wurden; es waren die disziplinierten Truppen, die bei Metz kapitulierten.‹

Es waren bestechende Argumente, Argumente, wie sie z. B. im Spanischen Bürgerkrieg die Anarchisten vortrugen, eine – militärisch gesehen – defätistische Logik, die zur Niederlage der Republikaner im Kampf gegen Franco und die »faschistische Disziplin« seiner Truppen wesentlich beitrug.

400 000 Nationalgardisten lungerten untätig durch Paris. Ihre bloße Anwesenheit schuf eine latente Gefahr. Und während die Kanonen der Preußen von den umliegenden Höhen ihr tägliches Belagerungssoll an Granaten in die Stadt feuerten – im Grunde wirkungslos, denn die Beschießung konnte die Kapitulation nicht herbeizwingen –, breitete sich die Paralyse der Herzen und Hirne wie ein Flächenbrand über das ganze Areal von Groß-Paris aus. Aber nicht daran allein scheiterte die Regierung der nationalen Verteidigung, sie litt an der schleichenden inneren Zersetzung, an ihrer Entschlußlosigkeit, an ihrer mediokren geistigen Verfassung, kurz an einem chronischen Mangel an Format.

Noch einmal rafften sich Teile der Nationalgarde am 18. Januar zu einem Marsch gegen den westlichen Einkreisungsring auf. Goncourt, der überall dabei war, wo es etwas Schockierendes zu kommentieren gab, notierte zynisch über dieses letzte Aufgebot des Widerstandes:

»Ich bin vor allem betroffen darüber, wie sehr die Arbeiterklasse durch den Luxus des Wohlstandes (sic!), den ihr der Kaiser gegeben hat, demoralisiert worden ist. Sie ist männlich, kriegerisch, wagemutig gewesen, und jetzt ist sie geschwätzig und sehr sparsam mit ihrer Haut geworden. Die Liederlichkeit der Nationalgarde übersteigt alles, was ein erzogener Mensch nur ersinnen könnte.«

Goncourt haßte die bewaffnete Volksmacht. Es war die Abneigung des Snobs gegen das Elend, des Aristokraten und Intellektuellen gegen den Klassengegner. Es war eine wölfische Witterung, die das Primitive mit dem Gemeinen gleichsetzt und die existentielle Not als Selbstverschulden betrachtet, sie für verachtenswert hält. Als Goncourt die Nationalgarde dann auf dem Marsch zur Front beobachtete, belustigte ihn dieses makabre Schauspiel. Er besaß kein Fünkchen Achtung oder Sympathie für die Todesentschlossenen.

»Ein großes, stolzes Schauspiel war diese Armee, die auf die vernehmbare Kanone zuging, in ihrer Mitte weißbärtige Zivilpersonen, die Väter waren, und bartlose Gesichter, die Söhne waren, dazu in den halboffenen Reihen Frauen, die das Chassepot ihres Gatten oder ihres Liebsten über der Schulter trugen. Es ist nicht zu beschreiben, wie malerisch der Krieg durch diese Bürgermenge wurde, begleitet von Kutschen, noch nicht gestrichenen Omnibussen und Lastwagen, die einst Klaviere beförderten.«

Wieder konnten an diesem 18. Januar Linientruppen, Zuaven und die noch jungen Bataillone der Nationalgarde gute Ausgangspositionen gewinnen und beträchtliche Anfangserfolge erzielen. General Vinoys Regimenter drangen in Saint-Cloud, nur acht Kilometer vor Versailles, ein. Sie bedrohten dadurch das preußische Hauptquartier und stifteten dort Unruhe und Panik. Der Kronprinz vertraute seinem Tagebuch an, was er sah und was ihn verstörte: »Als ich mich morgens zum Vortrag beim Kaiser begab, waren in der Präfektur die Fourgons gepackt, auch alle Vorbereitungen zu einem schleunigen Aufbruch getroffen worden.«

Der zwei Tage zuvor im berühmten Spiegelsaal zu Versailles zum deutschen Kaiser proklamierte König Wilhelm — in dieser durch den Druck Bismarcks erzwungenen Krönung sah der »eiserne Kanzler« das Ziel seiner politischen Träume verwirklicht: die Großmachtstellung Preußen-Deutschlands — beobachtete vom Aquädukt von Marly aus mit wachsender Besorgnis die Entwicklung der Kämpfe und den Frontverlauf. Selbst der gelassene Moltke war für Augenblicke konsterniert, als die Zuaven die stärkste Schanze von Montretout attackierten. Die Verteidigung dieser Riegelstellung vor dem Plateau La Bergerie wurde später in der deutschen Kriegshistorie zu einer Heldenlegende aufgewertet, an der sich jungdeutscher Patriotismus berauschte. Hier wurde ein ganzes Regiment aus Posen von der Wucht des französischen Angriffs überrollt. Mehrere preußische Batterien verloren ihre gesamte Geschützbedienung. Die Räumung von Versailles schien notwendig zu werden.

General Ducrot, Symbolfigur französischer Hoffnung, war unermüdlich im Sattel seiner stolzen Araberstute und spornte die ermüdeten Eliteeinheiten der Linie immer wieder zu größter Bravour an. Aber, wie schon oft im Verlauf dieses unglückseligen Feldzuges, so klappte das Zusammenspiel mit seinem Kameraden, dem General Bellemare, auch hier nicht. Keiner wußte vom anderen, jeder verzettelte seine Truppen, versäumte die richtigen Einsätze, verpaßte die Chancen zum Durchbruch auf Versailles. Wieder einmal scheiterten Elan und Todesmut an der verworrenen Strategie der ehemals kaiserlichen Heerführer, denen außerdem der Glaube an diese ihnen suspekte Republik fehlte. Sie exerzierten hohe, aber veraltete Kriegsschule.

So kam es zu halkyonischen Szenen, zu Exzessen der Halt- und Ratlosigkeit, als der Erfolg nicht mehr sicher, der Sieg nicht mehr zu greifen war. Auf einem kahlen, froststarren, leichentuchweißen Feld bei Buzenval, also auf dem rechten Flügel der Angriffsfront, zerfetzten die preußischen Batterien über viertausend Mann der Linie und fünfzehnhundert Nationalgardisten. Ducrot, der den Tod suchte, blieb ebenso verschont wie sein Kaiser am 1. September vor Sedan. Alles flutete zurück in die verstopften Straßen des inneren Verteidigungsringes, nach Auteuil und Montparnasse.

Nun folgte Schlag auf Schlag. Chanzy, der General ohne

Chance, war mit seiner Loirearmee nicht nur steckengeblieben, sondern vernichtend geschlagen worden. Die auf Initiative von Gambetta buchstäblich aus dem Boden gestampfte Streitmacht war im Gegenschlag der vereinigten Preußen, Bayern, Sachsen und Württemberger einfach von der Generalstabskarte gewischt und ausradiert worden. Das war das Ende.

Trochu gab zu, daß die Partie verloren, daß jeder weitere Widerstand sinnlos sei und daß er »die Verantwortung für irgendeine neue Operation, die ein Gemetzel sein würde ohne ein militärisch zu rechtfertigendes Ziel, nicht übernehmen könne«. Daraufhin verlangte die Regierung, vor allem Trochus Partner Jules Favre, den sofortigen Rücktritt des gescheiterten »Gouverneurs von Paris«. Trochu ging, nicht ohne ein in dieser Stunde in seiner Lächerlichkeit zynisch wirkendes, pathetisches Bonmot, eine Blasphemie, die den Leichtsinn dieser ganzen, von Korruption und Nachlässigkeit ausgehöhlten Führung erkennen läßt, zum besten zu geben. Beim Verlassen des Hauptquartiers posierte er als Schmierenhamlet der »nationalen Verteidigung«: »Ich bin der Jesus Christus der Situation!«

Er war ein Dilettant in einer blutigen Posse, für den die Regie allerdings kein Kreuz vorgesehen hatte, an das ihn dann die Rächer der Kommune allzugern genagelt hätten, wenn er sich nicht rechtzeitig mit der Regierung nach Versailles abgesetzt hätte. Auch hier waltete wieder die berüchtigte, oft beschworene und ebensooft falsch verstandene und – gäbe es einen Komparativ – noch falscher interpretierte Ironie der Geschichte: Versailles, Hochburg und Freudentempel der Sonnenkönige, Symbol der gallischen Leichtigkeit, Inbegriff des Glanzes und der großen kulturbewußten Attitüde, wurde nacheinander Hauptquartier der deutschen Invasionsarmeen, Symbol ihrer militärischen Überlegenheit, Chiffre für die Kettenreaktion der Revanche, die das gallische Denken seit diesem Unglücksjahr 1870 mehr und mehr verkrustete, und schließlich Fluchtburg und ebenfalls Hauptquartier der exilierten Regierung der sogenannten »nationalen Verteidigung«, die dann in einem mörderischen Bruderkampf ihre Schande abwaschen wollte: Hauptquartier der militärischen und moralischen Niederlage also. Denn nur ein vollends entehrtes Frankreich konnte diesem Anachronismus wieder zur Legitimität verhelfen. Zuvor mußten die Kräfte der Revolution und Erneuerung – mit allen ihren Fehlern und Schwächen – in Feuer und Blut erstickt werden. Dann sollte dieser vergiftete Organismus des französischen Volkes wieder atmen und leben lernen, wieder auf Krücken in die europäische Geschichte zurückfinden. Aber bevor diese heilsame Gewaltkur, diese Roßkur absolviert war, sollte Unglaubliches geschehen. Denn die Alternative der Niederlage hieß spätestens vom 22. Januar an: La Commune! Nun war ihre Sonne aufgegangen.

Aber ein paar Hinweise zur Konstellation. Auf Trochu, den »Jesus-Christ de la situation«, war der harte, unbeugsame General Vinoy gefolgt. Er und Jules Favre bekamen den bitteren Auftrag, mit Bismarck den Waffenstillstand unverzüglich abzuschließen. Während sich diese Männer auf ihre undankbare Rolle vorbereiteten, formierte sich die vorübergehend zum Schweigen gebrachte Revolution unter Delescluze, dem einzigen in Freiheit agierenden Kopf der extremen Linken, neu. Das patriotische Fieber hatte diesen alten Jakobiner nicht ergriffen und auch nicht täuschen können, er wußte, daß selbst ein Sieg über die Belagerer nur eine Verzögerung der endgültigen Niederlage sein würde. Trochu war kein Hannibal und Paris kein Karthago.

Delescluze hatte noch am 6. Januar in selbst entworfenen Plakaten, die von den »Delegierten der 20 Arrondissements« unterschrieben waren, nicht ganz ohne Hintergedanken die Ablösung der Regierung Trochu und den sofortigen Einsatz der Nationalgarde auf dem Schlachtfeld gefordert.

Der alte erfahrene Taktiker handelte ganz im Geist Marats und Robespierres, wenn er die Folgen dieses Einsatzes kühl vorausberechnete und in seine Kalkulation einbezog.

Es waren rote Plakate, denen nur noch die Embleme Hammer und Sichel fehlten, aber sie waren auch so provokant genug, um den Parisern das Grollen des Vulkans anzukündigen. Provokant, weil dieser Appell die Pariser Bourgeoisie zwang, die scheinheilige patriotische Maske abzulegen und zu gestehen, daß ihnen »Bismarck lieber als Blanqui« wäre, also den Verrat, den beabsichtigten Verrat offen zuzugeben.

Kaum ein Ereignis konnte der Kommune mehr entgegenkommen als dieses perfide Geständnis und dann – die Niederlage von Buzenval. Denn nun, da die Nationalgarde ihr Blut für die Bourgeoisie vergossen hatte, erwies sich die Maßnahme ihrer Bewaffnung und ihres Einsatzes als Bumerang für die bürgerliche Regierung. Sie war in die von Delescluze und seinen Extremisten gestellte Falle gegangen. Sie war im patriotischen Feuer mitverbraten worden, ihr Prestige war verschmort und ihr Widerstand gegen die Deutschen *und* die kommende Revolution war gebrochen. So – man kann es unterstellen, ohne die Leistung und die Persönlichkeit des ehrlichen Revolutionärs Delescluze im geringsten anzutasten –, so war es also gemeint! Diese Niederlage paßte in das Revolutionskonzept, sie machte den Weg frei für die gedemütigte und von ihren falschen Führern ins preußische Feuer gejagte Nationalgarde, deren *bürgerliche* Kommandeure nur auf Verrat sannen. Der schreckliche Ruf »Nous sommes trahis!«, der wieder einmal durch die Straßen von Belleville und Montmartre geisterte, bekam nun eine brisante Glaubwürdigkeit. Nachdem der moralische Impetus des totalen Widerstands verdampft, der patriotische Furor erloschen war, mußte die Flamme der Empörung nach innen schlagen. »Jesus-Christ« Trochu fungierte in diesem Prozeß der Negation, der Umkehrung aller Werte, als Katalysator. Ein Rohrkrepierer, der das bürgerliche Geschütz samt Bedienung einfach aus der Arena fegte.

So war die Situation, als am 22. Januar zum erstenmal in diesem schwierigen, langwierigen und komplizierten Prozeß der Revolution – des Umschlagens der Quantität in eine neue Qualität – Franzosen gegen Franzosen kämpften. Es war der Augenblick, da Delescluze und Pyat, die verfeindeten Jakobiner, wieder auf der Szene erschienen, da Flourens, Blanqui, Vallès, Eudes und die anderen Gefangenen des 31. Oktober aus dem Mazas-Gefängnis befreit wurden und die proletarischen Bataillone, angeführt von dem Bataillon Bastille, vor das Stadthaus zogen.

Würde es zum Kampf kommen? Hatte der Funke gezündet, der die geballte Ladung zur Explosion bringen würde? Wem würde die Entwicklung in dieser Stunde recht geben?

Es sollte sich herausstellen, daß die Zernierung der Gefangenen auch die Organisation der in viele Klubs aufgespaltenen Extremisten gelähmt und ihre Zusammenfassung in einer geschlossenen Aktion verhindert hatte. Delescluze konnte allein keinen strategischen Plan entwerfen und durchführen. Wieder war die vorgehende Masse führerlos, ihre spontane Aktion ergebnislos. Aber es ereignete sich ein Vorfall, der als der folgenreichste in der vorrevolutionären Phase der Kommune anzusehen ist: Es fielen Schüsse aus dem Stadthaus, und sie töteten fünf Demonstranten und verwundeten achtzehn schwer. Es waren Männer der Nationalgarde des Bataillons Belleville, an deren Spitze sich die fahnenschwingende »Pasionaria« Louise Michel – in Uniform mit Feldmütze – gesetzt hatte. Für Louise Michel, die »rote Jungfrau«, bedeutete dieser Tag die Feuertaufe. Als sie sah, wie ein Soldat der Wache, auf Befehl seines Kommandeurs Gustave Chaudey, dem stadtbekannten Anarchisten Sapia mit einem wohlgezielten Hieb den Schädel spaltete, warf sie sich hinter einen umgestürzten Bus und eröffnete ein Scharfschießen auf die Fenster des Stadthauses, das so lange die Zwingburg der Reaktion gewesen war.

Sapia, ein krankhaft mordlüsterner Psychopath, verkörperte den Typ eines Revolutionärs ohne Programm, ohne ethisches, moralisches oder gar politisches Bewußtsein, einen Typ, den die Historie erfinden müßte, wenn er sich nicht für jede hochexplosive Situation anbieten würde. Ein Typ, der es seinen Gegnern leichtmacht, die Sache, für die er sich schlägt, zu diskreditieren. Der Casus belli des zivilen Krieges bringt diese exzessiven Erscheinungen hervor und reißt sie mit in die Tiefe, sobald sich die Anarchie der Revolution bemächtigt und sie um die Früchte ihrer Anstrengung bringt. Denn es sind diese Typen, die bisher noch jede Volkserhebung pervertiert haben und die Erinnerung an sie in die Schrecken der Apokalypse verwandelt. Fälscher haben es dann leicht, die positiven Elemente der Revolution zu diffamieren. Sie weisen mit erhobener Schwurhand auf diese radikalen Grenzfälle, um so mit den Auswüchsen das ganze Geschehen als verbrecherischen Amoklauf, als Aufstand des Mobs zu verdächtigen und abtun zu können.

Sapia und Louise Michel sind extrem konträre Erscheinungen, aber Äußerungsformen der gleichen blinden Wut, deren sich eine entfesselte Natur bedient, um ihre Chiffren zu setzen. Nur, Louise Michel war eine breit angelegte Persönlichkeit, in der Instinkt und Intellekt, Energie und Wissen ein Wesen geformt hatten, das sich seiner historischen Rolle bewußt war, eine auch sinnlich äußerst reizbare Frau, die in ihrer wilden Entschlossenheit das geschichtliche Ziel, die Erhebung der Erniedrigten und Beleidigten, keinen Augenblick aus den Augen verlor. Denn sie war aus der illegitimen Verbindung eines Grafen mit seiner Hausgehilfin hervorgegangen, sie erfüllte einen »inneren Auftrag«, wenn sie sich auf die Seite der Revolution schlug und stellvertretend für alle Ausgestoßenen, Mißbrauchten und Gedemütigten kämpfte. Aus solchen Quellen nahm sie ihre Kraft, aus solchen Untiefen brach ihr Feuer hervor und bestimmte sie zur Anführerin der Frauenbataillone. Keine teuflische Megäre, als die Zeitgenossen sie abstempelten, um die Revolution zu schmähen, sondern eine echte »Pasionaria«, wie sie Delacroix in seinen kühnsten Visionen nicht stolzer träumen konnte.

Kommandant Chaudey aber wurde ein Fall für den »Procureur« Rigault, an ihm wurde das »Geiselgesetz« wirksam und, als die Stunde Null dann gekommen war, ein Exempel statuiert. Chaudey wurde in der »semaine sanglante« für die Salve, die die ersten Rebellen vor dem Stadthaus niederstreckte, liquidiert.

Die ersten Toten — die ersten Märtyrer: So bahnt sich revolutionäres Geschehen an, so wird die erste Phase des Aufstandes eingeleitet, in dem bekanntlich nicht nach dem Psychiater gerufen wird, sondern lediglich nach Symbolen, nach Zeugen: toten oder lebenden, das bleibt sich gleich. Aber tote Zeugen eignen sich vorzüglich zur Verwendung als Symbole, deren die Bewegung bedarf, um aus ihrem vorrevolutionären, latenten Stadium in den eigentlichen Prozeß überleiten, um ihn auslösen und beschleunigen zu können. Dann wird die Magie der aus langem Schlaf erwachten Mythen wirksam. Für den Außenstehenden, den nicht unmittelbar Beteiligten, den indifferenten Beobachter (für den die Revolution vor dem Fernsehschirm stattfindet), wird diese vor aller Augen sich vollziehende Umwandlung bestehender Gesellschaftsformen und ihrer Institutionen in der Komplexität von Legislative und Exekutive erst erkennbar, wenn er selbst einbezogen, betroffen wird. Erst wenn die Partisanen ihre Schlupfwinkel im Verborgenen verlassen und Stellungen auf der offenen Szene beziehen, nimmt der Zuschauer das Schauspiel wahr, in das er nun verstrickt wird.

So beginnt die Eskalation der Tragödien nach einem Stufenplan der Entwicklung, lautlos erst und im Untergrund, dann mit der Gewalt einer Explosion. In der zweiten Phase gibt es keine Außenstehenden und Beobachter mehr, keine kühle Distanz, nur noch Ergriffene, Leidende, Kämpfende und Opfer. Niemand wird in dem Massaker, das nun anhebt, Sieger sein können, auf lange Sicht niemand. Alle Erfolgsmeldungen werden zu spät kommen. Denn die Gleichung: hier Sieger – dort Besiegte stimmt nicht, sie geht niemals auf, wo Terror und Gegenterror die Rechnungen präsentieren. Ob die Opfer nun Sapia oder Chaudey, Delescluze oder Louise Michel – die ihr leidenschaftliches Engagement in der Hölle von Numea verdampfen sehen mußte, als die Partie verloren war – heißen: sie alle sind nur Bauern auf dem Feld des Zufalls. Sie quittieren die Rechnung mit ihrem Leben, aber die Spieler haben gezinkte Karten, und ihr Match ist immer gefälscht.

Da sehen wir sie kämpfen, fallen, im Feuer der Mitrailleusen, vor dem Peloton, den unwilligen und schnell herbeigerufenen Mordkommandos, hören ihren Schrei, der das Leben beschwört und den Tod herbeiruft, den Schrei des Hasses, des Triumphs, des Entsetzens und der Psychosen: die unheilbare Krankheit des kollektiven Selbstmords, an der die Menschheit zugrunde geht. Sinnlos. Warum?

Die Revolutionen enden stets mit einer Frage. Es ist die gleiche Frage, auf die es keine Antwort gibt, da auch diese Antwort blind, zufällig, ratlos, verworren, eine Antwort der Anarchie sein wird. Es gibt keine verbindliche Auskunft über den Sinn, das Ziel und die Ergebnisse eines revolutionären Kampfes, der die Opfer, die er gefordert hat, jemals rechtfertigen würde. Vielleicht werden wir dem Phänomen gerecht, wenn wir seine Unvermeidbarkeit hinnehmen, wenn wir den Mut haben, zuzugeben, daß alle angebotenen Patentlösungen, alle denkbaren Gesellschaftssysteme, alle Regierungsformen im Idealfall dem »künstlichen Paradies« eines von höllischer Krankheit geschlagenen Krüppels gleichen, daß sie einer Vision Baudelaires nahekommen, ihr in extremer Form entsprechen. Ich meine Charles Baudelaire, der in der Glanzzeit des zweiten französischen Imperiums an der Syphilis starb, 1867, im Jahr der triumphalen Weltausstellung und der Einweihung des Eiffelturmes, dem Statussymbol zu dem Motto »enrichissez-vous«; Baudelaire, der Dichter und Visionär der vorrevolutionären Phase der Kommune. Ein Klassiker der modernen Entwicklung. Ein Namen, der mit den anderen Namen genannt werden muß, die so wenig mit ihm zu tun hatten, daß der gemeinsame Ursprung nur im Mythos zu suchen ist, in der Identität des Schicksals, im Raum des Unsagbaren.

Am Ende oder vor allen Träumen? 1867: drei Jahre vor dem Alptraum, den alle Pariser in ihren tiefsten Ängsten wiederholen, wenn sie das Wort *Revolution* hören. Es genügt, um sie seitdem für immer den Kompromiß wählen zu lassen. Die 40 000 Toten der Kommune haben ein Jahrhundert lang diesen schrecklichen Traum konservieren helfen, der die Gespenster und die Erinnerung an die Gespenster weckt. Die Wiederbelebung dieses Traumes, der zum Trauma, zur Phobie der Angst geworden ist, genügt, um den Bewohnern dieser Stadt jede Hoffnung auf eine revolutionäre Entwicklung zu nehmen und ihnen den Geschmack an solchen blutigen Experimenten zu verderben. Wer darauf spekuliert, wird sie regieren können, auch heute im Juni 1970 und weiterhin bis in eine nebulöse Zukunft von »Freiheit, Gleichheit und Brüderlichkeit«.

DIE KRAFTPROBE

Folgende die Siedehitze im Paris der Niederlage gefährlich anheizende Ereignisse und Daten sind am Vorabend der Machtübernahme durch das Zentralkomitee der Kommune bemerkenswert:

22. Januar: Kundgebung der Bataillone der Nationalgarde in der Rue de Rivoli, von General Vinoy, dem Nachfolger Trochus, blutig unterdrückt.

23. Januar: Außenminister Jules Favre verhandelt in Versailles über die Kapitulation.

28. Januar: Vertragsabschluß über die Kapitulation von Paris.

29. Januar: Vernichtende Niederlage der Ostarmee, die in den Waffenstillstand nicht einbezogen war.

31. Januar: Dekret Gambettas über die Nichtwählbarkeit von Parteigängern des Kaiserreichs. Protest Bismarcks gegen Gambettas Versuch, die Konterrevolution der Monarchisten aufzuhalten.

6. Februar: Gambetta legt sein Mandat nieder und verläßt das Kabinett.

8. Februar: Wahlen zur Nationalversammlung in Bordeaux ergeben eine monarchistische Mehrheit, die sich aus Orléanisten, legitimistischen Junkern und Großbürgern zusammensetzt. In Paris sind nur 6 von 43 Gewählten Anhänger der Kapitulation.

12. Februar: In Bordeaux tagt die neue Nationalversammlung, von den Extremisten als »Krautjunker«-Versammlung geschmäht.

17. Februar: Thiers wird von der Versammlung zum Chef der Exekutive gewählt.

19. Februar: Thiers ernennt die Feinde des Volkes und der Kommune Jules Favre, Picard, Dufaure, Simon und Pouyer-Quertier zu seinen neuen Ministern.

24. Februar: Generalversammlung von 2000 Delegierten der Nationalgarde in der Vauxhall.

26. Februar: Die Kanonen der Pariser werden in die östlichen und nördlichen Stadtteile transportiert, um sie vor dem Einmarsch der Deutschen in Sicherheit zu bringen.

1. März: Einmarsch der deutschen Truppen auf den Champs-Elysées. Bismarck in Paris.

Auf »Jesus-Christ« Trochu war nun »Herodes« Vinoy gefolgt, der General, der sich, als Mac Mahons Bürgerkriegsarmee im Mai Paris »zurückerobert« hatte, gemeinsam mit dem Proletarierfresser Marquis de Galliffet als Henker der Kommune etablieren sollte. Vinoy praktizierte Maßnahmen, wie wir sie von allen Militärregimes kennen, er regierte mit Verboten, mit Standgerichten, mit Terror. Zwei Monate zu spät schlug die Regierung der »nationalen Ohnmacht« – wie wir sie von nun an nennen können – zu. Sie tat das, was alle Diktaturen gegen ihre Gegner als erstes unternehmen: Verbote verhängen. Man würde der Revolution, den Schreihälsen und Geiferern wider die staatliche Autorität, ein Pflaster über das freche Maul kleben, und die bürgerliche Regierung wäre gerettet. Diese naive Methode der kalten Liquidierung ist nicht von den Bürgerkriegsstrategen des 20. Jahrhunderts, nicht von den Initiatoren der industriellen Revolution, von den Managern und ihren Söldnern erfunden, sie stammt aus dem Katalog der bürgerlich-republikanischen Regierung im belagerten Paris, sie entspricht ihren imperialistischen Ambitionen.

Erste Maßnahme: Verbot des gefährlichen »Le Combat« und Verhaftungsbefehl für den Herausgeber, unseren schlauen Félix Pyat, der sich wieder einmal unsichtbar gemacht hatte und dem Militärgericht entging; Verbot des »Le Réveil« und Festnahme von Delescluze, dem geistigen Kopf und unbestrittenen Chefideologen des jakobinischen Flügels der Extremistenklubs; Verbot dieser Klubs, in denen sich die linke Opposition sammelte und formierte. Dann aber Waffenstillstand um *jeden*

Preis, Kapitulation vor dem geforderten Tribut: das hieß Abtretung von Elsaß-Lothringen, Verlust der Stahl- und Kohlezentren von Longwy, einem industriellen Herzstück der Nation, Verminderung des Rüstungspotentials für lange Zeit, Schwächung der Großmachtstellung. Fünf Milliarden bar als »Kriegsentschädigung« auf den Tisch der deutschen Erpresser, und das, obwohl Schäden nur auf französischem Territorium verursacht worden waren.

Aber so ist die Dialektik des Krieges, in ihr wird die Sprache in ihrer unlogischen Komponente demonstriert: verstümmelt, widersinnig, absurd. Diesem absurden Gesetz mußte sich der Kapitulierende beugen.

Jules Favre war der Mann, der zwei Tage lang mit Bismarck konferierte. Der starke Mann des sechs Tage alten Kaiserreiches ließ sich keine Gelegenheit entgehen, seinen Gesprächspartner zu demütigen. Favre, der sich auf die Tapferkeit der Verteidiger von Paris berief und so an die Fairneß des siegreichen Gegners appellieren wollte, bekam Bismarcks Unerbittlichkeit zu spüren, als dieser den französischen Außenminister-Unterhändler zynisch zurechtwies: »Ach, Sie sind stolz auf Ihren Widerstand? Nun, Monsieur, dann wissen Sie, wäre Monsieur Trochu ein deutscher General gewesen, ich würde ihn noch heute abend erschießen lassen. Reden Sie mir nicht mehr von Ihrem Widerstand: er ist ein Verbrechen!«

Der französische Hauptmann d'Hérisson, der den abgezehrten und gedemütigten Advokaten Jules Favre auf diesem Gang nach Canossa-Versailles ins deutsche Hauptquartier begleitete, gab den Furcht einflößenden Eindruck wieder, den der selbstbewußte, martialisch in weiße Kürassiersuniform gerüstete Bismarck auf die Kapitulanten machte:

»Er wirkte wie ein Koloß, in seine Uniform gepreßt, mit gewölbter Brust und breiten Schultern, strotzend vor Gesundheit und Kraft. So erdrückte er den gebeugten, mageren, langen, verzweifelten Advokaten neben ihm in einem Frack, der überall Falten warf und über dessen Kragen seine weißen Haare fielen. Ach, man brauchte nur einen Blick auf die beiden Verhandlungspartner zu werfen, um den Sieger und den Besiegten, den Starken und den Schwachen zu erkennen.« Es war dieselbe imponierende Maskerade, in der sich der Kanzler, der sein Reich aus Blut und Eisen schmiedete, porträtieren ließ, als er Napoleons bedingungslose Übergabe der Armee in Donchéry bei Sedan entgegennahm. Auf seinen Säbel gestützt, gestrafft, funkelnd. Der Kaiser zusammengesunken, mit einer goldbestickten Feldmütze bedeckt, in einen weiten Mantel gehüllt, während die schlammbespritzte Kutsche, die ihn zu diesem blamablen Stelldichein mit seinem gewaltigen Widersacher gebracht hatte, im Nebel zwischen den Alleebäumen wartete, bis dieses fatale Gespräch beendet und der Ex-Kaiser bereit für seine letzte Fahrt in die Gefangenschaft sein würde. Hoffart und dumpfe Ergebenheit: hoffähig gemalt, in einem kolossalen historischen Schinken auf eine Gartenbank gebannt, wie ihn der blinde Übermut des Triumphes hervorbringt.

Ein anderes, ebenso monströses Historienbildchen zeigt den galoppierenden Bismarck – diesmal *er* mit Feldmütze –, wie er dem kapitulationsreif geschossenen Kaiser der Franzosen auf der Landstraße entgegenreitet. Napoleon steht nun neben der Kutsche, die unter Laubbäumen hält, Erlen oder Pappeln, wie sie für die Landschaft des Maastals charakteristisch sind. Einer ist von einer Granate getroffen worden und liegt zerfetzt neben der Szene; auch Gewehre, weggeworfene Chassepots, die französischen Wunderwaffen, liegen im Graben. Der Kaiser ist umgeben von Offizieren, drei zu Fuß, drei zu Pferde; er stützt sich schwer auf seinen Degen, den er nun abliefern wird, wenn das Gespräch beendet ist. Der Kutscher, im Zylinder mit weißem Schmuckband, hält die Peitsche erhoben, als wollte er vor dem unvermeidlichen Finale mit leerem Gespann davonpreschen, den Kaiser dort einfach seinem Jäger überlassen.

So pürscht sich die gemalte Legende in die Schullesebücher einer Jugend zwischen den Schlachten und produziert den Mythos des Krieges.

In jenen für ganz Frankreich schicksalsschweren Tagen zwischen Waffenstillstand (24. Januar 1871) und Ratifizierung des Friedensvertrages (26. Februar 1871) durch die neue Nationalversammlung und ihren Regierungschef Adolphe Thiers, (546 Stimmen dafür, 107 dagegen), einer Versammlung, in der die Extremisten nur durch wenige Abgeordnete vertreten waren, so durch Delescluze, Pyat, Millière und einige mit ihnen Sympathisierende unter den 43 Pariser Deputierten, wie etwa Gambetta, Garibaldi, dem italienischen Freiheitshelden, der als Franzose galt, weil er aus Nizza stammte, Rochefort, dem wendigen Renegaten, Clemenceau, dem radikalen Bürgermeister von Montmartre, und Victor Hugo, dem Pathetiker unter den geschworenen Republikanern – in jenen Tagen hatte auch der jugendliche Dämon und frühreife Dichter des »Trunkenen Schiffes« Jean-Arthur Rimbaud das von ihm gehaßte, das haßgeliebte Provinznest Charleville verlassen, war seiner Mutter und seinem Elternhaus einfach davongelaufen, um seinen bedrängten Brüdern in Paris zu Hilfe zu kommen. Am 15. Februar erreichte er die belagerte Stadt. Vierzehn Tage später verließ er sie wieder, in einer Panik, die er später in seinem literarischen Vermächtnis »Une Saison en Enfer« beschrieben hat:

»Ach, die verfaulten Lumpen, das regengetränkte Brot, die Trunkenheit, tausend Umarmungen, die mich gemartert haben! Ich sehe mich wieder, die Haut von Schmutz und Ausschlag zerfressen, die Haare und die Achselhöhlen voll von Würmern, und dickere Würmer noch im Herzen, hingestreckt zwischen Unbekannten ohne Alter, ohne Gefühl. Ich hätte daran sterben können. Das schreckliche Bild! Ich verabscheue das Elend.«

Rimbaud lungerte hungrig und tatenlos auf den schmutzigen Straßen herum, fand schließlich Asyl bei den Nationalgardisten in der Kaserne der Rue de Babylone und machte hier die traurigste Erfahrung seines Lebens. Zwischen Betrunkenen und Huren erlebte er die Paralyse einer Gesellschaft, die sich in Auflösung befand, und einer neuen Gemeinschaft, die sich in dem brodelnden Hexenkessel dieser erschöpften Stadt noch nicht konstituieren konnte.

Rimbaud war Zeuge, wie sich ihre Sturmtruppen sammelten. Aber er war 16 Jahre jung und so tief erschüttert von dem Laster der Verzweiflung und der Agonie, die sich auf alles gelegt hatte, die den Geist lähmte, aber die Sinne entfesselte, weil sie die Seele vergiftet hatte, daß er noch vor dem großen Aufstand die rätselhafte, ihm unbegreiflich erscheinende Stadt wieder verließ. In Nachtmärschen, durch Schneeregen, an preußischen Posten und französischen Partisanen vorbei, schlich er total verwahrlost, verlaust und ausgehöhlt von Hunger und Enttäuschung nach Charleville zurück, um nur irgendwo geborgen zu sein und erinnerungslos leben zu können.

Damals wurde dem Dichter, der bald darauf mit seiner Vergangenheit, mit der Sprache, mit der Kunst als Medium der Existenz brach, klar, daß es keine Rettung aus menschlichem Wahnsinn geben konnte. Er schrieb seine Absage an die Menschen, an die Welt, an das Leben, und als ihn seine Mutter trösten wollte, da er fieberte, faßte er seine Pariser Erfahrung in einem Resumee zusammen, das nur aus einem Wort bestand und keinen Kommentar zuließ: »Scheiße!«

Das rätselhafte Gedicht aber, das er aus der Kaserne der Nationalgarde mitbrachte, wo er auch Zeuge homosexueller Orgien gewesen sein muß, sagt über seinen Zustand und den seiner Kameraden mehr aus als jede historisch-wissenschaftliche Analyse. Es ist das »Manifest einer inneren Topographie« des Dichters und der Festung Paris, eines Molochs, dem sich Rimbaud führerlos ausgeliefert sah. Er nannte sein Gedicht »Das gemarterte Herz«.

Das gemarterte Herz

Mein traurig Herz speit auf dem Hecke,
Mein Herz, bedeckt mit Caporal:
Sie spritzen's voll mit Suppendrecke,
Mein traurig Herz speit auf dem Hecke:
Zu der Soldaten roh' Genecke
Und ihres Chorgelächters Schall.
Mein traurig Herz speit auf dem Hecke,
Mein Herz bedeckt mit Caporal!

Obszön, nach Art der Soldatesken,
Ihr Witzeln machte es gemein!
Am Steuerrade sieht man Fresken,
Obszön, nach Art der Soldatesken,
O Wellen, ihr abracadabrantesken,
Nehmt hin mein Herz und wascht es rein:
Obszön, nach Art der Soldatesken,
Ihr Witzeln machte es gemein!

Wann mit den Priemchen auf sie hören,
Was tun, o Herz, das man mir stahl?
Man wird ein bacchisch Rülpsen hören,
Wann mit den Priemchen auf sie hören,
Der Magen wird sich mir verstören,
Mir, da mein Herz tat solchen Fall:
Wann mit den Priemchen auf sie hören,
Was tun, o Herz, das man mir stahl?

Aber resümieren wir die politischen Fakten, bevor wir die immer noch umstrittene und nicht ganz erklärbare Rolle dieses »Dichters der Kommune« – wie ihn Françoise d'Eaubonne in ihrem enthusiastischen Roman »Rebell Rimbaud« genannt hat – in den Schreckenstagen untersuchen wollen. Sein radikales Temperament, seine Bereitschaft zu kämpfen und mit den Verlorenen zu leiden, steht in merkwürdigem Gegensatz zu dem indifferenten Verhalten der Mehrheit der Intellektuellen während des Kommune-Aufstandes. Ihr Versagen, ihr Opportunismus und ihre egoistische Verblendung sind bezeichnend für dieses Ereignis. Denn sie stellen einen Sonderfall in der Geschichte der Revolutionen dar, die fast immer gerade die Intellektuellen auf die Barrikaden rief, sie zumindest in führenden Positionen sah. Aber hier nun keine Details, die Ursache unserer Überraschung sind und sie gleichzeitig begründen und erklären können, sondern eben Fakten, Fakten, die sich anbieten, Fakten, die die Vorgänge rekonstruierend zu erhellen vermögen.

Was war auf dem politischen Parkett geschehen, nachdem eine »frei gewählte« Nationalversammlung in Bordeaux Adolphe Thiers an die Spitze der neuen republikanischen Regierung berufen hatte?

Diesem alten Routinier des parlamentarischen Ränkespiels, einem ergebenen Schüler Talleyrands und Steigbügelhalter des Bürgerkönigs Louis Philippe, dem Thiers zum Thron verholfen hatte, war jede Infamie zuzutrauen. Er war der richtige Mann, um die Republik daran zu hindern, in das Fahrwasser linksextremer Kräfte zu geraten. Er sollte der Totengräber der Kommune werden.

Zäh, entschlossen, angetrieben von seinen orleanistischen

Neigungen und seinem Haß auf die Demokratie, ging er systematisch und – in der Anwendung der Praktiken – erbarmungslos ans Werk, die Revolution zu ersticken, nachdem er ihren Ausbruch schon nicht verhindern konnte. Sein persönliches Bekenntnis spricht eine klare Sprache und illustriert, welchem Gegner die Kommune sich stellen mußte:

»Ich komme selber aus dem Volk. Ich bin im Chaos geboren, unter der großen Revolution, obendrein unehelich. Ich habe mich aus dem Sumpf hochgekämpft, ich habe mich von Verwandten, die mich niederhalten wollten, befreien müssen, ich habe Armut und Einsamkeit überwunden. Ich bin vorwärtsgekommen. Ich weiß, was chaotisches Leben heißt, darum liebe ich die Ordnung. Ich weiß, was Entbehrung heißt, darum habe ich das Recht, zu besitzen. Ich kenne die Demütigung, darum habe ich den Willen zur Macht. Der Weg, den ich gegangen bin, ist unmenschlich steil gewesen, er hat eisernen Fleiß und eisernen Willen gefordert. Nicht einer unter Millionen hätte die Kraft, meinen Weg zu gehen; ich will ihn für andere nicht kürzer sehen. Dieser Abstand zwischen der Masse und mir, das ist meine Größe ... Meiner Neigung, meinen Gewohnheiten und meinem Umgang nach bin ich Aristokrat. Ich habe keine Sympathie für die Bourgeoisie oder für irgendein System, unter dem sie herrscht.«

Es ist das Manifest eines Emporkömmlings, eines Arrivierten, spät zur Macht Gekommenen, der, 72jährig, zum Kampf gegen das Volk aufrief und antrat. Für diesen Mann, der den Friedensvertrag mit den deutschen Invasoren unterschrieb, mußten nach diesem privaten Bekenntnis – einer aufschlußreichen, psychologisch interessanten selbstbiographischen Skizze – die Proletarier der Faubourgs, die Elenden aus Belleville und Ménilmontant, nichtswürdige Kreaturen, mit einem Wort – das in Zukunft alle von bürgerlichen Interpreten verfaßten Geschichtsbücher enthalten sollten – als »Mob« gelten, verachtens- und bekämpfenswert, wo immer sie auftraten. Über dieses Volk von Paris, dem Thiers die Sonne nicht gönnte, schrieb er dann auch: »Sie *besitzen* die Sonne. Das ist eine einzige große Gratisveranstaltung. Was ist die Folge, tiefer gesehen? Die Schwächung des Respekts vor dem Besitz. Es geht ihnen ins Blut, besitzen zu wollen, ohne dafür zu zahlen. Überhaupt alle schlechten Eigenschaften vermehren sich im Sonnenschein. Zügellosigkeit und Liederlichkeit, man spottet der heiligen Institution der Familie. Alle Attacken auf das Bestehende kommen erfahrungsgemäß mit dem Frühjahr.«

Der liberale Chronist Alistair Horne, ein um Gerechtigkeit bemühter, sehr gewissenhafter und ungemein kenntnisreicher Historiker, ergänzte das aufschlußreiche Selbstporträt des neuen Mannes an der Macht in Bordeaux durch ein Konterfei, das den 72jährigen Regierungschef als »eine zarte, weißhaarige, zwergenhafte Gestalt mit bebrilltem, öligem Gesicht und gelblichem Teint«, als einen Mann, der »nichts von seiner rücksichtslosen Kraft verloren hatte«, vorstellt.

Die Extremisten wurden durch diese Wahl in ihrer Entschlossenheit zum Losschlagen bestätigt und angespornt. Sie hatten keine Zeit zu verlieren, denn Thiers würde dafür sorgen, daß das monarchistisch gesinnte Bürgertum aus seiner Ohnmacht erwachte.

Wie sah diese Nationalversammlung im Exil an der Atlantikküste aus? Aus welchen Volksvertretern setzte sich dieses »Werkzeug des Friedens um jeden Preis«, die Versammlung der »Krautjunker« – wie sie Gaston Crémieux nannte – zusammen? Von den 768 Abgeordneten waren nur 43 auf Paris entfallen. Die Provinz, die nach wie vor vorwiegend konservativ eingestellt war, präsentierte über 700 Deputierte. Die Mehrzahl kam aus katholisch-bäuerlichen Schichten, denn die Industrie spielte damals in den Departements eine völlig periphere Rolle.

Kalkulieren wir diese Fakten, so wird klar, wie gering die Chancen für eine echte republikanisch-demokratische Freiheit zu diesem Zeitpunkt waren. Über 400 Monarchisten – Legitimisten, das heißt Anhänger des Grafen von Chambord, und Orléanisten, Parteigänger des Herzogs von Aumale, des Sohnes Louis Philippes – standen nur 150 Republikaner gegenüber, zu denen auch die Linksextremisten der Gruppe Rochefort gezählt werden müssen. Eine erdrückende Übermacht der Reaktion, die sich unter dem Deckmantel der Republik zu formieren begann und nun nach der militärischen Niederlage von der Wiederkehr der »goldenen« Epoche der letzten Monarchie träumte, die es zu restaurieren galt, damit die Parole »enrichissez-vous!« wieder kursieren konnte und die vom Krieg geleerten Kassen füllen half.

Delescluze und Pyat, die beiden verfeindeten »roten Sonnen«, waren wieder im Kommen und als Abgeordnete rehabilitiert. Aber die Haftbefehle waren nicht aufgehoben, sie waren nur nicht durchführbar. Denn wer sollte sie verhaften, wenn die Exekutive ohnmächtig und die Legislative fern vom Feuer in Bordeaux saß? Blanqui und Flourens wurden wegen ihrer aktiven Rolle beim Oktoberaufstand sogar noch nachträglich in absentia zum Tode verurteilt. Eine lächerliche Maßnahme, da die provisorisch etablierte Regierung sich vorerst nur als brüllender Papiertiger vernehmen ließ. Außerdem hatten die Extremisten gleich nach der Ratifizierung des Friedensvertrages, den sogenannten »Präliminarien«, ihre Mandate niedergelegt. Gambetta und die Abgeordneten der abgetretenen, »verratenen« Provinz Elsaß-Lothringen erklärten sich mit den linken Deputierten solidarisch und schieden mit Rochefort, Pyat und Victor Hugo demonstrativ aus, Hugo nicht ohne vorher einen flammenden Appell an das »hohe Haus« zu richten, in dem die »Verräter« für die Pariser noch suspekter und bekämpfenswerter gebrandmarkt wurden. Daraufhin zog es diese Versammlung von »Bauernlümmeln« vor — die in der Tat nur noch die Provinz vertrat und sich nun fast ausschließlich aus antidemokratischen Kräften, aus Orléanisten und Legitimisten zusammensetzte —, sich bis zum 20. März zu vertagen und als neuen Sitz des Parlamentes und der Regierung Versailles, also die unmittelbare Nähe des deutschen Hauptquartiers, zu wählen. Sie begaben sich unter den Schutz der preußischen Bajonette, um ihre antisozialen Gesetze durchsetzen zu können, von denen eine ganze Reihe noch im Schnellverfahren vor dem Auszug aus Bordeaux verabschiedet wurde. Selbstverständlich hagelte es Verbote für extremistische Zeitungen. Pyats unflätig aggressiver »Le Vengeur«, eine getarnte Neuauflage des schon länger verbotenen »Le Combat«, und der skandalöse, aber den Parisern als obszön-schlüpfrige Morgenlektüre unentbehrlich erscheinende »Père-Duchesne« wurden liquidiert. Am schändlichsten aber mußte den Parisern das sogenannte »Verfallsgesetz« vorkommen. Es bestimmte, daß alle Schulden, vor allem die Mietschulden, die während des Krieges gemacht worden waren, innerhalb von zwei Tagen abzuzahlen seien, eine Verordnung, die zuerst den armen Mann in den Wohnkasernen von Belleville und den Faubourgs, die kleinbürgerlichen Gruppen der Ladenmieter, der Handwerker und subalternen Beamten treffen und viele in eine ausweglose Situation bringen mußte.

Woher sollten sie nach monatelangem Verdienstausfall und der Verzehnfachung der Lebensmittelpreise diese Beträge nehmen? Dazu kam, daß sich die Restaurations-Regierung der Bedrohung durch die 400 000 Mann untätiger Nationalgarde erwehren, sich aus der Umklammerung durch dieses unberechenbare Element befreien wollte, indem sie einfach den täglichen Sold von 1,50 Francs strich. Als die Regierung am 10. März die Abschaffung des Soldes dekretierte, die Nationalgarde dadurch praktisch zur Selbstauflösung zwang und 400 000 Männer mit einem Schlag arbeitslos machte – denn der Sold war ja die einzige Sicherheit gewesen –, war der bewaffnete Aufstand durch keine Gewalt mehr aufzuhalten. Das Losbrechen der gestauten Volkswut war nun nur noch eine Frage von Tagen.

Die Wahl von Versailles als Sitz der Regierung war eine Flucht nach vorn, nämlich bis an die Peripherie von Paris, aber gleichzeitig ein Zeichen der Ohnmacht. Denn die gesetzesfreudigen Herren mit Thiers an der Spitze wagten den Vulkan nicht mehr zu betreten.

Dafür marschierten am 1. März um acht Uhr morgens die deutschen Truppen in einer Siegesparade in Stärke von 30 000 Mann in Paris ein, defilierten auf dem Feld von Longchamp vor ihrem Kaiser, dem sie den Thron erkämpft hatten. Den Besiegten blieb die Schande dieses für Paris beschämenden Schauspiels. Märsche schmetterten über die Champs-Elysées, dieser jedem Pariser heiligen Prachtstraße und Zone der Immunität ihres vergangenen historischen Glanzes.

Rimbaud, der zum Kampf ausgezogen war, um als Dichter des Widerstandes Zeugnis von der Größe und leidenschaftlichen Hingabe der unbesiegten Stadt ablegen zu können, stand nun mit geballter Faust in der zerlumpten Hosentasche in der feindselig schweigenden Menge und erlebte ihre Demütigung mit. Nur drei Tage hatten die Sieger Zeit, sich in Paris umzusehen. So war es zwischen den vertragschließenden Parteien vereinbart worden. Alle Fenster blieben geschlossen. Die Jalousien waren heruntergelassen. Ein hermetischer Zauberring war um die Stadt und die Seelen der verstörten Pariser gelegt, den kein Lächeln, keine versöhnliche Geste, keine Macht aufbrechen konnte.

Bismarck — so berichteten Augenzeugen der Demonstration deutscher Stärke — zog mitten auf der Place de la Concorde, — dem Platz, der wenige Wochen später die Schlüsselstellung der Kommune unter ihrem Kommandeur Brunel, dem »Brenner von Paris« im Kampf gegen die Versailler Regierungstruppen, sein sollte —, Bismarck zog eine Zigarre aus seinem Etui und bat einen giftig dreinschauenden Zivilisten um Feuer, während sich seine bei Gravelotte und Sedan ausgezeichneten Elitetruppen in den Tuilerien mit Lorbeer schmückten. Aber es gab keinen ernsten Zwischenfall. Von Widerstand, von einer nationalen Erhebung war nichts zu bemerken. Die Agonie war eine zuverlässige Fessel der Leidenschaft. Das Zentralkomitee der Nationalgarde hatte zwar zum Boykott der einmarschierenden Feinde aufgerufen, aber jeden Kampf mit der Waffe untersagt. Es beugte sich damit einer Empfehlung der Internationale und der Gewerkschaften, die jedes Blutvergießen vermeiden wollten. Ihre große Stunde war noch nicht gekommen. Ihr gemeinsamer Haß galt jetzt der Verräterregierung. Der Volksaufstand war jetzt wichtiger als die Erhebung gegen einen übermächtigen Landesfeind. Noch am 25. Februar, am Tage vor der Unterzeichnung des Friedensvertrages durch Thiers, hatte das Zentralkomitee der Nationalgarde eine Resolution angenommen und in den wenigen noch erscheinenden Zeitungen der Linken veröffentlicht, die zum totalen Widerstand aufriefen: »Sobald die preußischen Truppen einmarschieren, ist jedes Mitglied der Nationalgarde verpflichtet, sich an dem üblichen Treffpunkt bewaffnet einzufinden und von dort aus gegen den eindringenden Feind zu marschieren.«

Aber als Thiers den Fait accompli geschaffen hatte, besann man sich im »roten« Paris eines Besseren. Man bedachte ihn mit

Spottversen, die von nun an auf den Seinequais, in den Spelunken und Marschkolonnen der demonstrierenden Nationalgarde gesungen wurden. In diesen Zeilen trägt Thiers dem Erzfeind Bismarck die brudermörderische Bitte vor, mit der die Regierung in Versailles autorisiert werden sollte, Franzosen gegen Franzosen marschieren zu lassen:

Mein lieber Bismarck, mein teurer Genoß,
Um Paris zu versetzen den Todesstoß,
Brauch ich dreihunderttausend Franzosen,
Und die sind da – Halleluja!

Als gemäß dem Friedensvertrag am 3. März die preußische Besetzung wieder aufgehoben wurde – diese drei Tage Schmach mußten den Parisern 1940, als sie die deutsche Invasion vier Jahre ertragen lernten, vergleichsweise wie ein Idyll vorgekommen sein! – und die Truppen abzogen, erwachte Paris an diesem leuchtenden Vorfrühlingsmorgen wie von einem Alpdruck. Es war wie ein böser Traum, eine lange, tiefe Nacht, deren Ende den Memoirenschreiber Edmond de Goncourt in einen euphorischen Glückszustand versetzte:

»Ein herrlicher Morgen, mit jenem schönen Sonnenschein, der gleichgültig gegen menschliche Katastrophen ist, ob sie sich Sieg von Austerlitz oder Eroberung von Paris nennen. Herrliches Wetter, aber der Himmel ist voll von den Schreien der Krähen, die man um diese Jahreszeit hier niemals hört; die Preußen ziehen sie in ihrem Gefolge nach sich wie schwarze Beireiter ihrer Armeen. Sie gehen fort! Sie verlassen uns endlich!«

Endlich! Nach drei Tagen! Armes Paris, naiver Chronist: was sollten diese Stadt und ihre Bewohner noch alles ertragen!

Als dann die vierjährige Besetzung durch die Armeen Hitlers über die Seine-Metropole und die an Sinnenlust und ausschweifendes Nachtleben gewöhnten Pariser kam, suchten sie Halt und Kraft an den Vorbildern der Kommune. Wieder war es Rimbaud, der für eine ganze Generation der imaginative Wärmepol war, an dem sie sich orientieren und anklammern konnte, wie es die junge Françoise d'Eaubonne in ihrem Buch »Rebell Rimbaud« schildert: »In einer Zeit, die an Vergnügungen arm war, vergnügte ich mich damit, den Dichter der Commune, der uns zusammenführte, zu plagiieren.«

Auch der Blick dieser jungen Schriftstellerin fiel auf die Namenliste von Geiseln, die an der Präfektur angeschlagen war. Geiseln der Deutschen, die in schrecklicher Weise das »Geiselgesetz der Commune« plagiierten, aber nicht Verse Rimbauds, keineswegs, und Verse überhaupt nicht. Aber Rimbaud als Hoffnung der Belagerten auch 1940: Das war der verlängerte Arm der Kommune.

Und die Dichterin seines Lebens schreibt über diese langanhaltende, tiefe Wirkung des »Mystikers à l'état sauvage« – wie ihn Paul Claudel nannte – und die ganze Revolutionsgeschichte ist eine »Mystik im wilden Zustand« im barbarischen Sinn einer menschlichen Apokalypse –. Aber von dem Apokalyptiker Rimbaud strahlte Zuversicht aus, die Zuversicht des Überlebens à tout prix:

»Von dem, wie ich glaube, ewigjungen Menschen, der, wenn er so alt geworden wäre wie Bernard Shaw, sehr wohl die blumengeschmückten Panzer durch das aufständische Paris hätte rollen sehen können, sofern ihn nicht mit achtzig Jahren in Äthiopien eine italienische Kugel niedergestreckt hätte.«

Panzer nicht, aber Mitrailleusen, die Wunderwaffe der Franzosen 1870, sah Rimbaud durch die Straßen der belagerten Stadt rollen, hinauf zum Montmartre. Aber das ist ein anderes Kapitel, das gehört schon zur zweiten Phase der Revolution.

Am 6. März verließen Bismarck, Moltke, der Kronprinz, das gesamte deutsche Oberkommando Versailles und begaben sich nach Berlin. »Die Finken schmetterten das Signal zu unserem Abzug«, schrieb Dr. Moritz Busch, Bismarcks Sekretär. Es hatte 1871 keinen »totalen Krieg« im Kampf um Paris gegeben, dank der Besonnenheit der Internationale und der Weitsicht der Männer um Delescluze. Denn die Preußen wären nicht wieder aus Paris abgezogen, wenn man sie provoziert hätte, sie hätten die »Forderung nach einer Umgestaltung der Gesellschaft in einem Meer von Blut ertränkt«. Diese letzte Schlacht mußten die Pariser unter sich auskämpfen. Aber die Waffen, das hatten sich die Männer aus den Quartieren der Elenden geschworen, würden sie niemals abliefern. Thiers Plan zielte nun auf eine *Entwaffnung* des Proletariats.

Dagegen formierte sich am 26. Februar eine gewaltige Demonstration, eine Aktion, die die zweite Phase der Revolution einleitete, obgleich der spontane Ablauf des Geschehens nicht in den vorbereiteten Katalog klassenkämpferischer Handlungen paßt. Denn die Führer der Aufstandsbewegung wurden von dem Vorgang ebenso überrascht wie die Betroffenen. 300 000 Pariser waren an diesem Tag auf die Straßen gegangen, Nationalgardisten, waffenlos, schwarzen Trauerflor um die Fahnen, jedes Bataillon in strengster Disziplin. Ein majestätischer Anblick. Der Kommandeur des 238. Bataillons hielt eine Rede, die in ihrer demagogischen Einfalt die Volksstimmung angesichts des »Verrats« der französischen Bourgeoisie, die die Arbeiter als Sklaven an Bismarck verkaufen wollte — wie es dem rachedurstigen, von Parolen infizierten Volk eingepeitscht wurde —, traf: »Die monopolistischen Ausbeuter glauben, das Volk könne immer gegängelt werden. Sie scheinen zu vergessen, daß es manchmal plötzlich erwacht.«

Solche Sätze schossen wie eine Stichflamme in die wartende Menge; und so kam es zu einem Akt unkontrollierter Grausamkeit, der sich seltsam mit einem Vorfall während der Maiunruhen 1968 berührt, als ein Student, von einer Gruppe Polizisten verfolgt, in die Seine sprang und ertrank. Am 26. Februar 1871 wurde ein Mann namens Vincenzoni zufälliges Objekt der angestauten Volkswut. Er wurde als »Spion« verdächtigt, warum, weiß niemand mehr zu sagen, gejagt und schließlich in die Seine getrieben, wieder herausgefischt, gefoltert, getreten, zu Tode gesteinigt. Wenn man dafür die simple Erklärung findet »Der Mob lechzte nach Blut«, so kann eine derartige Formulierung nur an dem Rhythmus revolutionärer Prozesse vorbeizielen. Denn solche Szenen haben bisher jede revolutionäre Entwicklung begleitet, richtiger: haben sie ausgelöst. Tatsächlich funktionieren sie als Stichflamme, die den Millionen endlich zu dem großen Feuer vorausleuchten, zu dem sie unterwegs sind, oft ohne es zu wissen.

So wurde der 26. zur Zäsur der zweiten Phase der Machtergreifung durch die vereinigten Extremisten. Im Augenblick ist diese Formierung noch so spontan und unorganisiert, daß der Sammelbegriff »Kommune« für dieses Phänomen verfrüht wäre. Wenn wir uns dieser Bezeichnung zu diesem Zeitpunkt bereits bedienen, so, um für das Konglomerat »linker« oder »roter« Firmierungen eine einheitliche Chiffre zu finden, die das Zusammenwirken so verschiedener Faktoren in diesem Fall verständlich macht. In Wirklichkeit vollzieht sich in jedem Prozeß der Vereinigung heterogener Kräfte ein magischer Vorgang, in dem der Zufall Geschichte macht, ein Zufall, der das Kalkül ausklammert, aber die Spannungsmomente schafft, die eine gesellschaftsverändernde Situation herbeiführen, sagen wir ruhig: sie produzieren.

Der lange Protestmarsch der 300 000 gegen die »Erfüllungspolitiker« der Neo-Monarchisten, die sich auf ihren spektakulären Einzug in das entweihte Versailles vorbereiteten, wurde von einem der radikalsten Jakobiner angeführt: Théophile Ferré, einem bärtigen Fanatiker, Intimus der Louise Michel und Clemenceaus stellvertretender Bürgermeister von Montmartre. Ferré, diesem wild gestikulierenden und hemmungslosen Agitator, der, nach dem Zusammenbruch der Kommune von General Vinoys Hinrichtungskommando gefaßt, auf der Ebene von Satory, wo so viele gefangene Kommunarden starben, neben den ebenfalls verhafteten Oberst Rossel und glücklosen Ex-Kriegsminister der Kommune an einen Pfahl gebunden und exekutiert wurde.

Aber an diesem 26. Februar hatte er seinen großen Tag und setzte sich an die Spitze der ständig anwachsenden Menge, die die Boulevards und Avenuen wie Lava überschwemmte, unaufhaltsam ihrem Ziel: der Revolution, entgegen.

Auch Arthur Rimbaud, der sich nun als eingeschriebener Nationalgardist »Kapitän Nemo« nannte, wohnte diesem Schauspiel bei, fasziniert, aber auch geblendet von der Aura des Bürgerkrieges und gleichzeitig verstört von der vulkanischen Aktivität einer offenbar jeder vernünftigen Überlegung unfähigen Volksmenge. Oder war es gar nicht so unvernünftig, war es keine Kurzschlußhandlung triebhafter Besessenheit, als der Ruf nach der Befreiung der gefangenen Anführer der Unruhen vom 22. Januar ausgestoßen wurde, der Ruf nach Rache, nach Vergeltung, nach Waffen?

So wälzte sich die Flut zum Gefängnis Sainte-Pelagie, um

den dort inhaftierten Leutnant Paul-Antoine Brunel und Piazza, einen weniger profilierten Extremisten, zu befreien. Brunel war ein Verkünder des »Widerstands bis zum äußersten«, eines sinnlosen Widerstands, der dann in vielen Symptomen dem Prinzip des »totalen Krieges« glich, wenn es nicht blasphemisch wäre, diesen Vergleich mit unserer jüngsten blutigen Vergangenheit anzustellen. Brunel, der zum »Brenner von Paris« werden sollte, war ein kompromißloser Kämpfer, der hinter sich nur Ruinen und Asche, zerstörte Straßen, die Trümmerlandschaft der »verbrannten Erde« zurückließ, als die Schlacht für die Kommune verloren war.

Aber heute, am 26. Februar, war seine Sternstunde, hatte er einen kühnen Gedanken, vereinigte er seine Idee eines bewaffneten Volksaufstandes mit dem Vorhaben des Anführers Ferré. Die Preußen durften, wenn sie am 1. März in Paris einziehen würden, keine einzige Kanone erbeuten, keine Mitrailleuse davonführen. Dieser leidenschaftliche Gedanke revolutionärer Vernunft explodierte in den Hirnen der bewegten, schreienden und jubelnden Menge, die nun zu allem entschlossen war, was sie zur stärksten Macht in Paris und in Frankreich machen konnte. Die Kanonen! Und schon stürmten die Hunderttausende in die Artillerieparks und bemächtigten sich der Geschütze, griffen in die Räder, da keine Pferde vorhanden waren, um die kostbaren Kanonen und Mitrailleusen wegzuschaffen – man hatte die Pferde ja in den Tagen der Not geschlachtet und, rationiert, als Karbonaden verzehrt –. Also keine Pferde! Was macht das schon? Man war 300 000 Zugkräfte stark, eine Armada von beweglichen Gliedern, von Händen, von Beinen, von massiertem Willen. So griff man in die Speichen und vollbrachte das Bravourstück, zweihundert Geschütze in Sicherheit zu bringen.

Eine Tat des Sisyphos, ein Beispiel, aus dem Albert Camus seine Theorie vom Glück der Vergeblichkeit, vom Kampf um des Kampfes willen demonstrieren konnte.

Die Preußen sollten die Geschütze niemals bekommen, aber auch den volksfeindlichen Verrätern von Versailles, den Generälen, die besiegt worden waren, durften sie nicht in die Hände fallen. Wohin mit der kostbaren Beute? Hinauf nach Montmartre, in die Festung des Proletariats. Von dort konnte sie keine Macht der Welt zurückholen, wenn die Männer aus Ménilmontant, von der Buttes-Chaumont sie bewachen würden.

Wenn sie es dann nach ihrem leichten unblutigen Sieg nur getan hätten! Im Siegestaumel vergaßen sie ihre Kanonen wieder. Aber das ist ein anderes Kapitel dieser zweiten Phase der Revolution.

Man schaffte es. Man warf die Käppis in die Luft, man sang die »Marseillaise«, man spuckte sich in die Hände, keuchte zwischen Flüchen und feierte den Rausch der Macht, der so plötzlich über die 300 000 gekommen war wie eine Krankheit. Françoise d'Eaubonne hat in ihrem Buch, in dieser Huldigung Rimbauds, die Stunde des Triumphes beschrieben:

»Das größte Schauspiel und der Höhepunkt dieses Tages war für Arthur der Anblick des Artillerieparks von Ranelagh, in den die Weiber eingebrochen waren. Die befreiten Kanonen sahen aus wie Raubtiere, die von Hunderten von Armen unter lautem Gebrüll fortgerissen und abgeschleppt wurden; auf der Bronze, die in der Sonne glänzte, die braunen Hände von Jeanne-Marie, unheilbringender als jedes Geschütz und stärker als ein Roß.«

»Die braunen Hände von Jeanne-Marie!« Wenn wir der Legende glauben können, einer in diesem Fall sehr hartnäckigen Legende, dann war Jeanne-Marie eine der Louise Michel sehr ähnliche, fanatisch für die Revolution entflammte Frau, die den »herrenlosen« Rimbaud bei sich aufgenommen hatte, als er obdachlos und halb verhungert in Paris umherirrte. Sie soll ihm in ihrem Flußkahn auf der Seine Unterschlupf gewährt haben, aber im Gegensatz zu ihrem Schützling, der in den ersten Märztagen Paris wieder verließ – es war eine Flucht zurück nach Charleville –, kehrte Jeanne-Marie nach kurzer Abwesenheit mit ihrem Lastkahn in das brennende Paris zurück und fiel – einem Brief zufolge, den ein Mitkämpfer, der polnische Emigrant Wenzeslas Bogsinski, an Arthur Rimbaud geschrieben hat – auf einer Barrikade im Zentrum der Stadt.

Wie überraschend für die führenden Männer der Extremisten der Sturm auf die Artillerieparks kam, läßt sich daraus entnehmen, daß weder Delescluze noch Cluseret – oder wer sonst in der revolutionären Tradition einen Namen hatte – diesem Ereignis beiwohnte oder darauf vorbereitet war. Aber nun waren die Kanonen vorhanden, doch niemand, der sie pflegte und wartete. Die Verschlüsse lagen auf dem Bauplatz Montmartre umher, das damals noch einen vorstädtischen, fast dörflichen Charakter zeigte. Rost fraß sich in die Rohre. Die zu den Batterien gehörige Munition war in den Depots liegengeblieben, die Einsatzfähigkeit in Frage gestellt. So verlor dieses militärische Potential Tag für Tag mehr an Wert. Wie schon bei der regulären Armee, so unterblieben auch hier bei der Nationalgarde alle Maßnahmen, die die Truppe einem disziplinierten, gut organisierten und hart geführten Gegner gewachsen machten. Ein sträflicher Leichtsinn, für den jeweils verspätet die Schuldigen gesucht, die wahren Schuldigen jedoch niemals gefunden, die Sündenböcke aber dafür »gekreuzigt« wurden. Dann öffneten sich für die »Verräter« die Tore des Mazas-Gefängnisses, der »Bastille« der Kommune.

Diese Nachlässigkeit sollte wenige Wochen später, als die Revolution offensiv werden mußte, schlimme, ja verheerende Folgen haben. An ihr scheiterten so hervorragende Männer wie der kriegserfahrene Oberst Rossel, der Kriegsminister der Kommune, der den Abenteurer-General Cluseret ablöste, nachdem dieser bereits Schiffbruch erlitten hatte. Auch der Mann der letzten Stunde, Delescluze, auch der tapfere polnische Emigranten-Kommandeur Dombrowski, den seine Getreuen »Masséna« nannten, und dessen Freund Wroblewski scheiterten an der chronischen Krankheit der Kommune: dem politischen und militärischen Dilettantismus.

Dabei verschafften die 250 Geschütze und Mitrailleusen den 400 000 rebellierenden Nationalgardisten eine militärische Überlegenheit. Denn die Artillerie war von eminenter Bedeutung für den Straßenkampf auf den schnurgeraden Boulevards, die der Baumeister des Kaiserreichs Baron Haussmann, ein Städteplaner und Stratege von internationalem Format, noch vor der spektakulären Weltausstellung 1867 anlegen ließ. Er hatte diese großen Verkehrsadern rücksichtslos quer durch das Getto der Armut gezogen. Nur die Slums von Belleville und Ménilmontant blieben bei diesem großzügigen Projekt ausgeklammert.

Dort setzte sich dann ja auch die Kommune in ihrem Todeskampf fest.

Die Mitrailleusen waren die ideale Waffe für den Straßenkampf, sie waren wie geschaffen zur Verteidigung der Innenstadt, zur Unterstützung der Barrikadenkämpfer; sie konnten ihnen ausreichenden Feuerschutz geben und bedeuteten im Angriff eine vorzügliche Flankendeckung für die Infanterie. So konnten sie zur Verstärkung des Feuers aus den Forts, die einen undurchlässigen Sperrgürtel um Paris bildeten, jederzeit wirksam eingreifen.

Die französische Geheimwaffe, vom Generalstab sorgsam verschwiegen und bis zur Kriegserklärung 1870 in den Depots gehütet und verwahrt, die Einmann-Kanone, die Mitrailleuse, eine Vorform des Maschinengewehrs, wie es dann in der modernen Kriegsgeschichte auf allen Manöverfeldern, in allen Arenen des kollektiven Todes angewendet wurde, diese Geheimwaffe, mit der Napoleon Bismarck und Moltke, den Kronprinzen und den bayerischen Korpsführer von der Tann in die »Pfanne hauen« wollte, erwarb sich traurigen Ruhm bei der Niederwerfung des Volksaufstandes.

Dank der chaotischen und dilettantischen Armeeführung konnte diese wirksame Nahkampfwaffe gegen massierte Infanterieangriffe im 70er Krieg nur stümperhaft und eben nicht an den wichtigen Brennpunkten und in den kampfentscheidenden Augenblicken eingesetzt werden. Wo die Mitrailleuse wirksam werden konnte, wie z. B. in der Verteidigung des Ortszentrums von Bazeilles bei Sedan oder in der Schlacht um den Park von Coulmiers, hatte sie die angreifenden Bayern zurückschlagen und empfindlich dezimieren können. Die vereinigten deutschen, zahlenmäßig überlegenen Divisionen hatten der Mitrailleuse nichts Gleichwertiges entgegenzusetzen, aber sie besaßen weit bessere Geschütze schweren Kalibers mit überlegener Feuerkraft und einwandfreier Munition, mit der sie schließlich die Mitrailleusen zusammenschossen.

Aber nun im Bürgerkrieg der April- und Maitage war die Sternstunde für das erste Maschinengewehr der Kriegsgeschichte gekommen. Hier sollte es sich bewähren. Und es war kein anderer als Ministerpräsident Thiers selbst, der Verantwortliche für den Einsatz der Mitrailleusen gegen die Kommune, der ihre Bürgerkriegsqualitäten erkannte und pries.

Der norwegische Dramatiker Nordahl Grieg hat in seinem 1947 erstmalig in Deutschland aufgeführten Kommune-Schauspiel »Die Niederlage« die Mitrailleusen-Strategie des Premiers Thiers in einem glänzenden Dialog mit dem Henker-General Galliffet fixiert:

Galliffet zu seinem Auftraggeber Thiers: »Falls die Soldaten nervös werden, wenn sie Gefangene erschießen sollen, pflege ich den Banditen das Hemd abzureißen und mit Kreide einen weißen Kreis um die linke Brustwarze zeichnen zu lassen. Da fühlen sich die Soldaten mehr auf heimischem Grund, das ist wie eine Schießscheibe, und die Hand wird ihnen wieder ruhig.«

Griegs Schauspiel ist in einem hinreißenden Pathos geschrieben, es blitzt in dem metaphorischen Engagement dieses Autors, der seinem Thema gewachsen ist, ihm gerecht wird und es mit dem gleichen Atem der Genialität meistert, wie sein Vorbild Büchner den »Danton« der großen Revolution. Büchner begründete das Genre des Revolutionsdramas, Grieg vollendete es, beide Dichter stehen gleichzeitig in der Tradition der antiken Menschheitstragödien. Büchner, der früh vom Tod hinweggeraffte Rebell, und Grieg, der norwegische Kampfflieger der Royal Air Force, der in der Nacht vom 2. zum 3. Dezember 1943 in einer mörderischen Luftschlacht über Berlin abgeschossen wurde. Beide Dichter begleiten als Zeugen ihrer Zeit und mit ihrem Leben und Werk, dem ein dramatischer Tod kohärent war, das große Thema der Geschichte: die menschliche Tragödie der permanenten Revolution.

Thiers zu Galliffet, seinem Vollstrecker gewendet, führt aus: »Mein lieber General, mit einem ganz besonderen Interesse habe ich während meiner Inspektionen an der Front die Arbeit der Maschinengewehrabteilungen verfolgt. Ist es Ihnen vollständig klar, was diese Waffe für die bestehende Gesellschaft bedeuten wird? Seinerzeit gab es vielleicht für den Aufrührer eine gewisse Übereinstimmung zwischen seiner Idee und seiner Waffe; er konnte ein gefährlicher Mann sein mit seinem Gewehr auf der Barrikade. Heute ist ein Gewehr ein rührendes

Ding, und es ist alles, was die Besitzlosen sich verschaffen können. Ein Maschinengewehr ist eine kostspielige Waffe, also die *unsrige*. Frechheit und Begeisterung der andern nützen ihnen nichts mehr, sie werden niedergemäht, hundert Mann in der Minute, von einem einzigen Soldaten, der von uns vernünftig ausgestattet ist. Gegen die verwirrten Aspirationen der Menge spricht da das Maschinengewehr eine Sprache, die sich anzueignen für sie glücklich sein könnte: nämlich Ordnung und Pünktlichkeit. Es ist eine Grenzscheide in der Geschichte, deren ich gewahr werde: wir wissen zum erstenmal, daß die Masse *gezähmt werden kann.*«

Die schnurgeraden Boulevards des Baron Haussmann luden 1871 zur Generalprobe des neuen Massenvernichtungsmittels ebenso ein wie die von keiner Luftabwehr geschützte baskisch-spanische Stadt Guernica während des Spanischen Bürgerkrieges die deutschen Kampfflieger der Legion Condor zu einem Bombentest verführte. Es war das gleiche Prinzip der manövermäßigen Erprobung von Massenvernichtungsmitteln an einem wehrlosen und ohnmächtigen Gegner.

Aber erst am 8. März raffte sich Regierungschef Thiers zu einem Gegenschlag auf und befahl der Armee die Wiedereroberung der entführten Geschütze und ihren Rücktransport in die alten Quartiere.

General Vinoy, der später mit seinem Komplizen, dem geschniegelten Reitergeneral und berühmt-berüchtigten Helden von Sedan, Marquis de Galliffet, zum Henker der Revolution werden sollte, wurde mit dieser Aktion betraut. Vinoy war zu diesem Zeitpunkt Kommandeur der Pariser Garnison und verfügte immerhin noch über 40 000 ausgebildete Soldaten. Aber würden sie der Regierung gehorchen? Würden sie ihren ruhmlosen Generälen in diesem Fall folgen?

Der erste Versuch scheiterte kläglich. Die Truppen zogen sich zurück, statt zum Sturm auf Montmartre anzusetzen. Wie zum Hohn auf das blamabel manövrierende Militär steckte ein Mitglied des Zentralkomitees, namens Duval, der sich selbstverständlich ebenfalls zum »General« ernannte, eine Infanteriekaserne in der Rue de Grenelle in Brand.

Jetzt war Thiers entschlossen, seine ganze Reststreitmacht,

die ihm der Friedensvertrag und die Kapitulation gelassen hatten, einzusetzen. Er erschien am 17. März – also einen Tag vor dem Sieg der Aufständischen, vor der Machtübernahme durch das Zentralkomitee der Nationalgarde, dem einzigen ernsthaft diskutablen politischen Faktor in der Geschichte dieses kurzen Interregnums in der Ära der Klassenkämpfe – auf der Bühne der Ereignisse und hielt einen flammenden Appell an die ordnungsliebenden Bürger von Paris:

»Männer von schlechter Gesinnung haben unter dem Vorwand, den Preußen Widerstand zu leisten, einen Teil der Stadt unter Kontrolle bekommen. Ihr werdet es billigen, daß wir zur Gewalt greifen, denn es ist *um jeden Preis* notwendig, daß die Ordnung, Grundlage eures Wohlergehens, wiederhergestellt wird.«

Diesen Preis mußten die Pariser der zweiten Belagerung, diesmal der Franzosen durch die Franzosen, bezahlen, er kostete ihnen nach den 150 000 Toten des Krieges mit den vereinigten Preußen, Bayern, Württembergern und Sachsen noch einmal etwa 40 000 Opfer.

Diesmal bestimmte Thiers die Division Susbielle mit den Generälen Paturel und Lecomte für den Angriff auf den schlafenden Stützpunkt Montmartre, in dem Bürgermeister Clemenceau mit seinem bärtig-fanatischen Stellvertreter Ferré residierte. Seltsam, wie unauffällig und peripher sich dieses Intermezzo einer Geschichte entfaltete, in der sich in zwei Monaten ein Völkerschicksal entschied und aus deren Folgen andere Parallelentwicklungen ablesbar werden sollten. Seltsam genug, daß sich an diesem Morgen des 18. März kein Widerstand auf dem Gelände der 250 Kanonen zeigte. Denn die Geschütze waren nur schwach gesichert. Ein verschlafener Nationalgardist namens Turpin versuchte Lärm zu schlagen, wurde aber niedergeschossen. Die wenigen Wächter wurden kurzerhand festgenommen und in eine Kaserne gesperrt.

Die Division Susbielle war Sieger auf Zeit, aber bei diesen gedienten Soldaten triumphierte ebensosehr Dilettantismus und militärisches Unvermögen wie bei den disziplinlosen Nationalgarden. Denn man konnte die Geschütze zwar besetzen, aber sie nicht abtransportieren, weil man ohne Gespanne gekommen war. Reguläre Soldaten sind jedoch keine fanatische Menge, die zum letzten Einsatz bereit wäre. Lecomtes Männer hatten einfach keine Lust, sich für die verwahrlosten Geschütze anzustrengen und Hand an sie zu legen.

Also harrte man nach diesem Pyrrhussieg der Dinge, die da kommen sollten: auf das Wunder vom Montmartre. Aber an seiner Stelle erschien ein anderes, ein wirkliches Wunder: eine Gestalt, die Entsetzen verbreitete, weil ihr ein heißer Atem voranwehte, der Feueratem der Revolution. Die »rote Jungfrau« Louise Michel nahm sich nun der Geschütze an. Sie alarmierte das Quartier Montmartre, und bald riefen in ganz Paris die Sturmglocken die Nationalgarde zu den Waffen. Schon nach zwei Stunden war Lecomtes Division von einer kochenden, waffenschwingenden Menge eingeschlossen. Die Soldaten des 88. Linienregimentes fraternisierten mit dem Volk, und Georges Clemenceau, der herbeigeeilt war, um das Schlimmste zu verhüten, konnte nur noch Augenzeuge des beginnenden Massakers werden. Lecomte gab den Feuerbefehl. Aber da zogen ihn seine eigenen Soldaten vom Pferd und übergaben ihn der Menge, die bei dieser Gelegenheit wieder einmal von der Mehrzahl der Geschichtsschreiber und Chronisten als »Mob« diffamiert wurde.

Der »Sicherheitsausschuß des 18. Arrondissements« beschloß, über Clemenceaus Kopf hinweg, Lecomte den Rebellen zur Aburteilung zu überlassen. Vinoys Truppen räumten das Feld und zogen sich in ihre Kasernen zurück. Außer Lecomte geriet auch noch der wegen seiner grausamen Niederwerfung der Revolution von 1848 verhaßte General Clément Thomas, ein weißbärtiger alter Herr im Frack, der wie eine Figur aus Jules Vernes abenteuerlichen Entdeckerromanen aussah, in die Gefangenschaft des Volkes.

Die Revolution hatte in ganz Paris begonnen und war entschlossen, ein erstes Exempel zu statuieren.

Nach einer Abstimmung durch Handaufheben entschieden die anwesenden Nationalgardisten für *Tod* durch Erschießen. Die beiden Generäle wurden in einen Gemüsegarten geführt, an eine Mauer gestellt und von einem zwanzig Mann starken Kommando pelotoniert.

Die Fama hat diese Exekution mit allen Greueln einer Schauerballade ausgestattet. Der alte bärenstarke Thomas soll ausgerufen haben: »Tötet mich! Aber ihr könnt mich nicht daran hindern, euch Schurken und Mörder zu nennen!« Mehrere Salven konnten den Mann nicht fällen, bis er endlich einen Gnadenschuß ins Auge erhielt.

Lecomte wurde auf ähnliche Weise viehisch massakriert. Dann soll sich der Pöbel an den Leichen vergangen, und die Megären des Viertels sollen sich auf ihnen entleert haben. Diese Art von Schilderungen erinnert uns auf fatale Weise an die Kriegsberichte gewisser Propagandastellen. Im letzten Weltkrieg gab es ja sogar ein Ministerium für Greuelmeldungen, das ein Meister im Erfinden der Blutmär leitete. Wir erinnern uns – und wir empfinden Scham bei dieser Erinnerung –, daß deutsche Soldaten 1914 beim Vormarsch in Belgien den Kindern die Augen ausgestochen haben sollen, daß polnische Soldaten beim Überfall Hitlers auf Polen 1939 verwundeten deutschen Soldaten, die in die Hände der Polen fielen, die Genitalien abgeschnitten und den Sterbenden in den Mund gestopft haben sollen.

Also rubrizieren wir die urinierenden Weiber vom Montmartre getrost in der Spalte Greuelpropaganda. Dann kommen wir der stets verschleierten Wahrheit sicher näher. Denn wer kann Zeuge dieses mysteriösen Vorganges gewesen sein? Keiner der Memoirenschreiber, keiner der sonst so eifrigen Verfechter der Menschenwürde, weder der emsige Edmond de Goncourt, noch der der Kommune ergebene Lissagaray, auf den am meisten Verlaß ist, wie wir hier feststellen müssen – wir verdanken ihm die mit Akribie und großem historischem Verantwortungsgefühl, stets um Wahrheit bemühte »Geschichte der Kommune« aus der Perspektive eines Mitkämpfers –: keiner war bei der Hinrichtung der Generäle zugegen.

Lissagaray urteilte über die vergebliche Aktion der Regierung, die Geschütze vom Montmartre in die Kasernen zurückzuführen, mit einem Satz, der bündig und lapidar die Situation dieses denkwürdigen, aber auch unheilvollen 18. März wiedergibt: »Die Ausführung dieses Vorhabens war ebenso wahnsinnig als sein Plan.«

Die Stunde der Abrechnung mit der verräterischen Bourgeoisie war gekommen. Nichts konnte das, was nun begann, noch bremsen oder gar aufhalten. Auf Mord folgt Mord. Die Bürgerkriegsgeschichte verläuft nach den Regeln der Mafia. Angesichts dieser hochexplosiven Situation schlossen sich die verschiedensten Gruppen der Nationalgarde zu einer »Republikanischen Föderation« zusammen. Diese Einheitsfront bestand aus den proletarischen Bataillonen der Arbeiterbezirke, und das waren 90 Prozent der bewaffneten Volksmacht. Denn von den 400 000 Mann hatten sich lediglich etwa 6000 auf die Seite der Regierung geschlagen. Die »Republikanische Föderation« konstituierte sich in dem berühmten »Comité Central de la Garde Nationale«. So entstand am 18. März die Commune de Paris.

TEIL II

DER VERTANE SIEG

»WAS FÜR EIN TAG!«

Nun überstürzten sich die Ereignisse im Blitzkriegstempo. An der Spitze einer Einheit der Nationalgarde hatte Brunel das Stadthaus umzingelt und nach kurzem Feuerwechsel mit den zurückweichenden Truppen besetzt. Die Soldaten des dort postierten Linienregimentes lieferten mit dem Ruf »Vive la République!« ihre Waffen den Kommunarden aus. Im Außenministerium, wo sich Thiers und sein Kriegsminister Le Flô befanden, brach eine Panik aus. Alles handelte jetzt nach der Parole »Rette sich, wer kann!«. Unter dem Schreckensruf »Wir sind verloren« stürzte Le Flô davon. Thiers rettete sich über eine Geheimtreppe in die Rue de l'Université und ließ sich unter dem Schutz einer General Vinoy ergebenen Einheit nach Versailles geleiten. Von hier gab er den Befehl für alle Regierungstruppen, Paris sofort zu räumen. Mit diesem Truppenabzug wollte die geschlagene Regierung einen Teil der Armee vor der Demoralisierung bewahren, wollte aber auch verhüten, daß sich der Rest mit den aufständischen Nationalgarden verbrüdern konnte. Denn überall gab es jetzt Anzeichen der Auflösung in der Armee, der Fraternisierung mit der Revolution.

Die von ihrer eigenen Courage und ihrem Erfolg überrumpelten Führer des Aufstandes fanden keine Zeit zu Gegenmaßnahmen. Sie ließen die Truppen ungehindert abziehen. Hier zeigte sich das erste deutliche Signal ihres Versagens. Außer Brunel war niemand zur Stelle, der vernünftige und schnelle Vorkehrungen treffen konnte.

Lissagaray hat diese Nacht der Verwirrung auf beiden Seiten nach dem entscheidenden Griff nach dem Stadthaus, dem Herzen und Hirn von Paris, eindrucksvoll und glaubwürdig beschrieben. Er hat gebrandmarkt, daß die Kommune den untüchtigen Funktionär Lullier, einen Mann der dritten, wenn auch nicht letzten Garnitur, zum Kommandanten der Nationalgarde ernannte, statt den aktiven und umsichtigen, dazu tapferen Brunel zu berufen, der zu allem entschlossen war, auch zur Überwältigung des kopflosen Feindes. Brunel wurde durch diese Fehlentscheidung und Fehlbesetzung gezwungen, untätig in dem so leicht und ohne Blutvergießen eroberten Stadthaus zu sitzen und zu warten, was nun geschehen würde. Daß eben nichts geschah, war die erste folgenschwere Unterlassungssünde der Aufständischen des 18. März.

»Die Nacht verlief ruhig, eine für die Freiheit tödliche Ruhe. Durch die südlichen Tore der Stadt führte Vinoy seine Regimenter, seine Artillerie, seine Bagage nach Versailles. Nur mühsam und zögernd folgten die versprengten Einheiten, die Soldaten beschimpften die Gendarmen. Der Generalstab hatte wie üblich den Kopf verloren und vergaß in Paris drei Regimenter, sechs Batterien sowie sämtliche Kanonenboote, die man nur hätte der Strömung zu überlassen brauchen. Die geringste Gegendemonstration seitens der Föderierten hätte genügt, um den ganzen Auszug aufzuhalten. Anstatt aber die Tore der Stadt zu schließen, überließ der neue Kommandant der Nationalgarde sämtliche Ausfallstraßen der Armee. Er hat sich dessen später noch gerühmt.«

Brunel war allein die Ehre zugefallen, auf dem Glockenturm des befestigten Bollwerkes der Macht, die das Stadthaus verkörperte – denn wer es besaß, dem gehörte Paris –, die rote Fahne zu hissen. Zum erstenmal seit 1793 hatte eine Revolution in Paris gesiegt. Aber was taten die Revolutionäre mit diesem leicht erworbenen Sieg, diesem Triumph über die Regierung der Generäle, der ihnen buchstäblich wie ein Geschenk in den Schoß gefallen war? Wie verwalteten sie diese Machtposition, die sie über Nacht zu den Herren von Paris und seinem ungeduldigen, enttäuschten, von Wahnsinnsparolen irritierten und verführten Volk werden ließ?

Die Geschichte der Kommune ist eine Geschichte ihrer Versäumnisse. Dieses Stadthaus, das auch in den folgenden hundert

Jahren immer wieder Zentrum und Symbol verzweifelter Kämpfe der nationalen Geschichte werden sollte, wurde zum Schauplatz der Intrige und Zwietracht, zur Arena interner Machtkämpfe zwischen den verschiedenen Fraktionen und Gruppen, die sich vorübergehend am Tage des Sieges und dann erst wieder in der Stunde der größten Not, ihres Unterganges in der blutigen Maiwoche, zu einem gemeinsamen Ziel in einer Körperschaft zusammenschlossen. Es sollte sich herausstellen, daß die heterogenen Elemente von Jakobinern, Internationalisten, intellektuellen Anarchisten und ihren Mitläufern, den richtungslosen Kleinbürgern, sich zu keiner Einheit verschmelzen konnten, eben nicht das sein konnten, was sie zu sein vorgaben: eine Kommune.

Als sich im August 1944 das nationale Paris, die französische Résistance gegen die deutsche Garnison des Stadtkommandanten von Paris, General von Choltitz, erhob, wählte sie in Erinnerung an seine historische Bedeutung ebenfalls das Stadthaus wegen seiner Symbolkraft, aber auch wegen seiner zentralen Lage am Ende der Rue de Rivoli, zum Hauptquartier.

»Um die gleiche Zeit – als General Leclerc den strikten Befehl erteilte, ohne seine ausdrückliche Einwilligung keine schwere Artillerie einzusetzen (›Wir sind gekommen, um Paris zu befreien, nicht um es zu zerstören!‹) – hatten sich im riesigen Speisesaal des Rathauses im Herzen von Paris die Anführer des Aufstands versammelt, um ihr einfaches Abendessen einzunehmen ... Kaum anderthalb Kilometer entfernt, am anderen Ende der Rue de Rivoli, zog sich im Zimmer Nr. 238 des Hotels Meurice Dietrich von Choltitz ein weißseidenes Hemd an ...«, so beschrieben die Chronisten Collins und Lapierre in ihrem Buch »Brennt Paris?« die Situation am Vorabend des Sieges der Résistance über die deutschen Okkupanten.

Als im Mai 1968 die Pariser Studenten gegen die Eskalation der Bedürfnisse, gegen das Establishment und die Manager, gegen die raffinierten Methoden und Manipulationen der etablierten Spekulanten-Gesellschaft – so wie sie sie sahen –, gegen eine Gesellschaft also, die sich die Wünsche und Begierden, die sie in der Masse weckt und anheizt, schamlos honorieren läßt, indem sie die kritiklose Menge der Verbraucher zu immer neuen Aufwendungen animiert – als die Studenten dagegen Front machten und zum Kampf entschlossen waren, ging ihr Aktionsplan dahin, mit dem Griff nach dem Stadthaus und der Besetzung des rechten Seineufers die Strategie der Nationalgarde zu wiederholen, um dann im Zentrum der Macht die Kommune von 1968 auszurufen.

»Die bürgerliche Revolution war juristisch. Die proletarische Revolution war ökonomisch. Unsere ist kulturell«, so verkündeten es ihre Plakate. Sie spekulierten mit dem Marsch zum Stadthaus, um dort an beherrschender Stelle die Einheit von Anarchie, Revolution und Kommunismus zu propagieren, eine Einheit, die, symbolisch unter der schwarzen Anarchistenfahne Bakunins und dem roten Banner des Marxismus-Leninismus vollzogen, ebensowenig Chancen der Haltbarkeit bot, wie sie fast hundert Jahre zuvor von den Männern um Delescluze, Brunel, Flourens und anderen Führern des Aufstandes vom 18. März vergeblich angestrebt und so beschämend schnell vertan wurden.

Nun hatte Thiers Paris den »Elenden«, dem »Mob«, der »Canaille«, den »roten Teufeln« überlassen. Eine einmalige Gelegenheit für die Unterdrückten, Tabula rasa mit den Unterdrückern zu machen, die »Expropriation der Expropriateure« gnadenlos zu vollziehen, die Bank von Frankreich zu besetzen, die Goldreserven zu übernehmen, die Hauseigentümer und Fabrikanten in absentia zu enteignen und vor allem mit der ganzen militärischen Übermacht von 400 000 Mann gegen Thiers Reststreitmacht von knapp 30 000 Mann, die noch dazu demoralisiert waren, offensiv zu werden, die Revolution über Versailles hinaus ins Land, in die ahnungslose Provinz zu tragen.

Aber die Revolution besaß keinen Dumouriez und keinen Kléber, keinen General und keinen Theoretiker, keine Exekutive und keine Legislative von Format. Sie war ein aktionsbehindertes, unfähiges Konglomerat aus Zauderern und Amokläufern, die zuerst einmal erpicht auf den Krieg gegeneinander, auf Tabula rasa in den eigenen Reihen waren. Der nächste Schlag folgte unmittelbar.

Mit den Militärs verließen in den Tagen und Wochen nach

dem 18. März etwa 300 000 Zivilisten die Stadt und verstärkten, sofern sie sich nicht in den Schutz der preußischen Bajonette begaben, das Angriffspotential der Regierung in Versailles. Im Verbreiten von Gerüchten und Ausstreuen von Greuelmeldungen wurden sie zu einer dritten Kraft, die Thiers und seinen Ordnungsparolen einen großen Dienst erwies. Nach dem Zusammenbruch der Kommune zurückgekehrt, wurden diese Emigranten auf Zeit zu tragenden Pfeilern der bonapartistischen Konterrevolution und leisteten den Hinrichtungskommandos Vinoys und Galliffets durch ihre Bereitwilligkeit zu Denunziationen nicht zu unterschätzende Schützenhilfe.

In den Wochen der Reorganisation der Armee und der damit verbundenen wachsenden Autorität der exilierten Regierung auch im Ausland galt die Masse der bürgerlichen Flüchtlinge als ein Faustpfand der moralischen Wiederaufrüstung der so blamabel entmachteten Regierung Thiers.

Thiers benutzte das unbegreiflich zögernde Verhalten der Sieger im Stadthaus zur Formierung des Widerstandes. Als Wellenbrecher gegen die Enteignungsbestrebungen der Kommune war der Präsident der Bank von Frankreich, der Marquis de Plœuc, mit seinem ganzen Mitarbeiterstab, etwa 400 mit Knüppeln bewaffneten Angestellten, im Gebäude der Bank, die er festungsartig ausgebaut hatte, verblieben und hatte sich dort eingeigelt.

Es war eine geradezu unglaubliche Kurzsichtigkeit, daß die Männer des 18. März ihn dort unangetastet schalten und walten ließen, ja sogar hinnahmen, daß der Marquis Kuriere nach Versailles schickte und die Aufrüstung der Armee Mac Mahon finanzieren konnte. Aber auf dieses unheilvolle Versäumnis wird noch detailliert einzugehen sein. Vorerst bilden und klären sich die Fronten.

Am 19. geht die Revolution bereits von der aktiven Phase in die zweite Entwicklungsstufe, zu Verwaltungsmaßnahmen, über. Der Schwung des Angriffs wurde dadurch vorzeitig gebremst und paralysiert.

Das Zentralkomitee wollte den Parisern das Schauspiel einer demokratischen Erneuerung bieten und schrieb für den 26. März Wahlen zum Pariser Stadtrat aus. Gleichzeitig nahm der Taktiker Eugène Varlin, einer der klügsten jungen Funktionäre des Zentralkomitees, Verhandlungen mit den Bürgermeistern der 20 Arrondissements auf. Varlin war Kommandeur des 139. Bataillons, hatte sich nach seiner Rückkehr aus dem Exil in Brüssel am 5. Oktober mit Flourens an die Spitze der rebellierenden Bataillone gestellt und damals als erster mit dem Ruf »Vive la Commune!« den Zug zum Stadthaus angetreten, der von Trochu ohne Schwierigkeiten aufgelöst werden konnte. Nun hatte auch dieser rührige Internationalist, der keineswegs zur jakobinischen Mehrheit gehörte, im Stadthaus Fuß gefaßt.

Seine Forderungen galten den Hauptzielsetzungen der Kommune, insgesamt eine äußerst bescheidene Liste von erreichbaren Mindestforderungen:

»Wir wünschen nicht nur einen gewählten Stadtrat, sondern echte städtische Freiheiten, die Abschaffung der Polizeipräfektur, das Recht für die Nationalgarde, ihre Führer zu bestimmen und sich zu reorganisieren; die Proklamation der Republik als der rechtmäßigen Regierung, klar und einfach die Rückstellung der Mietzahlungen, ein billiges Gesetz über Verfallszeiten.«

Nach einem Tauziehen bis zum Morgengrauen kam es zu einem Kompromiß, als das Wort »Bürgerkrieg« gefallen war. Der Auvergnate und Mitglied des Zentralkomitees, Jourde, sprach diese Drohung aus und fügte noch alarmierender hinzu: »Er wird nicht nur Paris, sondern ganz Frankreich in Brand stecken.« Daraufhin willigten die Bürgermeister ein, die Forderungen der Nationalversammlung in Versailles vorzulegen und als Vermittler zwischen den Revolutionären und Thiers aufzutreten. Das ZK mußte dagegen einer Vertagung der Stadtratswahlen ad infinitum zustimmen. Es ging zum Schein darauf ein, ließ aber dann gegen die Vereinbarung am 26. März wählen.

Das Ergebnis war für die Männer des Aufstands ermutigend. Von 485 569 Wahlberechtigten gaben 229 000 ihre Stimmen ab. Die große Stimmenthaltung war auf die hohe Fluchtziffer zurückzuführen. In die erste Pariser Kommune seit 75 Jahren zogen nun 65 Abgeordnete des Zentralkomitees und 19 Vertreter der bürgerlichen Reaktion ein.

Die Frage nach dem Sinn dieses heillos strapazierten und mißverstandenen Begriffs »Reaktion« haben die französischen Historiker François Furet und Denis Richet in ihrem großen Werk »Die Französische Revolution« (1789 – 93) plausibel beantwortet, so daß nun eine Abklärung dieses zur schwarzen Phrase erstarrten Wortes möglich erscheint: »Das 18. Jahrhundert hat das Wort ›Reaktion‹ nur als einen Terminus der Physik gekannt; erst nach dem Thermidor taucht es im Wörterbuch der Akademie von 1798 auf: ›Reaktion. In übertragener Bedeutung eine Partei, die sich rächt und ihrerseits tätig wird.‹ Noch zu dieser Zeit also zeigt es keine der später hinzugefügten politischen und sozialen Färbungen. Heute denkt man dabei an das, was das 19. Jahrhundert als ›Widerstand‹ gegen die ›Bewegung‹ bezeichnet hat. Damit sind wir weit von der Wirklichkeit des Nach-Thermidor entfernt. Die revolutionäre Bewegung geht nicht nur weiter, sie wächst geradezu über sich selber hinaus in der Bemühung, ihre entscheidenden Errungenschaften – die Grundfreiheiten und das Eigentum ohne Privileg – zu befestigen.«

Aber was hat sich in der Woche zwischen der Eroberung des Stadthauses und der Wahl der Delegierten außerdem ereignet? Am 21. März brach der erste schwarze Tag für die vom Siegesrausch Benommenen an. General Vinoy besetzte, ohne auf nennenswerten Widerstand zu stoßen, die Paris beherrschende und von nun an erneut bedrohende starke Festung Mont-Valérien. Auch die Absetzung des unfähigen Lullier und die Berufung des Abenteurers Cluseret zum Kommandeur der Nationalgarde konnten diese Panne nicht wieder ausbügeln. Am selben Tag beschlossen die Bürgermeister wegen des Wortbruches der Delegierten des ZK den Wahlboykott, der weniger wirksam war, wie wir sehen konnten.

Aber am 22. März mußte der Kommune-General Bergeret einen Aufstandsversuch von Anhängern Thiers auf der Place Vendôme zerschlagen. Es gab Tote unter den Demonstranten, die sich »Freunde der Ordnung« nannten und »Es lebe die Nationalversammlung« riefen. Elihu Washburnes schöne Geliebte Lillie Moulton beschrieb diese blutige Szene:

»Die Masse zog die Rue de la Paix hinab, deren ganze Breite sie ausfüllte. Man kann sich nicht vorstellen, wie entsetzt wir waren, als wir das Brüllen einer Kanone hörten, und als wir hinabblickten, sahen wir die Straße mit Rauch gefüllt. Entsetzte Schreie und erschreckte Seufzer erreichten unsere Ohren. Jemand zog mich vom Fenster weg und schloß es, um die furchtbaren Geräusche draußen zu dämpfen. Die Straße war mit Toten und Verwundeten übersät. Die überlebenden Mitglieder von Les Amis machten sich aus dem Staub, so schnell ihre Beine sie trugen, die Verwundeten überließ man der Sorge der Ladenbesitzer, und die Toten blieben dort liegen, wo sie niederfielen, bis weitere Hilfe kam. Es war alles zu schrecklich!«

Gleichzeitig mit den wachsenden Schwierigkeiten in Paris selbst kamen aus der Provinz Hiobsbotschaften. Eine nach der anderen waren die in Lyon, Marseille, Narbonne, Toulouse, St-Etienne und Le Creusot ausgerufenen Kommunen nach kurzen Kämpfen im Feuer der Ordnungsstreitkräfte zusammengebrochen, das Fanal zum universellen Aufstand erloschen, die schwache Flamme ausgetreten, die Führer vor dem Peloton geendet.

Am 28. März konnte Paris endlich den so lang entbehrten und schmerzlich vermißten Flaggenschmuck, das Festtagsgewand einer großen Schau, anlegen. Als am Morgen dieses strahlenden Vorfrühlingstages die Sonne aus dem Seine-Nebel stieg, beleuchtete sie eine theatralische Szenerie! Paris hatte sich in Rot gekleidet. Noch war es das Rot des Fahnentuches. Bald sollte es das blutige Rot des Schlachtentodes sein, das dieses Fahnentuch, das heute Sieg und Triumph verkündete, bedecken würde, ehe die Stadt in Asche und Trümmern versank. Heute schien alles zauberhaft verwandelt, erlöst, vom langen Hungerwinter der Belagerung befreit zu sein.

Françoise Moser schildert in ihrem Buch über die »Heldin Louise Michel« diesen denkwürdigen und folgenschweren Tag der Proklamierung der Kommune:

»Die Luft trug die Rufe der Begeisterung davon. Die Käppis tanzten auf den Mündungen der Gewehre. In dem Dröhnen der Sturmglocken und der Kanonen, die wieder donnerten, schlugen die Tamboure zum Angriff.

›Im Namen des Volkes‹, wiederholte Ranvier, ›die Kommune ist proklamiert!‹

Inmitten des Jubels erklangen die männlichen Töne der Marseillaise. Die Menge applaudierte dem Vorbeimarsch der Truppen, die von mittags bis abends vor der »Büste der Republik« defilierten. Die Fahnen senkten sich, die Offiziere salutierten vor der Republik mit ihrem gezogenen Degen, und die Soldaten präsentierten ihre Gewehre.

›Die Kommune ist proklamiert! Es lebe die Kommune!‹ Eine neue Welt wurde geboren. Bewegter als früher, als sie noch die Messe hörte, kommunizierte Louise Michel mit dem ganzen Volk und seinen Verteidigern.«

Die begeisterte »rote Jungfrau« kommentierte diese naive Freude, diese Euphorie der »grandeur«, die die Kommune in ihrer glanzvollsten, wohl einzigen glücklichen Stunde erlebte, allerdings mit einem untrüglichen Wissen von der Zerbrechlichkeit des jungen Ruhmes, der den 28. März 1871 auf dem Platz vor dem Stadthaus vergoldete. Louise Michel sah bereits das schlimme Ende dieses heiteren Frühlingstraumes, auf den das blutige Erwachen folgen sollte, als sie zugab: »Alles wurde grandios in diesem Prolog der Kommune, dessen Apotheose der Tod sein mußte!«

Das ZK hatte mit diesem Tag die Macht an die Kommune, den Stadtrat von Paris, abgetreten, voreilig, geradezu in selbstmörderischer Hast. Denn wie sah diese Institution aus, die nun Paris regieren und gegen einen von Tag zu Tag stärker werdenden Feind von außen abschirmen und verteidigen sollte, der Welt ein Vorbild zur Nachahmung gebend?

»Was für ein Tag, o großes Paris!« hatte der Schriftsteller Jules Vallès ausgerufen, der einer der wenigen Intellektuellen war, die für die Sache, für die sie optiert und der sie applaudiert hatten, einzustehen bereit waren, Vallès, der dann in der Stunde Null das Los der Tausende Deportierten auf der Sträflingsinsel Neu-Kaledonien teilte.

Sehen wir uns nun die »Räte von Paris«, ihre Namen, Zielsetzungen, Taten und Projekte an.

Von den etwa 60 als revolutionär geltenden Delegierten des Volkes waren einige Veteranen der Revolution von 1848. Sie bildeten das Ferment der Kommune: Delescluze, Gambon, Miot, Beslay und der unvermeidliche Félix Pyat. Außerdem war noch Blanqui gewählt worden. Er fiel jedoch schon am 17. März in der Provinz in die Hände der Regierungstruppen, bevor er Paris erreichen konnte.

Dieser markanten Gruppe schlossen sich die Männer der »Revolutionspartei« an. Sie wurden die eigentlichen Aktivisten und Kämpfer in dem bevorstehenden Kräftemessen mit Versailles: Ranvier, Flourens, Lefrançais, Tridon, Duval, Vermorel, Brunel, Vallès, Vaillant und Rigault. Viele von ihnen sollten die Tage der Kommune nicht überleben.

In dem Gremium befanden sich nur 25 Delegierte, die wirklich als Vertreter des Proletariats anzusehen waren, unter ihnen Varlin, Duval, Ranvier, Theisz, Avrial, Langevin, Malon und der Ungar Frankel. Die Majorität der Volksvertreter kam aus dem Kleinbürgertum und den sogenannten freien Berufen, es waren Buchhalter, Journalisten, Ärzte, Juristen und Kleinunternehmer.

Lissagaray, ein entschlossener Mitkämpfer der Kommune, aber kein eingeschworener Parteigänger der Jakobiner oder Blanquisten, kritisiert das Verhalten der Gewählten schon in den ersten Tagen nach der Machtübernahme aufs schärfste: »Die revolutionäre Partei verhielt sich, an die Macht gekommen, noch genauso wie zur Zeit ihrer Opposition. Unter ihren Mitgliedern waren Romantiker und eingebildete Parasiten. Zeit und Erfahrung allein hätten diesem Übel abhelfen können.«

Aber sie besaßen weder das eine noch das andere, dafür aber den phantastischen Mut der Unbesorgten. Paris hatte nicht viel Gutes und Hoffnungsvolles von ihnen zu erwarten, und den in der Stadt verbliebenen Anhängern der Linken stand unter dieser Führung Schlimmes bevor.

Unter den Arbeiterdelegierten waren Theisz und Leo Frankel die fähigsten, Varlin, der verbissenste und beste Organisator – sein Haß auf die Bourgeoisie nährte sich aus der Erinnerung an eine hungerschwere Kindheit –, Ranvier und Duval die tapfersten im Kampf mit dem bewaffneten Gegner. Die Kommune verdankte Frankel die Ansätze ihrer Sozialgesetzgebung, die in der Kürze ihres Bestehens nur unvollkommen realisiert werden konnte und so ein Torso bleiben mußte, aber schon diese Reformversuche waren beachtlich und zeigten den Weg, auf dem sich die Volksherrschaft befand. Um den Ungarn Frankel, eines der intelligentesten Mitglieder der Internationale, in die Kommune aufnehmen zu können, mußte der Rat die Wahlbestimmungen ändern. Die Kommission beschloß daher am 31. März:

»In Erwägung, daß die Fahne der Kommune die Fahne der Weltrepublik ist, in Erwägung, daß jede Stadt das Recht hat, den Ausländern, die ihr dienen, den Bürgertitel zu verleihen, in Erwägung, daß der Titel Mitglied der Kommune, da er ein noch größerer Vertrauensbeweis ist als der Bürgertitel, diesen folglich in sich schließt, ist die Kommission der Ansicht, daß die Ausländer zugelassen werden können, und schlägt Ihnen die Zulassung des Bürgers Frankel vor.« In der pathetischen Geste, im rhetorischen Stil ihrer Reden zeigten sich die Erben der großen »Französischen Revolution« den Männern des Thermidor gewachsen.

Aber oft war es ein hohles Pathos, eine selbstgefällige Kasuistik, in der das endlose Palaver im Stadthaus leerlief. So auch als der Alterspräsident Beslay, ein revolutionär gesinnter, gescheiterter Bankier, aber honoriger Endsiebziger, die erste Sitzung des Rates der Kommune eröffnete:

»Die Befreiung der Pariser Kommune ist die Befreiung aller Kommunen der Republik. Unsere Gegner haben behauptet, wir hätten der Republik einen Schlag versetzt. Wir haben ihr einen Schlag versetzt — wie dem Pfahl, den man tiefer in die Erde schlägt. Die Republik von 1793 war ein Soldat, der alle Kräfte des Vaterlandes zusammenziehen mußte, die Republik von 1871 ist ein Arbeiter, der vor allem der Freiheit bedarf, um den Frieden zu befruchten. Die Kommune wird sich mit den örtlichen, das Departement mit den Bezirksangelegenheiten, die Regierung mit den nationalen Interessen befassen. Überschreiten wir diese Schranken nicht, und das Land wie die Regierung werden glücklich und stolz dieser Revolution zustimmen.«

Lissagaray kommentierte diese aufgeblasene Rede mit dem lapidaren Satz: »Naive Illusion eines Greises, der gleichwohl die Erfahrungen eines langen politischen Lebens besaß!« Dieser »naive« Beslay spielte dann eine unglückliche und wohl auch defätistische Rolle in dem Konflikt mit der Bank von Frankreich, zu dem es bald kommen sollte.

Gleich in den ersten Sitzungen verabschiedete der Rat eine

Flut von Verordnungen. Es hagelte Erlasse, Dekrete und Gesetze, die der Papierdrachen der Bürokratie verschlang, ohne daran zu ersticken oder auch nur vorübergehend Magenbeschwerden zu bekommen. Er verschlang alles, was von den eifrigen Delegierten diesem Verwaltungscomputer anvertraut wurde, da die Verwirklichung der kühnen Projekte in der Tat eine »naive Illusion« war. Denn schon vom Tage der kampflosen Besetzung des Mont-Valérien durch Thiers reguläre Truppen schrieb die Konterrevolution die tatsächlichen Gesetze mit Blut und Feuer in den »veruntreuten« Himmel über Paris.

Aber wir sehen die Räte in geschäftiger Aktion am Konferenztisch im Saal des Rathauses bei der Bildung der Kommissionen, die das revolutionäre Werk in Gang setzen sollten: Militär-, Finanz-, Justizkommission, Kommission der öffentlichen Sicherheit (Sicherheitsausschuß genannt), der Arbeit und des Handels, der Lebensmittelversorgung, der auswärtigen Beziehungen, der öffentlichen Ämter und des Unterrichts. Die wichtigste, die pausenlos funktionierende und auch unbedenklichste war mit der größten Machtvollkommenheit ausgestattet, es war die Exekutivkommission, die von Lefrançais, Duval, unserem Félix Pyat, Bergeret, Tridon, Eudes, Vaillant gebildet wurde. Drei von ihnen gehörten zugleich der Militärkommission an und wurden zu Generälen ernannt: Duval, Bergeret und Eudes.

Man beschloß, alle Verordnungen von nun an kurz und schneidig mit »Die Kommune« zu unterzeichnen. Die turbulente Sitzung wurde durch das Erscheinen einiger Delegierter des abgetretenen Zentralkomitees der Nationalgarde gestört und kompliziert. Die Nationalgarde, deren militärische Präsenz ja für den Bestand der Kommune unerläßlich war, sollte nur noch als »Bindeglied zwischen den Räten und dem Volk« funktionieren. In dieser Sitzung, die bereits den Wurm im Holz des kühnen Gebäudes, das die Kommune zu errichten entschlossen war, erkennen ließ, erhob Félix Pyat in einer langen Erklärung die Forderung nach Abschaffung der *Konskription.* Man beschloß es im Blitzkriegstempo, mit dem man hier hinter holzgetäfelten Wänden billige papierene Siege erfocht. Und man beschloß an diesem 29. März, weil man so gut im Zuge war, gleich noch einiges mehr. So hieß es denn im Protokoll:

»Die Kommune von Paris verordnet:

1. Die Konskription ist abgeschafft.

2. Außer der Nationalgarde dürfen keine Streitkräfte in Paris aufgestellt oder zugelassen werden.

3. Alle wehrfähigen Bürger gehören der Nationalgarde an.«

Gleichzeitig verabschiedete die vom Eifer ihrer neuen Aufgaben mitgerissene Kommune noch eine stattliche Reihe von Dekreten. Da hieß es denn in der Sprache des konsularischen Gesetzgebers, der weiß, daß große Taten auch große Worte rechtfertigen, summarisch:

»Die Kommune von Paris, in Erwägung, daß die Arbeit, die Industrie und der Handel alle Lasten des Krieges getragen haben, daß es gerecht ist, wenn auch das Eigentum dem Lande Opfer bringt, verordnet:

Art. 1. Den Mietern wird die Zahlung der Mieten für die Quartale Oktober 1870, Januar und April 1871 erlassen.

Art. 2. Alle während der neun Monate bereits bezahlten Summen werden auf die künftigen Mieten angerechnet.

Art. 3. Die Mietschulden für möblierte Räume werden ebenfalls erlassen.

Art. 4. Alle Verträge sind auf Wunsch der Mieter für die Dauer von sechs Monaten, gerechnet vom Datum dieses Dekrets, kündbar.

Art. 5. Alle ergangenen Kündigungen sind auf Ersuchen der Mieter um drei Monate hinauszuschieben.«

Lissagaray, der Augen- und Ohrenzeuge, hat diesen großen Tag für Félix Pyat, der endlich, amtlich als Volkstribun bestätigt – im 10. Arrondissement von immerhin 12 000 Parisern gewählt –, auftreten und sagen konnte, was ihm beliebte, ohne daß ihn ein Polizeibüttel von der Tribüne holen konnte, treffend und mit verbissener Ironie gewürdigt:

»Die Stunde, auf die er zwanzig Jahre lang gewartet, hatte endlich geschlagen. Er bestieg die Bretter, die die Welt bedeuten. Unter der Menge von Theaterdichtern, Wundertätern, Romantikern, Schwärmern und aufgewärmten Jakobinern, die seit 1830 mit der sozialen Revolution spielten, gehörte er zu den Predigern des Königsmords, die revolutionäre Banden organisieren wollten und mit Briefen, Sinnbildern, Toasten, Ansprachen und Redestückchen über die Tagesbegebenheiten zu Felde zogen, kurz, zu dem ganzen Blech der Montagne, das mit einem humanitären Firnis aufgefrischt war. Während des Kaiserreiches waren seine wütenden Manifeste das Entzücken der Polizei und der bonapartistischen Blätter gewesen, eine treffliche Schellenkappe für das Volk, das ihnen keinen praktischen Gedanken, kein Körnchen Vernunft entnehmen konnte. Dieser Helotenrausch war zu drei Vierteln erheuchelt. Nichts war diesem Menschen unähnlicher als seine Schriften. Der wilde, struppige Narr der Marktschreierbühne wurde hinter den Kulissen schlau, listig und berechnend. Im Grunde war er nichts als ein galliger Skeptiker, bereit, das Meer zu peitschen, um von sich reden zu machen. Die Taschen mit Dekreten vollgepfropft kam er zur Kommune.«

Hélas, die Kommissionen sind gebildet, die Funktionäre sind in Aktion. Sie sind unterwegs, den Klassenfeind aus seinen gepolsterten Höhlen zu treiben, von seinen vergoldeten Elfenbeintürmen zu stürzen. So wäre es ein schwarzes Idyll, ein Phantasiebild und ein Klischee dazu, gemessen an den harten Realitäten der großen Revolution von 1789 und den der anderen, weltumspannenden von 1917. Die Akteure dieser epochalen Ereignisse besaßen den Wirklichkeitssinn, der den mediokren Männern der Kommune abging. Es fehlte ihnen die Einsicht in das Notwendige, in das Unerläßliche, das über Leben und Tod, über Erfolg und Scheitern entscheidet. So kam es nur zu Halbheiten, die nicht der Komik entbehrten.

Das trifft besonders auf das »Unternehmen Theisz« und noch viel mehr auf das Auftreten des greisen Beslay als Vertreter der Finanzkommission zu. Theisz, ein Mitglied der Internationale, von Beruf Ziseleur und nun zum Leiter des Postwesens ernannt, zog aus, um das Postministerium zu »übernehmen«, das von dem Organisator des Ballondienstes während der Belagerung, dem Postminister Rampont, geleitet wurde. Als Theisz ihn nun aufforderte, das Amt zu übergeben, lehnte Rampont kategorisch mit dem Bemerken ab, daß er nur der Gewalt weichen werde. Dann werde er sich mit seinem gesamten Beamtenapparat nach Versailles absetzen. Die Kommune, die kein Blutvergießen wollte, solange Thiers noch nicht den Krieg erklärt hatte, machte einen Rückzieher und pfiff den »Obersten Postmeister« Theisz wieder ab.

Teurer kam der Kommune aber ihr Zögern bei der Besetzung der Bank von Frankreich zu stehen. Lissagaray nannte das für die Volksmacht tödliche Intermezzo mit der Bank mit Recht ein »Vaudeville«. Aber das Stück, das gespielt wurde, war zu ernst, in den Folgen zu verheerend, um es zu ironisieren.

Was war geschehen? Die Finanzkommission, der Clément, der tüchtige und hübsche 32jährige Buchbinder Varlin, der ehrenhafte Jourde – dessen Frau weiterhin als Wäscherin tätig war –, Régère und eben der verkrachte und furchtsame Beslay angehörten, bestimmt ausgerechnet diesen hilflosen alten Mann dazu, die Bank zu »übernehmen«. In der Tat eine Situation, die das Unternehmen im vorhinein zum Scheitern verurteilte, es zur Farce werden ließ. Denn Beslays Gegner auf diesem wichtigen Schlachtfeld, auf dem über das finanzielle Überleben, ja vielleicht über den Sieg der Kommune entschieden wurde, war ein Routinier des Geldes, ein gerissener Finanzmann und Vabanquespieler à tout prix: ein Marquis de Plœuc. Er ließ sich weder einschüchtern noch unter Druck setzen. Er beherrschte vom ersten Augenblick an die Szene und machte aus Beslay einen Schmierenkomödianten. Als Beslay nun am 30. März vor dem Gebäude erschien, um seine Amtsgeschäfte zu übernehmen, empfing ihn der Marquis mit einer Streitmacht von 400 Knüppel schwingenden Angestellten.

Beslay war sofort zu jedem Kompromiß bereit. Der Marquis wußte, daß es unmöglich war, die Tresore zu räumen und die dort deponierten Werte in Höhe von rund zwei Milliarden Franken nach Versailles in Sicherheit zu bringen. Dazu hätte es mindestens 100 Transportwagen und eines Armeekorps regulärer Truppen als Begleitmannschaft bedurft. De Plœuc konnte nicht mit Hilfe aus Versailles rechnen, um diese Transaktion ausführen zu können. Er reichte Herrn Beslay den kleinen Finger, hielt aber die Hand auf dem Rücken für Versailles offen, das heißt, er gab der Kommune einen Kredit von einer Million zur Finanzierung der dringendsten Ausgaben – Bezahlung des Solds an die Nationalgarde –, schmuggelte aber während der

Belagerung durch die Regierungstruppen soviel Druckplatten und Geld, wie nur möglich, nach Versailles.

Das alles vollzog sich unter den Augen der ohnmächtig abwartenden Kommune. Typisch für ihr Verhalten und das Unvermögen Beslays – der Finanzkommission wie auch der übrigen Kommissionen, besonders der militärischen – ist folgender Vorgang: Als es zur Begegnung der beiden Kontrahenten Beslay und Plœuc kam, ergriff der schlaue und kaltblütige Marquis sofort die Initiative, um sie im Verlauf des »Vaudevilles« nicht mehr an seinen irritierten Gegenspieler abzutreten. Als Beslay androhte, daß die Kommune, um Blutvergießen bei der Beschlagnahme des Staatsvermögens zu verhüten, einen Gouverneur für die Bank ernennen würde, wies ihn der seiner Sache sichere Marquis mit den Worten zurück: »Einen Gouverneur? Niemals! Aber einen Delegierten. Wenn *Sie* der Delegierte sind, dann könnten wir uns verständigen.«

Pathetisch fügte er hinzu: »Sehen Sie, Herr Beslay, helfen Sie mir, die Situation zu retten. Das ist das Glück für Ihr Land, das ist das Glück Frankreichs.«

Beslay schlich sich davon, um im Stadthaus den Räten Bericht von seiner mißglückten Mission zu erstatten. Er wiederholte die ihm von dem Marquis suggerierte Phrase: »Die Bank von Frankreich ist das Glück des Landes.«

Man brachte nicht die Energie auf, die Bank zu besetzen, und begnügte sich mit dem angebotenen Kredit sowie mit der lächerlichen Summe von 50 000 Francs, die sich die Finanzkommission von Rothschild borgte. So ungerüstet ging man in den Kampf.

Lenins und Marxens vernichtende Kritik dieses Versäumnisses trifft den Kern des unglaublichen Leichtsinns, des Versagens, das nicht allein den alten Beslay vor der Geschichte als Ignoranten und Dilettanten mißkreditiert, sondern den ganzen Rat von Paris, der an der Paralyse der Macht erkrankt war und dann an seiner Spaltung in Jakobiner und Internationalisten, in Kämpfer und Schwätzer, in Abenteurer und Bürokraten dahinsiechte.

Marx faßte sein Urteil in einem lapidaren Satz zusammen, in dem er den Wert dieses Objektes kühl und für den Verlauf der Ereignisse bestimmend abwog: Die intakt gebliebene Bank der bürgerlich-kapitalistischen Gesellschaft im Herzen des kämpfenden Paris war eine irreparable Unterlassung, die die Männer verschuldet hatten, die über die Waffen verfügten, die Situation zu ihren Gunsten zu ändern, es aber aus Schwäche und Ignoranz unterließen. Denn wäre die Bank von Frankreich in die Hände des Volkes gefallen, dann »hätte die gesamte französische Bourgeoisie einen Druck auf die Regierung in Versailles ausgeübt, Frieden mit der Kommune zu schließen«.

So ging die Angelegenheit aus wie das Hornberger Schießen, und Beslay wurde für seine Nachsicht belohnt. Er durfte nach dem Fall von Paris unbehelligt in die Schweiz emigrieren, wurde weder vor Gericht gezogen noch den Massakern überliefert. Der Marquis und seine Auftraggeber in Versailles wußten, was sie dem Mann zu danken hatten, der so kläglich versagt und die Revolution torpediert hatte.

Lissagaray hat auch hier das unbestechliche Auge des Chronisten auf die Szene gerichtet, wenn er bemerkt, daß die Bank von Frankreich die beste *Geisel* der Kommune hätte sein können, denn »mit ihr hatte sie die Genitalien von Versailles; sie konnte über seine Kanonen lachen. Ohne einen Mann zu verschwenden, brauchte die Kommune nur zu sagen: Komm zu Verhandlungen oder stirb!«

Die Zusammensetzung dieses Konglomerates verschiedenster Interessen und divergierendster Meinungen über Ziel und Verlauf der Revolution, das wir — vergröbernd und das Phänomen vereinfachend — behelfsmäßig als »Kommune von Paris« bezeichnen, bot ein schillerndes Bild.

Es gibt in den Gruppierungen, aus denen sich die »Revolutionspartei« zusammensetzte, kaum definierbare Parallelitäten und Überschneidungen, die eine Einordnung bzw. Klassifizierung so erschweren, daß sie eher hypothetisch als schlüssig erscheint. Versuchen wir, dieses merkwürdige Arrangement, in dem sich das Konglomerat präsentiert, zu entflechten! Ich möchte sechs Hauptblocks unterscheiden, neben denen zahlreiche mehr oder weniger profilierte Einzelgänger ihren privaten Zielen nachgingen, ihren eigenen Amoklauf inszenierten.

Den Kern bildeten die *Jakobiner* ohne festes Programm, konservativ, auf die große französische Revolution eingeschworen, mißtrauten sie den Lehren des neuen Heilands des Proletariats Karl Marx. Sie blickten fasziniert auf ihre Vorbilder von 1793. Von politischem Denken, von Freiheit und Demokratie besaßen sie verschwommene und abstrakte Vorstellungen. Am 31. Oktober 1870 hatten sie sich um ihren Führer Delescluze gesammelt. Zu dieser Gruppe kann man fraglos den Wortführer des Aufstands, den deklassierten Adligen Rochefort, dann Pyat, den einfallsreichen Schwätzer, Victor Hugo, den Rhetoriker und Volkstribunen, Urbain, den Urheber des folgenschweren »Geiselgesetzes« und die weniger profilierten Räte Gambon, Miot und Beslay rechnen. Sie bildeten zusammen mit den Anhängern des alten gefangenen Blanqui die Majorität, die sich um diktatorische Vollmachten bemühte und sie mit der wachsenden Krise der Kommune, unter dem Ansturm von außen, angesichts der immer bedrohlicher werdenden militärischen Lage, auch bekam.

Die *Blanquisten* stärkten als zweite Kampftruppe der Revolution die jakobinische Fraktion und sicherten ihr die Mehrheit. Sie vertraten die Ideen Proudhons, strebten eine dezentralisierte Gesellschaft mit kleinen Eigentümern an. Sie befanden sich in der Opposition zur Lehre des Marxismus, die die Organisation und Mobilisierung der Massen zum Programm erhob. Marx kritisierte sie heftig und erklärte, daß sie sich »nur durch revolutionäre und proletarische Instinkte« als Sozialisten auswiesen. In ihrem fanatischen Antiklerikalismus stimmten sie mit den Jakobinern überein, er hielt sie bis zum bitteren Ende zusammen.

Die eigentlichen *Internationalisten,* die unter anderem auch Verhandlungen mit Versailles befürworteten und nur zögernd der Kommune beitraten, dann aber zuverlässige Kampfgefährten waren, die die höchsten Blutopfer brachten, waren auf Karl Marx und seine Lehre eingeschworen. Ihr fähigster Funktionär war ohne Zweifel der junge Buchbinder Varlin, Kommandeur des 193. Bataillons der Nationalgarde. Zu dieser Minoritätspartei gehörten der Sozialtheoretiker Frankel, der Postminister Theisz, die zwanzigjährige schöne Russin Elisabeth Dimitrieff, die »grande dame« der Kommune, dann aber Bürgermeister Ranvier, die Arbeiter Avrial und Langevin, die Generäle Duval,

Eudes und Bergeret, außerdem Millière, Billioray, Vuillaume, Vermorel, Vaillant und Oberst Lisbonne.

Eine Sonderstellung nahmen die *Anarchisten-Terroristen* ein. Sie bildeten den fanatischen Kern des Widerstandes und scheuten vor keiner Gewalttat zurück: Raoul Rigault, Théophile Ferré, Jules Allix und Emile Gois, der Präsident eines der »Gerichtshöfe« des Revolutionstribunals, das die Geiselerschießungen vollstrecken ließ, als schon alles verloren war. Diese verhängnisvolle Gruppe war verantwortlich für den Schrecken, sie trägt die Hauptschuld an der moralischen Diskriminierung der Kommune. Mit einigem Vorbehalt kann man auch die »Pasionaria« Louise Michel hier einordnen, sie bekannte sich offen zum Anarchismus Bakunins.

Zu den Anarchisten gesellten sich die richtungslosen *Abenteurer,* die keinerlei politische Überzeugung, sondern der Kampf um des Kampfes willen, verbunden mit einem vagen Menschheitsideal der absoluten Gerechtigkeit, zur Kommune trieb: allen voran Gustave Flourens, dann Oberst Rossel, die polnischen Generäle Dombrowski und Wroblewski, schließlich der weniger profilierte und keineswegs heldenhafte Kriegsminister auf Zeit Cluseret – der wegen Unfähigkeit abberufen und vor Gericht gestellt wurde – und außerdem noch als eine spektakuläre Erscheinung Paul-Antoine Brunel, der vielgeschmähte »Brenner von Paris« und zähe Verteidiger der Tuilerien.

Zwischen den Parteien hin- und herlavierend hat sich traurigen Ruhm – den Nachruhm des unrühmlichen Versagens – die konfuse und uneinheitliche Gruppe der sympathisierenden *Intellektuellen* erworben. Zu ihnen kann man den Journalisten Paschal Grousset, den Schriftsteller Jules Vallès – der am 28. März das Motto des Tages sprach –, den notorischen Versager Paul Verlaine – im Pressebüro tätig, wo er eine Scheinaktivität entfaltete –, Gustave Courbet, den Maler und Hauptagitator des Sturmes auf die Vendôme-Säule, Victor Hugo, den Jakobiner mit der mächtigen Stimme, Emile Pissarro, den bescheidenen, aber nicht weniger bedeutenden Maler rechnen.

Renoir gehörte kaum zu den Sympathisierenden – obwohl ihn ein bürgerlicher Chronist zur Kommune zählte –, er lavierte hin und her, wechselte ständig die Fronten, hielt aber au fond zu Versailles. Aber man kann ihm nicht das Verständnis für die »Elenden« und für die Revolution absprechen. Hervorragend in ihrer Leistung waren nur die Gebrüder Reclus, der Geograph Elisée Reclus, der von den Versaillern ermordet wurde, und sein Bruder Elie, der vom Rat zum Direktor der Bibliothèque Nationale ernannt wurde. Zolas Rolle war undurchsichtig und zwiespältig, er verurteilte den Bürgerkrieg, aber er verstand seine Notwendigkeit, wie es sein hervorragender Roman »Der Zusammenbruch« bewies.

So haben wir in groben Konturen die Leitlinien dieses Phänomens Kommune nachgezogen. Die Wirklichkeit zeigt eine viel breitere Skala, aufgefächert durch die Individualitäten der an der Katastrophe Beteiligten. Wir können nur Blinkzeichen auf dem weiten und düsteren Feld dieser Arena eines ungleichen Kampfes setzen. Versuche der Orientierung in der schrecklichen Nacht, die mit der Kriegserklärung des Präsidenten Thiers am 1. April 1871 über Paris fiel.

An diesem Tag telegrafierte der Oberbefehlshaber der Bürgerkriegsarmee in Versailles an seine Präfekten:

»Die Versammlung tagt zu Versailles, wo eine der schönsten Armeen entsteht, die Frankreich je besessen hat. Die guten Bürger können sich also freuen und auf das Ende eines Kampfes hoffen, der schmerzlich, aber kurz sein wird.«

Am selben Tag gegen ein Uhr begannen Hunderte schwerer Geschütze, ohne Vorankündigung oder Vorwarnung, mit dem Vernichtungsfeuer auf die nordwestlichen Stadtbezirke, besonders auf die Vororte Neuilly, Asnières, Courbevoie und das ganze Vorfeld im Westen der Stadt. Schon am Tage zuvor hatten sondierende Vorhuten der Kavallerie des Marquis de Galliffet das Gelände vor den Stadttoren erkundet, ohne dort Vorkehrungen der Kampfbereitschaft anzutreffen. Die Kommune tagte im Stadthaus und versäumte das Naheliegende, sie schlief palavernd, während der Feind wachte und handelte. Während sich das Gewitter über den Vorstädten der Banlieu entlud, brachte es der Heuchler und Schönredner Félix Pyat in seiner Doppelzüngigkeit fertig, die Kommune und mit ihr das durch Parolen eingeschläferte, vertrauensselige Volk von Paris in Sicherheit zu wiegen. Er spielte den Arglosen, forcierte die zögernde, abwartende Tatenlosigkeit der Räte.

Paris wollte nicht einmal an die Existenz dieser Armee des Marschalls Mac Mahon glauben. Die Zeitungen verlangten einen Angriff auf Versailles und sprachen davon wie von einem Spaziergang. Am weitesten ging der »Vengeur« (von Pyat an Stelle des einstigen »Le Combat« herausgegeben), in dem Pyat die Kommune zwar aufforderte, »Versailles auf den Leib zu rücken«, aber gleichzeitig die Aktion bagatellisierte, indem er am 2. April verlogen die Parole ausgab: »Gestern hat man in Versailles mit Ja oder Nein darüber abstimmen lassen, ob man nach Paris marschieren wolle. Die Soldaten haben mit *Nein* geantwortet.«

So war man ungerüstet, als die Exekutivkommission endlich den Gegenangriff auf den 3. April festsetzte und eine Proklamation erließ, in der es stolz hieß: »Die royalistischen Verschwörer haben uns angegriffen. Es ist unsere Pflicht, die große Stadt gegen diese frevelhaften Überfälle zu verteidigen.«

Die Generäle Duval, Bergeret und Eudes, sowie der abenteuerliche, auf Siegeslorbeer erpichte Gustave Flourens wurden mit der Vorbereitung und Durchführung des Gegenangriffs betraut.

»Die Begeisterung«, so suggerierten sie dem Volk, »ist mitreißend, einzigartig. Was vermag Versailles gegen 100 000 Mann? Wir müssen einen Ausfall machen.«

Aber wo waren diese hunderttausend? Sie standen nur in der Phantasie der Generäle bereit, sich von den Granaten der Versailler in Stücke reißen zu lassen.

Félix Pyat, plötzlich ernüchtert, drehte den Mantel im Wind. Er verkroch sich hinter seiner sprichwörtlichen Feigheit und warnte aus seinem Versteck vor dieser selbstmörderischen Aktion: »Man rückt nicht aufs Geratewohl aus, ohne Kanonen, ohne Kader und ohne Führer.«

Duval stellte ihn zur Rede: »Warum rufen Sie dann seit drei Tagen: Nach Versailles?!«

Schließlich beugte sich der Rückversicherer Pyat dem Mehrheitsbeschluß: »Schließlich, wenn Sie meinen, Sie sind gerüstet . . .«, stammelte er, wenig überzeugt von dem Gelingen des Vorhabens.

Die Generäle hatten sich durchgesetzt. Cluseret und Eudes wurden zu Delegierten für das Kriegswesen ernannt, waren somit paritätische Kriegsminister.

Am 3. April im Morgengrauen schlugen die Generäle los, ohne sich vorher Artillerieunterstüzung aus dem Geschützpark des Montmartre zu sichern.

Das Unheil nahm seinen Lauf.

ENTSTEHUNG EINES MYTHOS

Die Revolution hatte eine der bizarrsten Erscheinungen des Kommune-Intermezzos ins Rampenlicht der Weltgeschichte gerufen: den Theatraliker Gustave *Flourens*. Er sprach den Prolog zu der Tragödie, involvierte in ihrem Verlauf eine mythenbildende Figur. Um seine exzentrische Rolle, die er seit dem 31. Oktober 1870 im Monstrekonzert des Revolutionsorchesters spielte, richtig verstehen zu können, müssen wir auf dieses Ereignis, auf den Tag, an dem alles begann, zurückblenden.

Die blutige Tragödie des gescheiterten Volksaufstandes entbehrte nicht der Komik skurriler Episoden. Der tiefe Ernst der historischen Situation und ihrer bemerkenswertesten Ereignisse schloß nicht die Lächerlichkeit der Farce aus. Verzweifelte Zwischenakte auf dem Höhepunkt des Geschehens, das am Ende mehr Leben verschlang, mehr Opfer forderte als die »Schreckensherrschaft« der »Großen Revolution« oder gar der bolschewistischen Oktoberrevolution in Leningrad.

Es gibt nur Schätzzahlen, vage Nennwerte des Elends, Listen von Totengräberhonoraren, die die Pariser Polizei nach der Niederschlagung des Aufstands anfertigen ließ. Eine makabre Statistik, die von 17 000 beerdigten Leichen kündet. Anonyme Tote eines Massakers, das sicher ebensoviel Vermißte und Verschollene in die Massengräber am Rand der Hinrichtungsszenerie warf. Es ist müßig, über Statistiken und Zahlen zu brüten, die niemals nachweisbar sein werden, die Spekulationen bleiben müssen. Halten wir uns an die Fakten!

Die Helden und Henker haben ihren großen Auftritt. Ihre Stunde ist gekommen. Aber in den Manöverübungen, die jeder

Entscheidungsschlacht vorausgehen, wenn man von dem kläglichen kaiserlichen Epilog bei Sedan absieht, disqualifizierte sich die erste große proletarische Revolution, deren vorübergehender Erfolg die Beteiligten blendete, zu einer schlecht gespielten Posse, einem unzeitgemäßen Vaudeville, in dem die aufgeputzten Akteure, die Helden des Tages als Narren auftraten, beklatscht von einem ungewöhnlichen Publikum, das die Szene beherrschte, das aber gleichzeitig nichts von dem Spiel verstand, in das es sich abgründig verstrickt sah.

Jubelnd und zu jeder Bluttat bereit: so erwachte am Morgen des 31. Oktober 1870 die Masse der »Elenden«, so schwärmte sie aus, aufgebracht und von ihrem Höhenrausch mitgerissen. Die »levée en masse« sollte geprobt werden. An diesem Tag, der mit einem Fiasko endete, rüsteten sich die Bewohner der rachitischen Slums von Belleville zum kollektiven Aufstand. Ihr Dirigent hieß Gustave *Flourens*.

Eine Farce, sagte ich, lächerlich nannte ich sie. Eine unfreiwillige Komödie war dieses Schauspiel, behaupte ich. In der Tat, der Regisseur, der es inszenierte, war zwar ein Mann des Volkes, aber gleichzeitig ein von seiner Phantasie zum Abenteuer verdammter Psychopath, der sich erwählt fühlte. Erst die Logik des Unfreiwilligen wandelte den Psychopathen zum mythenbildenden Träger einer Legende, machte aus dem Herostraten einen Helden. Die Rolle, die er dann zu Ende spielen mußte, wurde ihm aufgezwungen, sie führte ihn ohne Umwege in den Tod auf der Bühne.

Nun aber vorwärts mit der Massenerhebung zum Stadthaus nach Paris, in dem die bürgerlich republikanische Regierung versammelt ist, um über die alarmierenden Ereignisse zu beraten. Unheil liegt in der Luft. Der Nebel drückt den Rauch der Kamine auf die träge Seine, auf die lethargisch einer eingebildeten Ruhe hingegebenen Stadt. »Schlaf, wenn es Zeit ist«, dichtete Rabbe Enckell, der große schwedische Lyriker. Ach, es war längst Zeit zum Erwachen! Die Masse war auf dem Marsch zum Stadthaus. *Sie* war wach geworden, und kein Hornist hatte das Signal zur Réveille geblasen. Die Clairons waren seit Sedan verstummt. Es war ein lautloser Zug, ein Anschleichen durch die gewundenen, vom Spülicht überfluteten Gassen, aus denen die Ratten sprangen und quietschend unter die Schutt- und Unrathaufen flohen. Einer klopfte ans Tor, ein anderer hörte ihn und schloß sich an. So folgten sie einander, ein Zug, in dem jeder das Motto des Tages kannte »Vive la Commune!« und »Gustave Flourens«. Von der Macht konnte noch niemand träumen. Die Macht war noch unerreichbar. Aber man könnte eine Bresche in den Damm brechen. Man könnte einmal die Herren im Stadthaus herausfordern, könnte die Macht provozieren, sich vielleicht im irren Übermut der Rebellion die Hände an den Portieren abwischen, die Dreckstiefel auf den Teppichen der Residenz abtreten. Nein, so weit ging man in dieser Stunde, an diesem verschwommenen herbstlichen Manövertag noch nicht. Kein Wort mehr als: »Vive la Commune!« und »Gustave Flourens«, nichts von »Alle Macht der Kommune!« oder, wie es später nach all den Lehren und Konsequenzen, die Marx und Lenin aus dem Scheitern des Pariser Volksaufstandes gezogen hatten, hieß: »Alle Macht den Räten!« Nichts davon! Das war weder den Demonstranten noch dem Mann an der Spitze des Zuges, der sich auf seine fünf Bataillone Nationalgarde verlassen konnte – noch glaubte er es jedenfalls – vorstellbar. Das zeichnete sich als Möglichkeit weder in ihren Träumen noch in ihrem Bewußtsein ab. Man mußte marschieren! Das war alles.

Die phrygische Mütze als Statussymbol der Revolution schief auf dem verfilzten und verlausten Haar. Voran Gustave Flourens, dessen Story nun fällig ist, während der Mann längst sein eigenes Todesurteil geschrieben hat von dem Tage an, da er sich an die Spitze der »Elenden« setzte. Sie hatten alle einen Pakt mit dem Tod geschlossen. Es bedurfte nicht der widersinnigen Parole, die fast 70 Jahre später die Mauern einer anderen brennenden Hauptstadt bedeckte: »Viva la muerte!« (»Es lebe der Tod!«). Auch das blieb als Parole des Brudermords ein Motto, das den Blutrausch der Revolution akzentuierte, einer anderen, aber immerhin trugen dann 1936 im Spanischen Bürgerkrieg die Bataillone in der Erinnerung an einen wirklichen Helden der Kommune den Namen »Dombrowski«. Er ist in diesem Augenblick noch nicht auf der Bühne erschienen. Aber indem wir uns an ihn erinnern, an Jaroslaw Dombrowski, den militärischen Star der Kommune, erinnern wir uns an die revolutionäre Tradition, an den gemeinsamen Charakter aller Bruder- und Bürgerkriege, an das schändliche Elend, an die Unterdrükkung, aus der sie resultierten. Sie fordern das Blut der Despoten, die, hinter einem demokratischen Mäntelchen getarnt, Hekatomben von »Elenden« ihren politischen und oft persönlichen Zielen geopfert haben.

Ist die Stunde der Abrechnung schon gekommen?

Gustave Flourens betritt das Stadthaus. Hier erinnern wir uns an seine Geschichte. Wir verfolgen den Weg dieses rebellischen Mannes bis vor die Tür, die zur Macht führt. Ein abenteuerliches Schicksal, fast könnte man es, den Dichter der Kommune Arthur Rimbaud zitierend, »eine Jahreszeit in der Hölle« nennen. Ein Rimbaud-Schicksal, nur daß Flourens nichts Schriftliches von Belang hinterließ. Dennoch gibt es authentische Details, die im Verlauf unseres Prozesses mit der Geschichte zur Sprache kommen sollen. Der Mann ist ein Phänomen. Er gehört zu den Spielern. Er wechselt oft die Rollen, aber er hat keine Sekunde aufgehört, sich selbst zu parodieren.

Dieser Flourens war ein Glücksritter comme il faut. Er war, wie viele Mitkämpfer der Kommune, besonders die militärisch qualifizierten, der Typ des echten Legionärs. Was ihn in die Arme der Revolution trieb, war die Lust zum Abenteuer, die Freude am Wagnis, aber auch ein wenig Don Quijotterie, ein wenig Vabanquespiel. Der eitle Mut des Helden à tout prix, der den Frauen gefallen möchte. Seine Freunde nannten ihn daher gern und beziehungsvoll »Florence«. Als er einmal gefragt wurde: »Wo ist Ihre Geliebte, Flourens?«, breitete er die Arme aus und antwortete lakonisch: »Die Menschheit ist meine Geliebte!«

Aber im Gegensatz zu Henri de Rochefort, dem Extremisten und Renegaten, verzichtete er auf die gestenreiche Pose des Volkstribunen. Denn Flourens war kein Schwätzer, auch kein Theoretiker der Revolution. Er war ein Mann der Tat. Er war ein Spieler, nun gut, aber sein Einsatz war das Leben.

Sein Aufzug glich einer Maskerade. Er kleidete sich wie ein Faschingsheld. Doch in ihm »brannte jene kleine Flamme, die nie verlöscht«, wie es Auguste Renoir von den »Narren« der Kommune so bewundernd sagte.

Als Gustave Flourens während des gescheiterten Putsches gegen die Regierung der nationalen Verteidigung unter General Trochu am 31. Oktober mit seinen Männern der Arbeiterbataillone den »Gelben Salon« des Stadthauses besetzte, betrat er den Saal phantastisch dekoriert, in großer Garderobe, mit blitzender Uniform, funkelnden, sporenklirrenden Stiefeln und seinem Türkensäbel in der Hand, den er von der Insel Kreta mitgebracht hatte, als er für die Griechen gegen die morgenländischen Unterdrücker focht.

So debütierte er, gefolgt von dem alten Blanqui, dem Jakobiner Delescluze, dem unvermeidlichen Schwätzer und Intriganten Pyat, dem Verderber der Kommune, und sozusagen als Apostroph, dem bescheidenen Sprecher des Extremistenklubs Herrn Millière. Sein Auftritt führte zu einer spektakulären Szene, die einmal mehr illustriert, wie leicht der revolutionäre Höhenrausch zur Lächerlichkeit führen kann, wie nah die Dramatik einer historischen Situation neben der Posse steht. Denn als Flourens, der seine Nationalgardisten auf den Korridoren postiert hatte, im Konferenzsaal nicht zu Wort kommen konnte, sprang er kurzerhand auf den Verhandlungstisch und stolzierte, Befehle erteilend, die niemand befolgte, vor Trochus Nase auf und ab, mit seinen silbernen Sporen das grüne Tuch der Tischdecke zerfetzend. Anschließend stieß er alle Tintenfässer um und forderte den Rücktritt der Regierung der bürgerlich-republikanischen Generale, die es seiner Meinung nach nicht verstanden hatten, die Preußen zu schlagen.

Dieses Intermezzo endete dann allerdings schmachvoll für die Gruppe der eingedrungenen Rebellen. Während die aufgeputschten Massen vor dem Stadthaus auf die Proklamierung der Revolution und auf ihre Anführer warteten, rauchte Trochu eine Zigarre nach der anderen und ließ Flourens und Genossen ihre kindische Posse weiterspielen, die damit endete, daß sie untereinander wegen der Nachfolge für den abgesetzt erklärten Trochu in erbitterten Streit gerieten. Blanqui war gegen Flourens, Delescluze gegen den widerlichen Pyat, den er als Unglück für die junge Bewegung betrachtete. Inzwischen demolierten betrunkene Nationalgardisten das Treppenhaus, plünderten die Vorratsräume und zerstörten die kostbaren Möbel.

Trochu hatte bereits seine Generalsepauletten und Orden abgelegt und schien zu resignieren. In Wirklichkeit wartete er nur ab, wie die Komödie ausgehen würde, über deren Ernst er sich allerdings keinen Augenblick im Zweifel war. Die Lage war für ihn und seine Minister keineswegs erheiternd. Sie konnte sogar explosiv werden. Niemand kann in einer Stunde des Aufstands wissen, wann der Amoklauf der Rebellen beginnt. Besaß in dieser Situation die Vernunft noch eine Chance? Das waren Trochus Kalkulationen.

Edmond de Goncourt, ein geschworener Feind der Revolution, sah bereits die Katastrophe voraus, als er seinem Tagebuch anvertraute: »Die Regierung ist gestürzt, die Kommune errichtet. Alles ist vorbei. Man kann unter dieses Datum schreiben: Finis Franciae!«

Und der in Paris akkreditierte Botschafter der USA, Elihu Washburne, einer der zuverlässigsten Beobachter und Zeugen seiner Zeit, erkannte sogar ein Fait accompli, als er meldete: »Die Revolution ist praktisch vollzogen, wir werden eine echte rote Republik haben.«

Aber diese Prognose war voreilig. Noch war es nicht soweit. Der republikanischen Regierung blieb noch eine Frist, die, wie wir wissen, vom 31. Oktober 1870 bis zum 28. März 1871, dem Tage der Proklamierung der Kommune, dauerte.

Aber wie ging es inzwischen im »Gelben Salon« des Stadthauses weiter? Dieser Prachtbau romanischer Stilgeschichte, den die geschlagene Kommune dann am 28. Mai den Truppen Mac Mahons als ausgebrannte und leergeschossene letzte Bastion überlassen mußte! Noch stand diese herrliche Kulisse, noch ließ sich die Gefahr bannen, noch einmal mußte die »canaille« in ihre Wohnhöhlen nach Belleville und Ménilmontant zurückkehren. Denn folgendes war inzwischen geschehen:

Der Befehlshaber der Nationalgarde, General Tamisier, saß zwar ebenfalls in der Falle im Stadthaus, ebenso wie der Polizeipräfekt von Paris, Edmond Adam, aber einer der Verlierer von Sedan, der einzige, dem es gelungen war, aus der deutschen Gefangenschaft zu entkommen und sich in die Festung Paris durchzuschlagen, der General Ducrot, wurde in seinem Hauptquartier an der Porte Maillot von der verzweifelten Lage seiner Regierung informiert. Er war bereit, mit einer Streitmacht das Stadthaus zu befreien und gegebenenfalls Mitrailleusen und Geschütze einzusetzen. Inzwischen war auch schon ein Bataillon »loyaler«, das heißt aus bürgerlichen Kräften rekrutierter Nationalgarde auf dem Platz vor dem Gebäude aufmarschiert.

Gustave Flourens, der immer noch selbstgefällig und unverdrossen seine Rolle als Harlekin auf dem Konferenztisch weiterspielte, während seine gelangweilten und durstigen »Tirailleurs« – wie er seine Getreuen nannte – schon das Weite gesucht hatten, wurde nach kurzem Handgemenge vom Tisch gezerrt, der dabei zu Bruch ging. Der Rebell des Tages konnte aber in dem Tohuwabohu unauffällig verschwinden und sich an die Front absetzen, wo er erst einen Monat später bei einer Razzia in die Falle ging. Seine Mitverschworenen – insgesamt 22 führende Teilnehmer der Revolte, darunter Blanqui, Delescluze, Millière und Pyat – fanden sich am Morgen des 1. November im Mazas-Gefängnis, der Bastille der Kommune, wieder.

Politische Ziele verfolgte Flourens ebensowenig wie etwa der polnische Führer des Aufstandes vom 18. März 1871, der kompromißlose Jaroslaw Dombrowski und sein Waffengefährte und dann verläßlicher Frontnachbar Walery Wroblewski, ebensowenig auch wie der erfolglose, aber zum Erfolg geschaffene ehemalige kaiserliche Oberst Louis Rossel, der nach der Niederlage der Kommune unter den Schüssen eines Pelotons endete.

Der aktive Soldat Rossel besaß nur ein verschwommenes Bild von den Ursachen und Zielen des Aufstands, aber es basierte auf dem humanistischen Erbe, mit dem die Männer vom 18. März, die Sieger auf Zeit, angetreten waren. Am 3. April wurde er von General Cluseret, dem neuen Kriegsminister der Kommune, zum Stabschef berufen. Seine Begründung, warum er sich der Kommune anschloß, formulierte er in einem Brief an General Le Flô, den Kriegsminister der Exilregierung in Versailles, der er kurz und unmißverständlich den Krieg erklärte: »Mon Général,

Ich habe die Ehre, Sie zu informieren, daß ich mich gerade nach Paris begeben will, um mich den Regierungstruppen zur Verfügung zu stellen, die dort organisiert werden. Da ich aus einer Versailler Depesche, die heute veröffentlicht wurde, erfuhr, daß zwei Parteien um die Herrschaft in diesem Land kämpfen, zögere ich nicht, mich der Seite anzuschließen, die keinen Frieden geschlossen hat und in deren Reihen es keine Generäle gibt, die an einer Kapitulation schuldig sind.«

Es war besonders diese Herausforderung, wofür die Generäle den gefangenen Rossel büßen ließen, es war diese Botschaft – mehr noch als seine aktive Beteiligung am Aufstand der Kommune –, die den ehemaligen kaiserlichen Obristen und nachmaligen General und Kriegsminister der Kommune vor das Peloton auf der Ebene von Satory brachte.

»Es gibt keine Gemeinheit, die wir den Generälen nicht zutrauen können. Ich habe am Krieg teilgenommen, ich kenne die Untauglichkeit, die Feigheit und den Hochmut, womit sie uns verraten haben. Ich bin einmal stolz gewesen, Offizier im französischen Heer zu sein. Jetzt schäme ich mich.«

Mit diesem Kommentar unterschrieb der todesmutige Rossel sein Todesurteil.

Solche und andere, nicht ideologische, sondern eher moralische, aus einer soldatischen Tugend, einem glühenden Patriotismus, einem vielleicht überspitzten Ehrgefühl heraus erklärbare Motive bestimmten viele ehemalige kaiserliche und republikanische Offiziere dazu, sich für die Kommune zu entscheiden. Denn die proletarischen Nationalgarden und ihre Führer hatten sich niemals mit der Kapitulation einverstanden erklärt und mit der Niederlage abgefunden.

Über seine persönliche Entscheidung für die »Roten« schrieb Louis Rossel lapidar, aber einleuchtend: »Ich wußte nicht, wer die Aufständischen waren, aber ich wußte, gegen wen sie rebellierten, und das genügte mir.«

Auch in Madrid, in dem Spanien des Bürgerkrieges, kämpften viele aktive Offiziere und Soldaten auf seiten der sogenannten »Rojos«, und die große Oktoberrevolution sah in ihren Reihen zahlreiche zaristische Offiziere, bekannt ist das Beispiel und Schicksal des von Stalin liquidierten Marschalls Tuchatschewski.

Rossel detaillierte diese Beweggründe seines Handelns bei anderer Gelegenheit ebenso unmißverständlich: »Ich will nicht behaupten, daß ich gründlich Sozialreformen studiert hätte, aber ich bin voll Abscheu gegen diese Gesellschaft, die soeben mit einer solchen Schurkerei Frankreich verkauft hat.«

Den Preis des Friedens kennen wir: die Abtretung Elsaß-Lothringens an Deutschland und 5 Milliarden Kriegsentschädigung.

Wie sehr diese Gruppe von Kommune-Kämpfern, für die Rossels Haltung beispielhaft, typisch und in jeder Weise bezeichnend ist, vorwiegend emotionalen Intentionen folgte, erhellt ein anderer verbürgter Ausspruch des neuen Stabschefs, der kurz darauf sogar Cluseret im Amt des Kriegsministers ablösen sollte: »Diese Menschen haben allen Grund zu kämpfen; sie kämpfen, damit ihre Kinder nicht so schwach, skrofulös und voller Mängel werden wie sie selbst.«

Rossels Ziel hieß Utopia. Er war, wie viele Revolutionäre seiner Zeit, Romantiker und Illusionist. Nur *seiner* Zeit?

In den Maiwochen des Jahres 1968 wiederholte sich erneut in der Menschheitsgeschichte das Phänomen eines von vielen Mitkämpfern einer Revolte ungezielt vorgetragenen Aufbegehrens gegen eine Ordnung, die den jungen und kritischen Zeitgenossen zutiefst verhaßt und wesensfremd ist, weil sie nicht im guten Sinn stabil, sondern im schlechten Sinn *steril geworden* ist. Die zementierte Routine eines bruchlos funktionierenden Apparates, der der Phantasie, dem Experiment, der Bewegung geistiger Prozesse keinen Spielraum und damit der Jugend eines Landes keine Chance mehr gewährt.

Unter diesem Aspekt muß auch der blinde Enthusiasmus des 33jährigen Obersten Rossel gesehen und gewürdigt werden. Aber es ist eine Fälschung oder Unwissenheit, wenn im Nachhinein von marxistischen Geschichtsschreibern, allen voran von ihren Kronzeugen Marx und Lenin, behauptet wurde, daß der Aufstand allein eine Sache des klassenbewußten Proletariats und des emanzipierten Kleinbürgertums war. Diese Behauptung ist ebenso unhaltbar wie die Verteufelung der Bewegung durch konservativ-reaktionäre Historiker, denen schon der Anblick einer demonstrierenden, geschweige denn einer Barrikaden bauenden Menge suspekt und zuwider ist.

Die Teilnahme vieler Exilpolen an den Aufständen des Pariser Proletariats entsprach der Tradition der polnischen Legionäre in aller Welt, die sich immer auf die Seite der Rebellen schlugen, wenn es galt, für die Freiheit eine Bresche zu schlagen. Damit dokumentierten sie ihre Solidarität mit den Unterdrückten und hofften so, indirekt einen Beitrag für die Befreiung ihrer »gevierteilten« Heimat zu leisten. Einer ihrer Chronisten, der Warschauer Redakteur Jerzy Piórkowski, hat diese Konzeption, der auch Dombrowski und Wroblewski folgten, zusammenfassend formuliert, wenn er kürzlich schrieb: »Die Verteidiger der Barrikaden in Paris, Wien, Dresden, Budapest gingen im liberalen 19. Jahrhundert mit dem polnischen Ruf »Für eure und unsere Freiheit« auf den Lippen zum Angriff gegen den Despotismus vor. Polnische aufständische und patriotische Lieder waren oft von deutschen Dichtern und französischen Komponisten geschrieben. Diese Lieder sangen Garibaldis Italiener und Arbeiter in Moskau.«

Diese polnischen Legionäre trugen ihre Haut zu Markte hier in den Tagen der Kommune ebenso wie für Napoleon I. in der Schlucht von Somosierra, in jener berühmt gewordenen Reiterattacke, die Polens Gloria so nachhaltig illuminierte und noch heute Geschichtsschreiber dieses Landes mit Stolz erfüllt. Der Tod der Legionäre wurde von ihren Landsleuten immer als ein Monumentum exigi verstanden. Aber eine fixierte politische Option war mit dieser kämpferischen Haltung nur selten verbunden.

Auch Gustave Flourens wußte nicht, wofür er sich schlug. Das Zentralkomitee der Kommune, das nach der Konstituierung der Räte am 28. März zehn Kommissionen bestimmte, die die Sisyphosarbeit einer funktionierenden Organisation leisten sollten, wählte Flourens lediglich als viertes Rad am Wagen neben Duval, Eudes und Bergeret in die Militärkommission. Brunel, den späteren »Brenner« von Paris, ließ man fallen, weil man ihn für einen Kompromißler hielt. Aber gerade er erwies sich in der Stunde der Not als einer der umsichtigsten und zähesten Führer.

Man kann von Gustave Flourens, dem Aufschneider und Frauenhelden, dem Spieler mit dem eigenen Kopf wohl behaupten, daß er ein kämpferisches Ethos besaß, daß er sich den »Erniedrigten und Beleidigten« verpflichtet fühlte; seine Überzeugung gipfelte aber lediglich in einem ungezielten Anarchismus, der mit vagen menschheitserlösenden Parolen drapiert war. Es ist ein immer wiederkehrendes Phänomen: in einer Phase gesellschaftlichen Umbruchs erscheinen Figuren auf der politischen Bühne, die von dem, was sie vertreten, keine Ahnung haben und auch nichts wissen *wollen,* da es ihnen nur um die kämpferische Aktivität geht.

Flourens war ein Mann der »totalen Revolte«, ein eigensinniger Chiliast, dem es vorbestimmt war, sein absurdes Leben mit einem tragisch-obskuren Tod zu beschließen.

Die Differenzierung in Aktivisten und Theoretiker in Kämpfer und Schwätzer zieht sich wie ein roter Faden, eine Art Ariadnefaden durch das Gestrüpp dieser blutigen Monate. Während sich im eroberten Stadthaus seit dem 28. März ein Prozeß der Spaltung in einander feindlich gesinnte Fraktionen anbahnte, während die zehn Ausschüsse in Permanenz tagten und aus dem Block der Kommune Kleinholz machten, während die Eiferer der Zunge sich gegenseitig ins Mazas-Gefängnis schickten, vertauschten Männer wie unser Flourens, aber auch Duval und die legendären polnischen Freunde der Kommune den Verhandlungstisch mit den Barrikaden und Laufgräben der Forts. Sie ließen sich nicht korrumpieren. Und während die Intrigen der Herren Pyat, Rochefort und Raoul Rigault, dem Chef des Sicherheitsausschusses und pointenreichen Erfinder in Liebeshändeln, die Aufstandsbewegung systematisch zersetzten, während der unfähige Präsident der Kommune Adolphe-Alphonse Assi auf dem Rednerpodium im »Gelben Salon« leeres Stroh drosch, machten sich Flourens und seine »Tirailleurs« fertig zum Sterben.

Karl Marx hat die großen Versäumnisse in den ersten Tagen der Machteroberung durch die Kommune gegeißelt, er hat die Dinge beim Namen genannt, hat das Verschulden und das Scheitern diesen »Theoretikern« der Revolution angelastet. Lenin und auch Trotzki, der militärische Führer der ersten Phase der Oktoberrevolution, später dann in absurder Totalität auch Stalin, haben die Lehre aus diesem Versagen gezogen.

Karl Marx, der die französische Gruppe der Internationale mit Mißtrauen betrachtet hatte, da er in der Verbindung mit Anhängern Proudhons, Blanquis und der Anarchisten ein aktionsunfähiges Konglomerat vermutete, wurde von den Ereignissen des 18. März und der dadurch ermöglichten Machtübernahme durch das Volk von Paris völlig überrascht. Er lehnte anfänglich den Aufstand sogar energisch ab, da er sein Scheitern eben durch die Allianz der Internationalisten mit den kleinbürgerlichen und sektiererischen Elementen für unvermeidlich hielt. Noch 1868 schrieb er an seinen Freund Kugelmann in äußerst verächtlichem und abschätzigem Sinn: »Diese Ragamuffins bestehen zur Hälfte oder zwei Dritteln aus Zuhältern und ähnlichem Gesindel.«

Der überrumpelte und verblüffte Verkünder des »Kommunistischen Manifestes« verwahrte sich zu diesem Zeitpunkt der Entwicklung noch gegen gewaltsame Experimente der Pariser Internationalisten. Er schrieb aus diesem Grund auch an Friedrich Engels und formulierte seine Vorbehalte: »Sie wollen Dummheiten im Namen der Internationale, die provisorische Regierung stürzen, eine Kommune von Paris errichten und Pyat zum französischen Gesandten in England ernennen.« In seinem zweiten Manifest vom 9. September 1870, also wenige Tage nach der Konstituierung der neuen bürgerlich-republikanischen Regierung in Paris, warnte er: »Jeder Versuch, die neue Regierung zu stürzen, wo der Feind fast schon an die Tore von Paris pocht, wäre eine verzweifelte Torheit.«

Das alles geschah zu einem Zeitpunkt, als der Marxist Marx noch nicht die mythenbildende Kraft der Kommune-Legende ahnen und erkennen konnte. Als diese »verzweifelte Torheit« – sie war es in der Tat – dann begangen wurde, schlug sich Marx mit aller Entschiedenheit auf die Seite der Aufständischen. Er erkannte dann schnell die Chance für einen Mythos der marxistischen Revolution, der er seine Assistenz versprach. Er war nicht gewillt, seine führende Rolle in der Entwicklung des revolutionären Prozesses jemals wieder abzugeben. Ihn deswegen einen »Opportunisten« zu nennen, kann doch nur aus einer Verkennung politischer Dialektik und ihrer Gesetze, das heißt aus einer Verkennung der strukturellen Zwänge resultieren.

Am 23. März schickte Karl Marx dann seine »Direktiven« an die Provinz, die Paris zu Hilfe kommen und in verschiedenen Städten Metastasen der Revolution bilden sollte. So erkannte der führende Kopf und belebende Geist der Internationale schon früh, als sich die Mitglieder des Zentralkomitees noch nicht einmal gesammelt hatten und weder einen Aktionsplan noch gemeinsame Vorstellungen vom weiteren Verlauf des Kampfes erarbeitet hatten, daß Erfolg und Rettung nur aus der Aktion, der Offensive gegen den Feind in Versailles kommen konnte. Schon über die gescheiterte Revolution von 1848, an der Männer wie Blanqui, Delescluze und andere Vertreter des Extremistenklubs teilgenommen hatten, urteilte Marx eindeutig und hart: »Die Verteidigung ist der Tod jeden bewaffneten Aufstands; er ist verloren, ehe er sich mit seinen Feinden mißt.«

Aber gerade im Stadthaus richtete man sich in diesen unwiederholbar verlorenen Märztagen 1871 auf die Verteidigung ein. So gingen 13 kostbare Kampftage verloren, ehe ein Vorstoß unternommen wurde. Als er dann befohlen wurde, war es das dilettantischste Manöver, das sich im militärischen Sektor der Kommune überhaupt nur ereignen konnte.

Die Musterschüler des Marxismus, die später ihren Meister und Lehrer Marx übertrafen und in radikaler Erkenntnis weit hinter sich ließen, also Lenin, Trotzki und Stalin, sahen in dem Zusammenbruch der Kommune ein Menetekel, dessen Bann sie brechen mußten, wenn sie die proletarische Revolution zum Erfolg führen wollten. Sie urteilten über das Experiment vom 18. März bis zum 28. Mai 1871 entsprechend konsequent.

Lenin, der sich mit den Erkenntnissen, die das Scheitern der Kommune ihm vermittelte, auf den Bürgerkrieg in Rußland vorbereitete, zog in einem seiner wichtigsten Aufsätze zur Dialektik der Revolution am 18. März 1908, dem 37. Jahrestag des Aufstands, eine Bilanz, die allen kommunistischen Führern ideologisch und militärisch gleich bedeutend sein mußte:

»Das Proletariat blieb auf halbem Wege stehen; anstatt mit der Enteignung der Enteigner fortzuschreiten, ließ es sich von Träumen einer Errichtung höchster Gerechtigkeit im Lande forttragen ... Institutionen wie die Bank wurden nicht genommen ... Der zweite Irrtum war die unnötige Großmut des Proletariats; statt seine Feinde auszurotten, bemühte es sich, moralischen Einfluß auf sie auszuüben; es legte der Bedeutung rein militärischer Belange im Bürgerkrieg nicht genügend Wert bei, und statt seinen Sieg in Paris durch einen entschlossenen Angriff auf Versailles zu krönen, zögerte es und ließ der Versailler Regierung Zeit, ihre dunklen Kräfte zu sammeln.«

Was Lenin hier tadelte und was er dann selbst, aber auch sein militärischer Adjutant und Kommandeur der sowjetischen Revolutionstruppen Trotzki, geschweige der Initiator der Tschistka, der sogenannten »Säuberung« der Revolution von Saboteuren, I. W. Stalin, *nicht* zum Vorwurf machen konnten, nämlich die Milde mit dem Feind, eben die moralische »unnötige« Großmut des Proletariats, resultierte aus dem demokratisch-humanistischen Erbe der bürgerlichen Revolution. Diese Eigenschaften waren ein Rudiment des Rationalismus, ein Relikt der Vernunft. Sie machten diese wilden Rebellen auf andere Weise sympathisch und sie machten ihnen auch Ehre. »Moralischen Einfluß« auf den Gegner ausüben: auf welchem Revolutionsprogramm fand man später solche menschlichen Thesen? Hier lähmten diese Gesichtspunkte zwar die Aktivität. Aber sie strafen auch alle Interpretatoren Lügen, die in den Kommunarden eine blutgierige Bande von Mördern und Henkern sehen wollten.

Als dann der Erste Weltkrieg ausbrach, appellierte Lenin erneut an die Lehre der Kommune und beschwor ihren heroischen Schatten, sponn, wie Karl Marx, an der Mythe, die die Legende erzeugt hatte, weiter.

»Die Umwandlung des gegenwärtigen imperialistischen Krieges in einen Bürgerkrieg ist die einzige wirksame Losung des Proletariats, wie die Erfahrung der Pariser Kommune gezeigt hat.«

Er jedenfalls und seine Bolschewiki waren entschlossen, keine Milde walten und keine moralischen Aspekte gelten zu lassen. Denn, so formulierte Lenin kurz und kategorisch: »Die Kommune war verloren, weil sie Kompromisse und Ausgleiche schloß.«

Und Lenins Kommissar Trotzki, der sich übrigens nicht scheute, die Rote Armee von ehemaligen zaristischen Offizieren retten zu lassen, als sich Koltschaks weiße Gegenrevolution dem Ural genähert hatte und Zaryzin, das spätere Stalingrad und heutige Wolgograd, in die Hände des Generals Denikin und seiner Kosaken zu fallen drohte, Trotzki also verdammte die »moralischen« Kommunarden, weil sie »dem weißen Terror der Bourgeoisie nicht mit dem roten Terror des Proletariats entgegengetreten waren«.

Allerdings gelang es später auch Trotzki nicht, sich vor dem »roten Terror« des Diktators im Kreml, vor dem »roten Zar« – wie er auch so treffend genannt wurde – in Sicherheit zu bringen. Trotzkis Schicksal ist der Beweis für die Erkenntnis, daß die Saat der Gewalt immer aufgeht und tausendfache Früchte trägt, daß Terror Gegenterror erzeugt, daß diese Frucht aber vergiftet und ihr Genuß immer tödlich ist.

Stalin war von der panischen Angst besessen, daß der bolschewistischen Revolution eine ähnliche Katastrophe wie der Kommune widerfahren könnte, eine Katastrophe, die allerdings eher durch Uneinigkeit und Spaltung in Fraktionen als durch »moralische« Skrupel oder übertriebene Großherzigkeit gegenüber dem Feind verursacht wurde. Im Verlauf des Geschehens kamen diese Gesichtspunkte humanistischer Provenienz sowieso immer mehr ins Hintertreffen und schwanden gänzlich, als dann am 5. April das »Geiselgesetz« erlassen wurde und Raoul Rigaults »Sicherheitsausschuß« die tatsächliche Macht übernahm.

Unter diesem Aspekt der Gefahr einer inneren Auflösung, einer Paralyse durch Fraktionsspaltung, muß Stalins Bestreben gesehen werden, die kommunistischen Parteien zu einem monolithischen Block zusammenzuzwingen und alle Genossen auszurotten, die von diesem Schema abwichen. Es war der Alptraum der gescheiterten Kommune, der hinter diesem Menetekel stand und es immer wieder auf die Kremlmauer projizierte. Stalins Liquidierungsprogramm war die Fortsetzung der Schrekkensherrschaft, zementiert durch die bitteren Erfahrungen der Kommune.

Karl Marx, der diese Entwicklung nicht übersehen konnte, trug durch die Mythisierung des Pariser Aufstands zur unheilvollen Auswirkung, die eine legendär gewordene Kommune hervorrief, wesentlich bei. Seine Meinung über die Bedeutung und den Wert der Pariser Internationale wandelte sich divergierend zu ihrer beginnenden Verfallskurve. Er begann unverzüglich mit der Aufwertung der im Keim schon todkranken Revolution, als er im April, wenige Tage vor dem Einmarsch der Regierungstruppen in Paris, ausrief:

»Wunderbar in der Tat war die Verwandlung, die die Kommune in Paris vollzogen hatte! Keine Spur mehr von dem buhlerischen Paris des Zweiten Kaisertums. Paris war nicht länger der Sammelplatz von britischen Grundbesitzern, irischen Absentees, amerikanischen Ex-Sklavenhaltern und Emporkömmlingen, russischen Leibeigenbesitzern und walachischen Bojaren.«

Hier hatte der Apologet der Kommune alle Abscheulichkeiten, die er dem geschlagenen Kaiserreich anlasten und für die er Napoleons Herrschaft verantwortlich machen wollte, in wenigen Sentenzen und in der metaphorisch bildhaften Sprache des Mythenschöpfers zusammengefaßt. Eine Mythe mit negativen Vorzeichen. Aber Marx zögerte nicht, nun auch die Gegenseite, die zuerst von ihm mißachtete und unterschätzte Kommune, in dieses Fresko einzubeziehen. Er dozierte, zukünftige Entwicklungen prophetisch vorwegnehmend, bereits am 17. April, als die Truppen Thiers' und seiner Generäle Mac Mahon – der rehabilitierte Verlierer von Sedan –, Ducrot – der aus der preußischen Gefangenschaft Entkommene – und Marquis de Galliffet die Pariser Stadttore berannten –: Marx dozierte in konsequenter Vervollständigung seiner mythenbildenden Vision: »Der Kampf der Arbeiterklasse mit der Kapitalistenklasse und ihrem Staat ist durch den Pariser Kampf in eine neue Phase getreten. Wie die Sache auch unmittelbar verlaufe, ein neuer Ausgangspunkt von welthistorischer Wichtigkeit ist gewonnen.«

Apologet, Aufwerter und Mythenbildner Marx setzte sich unverzüglich an den Arbeitstisch und fixierte die neue Mythe, die er zur Menschheitsgeschichte beizusteuern entschlossen war. In diesem Dokument, das nach seinem Manifest zum einflußreichsten Beitrag revolutionärer Historie vom Format eines Lehrstükkes werden sollte, schrieb er seinen Nekrolog auf die Kommune: »Der Bürgerkrieg in Frankreich«. Hier, in dieser spektakulären Niederschrift, proklamierte er die Thesen der permanenten Revolution und errichtete den Kämpfern des Volksaufstandes ein Denkmal, das nicht auf tönernem Sockel stehen, sondern beständig und dauerhaft sein sollte.

»Nach dem Pfingstsonntag 1871 kann es keinen Frieden und keine Waffenruhe mehr geben zwischen den Arbeitern Frankreichs und den Aneignern ihrer Arbeitserzeugnisse ... Der Kampf muß aber und abermals ausbrechen in stets wachsender Ausbreitung ... Die französischen Arbeiter bilden nur die Vorhut des ganzen modernen Proletariats ... Das Paris der Arbeiter mit seiner Kommune«, so jubelte der Prophet der Legende, »wird ewig gefeiert werden als der ruhmvolle Vorbote einer neuen Gesellschaft. Seine Märtyrer sind eingeschreint in dem großen Herzen der Arbeiterklasse.«

Es ist aufschlußreich und bezeichnend, auch im Hinblick auf künftige Ereignisse, daß der Begründer der Kommune-Legende hier das symbolträchtige Bild des »Märtyrers« manipuliert und es in seine dialektische Interpretation der Geschehnisse einführt: die im »großen Herzen der Arbeiterklasse eingeschreinten Märtyrer«, die allerdings selbst von ihrem Sterben das geringste Aufsehen machten.

Es gibt über diese Vorgänge sehr verbindliche Augenzeugenberichte. Sie betreffen vor allem den Tod so ausgezeichneter und bescheidener Männer wie den tapferen Dombrowski, den unbeugsamen Millière, den verwegenen Flourens und besonders den letzten Kriegsminister, den letzten »König Jacobin« Charles Delescluze.

Aber nun ging die Kommunarden-Legende um die Welt, geboren aus dem Geist ihres Begründers Karl Marx. Die stereotype Form, in der sie von nun an verkündet wurde, ganz gleich, auf welchem Schauplatz des Klassenkampfes, in welcher Arena und gegen welchen Feind Proletarier und Kommunisten in Zukunft sterben würden — ausgenommen natürlich die selbstmörderische Variante, mit der die Revolution ihre treuesten Söhne liquidierte —: immer tauchte die gleiche imponierende und zur leeren Phrase erstarrte Vokabel von den »eingeschreinten Märtyrern« auf. In allen Totenfeiern und Gedenkreden, bei allen Jahrestagen und Jubiläen, zu allen mit Fahnen und Paraden aufgezogenen Anlässen hämmerten die redseligen Funktionäre ihren versammelten Parteigängern diese Worte ins Gedächtnis: »eingeschreint in dem großen Herzen der Arbeiterklasse«.

So aber entsteht ein Mythos, so wird er zementiert, so erweist er Festigkeit und Dauer, beständig bis in den Tod – Selbstmord ausgeschlossen. Und die Erinnerung an das kaum begreifliche – und außer von einigen gewissenhaften Geschichtsschreibern und den Apologeten der Kommune-Katastrophe auch niemals begriffene – Phänomen nimmt die Form eines Fetischs an, der immer wieder in verwandelter Gestalt Unterwerfung der Gläubigen fordert. Unsichtbar greift diese dämonische Übermacht nach den Herzen der Folgsamen und macht sie hörig.

Es ist gut, sich daran zu erinnern, gerade in den Tagen der zweiten Maihälfte 1968, da mit der Erinnerung an den Todeskampf der Kommune auch der Geist des Aufruhrs und des fanatischen Widerstands gegen die Staatsautorität in den alten traditionellen Quartieren der Revolution, in Montmartre, dem sogenannten Studentenviertel, zu neuer Aktivität erwacht. Die Sturmtruppen einer zweiten Kommune stehen bereit, die Macht zu erringen, zu der sie die Legende autorisiert hat.

Vom Entstehen und der Entwicklung der Kommune-Legende kann man die verschiedenen Phasen der Geburt eines modernen Mythos ablesen und rekonstruieren, je nachdem, ob man das Objektiv von links oder rechts auf den Vorgang richtet, also entsprechend der politischen Position, die der Betrachter einnimmt. Ein erregendes Phänomen, das hier nicht detailliert untersucht werden kann, da es eine Spezialanalyse erforderlich macht. Wir können nur versuchen, mit dem Kalkül dieser Erkenntnis zu *denken,* ohne dabei die Fakten zu manipulieren.

Die mythenbildende Kraft dieses hundertjährigen Interpretationsprozesses ist auch heute noch kaum geschwächt, da die Bewegung, die die Kommune ausgelöst hatte, einen starken, intakten Symbolkern enthält, der immer neue Inhalte produziert. Gerade zur Stunde berufen sich Gruppen von Revolutionären, die sich gegen die Gesellschaft des sogenannten »Establishment« formieren und durchzusetzen versuchen, auf diese traditionellen Vorformen eines Aktion gewordenen Protestes. Ihr Gefälle reicht von Karl Marx über die Oktoberrevolution und den Bürgerkrieg in Spanien bis nach Budapest 1956 und Prag 1968. Es schließt alle Varianten des manifest gewordenen Klassenkampfes ein. Alle Ereignisse, die nach dem Mai 1871 die Emanzipierung des Proletariats betrafen, sind undenkbar ohne die Generalprobe, die die Kommune auf dem weiten Manöverfeld der modernen Mythe für *die* Zeitgenossen bedeutete, die sie in ihrem Todeskampf bewunderten.

Ein abtrünniger Schüler der Revolution und Epiker von internationalem Rang, der italienische Schriftsteller Cesare Pavese, den nicht allein private Bedrängnis und Verzweiflung in den Freitod trieben, sondern auch und wohl in erster Linie das klägliche Versagen der Verbrüderungsidee im praktizierten Marxismus der Nachkriegsjahre, der Widerstandskämpfer und Partisan Pavese schrieb in seinen »Schriften zur Literatur« über das mythenbildende Element in der Geistesgeschichte des Menschen, die ja vorwiegend auch *politische* Geschichte ist:

»Der Mythos ist ein einmaliges, absolutes Geschehnis, ein Konzentrat von Lebenskraft, die aus anderen Bereichen als unserem Alltag stammt und deshalb alles, was auf der Voraussetzung des Mythos basiert und ihm ähnelt, mit der Aura des Wunderbaren umgibt.«

Pavese nannte im folgenden die Mythen die »ultima ratio unseres Innenlebens«. Karl Marx und vor allem seine perfekten, im Feuer des Bürgerkrieges erprobten Schüler erkannten mit politischem *und* psychologischem Scharfblick die enorme Wichtigkeit, die Revolutionsmythen im Kampf um die Macht besitzen. Denn sie wußten von der Unabdingbarkeit der Erkenntnis, daß der »Mythos als Erkenntnisprinzip nichts bedeutet«, daß er — wie es Pavese kategorisch forderte — *»gelebt werden muß«*.

Die Umsetzung eines Mythos in politische Aktion — und das war für die Schüler des Kommunismus gleichbedeutend mit *Leben* — blieb das erste Ziel, auf das sie alle Kräfte richteten. Die Umsetzung von Politik in Leben oder, wie es Pavese in seinem Essay in »cultura e realta« im Januar 1950 zusammenfassend formulierte: »Darum sei niemandem empfohlen, seine Mythen in Watte zu packen. Der begeisterte Glaube des Anfangs ist nur dann aufrichtig, wenn er keine Anstrengung unterläßt, um seinen Gegenstand stärker zu durchdringen und in Besitz zu nehmen. Es hilft auch nichts, sich selbst aus ästhetischem Gefallen an der Sache vorzumachen, daß ein Martyrium schon dadurch erhalten bleibt, daß man es in ein klares Bild oder einen deutlichen Begriff aufgelöst hat. Das Gesetz des Geistes gebietet, daß wir unaufhörlich unsere eigenen Mythen durch den Zusammenstoß mit der Wirklichkeit in Bewegung bringen und uns bemühen, sie aufzulösen, sie in Dichtung oder Theorie umzuwandeln. Wer mit einem Mythos, den er längst gedeutet, durchdrungen und entweiht hat, weiterspielt, wird weder ein echter Gläubiger noch ein Dichter noch ein Wissenschaftler. Er wird ein Ästhet und nichts anderes.«

Haben die Apologeten der Kommune durch die ständige Wiederholung, durch den forcierten und oft geheuchelten Zusammenstoß ihrer »Mythen mit der Wirklichkeit« das Andenken an die legendären Maikämpfer in Paris »entweiht«? Und vermittelt die zum Klischee entartete Phrase von den im »großen Herzen der Arbeiterklasse eingeschreinten Märtyrern« wirklich ein »klares Bild oder einen deutlichen Begriff« von ihrer Bedeutung? Wohl kaum! Wir müssen, um diesen Effekt zu erzielen, zu den Vorgängen selbst zurückfinden. Nur die Fakten können eine verbindliche Auskunft über das Geschehen geben.

EINE GESCHEITERTE OFFENSIVE

In die Wochen vom 4. April bis zum 21. Mai fiel der Zersetzungsprozeß der Kommune als Verwaltungseinheit, als Repräsentant des Volkes von Paris. Am 21. Mai begann die Eroberung der Stadt durch die Versailler Truppen, die Woche des Todeskampfes und der Agonie, allgemein unter dem Stichwort »semaine sanglante« (»blutige Woche«) bekannt geworden. Den Weg bis zum Exitus gilt es jetzt abzuschreiten und die wichtigsten Stationen als Markierungspunkte zu setzen. Aus der günstigen Anfangssituation, der Ausgangsposition der absoluten militärischen Überlegenheit, der Begeisterung des Sieges, also aus der Stimmung und Sicherheit des »Höhenrausches« heraus mußte die Kommune offensiv gegen Versailles und die bürgerlich-republikanische Exilregierung des Ministerpräsidenten Thiers vorgehen, wenn sie siegreich bleiben und wenigstens in Paris das Heft in der Hand behalten wollte. Nur Paul-Antoine Brunel und einige andere Bataillonskommandeure der Nationalgarde erkannten die Notwendigkeit einer Vorwärtsverteidigung und forderten schon am Morgen des 19. März vom Zentralkomitee sofortige Angriffsaktionen gegen die Regierung in Versailles, die ihre Truppenmacht noch nicht konzentrieren konnte, da sie erst im Aufbau begriffen war. Thiers und seine verstörten Minister mußten sich zu diesem Zeitpunkt noch mit einer Sandkasten-Strategie begnügen.

Brunel hatte wenigstens erreicht, daß die verlassenen Regierungsgebäude von den Nationalgardisten besetzt wurden. Aber das Zentralkomitee konnte mit der Revolution nichts anfangen, es war im Grunde vom Erfolg des Aufstands ebenso überrascht wie Karl Marx und die völlig ratlosen Männer der bürgerlich-republikanischen Regierung, deren Verhaftung Brunel mit Vehemenz forderte. Ein Marsch auf Versailles: das wäre im Augenblick die einzige Patentlösung gewesen.

In dem Engpaß, in dem sich dann eine mehr und mehr isolierte und militärisch desorganisierte Kommune befand, glaubten ihre Führer, daß Rettung nur noch von dem Routinier und erfahrungsreichsten Rebellen Blanqui kommen könnte. Aber auch der Fuchs Thiers wußte das. Er bewertete Blanqui als das, was er in der Stunde der Not für die Kommune tatsächlich bedeutete: ein Symbol, mehr noch ein Deus ex machina, dem es gelingen konnte, mit einem Zaubertrick die Niederlage in einen Sieg zu verwandeln.

Es war vor allem Raoul Rigault, der skrupellose und mächtige Mann des Sicherheitsausschusses, der sich den Titel eines »Procureur« zugelegt hatte, der bis zuletzt hoffte, dieses Faustpfand ausspielen zu können. Er setzte auf Blanqui. Aber Thiers war bereit, den greisen, ehrwürdigen Erzbischof Darboy zu opfern, der in Paris als Geisel in die Hände der Kommune gefallen war. Die Erschießung des Kirchenfürsten am Vorabend der Niederlage am 28. Mai 1871, als Darboy mit 62 anderen Geiseln, darunter zahlreichen Priestern, in Belleville auf Befehl Rigaults hingerichtet wurde, kann nicht einseitig dem zum Amoklauf gewordenen Anarchismus der sterbenden Kommune angelastet werden. Gewiß, es war eine unglaubliche Bluttat, aber es war auch eine Wahnsinnstat, ein Akt der Verzweiflung, selbstmörderisch, wenn man an die Folgen der unaufhaltsamen Niederlage denkt. Keiner der überlebenden, in Gefangenschaft geratenen Teilnehmer des Aufstands konnte nun noch mit Gnade, ja überhaupt mit rechtmäßiger Aburteilung rechnen. Es gab von diesem Tage an nur noch Vergeltung, Rache für das vergossene Blut von Unschuldigen. Ein Inferno stand bevor, als die Schüsse in der Rue Haxo verhallt waren, vor deren grauen Mauern die Leichen der unbegrabenen Exekutierten den Rächern die Spuren der Mörder wiesen.

Thiers kommt ein Teil dieser Blutschuld zu. Denn er wußte, daß die Kommune nicht mit leeren Drohungen operieren würde, sobald sie das Pfand Blanqui nicht auslösen konnte. *Er* gab den

Erzbischof und die anderen Priester, darunter den ehemaligen Beichtvater der Kaiserin Eugénie, preis. *Ihm* muß der Vorwurf des bedingungslosen Terrors mit gleicher Schärfe gelten. Denn auch Blanqui hätte das Blatt nicht mehr zugunsten der hinter ihren Barrikaden eingekreisten Kämpfer der Kommune wenden können. Das Opfer des Erzbischofs war von beiden Aspekten aus sinnlos und verbrecherisch.

Rigault wendete ein verwegenes, aber – wie spätere Erpressungsmethoden in der Geschichte gelehrt haben – durchaus legitimes Verfahren an, um Blanqui »zurückzukaufen«. Er ließ sogenannte Protestbriefe gegen die Massenerschießungen anfertigen, die Thiers Generäle Vinoy und der blutrünstige Henker-Marquis de Galliffet vorgenommen hatten. Der Erzbischof und Abbé Deguerry mußten diese Dokumente unterschreiben. Am 9. April wurde nicht Louise Michel, die die Ermordung des Todfeindes Thiers vorgeschlagen hatte, mit dieser Bittschrift nach Versailles geschickt, sondern ein Geisel-Priester, der selbst auf dem Index stand und mit diesem Auftrag eine Gnadenfrist erhielt: der Abbé Bertaux. Als er unverrichteter Dinge zurückkehrte, war das Schicksal der kirchlichen Geiseln besiegelt, ihre Liquidierung durch Rigaults »Sondergericht« nur noch eine Frage der Zeit und der Laune des »Procureurs«.

Der amerikanische Botschafter Elihu Washburne hat in seinem Erinnerungsbuch diese gefährliche Situation, die für die Kleriker entstanden war, sowie seine private Initiative zur Rettung des Erzbischofs eindrucksvoll wiedergegeben. Noch am 22. Mai, in der letzten verzweifelten Woche, die die Kommune und ihre Geiseln noch zu leben hatten, in der der Terror seine größten Triumphe feierte, war Elihu Washburne zu Marschall Mac Mahon, dem militärisch Verantwortlichen für die Rückeroberung von Paris, geritten. Washburne begründete diesen Schritt der Einmischung: »... um dem Marschall mitzuteilen, was ich über Erzbischof Darboy wußte, und die Hoffnung auszudrücken, daß die Regierungstruppen doch noch in der Lage wären, ihn zu retten. Das Gespräch war alles andere als beruhigend für mich, und ich verließ das Hauptquartier des Marschalls mit dem Gefühl, daß das Schicksal des Erzbischofs besiegelt sei.«

Kurz zuvor hatte Washburne mit einem Passierschein, den ihm

Cluseret vom allmächtigen »Procureur« beschafft hatte, den Gefangenen im berüchtigten Mazas-Gefängnis, dem Ort der Leiden für die Geiseln – aber auch für die in Ungnade gefallenen und des Verrats verdächtigten Mitglieder der Kommune –, besuchen dürfen. Über diese denkwürdige Begegnung schrieb der Botschafter erschüttert: »Ich war tief bewegt von der Erscheinung dieses ehrwürdigen Mannes, von seiner schlanken Gestalt, etwas vorgeneigt, dem langen Bart, denn er war offenbar seit seiner Verhaftung nicht rasiert worden, dem von Krankheit ausgezehrten Gesicht ... Ich war bezaubert von der Heiterkeit seines Geistes und seiner interessanten Konversation. Er schien seine kritische Lage zu erkennen und auf das Schlimmste gefaßt zu sein. Er hatte kein Wort der Bitterkeit oder des Vorwurfs für seine Verfolger, sondern bemerkte vielmehr, die Welt urteile schlechter über sie, als sie in Wirklichkeit seien. Geduldig wartete er den Lauf der Dinge ab.«

Zieht man von dieser Charakteristik das Übermaß an Bewunderung ab, die Washburne dem ehrwürdigen Greis zollt, und berücksichtigt man die bürgerlich-heroisierende Optik des Memoirenschreibers, so bleibt dennoch der Eindruck, daß es sich bei dem Erzbischof um eine außergewöhnliche Persönlichkeit handelte, dem Achtung auch von seinen Henkern gebührt hätte. An seinem Schicksal läßt sich die Eskalation des Terrors am reinsten ablesen. Aber um so schwerer muß der Vorwurf der Unterlassung auf den unbeugsamen und fanatischen Kommunarden-Hasser Thiers zurückfallen. Washburne behauptete, gleich nach diesem Gefängnisbesuch Thiers zum Aufgeben seiner starren Haltung und seiner Absage auf das Angebot Rigaults »Blanqui gegen Darboy« ermuntert, ihn beschworen zu haben, »weil die französische Regierung nichts dabei verlieren kann, wenn sie Blanqui freiläßt, und dadurch vermutlich das Leben des Erzbischofs retten würde. Ich stellte ferner fest, daß ich ihn für unmittelbar gefährdet hielt.« Aber Thiers hatte den Erzbischof abgeschrieben, ja, es bleibt sogar der Verdacht, daß man es in Versailles gar nicht so ungern sah, daß der »liberale Katholik« eingekerkert war. Seine verständnisvolle Haltung gegenüber den Rebellen machte ihn in den Augen der erzreaktionären Generäle suspekt. Und so konnte Washburnes Assistent und

Vertrauter Wickham Hoffman einen etwas abweichenden Kommentar von dem Vorgang geben, der neue Schatten auf die bonapartistische Halsstarrigkeit des Vergeltungs-Strategen Thiers warf:

»Die französischen Behörden waren in der Angelegenheit *reichlich lau.* Der Erzbischof war Gallikaner, ein liberaler Katholik, und als solcher bekannt. Wäre er Ultramontaner gewesen, so glaube ich, daß die extreme Rechte in der Nationalversammlung, die Legitimisten, sich so angestrengt hätten, daß sein Leben gerettet worden wäre.«

Ein beiderseits verruchtes Spiel, wie man sieht. Am 19. Mai besuchte Washburne den Todgeweihten noch einmal und brachte ihm die finstere Botschaft, daß die »Ultras« in Versailles beschlossen hatten, ihn zu opfern. Washburne bemerkte dazu: »Leider muß ich sagen, daß ich ihn sehr schwach fand. Er war in der letzten Woche mit einer Art Pleuritis an seine Pritsche gefesselt, ist ohne Appetit, und seine Kräfte haben sehr nachgelassen. Er ist jedoch heiter und hat sich offenbar mit jedem Schicksal abgefunden, das ihn erwarten mag.«

Dieser Washburne spielte als immuner Diplomat in der Tragödie des Blut-Mais eine zwielichtige Rolle. Während des Krieges von 1870 vertrat er die Interessen der Deutschen in Paris, dann zeigte er sich gleichzeitig mit »wechselnden Spiegeln« als Freund der Kommune und ihr schärfster Verneiner, je wie es die Situation erforderte und es ihm ratsam schien. Die Intervention eines um Wahrheit bemühten schottischen Journalisten namens Robert Reid veranlaßte Karl Marx, eine Adresse zu dem Verhalten des Botschafters zu verfassen. In dieser »Adresse des Generalrats der Internationalen Arbeiter-Assoziation« vom 11. Juli 1871 an den »New Yorker Zentralrat« werden die seltsamen diplomatischen Praktiken des Botschafters enthüllt. Es ist bezeichnend, daß bisher kein bürgerlicher Chronist und Historiker auf diese Rolle Washburnes kritisch eingegangen ist. Robert Reid, seinerseits Korrespondent des Londoner »Daily Telegraph« und des New Yorker »Herald«, schildert sein Zusammentreffen mit dem Botschafter:

»Er lag, eine Zeitung lesend, in einem Sessel ausgestreckt. Ich glaubte, er würde sich erheben, aber er blieb sitzen, mit der

Zeitung vor dem Gesicht, ein Akt flegelhafter Ungezogenheit in einem Lande, wo das Volk im allgemeinen so höflich ist ... Ich fand in ihm einen groben, anmaßenden Menschen, der nichts von jener Brüderlichkeit hatte, die man bei dem Vertreter einer demokratischen Republik erwartete. Ich hatte zweimal Gelegenheit, mit Lord Cowley zusammenzukommen, als er unser Vertreter in Frankreich war, sein offenes und höfliches Wesen bildete einen krassen Gegensatz zu der kalten, hochtrabenden, sich aristokratisch gebärdenden Haltung des amerikanischen Botschafters.«

Dann resümiert Karl Marx: »Während des Verlaufs des Bürgerkriegs hat Herr Washburne die Kommune durch die Vermittlung seines Sekretärs unaufhörlich seiner glühenden Sympathie versichert, die öffentlich zu bekunden nur seine diplomatische Stellung ihn hindere, und seine entschiedene Mißbilligung der Versailler Regierung zum Ausdruck gebracht ... Während Herr Washburne Herrn Reid erklärt, daß die Kommunalisten Rebellen seien, die ihr Schicksal verdienten, erklärt er der Kommune seine Sympathie für ihre Sache und seine Verachtung für die Versailler Regierung. An dem gleichen 24. Mai, wo er in Gegenwart des Dr. Hossart und vieler Amerikaner Herrn Reid mitteilt, daß nicht nur die Kommunalisten, sondern auch alle mit ihnen Sympathisierenden unausweichlich dem Tode verfallen seien, teilt er der Kommune durch seinen Sekretär mit, daß nicht nur ihren Mitgliedern, sondern auch allen Mitgliedern der Föderierten Armee das Leben geschenkt würde.«

Das Dokument, das die amerikanische Intervention als eine kaschierte Begünstigung Versailles ausweist – denn die Generäle dort dachten an keinen Kompromiß, sie wollten nicht Leben schenken, sondern es vernichten, sie handelten nach dem Motto Jules Favres »Mit Mördern kann man nicht verhandeln!« –, wurde am 11. Juli 1871, als noch die Rachejustiz in Paris wütete, an die Genossen nach New York abgesandt. Es hatte selbstverständlich keine nachteiligen Folgen für Washburne, er blieb bis 1877 auf seinem Posten als Botschafter der Vereinigten Staaten in Paris und starb erst 1887, bis zu seinem Tod unangefochten.

Die bürgerliche Geschichtsschreibung ist bisher auf die Parität des Verbrechens nicht eingegangen, sie hat die Bestialität der Geiselmorde einseitig den Verlierern in diesem teuflischen Schlußakt der Tragödie angekreidet. Es gibt Zahlen, Ziffern von wahllos hingemetzelten, oft nur vermuteten Anhängern der Kommune, die im Zuge der sogenannten »Wiederherstellung der Ordnung« der Rache des Marquis de Galliffet und seiner Mordkommandos zum Opfer fielen, Zahlen und nachweisbare Statistiken, auf die wir noch detailliert eingehen müssen, Augenzeugenberichte, die Raoul Rigaults letzte Schandtat — vollzogen von seinem Handlanger und einstigen Adjutanten, dem letzten Polizeipräfekten der Kommune, Théophile Ferré — in den Schatten stellen und vergleichsweise nur noch übertroffen wurden von den »Vergeltungsschlägen« der deutschen Besatzungsarmeen gegen polnische, russische, tschechische und französische Städte und Dörfer. Was die bürgerlich-republikanische Regierung hier zu verantworten hatte, gleicht haargenau und mit derselben schauerlichen Präzision des Tötens den Vernichtungspraktiken im Zweiten Weltkrieg, von denen die Einwohner Oradours, Lidices und der polnischen Hauptstadt Warschau betroffen wurden. Es ist die Praxis der totalen Ausrottung, der Vernichtung des Lebens, wofür es keine militärische Rechtfertigung und keine vernünftige menschliche Erklärung mehr gibt. Es war der Triumph des Hasses, die Praktizierung der Bürgerkriegsparole »Es lebe der Tod!«.

Gerechtigkeit gibt es nicht in der Geschichte des Krieges aller gegen alle, die das Drama der Bürgerkriegsgeschichte in allen Formen und Möglichkeiten der Entmenschlichung kolportiert. Der Autor, der sich diesem Thema stellt, muß die Willkür des Absurden, den Aufstand gegen das Leben, die Tendenz zur Selbstvernichtung des Menschen in seine Konzeption einbeziehen, er muß mit diesem Kalkül des Wahnsinns fertig werden, muß mit ihm im gewissen Sinn kollaborieren, wenn er in seiner Darstellung nicht in Rechthaberei, Beckmesserei, Haarspalterei und Moralismus, kurz ins historisierende Klischee ausweichen, ausarten und ausrutschen will. Er muß sagen und es auch hinschreiben können: So ist es geschehen; das vermögen Menschen einander anzutun; seht nun zu, wie ihr mit dieser Tatsache fertig werdet! Die Geschichte exemplifiziert in der Gesamtheit ihrer Prozesse eine Kette von Massakern *um der Massaker willen.*

Thiers verfügte noch Anfang April lediglich über etwa 60 000 Mann einsatzfähiger Kontingente. Das waren aber bereits 50 Prozent mehr, als ihm der Friedensvertrag mit den Invasoren aus Berlin zugebilligt hatte. Die Sieger ließen ihn jedoch wohlwollend gewähren. Denn auch sie fürchteten, daß die Machtergreifung der Kommune in Paris zu einem Flächenbrand werden und Zug um Zug alle Hauptstädte der europäischen Welt ergreifen könnte. Wenn es Thiers und seinen Generälen gelingen würde, dem jungen deutschen Kaiserreich die Kommune, das bedeutet in diesem Fall den Marxismus vom Leib zu halten, sollten sie ad infinitum aufrüsten dürfen. So konnte Thiers, von keinem deutschen Veto behindert, in kurzer Zeit seine Bürgerkriegsarmee auf runde 130 000 Mann bringen, mit denen dann, nach anfänglichen Rückschlägen, im April die Generale Mac Mahons zum Sturm auf Paris antreten konnten.

Bismarck hatte ihnen freie Hand zum Handeln gelassen. Mit der Schützenhilfe des Landesfeindes konnte das Regime der französischen Exilregierung offensiv werden. Der Kommune-Schock hatte bis Berlin gewirkt. Das unterirdische Grollen eines Vulkans, das zum Kampf entschlossene Proletariat, das 1848 zwar den schwächlichen König stürzen half, dann aber von einem schnell saturierten Bürgertum fallengelassen und überrundet wurde, diese ungezügelte junge Kraft klopfte mit der elementaren Gewalt eines Bebens an die Tore der Fürstenhöfe und Regentschaften, auch wenn zu dieser Stunde die Throne noch nicht wanken sollten.

Paul-Antoine Brunel wurde übrigens in der Schlußphase des Häuserkampfes dadurch zu einer spektakulären Erscheinung, daß er zum erstenmal in der Kriegsgeschichte Prinzip und Taktik der »verbrannten Erde« anwandte. Als er seine Riegel- und Schlüsselstellung an der Place de la Concorde räumen mußte, weil ihn die Versailler überflügelten und von hinten packten, ließ dieser bedenkenloseste Stratege der Kommune die angrenzenden Häuserblocks und später ganze Straßenzüge in Brand stecken. So konnte er sich mit seinen Männern hinter einer Rauch- und Flammenwand von den unhaltbaren Barrikaden zur nächsten Verteidigungsstellung, die immer schon vorbereitet war, durchschlagen. Brunel, der die Katastrophe überlebte, erhielt von seinen Freunden, aber, mit einem anderen Akzent, auch von seinen Verfolgern den Namen: »Der Brenner von Paris«. Mit der blindwütigen Vernichtung des historischen Paris, mit dem systematischen Niederbrennen der Prunkbauten aus den verschiedenen Stilepochen, so vor allem den kostbaren Tuilerien – von Bergeret mit Schießpulver, Teer und Petroleum in Brand gesteckt –, aber auch einem ganzen Trakt des Palais-Royal, dem Justizpalast, der Polizeipräfektur, den Gebäuden der Legion d'Honneur und dem Finanzministerium im Louvre hatte Brunel nichts zu tun. Auf sein Konto gingen die Rue Royale, Rue de Lille, Rue de Rivoli.

Brunel war ein Partisan, er war der erste Partisan der modernen Kriegsgeschichte par excellence, aber kein Amokläufer. Er hielt sich an das Gesetz der Notwendigkeit, an Maßstäbe, die in einem ungleichen Kampf dem unterlegenen Partner wenigstens noch eine letzte Chance geben. Unter diesem Aspekt muß man fairerweise die ziellos und sinnlos erscheinenden Brandstiftungen betrachten, ehe man die Schuldigen verdammt.

Zwischen der vorrevolutionären Situation des Mai 1968 und der Mythos gewordenen Realität des Jahres 1871 besteht lediglich ein quantitativer Unterschied. Die Tendenz der Parolen differiert nur formal und unwesentlich. Am Abend des 23. Mai, der die Blutwoche einleitete, meldete General Bergeret, der gerade rehabilitiert und aus dem Mazas-Gefängnis befreit worden war, in das ihn die Kommune wegen seines Versagens am 3. April geworfen hatte: »Die letzten Überreste des Royalismus sind soeben verschwunden!« Damit erstattete er dem Sicherheitsausschuß im Stadthaus Bericht über seine Tat. Das Niederbrennen der Tuilerien war allerdings eine pyrotechnische Leistung, die sogar das Monstrefeuerwerk der Weltausstellung von 1867 in den Schatten stellte. Als die kostbare Kuppel der Salle des Maréchaux mit mächtigem Getöse in den königlichen Prunksaal stürzte, war das Werk der Vernichtung komplett, und der haßerfüllte Inszenator Bergeret konnte befriedigt die Beseitigung der letzten kaiserlich-royalistischen Symbole melden.

In der vorrevolutionären Situation der Maiwoche 1968 erklärte der 29jährige Generalsekretär der Dozentengewerkschaft von Paris Alain Geismar, als er die Flammen aus der Börse schlagen sah, die demonstrierende Studenten in Brand gesteckt hatten: »Die Börse hat für uns einen symbolischen Wert!«

Er hätte auch, im Sinne Bergerets, kommentieren können: »Die letzten Überreste des Gaullismus sind soeben verschwunden!« Aber der Brand wurde gelöscht, und der Gaullismus blieb.

Wieder war es Mai in Paris, aber es war kein so trockener, heißer Mai wie 1871, in dem die Flammen von einem mistralartigen Sturm angefacht wurden. Dieser Mai, knapp hundert Jahre nach dem spektakulären Feuerwerk der Kommune, trägt dennoch die unheimlichen Merkmale eines politischen Irrationalismus. Wieder waren die Kampfziele diffus, wieder rational nicht erfaßbar, und wieder wurden sie Anlaß zu mythologischen Spekulationen vor dem Hintergrund klar erkennbarer sozialer Strukturen und politischer Gegebenheiten, einem Hintergrund, vor dem sich plakathaft vereinfacht, aber auch verzerrt die Euphorie eines Aufstandes abhob: die Revolution, gehalten und genährt von irrationalen Wurzeln, die in einem schwankenden Boden, einer Terra incognita, keinen festen Halt finden konnten. Wieder bestand die »rote Front« aus einer Vielzahl inkommensurabler Gruppen, einem Konglomerat, das sich nicht in einer »Union der starken Hand« vereinigen ließ.

Das vergleichbare Schema des heißen Mai 1968 zeigt in vorübergehender Solidarität die Gruppen der Kommunisten, Anarchisten, Maoisten und Guevaristen, den Anhängern von Castros nach Südamerika exportiertem Botschafter Che Guevara, der dann in Boliviens wildem Süden in die Falle der Regierungstruppen ging.

In den entscheidenden März- und Maiwochen der Kommune hießen die rivalisierenden Revolutionsparteien: Anarchisten, Blanquisten, Internationalisten, Jakobiner, Proudhonisten. Jede Fraktion rüstete, von den Räten unkontrolliert, ihre Privatarmee aus und förderte so das Gespenst des Anarchismus, das jede gemeinsame Aktion lahmlegte, so daß den Kommandeuren schließlich die Übersicht über die in Einzelgefechte aufgesplitterten Kampfhandlungen verlorenging. Auf der anderen Seite zogen nun fast 180 000 Mann gut gedrillter und disziplinierter Regierungstruppen in die Schlacht um Paris. Auch dieses Kräfteverhältnis gleicht der gegenwärtigen Machtverteilung zwischen Staat und Revolution, auch wenn die Mittel und Methoden der Auseinandersetzung damals und heute andere waren.

Wird die Entscheidung, die Stunde Null, in der über die Ablösung der Generationen verfügt wird, jetzt oder erst in einigen Jahren fallen? Wir wissen es nicht. Aber wir erkennen immer wieder — dazu bedarf es keiner prognostischen Kalkulation —, daß historische Umbrüche stets eine brisante vorrevolutionäre Situation erfordern, daß sie sie schaffen, wenn sich der ideologische Kern einer Geisteshaltung, die Struktur einer Generation gewandelt und erschöpft hat, wenn der Geist, der sie an die Macht trug, erlahmt und keine neuen Antriebe mehr erzeugt, keine Ideen mehr produziert, wenn der Schwung, der die Träger der Ideen vorwärtsgestoßen hat, in einen öden Funktionalismus, in der Verbeamtung des Funktionärsapparates erstarrt und auf der feurigen Bahn ihres Aufstiegs nur noch Schlacke zurückbleibt.

Dann wird die latente Revolution erneut heiß und schwemmt das Treibholz fort, das von vergangenen Siegen zurückgeblieben ist, und der Stau bricht, die Flut steigt, und die Dämme, die Konvention und Sicherheitsdenken, die Managertum und Opportunismus wie eine Chinesische Mauer aufgerichtet haben, hinter der die Ordnungsmacht ihre Schlägertrupps postiert hat, bersten im Anprall der Massen, die neue Namen für ihre alten Siege erfunden haben, die sie erkämpfen und wieder verlieren. Denn auch der nächste Sieg geht wieder verloren. So vollzieht sich der Rhythmus der Revolutionen. So wird er zum Gesetz. »Vive la Commune!« oder »Ho-Chi-Minh«: so sind die Parolen, aber ihre Wurzeln enden im Mythos.

Am 28. Mai steckten die geschlagenen Kommunarden endlich auch ihr Hauptquartier, das Stadthaus von Paris, in Brand und liquidierten damit ihre eigene kurze Lebensgeschichte, die Erinnerung an ein Regime, das weder im politischen noch militärischen, weder im sozialen noch kulturellen Sektor seines Machtbereichs über die Improvisation hinausgekommen war. Mit der Taktik der »verbrannten Erde« eng verbunden ist ein anderes, ungeklärt gebliebenes Phänomen: die Legende von den »Pétroleusen«. Niemand vermag heute mit absoluter Sicherheit zu beweisen, daß es diese Mänaden und Harpyen des Straßenkampfes wirklich gegeben hat, oder ob hier eine infame Zwecklüge ein Alibi für wahllose Hinrichtungen erbringen sollte. Denn kein Augenzeuge, kein glaubwürdiger Berichterstatter hat jemals eine »Pétroleuse« in Aktion gesehen. Es handelte sich um das Gerücht, daß ausgebildete Brandkommandos aus Frauen mit Petroleumflaschen, einer Vorform des Molotow-Cocktails, durch Paris streiften und ihre Brandsätze in die Keller der Bourgeoisie warfen. Paris sollte nach diesem Rezept den einmarschierenden Truppen Mac Mahons nur als rauchender Trümmerhaufen überlassen werden, unbewohnbar, eine Kraterlandschaft. Paris sollte ausradiert werden. Auch diese später dann von Hitler angewandte Taktik vom Wahnsinn getriebener Verlierer wurde zumindest in der Vorstellung diesem Vorbild der Kommune entlehnt und in globalen Ausmaßen dann endlich in der Spätphase des Zweiten Weltkrieges praktiziert. Thiers wurde last not least durch das Zögern der Kommune und die blamable Verwirklichung, die Streitereien und Fraktionskämpfe im Stadthaus gerettet. Eine Vorwärtsverteidigung, wie sie Brunel energisch sofort nach der Besetzung des Stadthauses und der Proklamierung der Kommune am 28. März gefordert hatte, hätte die Katastrophe zwar aufgehalten, die Agonie verlängert, aber nicht verhindert. Sie hätte sie hinausschieben können, bis Bismarck und die preußischen Truppen, die das östliche Vorfeld von Paris besetzt hielten, zugunsten des allzu vorsichtig operierenden Thiers eingegriffen hätten. Sie warfen noch nach dem Ausbruch der Kämpfe 10 000 Mann zusätzlich an den Einschließungsring, um die Stadt hermetisch abriegeln und die Flucht der bedrängten Führer der Kommune verhindern zu können. Sie wollten sie im Feuer schmoren und den Erschießungskommandos der Generäle Vinoy und Galliffet ausliefern.

Eine direkte Einmischung der Besatzungsarmee wurde zeitweilig erwogen, sie hätte sicher auch stattgefunden, wenn Thiers' Offensive gegen Paris fehlgeschlagen wäre. Aber nun standen die Invasoren Gewehr bei Fuß und schauten am Feldstecher gebannt der Tragödie zu. Denn ein verfrühtes Eingreifen hätte Versailles in der Auslandskritik ins Unrecht gesetzt. Bismarck hätte seine Aggression – wie schon gehabt – damit zu rechtfertigen gewußt, daß er auf ein »Hilfegesuch« aus Versailles zum Eingreifen veranlaßt und so zur »Befreiung« von Paris gezwungen worden sei. Die schöne Phrase von der Rettung bedrohter Kulturgüter hätte auch hier als Alibi für eine Aggression herhalten müssen.

Das militärische Versagen der Kommune ersparte der Welt dieses blamable Schauspiel der Einmischung, es bewahrte Deutschland vor dem Vorwurf, im Namen der Barbarei gegen wehrlose Zivilisten vorgegangen zu sein. In der Weltmeinung wäre der Stimmungspegel allerdings bei einem deutschen Eingreifen sehr zugunsten der Kommune ausgeschlagen. Aber ob ihr daraus Rettung oder Überleben erwachsen wäre, bleibt so fraglich wie alle Hypothesen über historische Vorgänge. Die »heroische Legende« der Kommune hätte allerdings erst Wirklichkeit werden können, wenn sie sich auch noch gegen den Erzfeind Preußen zur Wehr hätte setzen müssen. Von einem übermächtigen innerfranzösischen Feind *und* einem äußeren Gegner besiegt, wäre sie ruhmreicher untergegangen, ihre Agonie aber um Wochen verkürzt worden. Daß sie an ihrer unseligen Zersplitterung schon nach knapp zwei Monaten zerbrochen war, konnte ohne legendäre Aufwertung ihren Ruf nicht begründen und erhalten. Nur der Mythos konnte ihr das Visum für die »Ewigkeit« sichern. Karl Marx stellte ihr dieses Passepartout aus und etablierte sich als genialer Mythenschöpfer.

Wir sind den Ereignissen vorausgeeilt. Aber Vor- und Rückgriff machen die Geschehnisse einer Entwicklung erst transparent. Sie rechtfertigen unsere Methode. Es geht um Gustave Flourens, dessen großer Auftritt noch bevorsteht. Er war keinesfalls ein Karrierist wie so viele Glücksritter, die sich im militärischen Sektor innenpolitischer Auseinandersetzungen mit wechselndem Erfolg hervorgetan haben, aber er war auch kein für die Rolle eines Aufständischen prädestinierter Proletarier. Aber er funktionierte reibungslos und gut geölt als Scharnier in der Tür, in der sich der Wind der Kommune fing.

Unter der Belagerung war er im September 1870 von den fünf proletarischen Bataillonen aus Belleville zum Kommandeur gewählt worden. Sein bizarres Aussehen und rigoroses Auftreten, mit dem er den Zauderer Trochu provozierte, beeindruckten die prunkliebenden Pariser, vor allem die Höhlenbewohner in den Mietskasernen seines Viertels, den Slums von Belleville, aber nicht den gelassenen General, dem die Herausforderung galt. Flourens' närrische Eitelkeit vertrug sich seltsam mit dem Ernst seiner Forderungen. Am 5. Oktober formierten sich unter seiner Führung zum erstenmal 10 000 Nationalgardisten aus den proletarischen Bezirken zu einem Protestmarsch auf das Stadthaus, in dem Trochu, der Chef der nationalen Verteidigung, residierte und den Rebellenmajor Flourens zu einer kurzen Unterredung empfing. Flourens verlangte kurz und klar eine »levée en masse«, sofortigen Massenausbruch der Belagerten, neue, moderne Waffen – Chassepot-Gewehre und Mitrailleusen für seine Bataillone –, neue Uniformen und vor allem Wahlen für den Stadtrat von Paris.

Dann sollte Garibaldi, der ruhmreiche und legendär gewordene Revolutionsheld der italienischen Republikaner, zur Rettung der jungen französischen Republik herbeigerufen werden. Garibaldi, der später das Scheitern der Kommune kommen sah, lehnte jedoch die ihm in letzter Stunde von den Räten angetragene Ehre, das Kriegsministerium zu übernehmen, ab. Das war eine verständliche Absage, denn eine Zusage hätte nur Garibaldis Kopf gekostet, aber der dezimierten Kommune nicht mehr nützen können.

Hier nun der Auftritt des meuternden Majors im Stadthaus. Das grotesk-historische Gespräch zwischen den beiden Exponenten der Ohnmacht angesichts der preußischen Batterien, der eisernen Klammer, die Paris umschlossen hielt, ist aufgezeichnet worden, der Text ist authentisch. Trochu hielt seinen Dialogpartner für einen Scharlatan und sprach entsprechend überheblich mit ihm: »Zwecklose Ausfälle einer großen Masse undisziplinierter Männer wären gefährlich.« Dann erklärte er dem verdutzten Major der Nationalgarde, indem er ihn wohlwollend ansah: »Ich könnte Ihr Vater sein. Ihr Platz ist auf den Befestigungen und nicht im Stadthaus.« Der anwesende Arbeitsminister Dorian detaillierte Trochus Ablehnung noch mit einem zynischen Hinweis: »Eher könnte ich Ihnen Kanonen geben als Chassepots.« Die neuen Chassepot-Gewehre waren zur Zeit die besten Gewehre der Welt und den deutschen Handfeuerwaffen beträchtlich überlegen.

Gustave Flourens blieb damals nichts anderes übrig, als sich mit seinen zur Untätigkeit gezwungenen Gardisten in die Kasernen zurückzuziehen. Unterwegs stießen die enttäuschten Vaterlandsverteidiger Schmährufe gegen Trochu und sogar gegen ihren eigenen Oberkommandierenden, General Tamisier, aus. Das war der Prolog. Der erste Auftritt eines Operettenhelden, der dieses Scharmützel mit der theatralischen Attitüde eines routinierten Regisseurs inszenierte.

Wie viele militärische Führer, so war auch dieser »Held« der ersten Stunde ein deklassierter Bourgeois ohne jede politische Bildung oder Überzeugung. Er war der Sohn eines bekannten Arztes und Mitglied des Collège de France. Außergewöhnlich begabt und wendig, energiegeladen, folgte der junge Gustave seinem Vater als Lehrstuhlinhaber.

Aber plötzlich entdeckte Gustave sein patriotisches Herz, das für die unterdrückten Griechen schlug, er gab schnell entschlossen seine akademische Karriere auf, verzichtete auf Rang und Titel, auf Geld und Würden, und zog, wie einst Lord Byron, gegen die Türken zu Felde, begleitet von seinem treuen Adjutanten Cipriani, der seinem Meister auch im Tod folgen wollte. Man kam auf Kreta an. Aber man hatte insofern Pech, als den Griechen dieser abenteuerliche und phantastische Franzose mit den Feldherrenallüren durchaus nicht so willkommen war, wie der junge Held und sein Schatten Cipriani es erwartet hatten. Flourens entging der Deportation nur durch Verzicht auf seine Befreierrolle. Kaum wieder in Frankreich angekommen, noch vom kretischen Sonnenbrand gezeichnet, stürzte sich Gustave in neue, diesmal halsbrecherische Geschäfte. Er zettelte eine Verschwörung gegen Napoleon an, dem er den schönen Spottnamen »Boustrapa« anhängte, und fand sich prompt im Mazas-Gefängnis wieder, in dem später die Feinde der Kommune und – nach dem Rezept »Die Revolution frißt ihre Kinder« – auch die unbotmäßigen Freunde landeten.

Flourens wurde jedoch nach kurzer Gefangenschaft entlassen. Bei einem Duell mit dem berühmten Fechter Paul de Cassagnac wurde er durch einen Degenstoß in die Brust schwer verwundet, genas unerwartet schnell und engagierte sich erneut im Barrikadenbau gegen das verruchte Kaiserreich.

Flucht nach England, dann in die Schweiz, im Glauben, daß die letzte Stunde der napoleonischen Gewaltherrschaft gekommen sei. Nach kurzer Inhaftierung als mutmaßlicher preußischer Spion erneuter Auftritt in Paris.

Rochefort erwirkte seine Freilassung und manipulierte als mächtiger und redegewandter Volkstribun nach der Revolution vom 4. September und der Proklamierung der Republik die »Flourens-Legende«.

Ein strahlender Flourens, Demagoge und Märtyrer der Revolution, stieg aus der Asche des bei Sedan untergegangenen Kaiserreiches. So trat er nun, von allen Schlacken seiner Vergangenheit gereinigt, auf die politische Bühne. Er setzte auf die Kommune.

Groß und hager, Astheniker, fanatisch, Raufbold aus Passion, strenge blaue Augen, Adlerblick – der die Frauen faszinierte – und aristokratisch scharfe Nase, darunter der rötlich schimmernde Bart, fast grazil, fast weibisch im Habitus, aber unbeugsam im Durchsetzen seiner phantastischen und gefährlichen Einfälle: die Inkarnation eines Anarchisten durch Bestimmung und Karriere. Aber – um es noch einmal zu sagen – kein Karrieremacher, kein Renegat, eher ein Künstler, der sein Kunstwerk in seiner suggestiv-magischen Wirkung auf die stumpfen Massen sah, gegen die Tradition gerichtet, gegen die graue Lethargie eines »Establishment« um jeden Preis, wie es das Bürgertum mit dem vom Kaisertum überkommenen Wahlspruch »enrichissez-vous!« übte.

Ein Brandstifter, ein Don Quijote der Revolution, so betrat er die Bühne mit einem flammenden Bonmot: »Das Blut kochte in unseren Adern, die Erde brannte unter unseren Füßen.«

32e BAT
2 COMP

Oben: Erschießung der Generale Lecomte und Clément Thomas durch Pariser Nationalgardisten — *Unten:* Aufstand der Kommune: Barrikaden an der Place de la Concorde

Oben: Der Kommunardenführer Delescluze — *Unten:* Louise Michel, Organisatorin und Agitatorin der Pariser Kommune

Barrikade auf der Rue de Bac

Oben: Steinbarrikaden der Kommunarden an der Place de la Concorde — *Unten:* Hinter der Barrikade auf der Rue Rivoli: Artillerie der Pariser Nationalgarde

Oben: Straßenbarrikaden — *Unten:* Die brennenden Tuilerien

Raoul Rigault, Blanquist, Procureur der Pariser Kommune

Lissagaray, Historiker der Pariser Kommune

Sturz der Napoleon-Säule auf der Place Vendôme durch die Pariser Kommune am 16. Mai 1871

Das zerstörte Privathaus Adolphe Thiers'

Oben: Erschießung des Monsignore Darbois und fünf anderer Priester durch Kommunarden — *Unten:* Hinrichtung von 62 Geiseln

Der Maler Courbet als Kommunarde

Die Kommunardin und Barrikadenkämpferin Clara Fournier

Oben: Nach Niederwerfung der Kommune »arbeiteten« die Erschießungskommandos General Galliffets teilweise mit Mitrailleusen — *Unten:* Gefangene Kommunardinnen in Versailles

Französische Karikatur General Galliffets

Oben: Kriegsgericht am 2. September 1871 über die angeklagten Führer der Pariser Kommune: Verlesung der Urteile — *Unten:* Erschossene Kommunarden

Flourens hätte gut zu einem anderen Höllenknaben der Kommune gepaßt, einem, der sich in dem energielosen Verlaine den falschen Partner für seine Träume gewählt hatte: Arthur Rimbaud, den Dichter der Kommune. Denn auch Flourens gehörte in diese Kategorie der Kämpfer um ein fernes, phantastisches Ziel, dem vagen Bild einer absoluten Menschlichkeit in einer von aller Vormundschaft durch staatliche Organe befreiten Welt. Seine Stunde war endlich am 3. April gekommen, dem Tag, an dem er sein »Feldherrengenie« beweisen und seine Abenteuerlust sättigen konnte. Es war ein Himmelfahrtskommando.

Thiers wollte nicht warten, bis sich die von ihrem Anfangserfolg berauschte Kommune konsolidierte, er beschloß mit den noch schwachen Kräften, über die er Ende März verfügte – etwa 60 000 Mann –, offensiv zu werden. Am 30. März ritten zwei Kavallerieschwadronen des Reitergenerals und Höflings – man könnte ihn im heutigen Sprachgebrauch durchaus als einen kaiserlichen Playboy bezeichnen – Marquis de Galliffet, der sich beim »Todesritt«, dem verzweifelten Ausbruchsversuch der 2. Armee im Kessel von Sedan, vergeblichen Lorbeer erworben hatte, eine Aufklärungsattacke in Richtung Courbevoie-Neuilly. Galliffet war die treibende Kraft dieser Aktion, der Initiator und Motor dieses berittenen Spähtrupps, er sollte der Henker und eigentliche Besieger der Kommune werden. Ein eleganter Wüstling, Trinker und Charmeur, aber ein gnadenloser Hasser des Pariser Proletariats, das für ihn die Verkörperung des Abgründigen, den Abschaum der antimonarchistischen und antiklerikalen neuen Gesellschaft darstellte. Wenn Galliffet für Thiers und die bürgerliche Republik ritt, kämpfte er im Geist für seinen Kaiser, er war summa summarum der Prototyp eines sogenannten »Panache-et-gloire-Generals«.

Thiers gab am gleichen Tag eine Art Kommuniqué vor der Nationalversammlung in Versailles bekannt, in dem seine Siegeszuversicht triumphierte: »Die Organisation einer der besten Armeen, die Frankreich besaß, ist in Versailles vollendet worden, gute Staatsbürger können daher beruhigt sein und auf das Ende eines Kampfes hoffen, der schmerzhaft, aber kurz sein wird.« In der letzten Passage irrte Thiers, und was die Organisation anbetraf, so war es lediglich die *Re*organisation einer geschlagenen Armee, die nun von der Gefangenschaft und den Hungermonaten auf der Maasinsel nach Versailles zurückgekehrt war, indirekt eine Söldnerarmee, die dazu bestimmt war, die schmutzige Wäsche der siegestrunkenen Preußen und Bayern zu waschen. Aber Thiers war nun am Zuge, und Galliffet ritt für Frankreich, wie es sich für einen sattelfesten Kavalleristen gehörte. Dieses Vorpostengefecht wirkte alarmierend auf die Schlafmützen im Stadthaus. Zwar war es den Kommunarden gelungen, den Angriff abzufangen und die Linienregimenter, die Thiers gegen Neuilly eingesetzt hatte, zurückzuwerfen, aber Galliffets Reiter nahmen die wichtige Brücke bei Neuilly und ließen sich nicht mehr vertreiben. Der Ruf »Vive la Commune!« erstickte unter dem Schrei der Zuaven »Vive le Roi!«.

Endlich, zu spät, erinnerte man sich im »Rat« an Brunels Forderung, unverzüglich anzugreifen, und beauftragte die Generäle Bergeret, Duval und Eudes, mit Flourens zum Gegenstoß anzutreten. Verantwortlicher Oberkommandierender wurde ausgerechnet der kopflose Dilettant Bergeret, ein Buchhändler, der sich in einem Phaeton zum Stellplatz der Nationalgarde fahren ließ und dort eine verblasene Parole ausgab, mit der er glaubte, den Sieg über Versailles schon in der Tasche zu haben. Er war an diesem Morgen des 3. April etwas früher als gewöhnlich aufgestanden und zeigte somit den guten Willen, seinen Teil zum Marsch auf Versailles beizutragen. Aber da er die 200 Kanonen der Nationalgarde auf dem Montmartre vergessen hatte, lief die Aktion ohne jede Artillerieunterstützung an. Und das geschah unter den Mündungen der mächtigen Geschütze des Mont-Valérien, der durch Verschulden der Kommune und ihres säumigen, nachlässigen Kommandanten Lullier kampflos in die Hände der Regierungstruppen gefallen war.

So begann der Marsch in die Katastrophe. Man brach in drei Kolonnen auf. Auf der rechten Flanke rückte die Gruppe Bergeret-Flourens auf die Ortschaft Rueil vor. In der Mitte stieß General Eudes mit seinen Leuten in Richtung Meudon vor. General Duval sollte eine Attacke an der linken Flanke auf die Höhen von Châtillon vortragen. Aber vom Mont-Valérien deckten die Batterien der Versailler das Aufmarschgelände mit einem vernichtenden Feuer zu.

Aber sehen wir doch in dem Durcheinander den Tausendsassa Flourens an der Spitze seiner Streitmacht! Prächtig angetan mit seiner Phantasieuniform, dem selbstverfertigten Maskenkostüm eines Revolutionshelden. Im Gürtel, einem türkischen Beutestück, steckte ein ganzes Arsenal kostbarer Pistolen, die Schärpe kokett geschlungen, an seiner Seite der unvermeidliche Cipriani.

Flourens riß seinen kretisch-türkischen Invasionssäbel aus der Scheide und jubelte »Sieg«, bevor sich die drei Marschbataillone, dieser Heerbann der proletarischen Revolution, in Richtung Seine in Bewegung gesetzt hatten. Den diskutierenden Schaumschlägern schickte er ein Telegramm ins Stadthaus: »Wir werden Sieger sein. Daran ist überhaupt nicht zu zweifeln!«

So stürzte er sich unbekümmert ins Getümmel. Es war ein strahlender Vorfrühlingstag. Wie überhaupt die acht Wochen des Kommune-Schauspiels und das ganze Interregnum der Anarchie unter einem fast wolkenlosen Himmel über die Bühne der Zeitgeschichte gingen, ohne Pause vom Prolog bis zum Nachspiel der Deportationen nach Neu-Kaledonien. Erst als die Stadt in Flammen stand und nichts mehr zu retten war, kam ein erlösender Regen. Aber da waren die Tuilerien nur noch rauchende Trümmer.

Folgen wir dem militärischen Frühlingsausflug der Nationalgarde nach Versailles. Als die ersten Granaten über der Kolonne Bergeret barsten, erinnerte sich der Kommandierende General an sein Phaeton, an die »grandes horizontales« von Paris und zog sich, von der Panik seiner Männer mitgerissen, wieder über die Seine zurück.

Anders Flourens! Er war entschlossen, seine Rolle bis zum bitteren Ende durchzuhalten. Er spielte hoch. Höher ging es nicht. Angefleht von dem Unheil witternden Cipriani, der seinen Herrn und Meister zum sofortigen Rückzug zu bewegen versuchte, marschierte er mit seiner Kolonne durch das Sperrfeuer auf das Tagesziel, das Dorf Rueil, zu. Inzwischen war eine Attacke der Kavallerie Galliffets über die Ebene hinweggefegt und hatte Tabula rasa mit den Kommunarden gemacht.

Der unverdrossene Flourens erreichte – es grenzt an ein Wunder – mit seinen »Tirailleurs«, seiner Leibwache, in der

Dämmerung dieses ersten Kampftages tatsächlich Rueil, wo er sich, wiederum völlig unbekümmert – er nahm seine Starrolle ernst –, in einem Gasthaus zu Tode erschöpft niederwarf, nicht ohne vorher seine martialische Ausrüstung sorgfältig abgelegt zu haben. Cipriani als treuer Wächter neben seinem Chef. So hatten sie eine kurze Gnadenfrist, bis eine von Oberst Boulanger geführte Abteilung Linientruppen das Dorf umzingelt hatte und die beiden von ihren Gastgebern verratenen Helden aus ihrem Versteck holte. Cipriani wurde auf der Stelle erschossen. Flourens, der sich nicht zur Wehr setzte, wurde waffenlos auf die Straße geführt und dort von einem Hauptmann der Gendarmerie, der ihn erkannt hatte, mit einem kopfspaltenden Säbelhieb niedergestreckt.

Es geht die Legende, daß der Leichnam des Volkshelden auf einem Mistwagen der Bauern aus Rueil im Triumph nach Versailles gebracht und dort von Galliffets Damen inspiziert wurde. Die Kokotten hätten mit ihren Schirmspitzen in dem Gehirn des Toten herumgerührt und sich mit diesem sadistischen Spiel einen fröhlichen Nachmittag gemacht.

Hier können wir der Beschreibung des Vorganges Glauben schenken, wie ihn Karl Marx in der »Adresse des Generalrats« wiedergegeben hat: »Die erste Kolonne von Pariser Gefangenen, die nach Versailles hineinkam, wurde empörend behandelt, während Ernest Picard (Minister der Regierung Thiers), die Hände in den Hosentaschen, herumschlenderte und sie verhöhnte und die Frauen von Thiers und Favre, inmitten ihrer Ehrendamen, vom hohen Balkon herab die Schändlichkeiten des Versailler Pöbels beklatschten. Die gefangenen Liniensoldaten wurden einfach erschossen, unser tapferer Freund General Duval, der Eisengießer, wurde ohne alle Form rechtens gemordet. Galliffet, der ›Louis‹ seiner Frau, so notorisch durch die schamlose Schaustellung ihres Leibes bei den Gelagen des Zweiten Kaisertums, Galliffet prahlte in einer Proklamation, daß er die Ermordung einiger durch seine Reiter überraschten und entwaffneten Nationalgardisten samt ihrem Hauptmann und Leutnant befohlen habe. Vinoy, der Ausreißer, wurde von Thiers zum Großkreuz der Ehrenlegion ernannt für seinen Tagesbefehl, worin er vorschrieb, jeden bei Kommunalisten gefangenen Liniensoldaten zu erschießen. Desmaret, der Gendarm, wurde dekoriert, weil er den hochherzigen und ritterlichen Flourens verräterisch nach Metzgerart in Stücke zerhauen hatte, Flourens, der am 31. Oktober 1870 der Verteidigungsregierung ihre Köpfe gerettet hatte. Die ›ermunternden Einzelheiten‹ seiner Ermordung wurden von Thiers in der Nationalversammlung mit Behagen des breiteren mitgeteilt. Mit der aufgeblasenen Eitelkeit eines parlamentarischen Däumlings, dem man erlaubt, die Rolle des Tamerlan zu spielen, verweigerte er den Rebellen gegen seine Winzigkeit jedes Recht zivilisierter Kriegführung, selbst das der Neutralität ihrer Verbandsplätze. Nichts Scheußlicheres als dieser Affe, schon von Voltaire vorgeahnt, der für eine kleine Zeit seinen Tigergelüsten freien Lauf lassen kann.«

Interessant ist an diesem Dokument neben dem sicher verdienten Nekrolog auf Gustave Flourens die Formulierung »Kommunalisten« für die Aufständischen, die am Schluß der »Adresse« dann ohne Begründung als »Kommunisten« bezeichnet werden. In solchen nur für Wünschelrutengänger im Dschungel der marxistischen Dialektik bemerkbaren und auffindbaren ideologischen Trapezakten und Tricks sind die Mythenbildner von links Meister geblieben. Es ist ein Kuriosum, wenn Marx behauptet, daß der tapfere Flourens durch seine Schaustellung auf dem Konferenztisch im Sitzungssaal des Stadthauses – wir erinnern uns an diese prächtige Szene – die Köpfe von Thiers und seiner Regierung der nationalen Verteidigung gerettet habe. Aber es ist ehrenhaft, daß der »Generalrat« dieses phantastischen Kriegshelden gedachte.

Tatsache ist aber, daß dieser Tag ein für beide Parteien gleicherweise unheilvolles Nachspiel haben sollte. Denn im Schoße dieser Tragödie wurde ein anderes, noch viel grausameres Drama geboren. Sie war nur das Vorspiel zu der »Eskalation des Terrors«. Vor diesem grotesk-blutigen Hintergrund begannen die Geiselmorde. Anlaß dazu gaben die reihenweisen Erschießungen von gefangenen Kommunarden, die auf Galliffets und Vinoys Befehl an diesem 4. April im Morgengrauen allerorts vorgenommen wurden, wo sich die Reste der geschlagenen Nationalgarden Bergerets ergeben mußten.

Das Schicksal des Generals Duval gibt darüber glaubwürdig Auskunft. Es ist authentisch und durchaus keine von Marx manipulierte Legende. Duval war es gelungen, sein Offensivziel, die Höhen von Châtillon, zwar zu nehmen, aber er konnte das Plateau nicht halten, da er keine Artillerieunterstützung bekam. Ein Versäumnis, das Bergeret nach der gescheiterten Offensive ins Mazas-Gefängnis bringen sollte. Am 4. morgens mußte auch Duval mit etwa 1500 Mann kapitulieren, nachdem General Vinoy zum Gegenstoß ausgeholt hatte. Alle regulären Soldaten, die auf seiten der Kommune kämpften, wurden auf der Stelle niedergemacht. Das darf nicht vergessen werden, wenn das Schuldkonto auf *beiden Seiten* beglichen werden soll. Diese schändlichen Massaker führten die lange Liste der Verbrechen an, für die nun grünes Licht gegeben wurde. Der Dammbruch war total. Die Flut stieg an.

Vinoy gebärdete sich persönlich als blindwütiger Henker, nannte die Gefangenen »gräßlichen Abschaum« und »räudiges Gesindel« und ließ Duval, der sich als Führer der Abteilung zu erkennen gab, ohne Verfahren erschießen.

Einem wohl etwas frisierten Bericht aus dem Lager der Regierungstruppen zufolge soll ein kurzer Dialog zwischen Vinoy und Duval geführt worden sein. Vinoy fragte demnach Duval: »Was würden Sie mit mir machen, wenn ich *Ihr* Gefangener wäre?« Duval soll darauf geantwortet haben: »Ich würde Sie erschießen lassen.«

»Gut, Sie haben soeben Ihr eigenes Urteil gesprochen«, gab Vinoy zurück und ließ ihn exekutieren.

Der Vormarsch auf Versailles war zusammengebrochen, ehe er sich richtig entfalten konnte. Assi, der unfähige Präsident des Zentralkomitees, und Lullier, der den Mont-Valérien zu besetzen vergaß, wurden zusammen mit dem nachlässigen Bergeret ins Mazas geworfen. Für Bergeret wurde nun der »Bürger Cluseret« zum Kriegsminister ernannt.

Die toten Helden bekamen ein »Staatsbegräbnis«, dem Delescluze, der alte lungenkranke, ehrwürdige Jakobiner aus den glorreichen Tagen von 1848, voranschritt, begleitet von vier anderen hohen Funktionären des Zentralkomitees. Auch nachträgliches »Lametta« gab es damals schon, und an pathetischen

Grabreden war kein Mangel. Man schwor Rache, und die Gelübde waren phantastisch genug, um das Volk, das nun Taten sehen wollte, im Augenblick zu beruhigen.

Schon einen Tag danach, also am 5. April, verabschiedete die Kommune im Stadthaus das »Geiselgesetz«. Es ordnete an, daß in Zukunft für jeden ermordeten Kommunarden drei Versailler oder mit Versailles sympathisierende Bürger — und das betraf hauptsächlich den Klerus — hingerichtet werden sollten. Der Bürgerkrieg nahm — um es mit einem späteren Phänomen zu vergleichen — geradezu spanische Ausmaße an. Er wurde von nun an total geführt. Die *Frage* nach dem totalen Krieg erübrigte sich jedoch. Niemand wurde befragt. Die Geiseln, die massakriert werden sollten, wurden »durch das Los bestimmt«.

Es war Goncourt, der das kommende Unheil voraussah und in sein denkwürdiges »Tagebuch« schrieb: »Wenn Versailles sich nicht beeilt, werden wir sehen, wie sich die Wut über die Niederlage in Massaker, Erschießungen und andere reizende Aufmerksamkeiten jener sanften Freunde der Menschheit verwandelt.«

Der Ton dieser Eintragung läßt erkennen, auf welcher Seite die Brüder Goncourt standen. Sie waren im Sinne des Herrn Thiers »vorbildliche Bürger«, wir würden sie heute eher als erzreaktionär bezeichnen.

Beide Seiten taten alles, um die Wahrheit zu verschleiern und die Massenhinrichtungen zu kaschieren. Während Thiers und seine Regierung mit den Begriffen »Ordnung« und »Gerechtigkeit« manipulierten, die sie vorgaben, mit ihren Maßnahmen wiederherzustellen, stritt Friedrich Engels noch in seiner »Erklärung zum 20. Jahrestag der Pariser Kommune«, die als Einleitung zum »Bürgerkrieg in Frankreich« publiziert wurde, die Geiselmorde der Kommune einfach ab. Er kommentierte das von dem finsteren Urbain eingebrachte »Geiselgesetz«, das in seiner Präambel den Versaillern die Verletzung der »Menschen- und Kriegsrechte« vorwarf, mit folgender erstaunlichen Replik: »Am 5. April wurde, gegenüber der täglich erneuerten Erschießung von gefangenen Kommunekämpfern durch die Versailler Truppen, ein Dekret wegen Verhaftung von Geiseln erlassen, *aber nie durchgeführt.*«

Eine erstaunliche Behauptung angesichts der Tatsache, daß Karl Marx und der »Generalrat der Internationalen Arbeiter-Assoziation« die Erschießung des Erzbischofs Darboy im Zuge der Vergeltung und damit der Anwendung dieses von den Jakobinern erzwungenen Gesetzes ausdrücklich bestätigten, wenn auch mit der Rechtfertigung, daß dieser Geiselmord durch das Verhalten der Versailler Regierung und Thiers' Ablehnung, Blanqui gegen Darboy auszutauschen, provoziert wurde. Marx formuliert: »Als Thiers, wie wir sahen, schon von Anfang des Kampfes an die menschliche Sitte des Erschießens der kommunistischen Gefangenen in Kraft setzte, blieb der Kommune nichts übrig zum Schutz des Lebens dieser Gefangenen, als zur preußischen Sitte des Geiselngreifens ihre Zuflucht zu nehmen. Das Leben der Geiseln war aber und abermals verwirkt durch das anhaltende Erschießen von Gefangenen durch die Versailler. Wie konnte man ihrer noch länger schonen nach dem Blutbade, womit Mac Mahons Prätorianer ihren Einmarsch in Paris feierten? Sollte auch das letzte Gegengewicht gegen die rücksichtslose Wildheit der Bourgeoisregierungen – die Ergreifung von Geiseln – zum bloßen Gespött werden? Der wirkliche Mörder des Bischofs Darboy ist Thiers.«

Marx hat sicher recht, was den Fall Darboy und die Blutschuld des hartherzigen Thiers betrifft, aber was hatten die 62 Geiseln mit diesem schmutzigen Handel zu tun, die in letzter Stunde am 28. Mai in der Rue Haxo von einer Amok laufenden Menge exekutiert wurden? Das war ein blinder Akt der Psychose, von der Hysterie der Niederlage ausgelöst. Der Internationale blieb keine andere Wahl, als ihn zu verschweigen.

Friedrich Engels hat viel Richtiges, viel Vertretbares und Unbezweifelbares über die administrative Tätigkeit der Kommune in der kurzen Zeit ihres Wirkens bemerkt, die ihr keine Gelegenheit zur Bewährung, zur Verwirklichung ihres umfangreichen sozialen Programms ließ, aber die bewußte Fälschung mindert den Wert seiner Bilanz nach zwanzig Jahren erheblich herab, reduziert ihn auf die präzise Wiedergabe von Fakten. Auch Marx hat bewußte Irreführungen nicht gescheut, wenn es darum ging, seinen Kommune-Mythos zu entwickeln und glaubhaft zu machen. Wie peinlich mußte ihm retrospektiv sein voreiliger Brief an Kugelmann mit dem pauschalen Verdammungsurteil der »Französischen Sektion der Internationale« gewesen sein!

Mythen können sich nur behaupten, wenn sie bruchlos und von ihren Tabus beschützt in das Bewußtsein der Nachfolgegenerationen übernommen werden, wenn sie Fetischcharakter annehmen. Marx nennt die gefangenen Kommunarden »Kommunisten«, aber gerade das waren sie zu keiner Stunde. Sie waren ein Konglomerat zum Kampf entschlossener Rebellen aus allen ideologischen und gesellschaftlich deklassierten Gruppen, die gegen den bürgerlichen Staat, gegen den »Ordnungsstaat« einer sie beherrschenden und unterdrückenden Klasse opponierten und die Schwäche dieser Organisation benutzten, um sich gegen sie zu erheben. Es gab kein politisches Konzept, kein Manifest, das die Klassifizierung dieser in sich zerstrittenen Gruppen als »Kommunisten« rechtfertigen könnte. Und wenn Marx von der »menschlichen Sitte des Erschießens« schreibt, so ist das eine Nachlässigkeit, die einem politischen Autor, der noch dazu im Bann der eigenen Doktrin steht, nicht unterlaufen sollte. Und womit begründet er seine seltsame Behauptung, daß die »Sitte des Geiselgreifens« eine »preußische Sitte« sei?

Es gab historische Zäsuren, die mit dieser Methode nicht zimperlich umgingen und die auch schon *vor* den Praktiken des Herrn Thiers in *allen* Ländern bedenkenlos angewendet wurden. Marx hätte besser und richtiger über die »internationale Unsitte des Geiselgreifens« klagen sollen, als nur die Preußen dafür verantwortlich zu machen. Seine Reaktionen, aber auch seine Beweisführungen haben allzuoft – denken wir an die verunglimpfenden Bemerkungen über die »Ragamuffins« und »Macquereaus« – einen psychopathologischen Trend, die Neigung zum Usurpatorischen, zur Rechthaberei und Eigensinnigkeit, wie sie bei Exilierten, noch dazu, wenn sie eine politische Rolle spielen wollen und als Stifter einer neuen Lehre auftreten, oft zu bemerken sind.

DIE ZWEITE BELAGERUNG

Holen wir die Entwicklung mit Daten und Fakten ein. Sie sprechen nun eine so deutliche Sprache, daß sie keiner Kommentare mehr bedürfen. Sie zwingen uns, vorerst mit Auslegungen enthaltsam zu sein. Es bleibt den Epikern und Rhapsoden der Tragödie – aber wohin sind sie emigriert, diese berufenen Zeugen Hugo, Verlaine, Zola? Wir finden sie nicht mehr in der Arena! – überlassen, das Gerüst dramatisch zu drapieren und das Gespenst der Historie so zu verkleiden, daß die Zeichen, die Ziffern und Zahlen der Vergangenheit ihren Geisterzug beginnen können. Wir begnügen uns, das, was nackt gesehen werden muß: die Wahrheit zu finden, die sich hinter den Berichten der Chronisten versteckt hält.

Nach dem Scheitern der Offensivaktion vom 3. April sollte der neue Generalissimus, der 47jährige Gustave-Paul Cluseret, der den verhafteten Bergeret abgelöst hatte, das verlorene Terrain und Ansehen der Kommune-Truppen zurückgewinnen. Wieder trat ein Abenteurer comme il faut an die militärische Spitze des Aufstands, die nur ein Fachstratege hätte erfolgreich halten können. Es war das Dilemma der Kommune, daß sie außer Rossel über keinen altgedienten Offizier von Fähigkeit und Rang verfügte. Cluseret, ein Don Quijote wie Flourens, nur daß ihm dessen verzweifelter Mut fehlte, berief in der klaren Erkenntnis seiner mangelhaften militärischen Kompetenz Rossel zu seinem Stabschef und Dombrowski, den kühnen Polen, zu seinem Frontberater. Das war ein vernünftiger Entschluß, und es zeigte sich, daß sich bei umsichtiger Führung die Lage an den Kampfabschnitten bessern, wenn auch nicht mehr wenden ließ. Die neue militärische Führung machte gewaltige Anstrengungen, diese Wende doch noch herbeizuzwingen.

Sogar der skeptische, Thiers freundlich gesinnte Proletarierhasser Goncourt bemerkte die Wandlung und lobte anerkennend den gestiegenen Kampfgeist der Kommunarden: »Warum diese Verbissenheit, die den Preußen nicht begegnet ist? Weil das Volk sich in diesem Krieg seinen eigenen Krieg einbrockt, ihn selber führt, nicht unter dem Militarismus steht.«

Zwei Brennpunkte, an denen die Schlacht um Paris entschieden wurde, kristallisierten sich nach dem 4. April heraus. Im Nordwesten die Front von Neuilly mit den umkämpften Ortschaften Courbevoie, Asnières und Levallois, die immer wieder den Besitzer wechselten. Strategischer Schlüsselpunkt war hier die Porte Maillot, die den Zugang zu den Champs-Elysées verriegelte.

Dombrowski, der zum Oberkommandierenden der Westfront ernannt wurde, bezog sein Hauptquartier in dem Schloß von La Muette, das unter Dauerbeschuß lag und allmählich unter den Schlägen der Versailler Batterien in Schutt und Asche sank. Hier war ein breiter Verteidigungsgürtel in fester Hand, von Dombrowski gut bewacht und kühn verteidigt, ein Gürtel, der von dem großen Seinebogen, dem Point-du-Jour, über den Bois de Boulogne bis hinauf nach Clichy reichte, ein Abschnitt von acht Kilometern, den General Dombrowski mit nur wenigen tausend kampffähigen Männern halten sollte. Aber hier blieb die Front bis zum Durchbruch der Regierungstruppen am 21. Mai stabil. Ein zähes Ringen um jeden Straßenzug und jeden Häuserblock, um Brücken und Flußübergänge, die von gepanzerten Eisenbahnwaggons und Kanonenbooten der Kommune kontrolliert und bestrichen wurden, sobald sich die Versailler heranwagten.

In Neuilly selbst, das täglich mit etwa 1500 Granaten aller Kaliber belegt wurde, vollzog sich eine separate Tragödie innerhalb des großen Dramas der Revolution, in einer nicht mehr bewohn- und betretbaren Kleinstadt, die nicht evakuiert worden war. Hier starben die neutralen Teile der Bevölkerung mit den fanatischen Verteidigern und, als diese sich zurückziehen mußten, blieben sie im Niemandsland zwischen den Fronten liegen. Ein Kurzfilm vom Leiden der unbeteiligten Zivilisten in einem selbstmörderischen Bürgerkrieg rollte täglich von neuem vor den Augen der Presseberichterstatter und Chronisten ab.

Erst am 25. April willigte Thiers in die Bitte der Kommune ein und gewährte einen zwölfstündigen Waffenstillstand zur Evakuierung der überlebenden, in ihren Kellern fast verschütteten Bewohner von Neuilly. Er benutzte diese Feuerpause, um seine Artillerie umzugruppieren, und verlegte 53 Geschütze sowie mehrere Infanterieregimenter in die zweite ebenso wichtige Kampfzone im Süden von Paris: die zehn Kilometer lange Front der großen Forts Issy, Vanves, Montrouge, Bicêtre und Ivry. Hier stand dem Versailler General Cissey Dombrowskis Waffengefährte General Wroblewski gegenüber. Er war der Befehlshaber der 3. Armee und richtete sein Stabsquartier in Gentilly, unmittelbar hinter der Frontlinie der Forts, ein.

Zwischen dieser zweiten Abwehrfront und der Anschlußstelle im Seine-Bogen zur 1. Armee Dombrowskis schob sich eine Aufwölbung – wie eine Nase im zerfurchten Gesicht des leidenden Paris –, die »weiche Stelle« des Point-du-Jour mit der Porte de Saint-Cloud.

Thiers besaß eine genaue Vorstellung davon, wo er durchbrechen konnte, denn er war als Minister unter Louis Philippe für die Errichtung der Stadtbefestigungen verantwortlich gewesen. Das kam ihm jetzt zugute. Auf diesen Punkt wiesen alle Durchbruchsvorbereitungen, die Thiers und sein Generalstab systematisch, aber gelassen vorantrieben. Vorerst begnügten sie sich damit, tiefgestaffelte Laufgräben an das große Fort Issy und sein Nachbarfort Vanves vorzutragen, die Sturmtruppen heranzuführen. Im Bois de Boulogne standen 80 000 Mann der Linie und reorganisierte Einheiten der bei Sedan geschlagenen Armee Mac Mahons einsatzbereit. Inzwischen versuchte Thiers, Paris durch Agenten, sogenannte »agents provocateurs« der »fünften Kolonne«, zu zermürben, zu irritieren und moralisch auf den großen Schlag vorzubereiten. Er warb willige Kreaturen, Verräter und Attentäter an, die das schmutzige Handwerk für ihn und seine Generäle übernehmen sollten und so Paris reif für den Sturz der Kommune zu machen.

Nach seiner Absetzung und Verhaftung am 30. April brüstete sich der ebenfalls gescheiterte Glücksritter Cluseret – er sollte sich für den Fall der Festung Issy verantworten – vor Delescluze, daß ihm Thiers eine Million geboten habe, wenn er die Kommune verraten würde. Delescluze, der alte, stolze und ehrliche Jakobiner, entgegnete dem abgesetzten Kriegsminister mit kalter Verachtung: »Um so schlimmer für Sie. Dem Bürger Delescluze hätte Monsieur Thiers ein derartiges Angebot nicht gemacht.« Dann trat der Delegierte Louis Pindy auf Cluseret zu und arretierte ihn mit den Worten: »Ich bin gezwungen, Sie zu verhaften.«

Auch Dombrowski sollte gekauft werden, sollte die Tore von Paris den Belagerern öffnen, aber er war unbestechlich. Eines Tages verschaffte sich ein als Bauer verkleideter, als Bravo gedungener Agent Zugang zum Arbeitszimmer Dombrowskis in La Muette und zog blitzschnell einen kurzen Degen unter seinem Mantel hervor, um sich auf den Oberkommandierenden zu stürzen. Die Wache des Generals säbelte den Eindringling nieder.

Aber eines Tages war es soweit. Die »weiche Stelle« am Seineknie gab nach. An einer Frontlücke, wo die Wälle nach wochenlangem Beschuß aufgepflügt waren und sich keine Verteidiger mehr halten konnten, entdeckte ein Sonntagsspaziergänger – es war der Sonntag des 21. Mai, ein strahlend festlicher Tag in Paris, an dem in den Tuileriengärten ein Monstrekonzert stattfand und die ahnungslosen Kommune-Bürger flanierten und alle Beschießungen, allen Terror, alle Not für Stunden zu vergessen suchten –, da entdeckte dieser hergelaufene Zufallsspion Ducatel diese »weiche Stelle«: die unbewachte Porte de Saint-Cloud – oder besser das, was noch von dem zerschossenen Tor in Passy vorhanden war. Mit einem Taschentuch winkte er die Belagerer herbei und gab ihnen so das Startzeichen für ihren ungehinderten, aber ruhmlosen Einmarsch. Thiers nahm seine »Sternstunde« wahr.

Ein Rückblick auf die Frontlage nach dem Intermezzo des 3. April, dem ersten schwarzen Tag für die Sieger des 18. März, wird hier notwendig! Von neuen Männern angeführt und mit neuem Mut erfüllt, gelang der Nationalgarde schon am Abend des 4. April die Wiederbesetzung von Courbevoie. Alarmeinheiten vertrieben die Vorposten der Versailler auch von dem beherrschenden Plateau von Châtillon und sicherten so die bedrohten Forts von Issy und Vanves. Allerdings konnten sie sich in Courbevoie nicht länger als zwei Tage festsetzen, da nun ein sechsstündiges Bombardement vom Mont-Valérien den Ort unhaltbar machte. So zogen sie sich hinter die große Barrikade an der Brücke von Neuilly zurück. In der Nacht zum 9. April überrumpelte dann wieder Dombrowski die Versailler in Asnières. An seiner Seite kämpfte der tapfere Vermorel. Sie eroberten eine Anzahl Geschütze, die Vinoy hier aufgefahren hatte, und bedrohten nun die Flanke der auf die Brücke von Neuilly vorstoßenden Regierungstruppen. Vinoy mußte sich in der Nacht vom 12. zum 13. bis Courbevoie zurückziehen. Seine Linienregimenter ließen den Thiers fanatisch ergebenen General im Stich und stürzten in wilder Panik davon.

Dombrowski war seinem Gegner Vinoy in jeder Beziehung überlegen, sowohl was strategische Fähigkeiten als auch persönlichen Mut anbetraf.

Aber wie verhielten sich die »Zylinderhüte« im Stadthaus, die quengelnden und nörgelnden, sich streitenden, Dombrowski die notwendigen Reserven verweigernden Räte, die Bürokraten der Revolution, bei denen es im wesentlichen immer wieder darum ging, welche Rechte und Vollmachten dem abgedankten Zentralkomitee zustanden und welche Kompetenzen die gewählte Kommune besaß, wer also faktisch Paris regieren sollte? Sie versagten erneut schändlich, ließen die hoffenden und wartenden Pariser von diesen Erfolgen nichts wissen, erschöpften sich in Intrigen und Querelen. Sie verdächtigten den Polen und Fremdling Dombrowski des Doppelspiels. Eine beschämende Situation.

Während die zweite Offensive noch lief, wollte der verblendete Cluseret alle Truppen der Kommune hinter die Wälle zurücknehmen, sie in den Forts konzentrieren, sich eingraben und einigeln lassen. Rossel, der neue Stabschef, schilderte den aus Amerika importierten »Ulysses Grant« der Kommune und Zögling aus Saint-Cyr: »Groß, mit weißer Haut, schwarzem Haar und Bart und einem groben, hübschen Gesicht. Er muß ein Liebling der Frauen gewesen sein. Er besaß die Geläufigkeit eines Journalisten und wußte, wie man unpassende Grundsatzerklärungen vorbringt.«

Cluserets verhängnisvolles Zögern war vor allem darauf zurückzuführen, daß er als aktiver Offizier der Nationalgarde nicht traute, er gab ihr keine Chancen und hielt sie für kampfuntauglich. So erklärt sich auch seine geradezu konspirative Haltung gegenüber Dombrowski und dessen Angriffsaktionen. Als er sein Amt als Kriegsminister antrat, tadelte er die Nationalgarde, die doch die einzige militärische Kraft – auch in der Größenordnung – war, auf die alle Führer der Kommune angewiesen waren, wenn sie an der Front erfolgreich sein wollten, wovon ja wiederum ihre Existenz, ihr Bestehen, ihr Überleben abhing. Cluseret: »Niemals habe ich etwas gesehen, was sich mit der Anarchie der Nationalgarde von 1871 vergleichen ließe. Sie war in ihrer Art vollkommen.«

Dombrowski riß sie durch sein persönliches Beispiel, durch seine Todesverachtung mit. Cluseret lähmte sie, weil er die Möglichkeiten verkannte, die ein menschliches Vorbild auch noch in einer verwahrlosten und undisziplinierten Truppe zu wecken vermag. Es war der altmodische Glauben an die Massenerhebung, die Parole der Jakobiner, der der Abenteurer und ehemalige Brigadegeneral der amerikanischen Nordarmee im Bürgerkrieg der Staaten mißtraute. Er war kein Volksführer, kein Bürgergeneral in den Traditionen der Großen Revolution.

Cluseret hatte eine reaktionäre, antiproletarische Vergangenheit. Schüler von Saint-Cyr, half er bei der Unterdrückung der Aufstände von 1848 mit, wurde im Krimkrieg zum Hauptmann befördert und zum Ritter der Ehrenlegion ernannt, was ihn nicht hinderte, sich mit revolutionären Klubs zu arrangieren; als er wegen Hehlerei aus der Armee entlassen wurde, emigrierte er in die Staaten, geriet dort in die Bürgerkriegswirren zwischen Nord und Süd, avancierte zum Adjutanten des Nord-Generals McClellan und schließlich zum Brigadekommandeur. Washburne vermutete sicher nicht zu Unrecht, daß diese Option für den Norden hauptsächlich Cluserets Ziel galt, »seine Naturalisierungspapiere zu bekommen«.

1867 erschien er plötzlich in Paris, schloß sich den Extremisten an, wurde zu Gefängnis verurteilt und deportiert. Nach dem

Ende des Kaiserreichs tauchte er als Abgesandter Bakunins und seiner Anarchisten auf und rief am 31. Oktober 1870 in Marseille die Kommune aus, nicht ohne sich zum »Kommandeur der Südarmee« zu ernennen.

Der unheilvolle Befehl, die Streitkräfte der Kommune in einer rein defensiven Stellung verharren zu lassen, während alles zum Angriff drängte und Dombrowski so erfolgreich operierte, zeigt deutlich konspirative Absichten. Die Kommune tat gut, ihn am 30. April abzuberufen, nur, es geschah zu spät, um das verlorene Terrain wiederzugewinnen und das Ansehen der Kommune bei den Parisern wiederherzustellen. Cluserets Nachfolger wurde der ungestüme Rossel, der sich bitter über die untätigen »Zylinderhüte« im Stadthaus beklagte: »Der größere Teil meiner Zeit wurde von unnützen Personen verschlungen, vor allem von Offizieren und Gardisten, die ihren Posten verließen, um sich über ihre Führer oder ihre Waffen zu beklagen oder über den Mangel an Verpflegung und Munition. Auch gab es beinahe überall unabhängige Anführer, die Befehle weder entgegennahmen noch ausführten.«

Rossel versuchte vergeblich, mit drakonischen Maßnahmen gegen Korruption und Disziplinlosigkeit vorzugehen. Er befahl, Deserteure sofort zu erschießen, aber die Räte ließen ihn nicht gewähren, sie fielen seinen harten Maßnahmen einer Reorganisation der Nationalgarde in den Rücken, sie fürchteten, daß sich Rossel zum »Diktator« ernennen könnte, ein Plan, der bei seinen Freunden tatsächlich bestand, weniger wohl bei ihm selbst. Denn Rossel erkannte bald, daß alles verloren war, dank der widersprüchlichen Befehle und Maßnahmen, diesem Tauziehen um die Macht, in dem sich das Zentralkomitee und die Kommune, dazu noch die Ortskommissionen in den Arrondissements, verbrauchten und so der Revolution systematisch das Rückgrat brachen. Sie manipulierten fleißig die »Dolchstoßtheorie«, während Dombrowskis schwache Kräfte in Neuilly und Asnières verbluteten. Auf die alarmierenden Depeschen Dombrowskis schickte der Rat lediglich 300 Mann Verstärkung; 300 Kämpfer für eine Front von acht Kilometern Breite und vier Kilometern Tiefe!

Aber werfen wir einen Blick in das rot ausgeschlagene Konferenzzimmer im Stadthaus, auf die in Permanenz tagenden Räte. Sie waren unablässig damit beschäftigt, die Welt durch Reformen zu verändern, die allerdings in den meisten Fällen papierene Dekrete blieben. Aber es regnete Erlasse, Resolutionen, Gesetze und diverse Präambeln zu den verkündeten Gesetzen, die allesamt undurchführbar wurden, als der Casus belli eintrat und die Stunde bestimmte. Ein klares Kampfprogramm, ein Manifest, das alle Pariser über die Ziele und den Weg, wie sie zu erreichen waren, aufklären konnte, kam nicht zustande. Erst am 19. April verabschiedete die Versammlung ein Dokument, das eine seltsam gemischte Kommission ausgearbeitet hatte und das »im Fall des Sieges das Programm, im Fall der Niederlage das Testament der Kommune werden würde«, wie Lissagaray treffend bemerkte. Es wurde in der Tat ihr bis heute nicht vollstrecktes Testament.

So setzte der Rat »lebenslängliche Pensionen für die Verwundeten, für die Witwen und Eltern der im Gefecht gefallenen Föderierten aus, für ihre Kinder eine Rente bis zum achtzehnten Jahr, und er adoptierte die Waisen. Ausgezeichnete Maßregeln, die zwar den Kämpfern das Herz leicht machten, die aber eine siegreiche Kommune voraussetzen!« lobte der Chronist Lissagaray, fügte aber resignierend hinzu: »In Wirklichkeit erhielten diese Unglücklichen, mit Renten Bedachten nicht mehr als 50 Franken von der Kommune.« Am 20. April wurde im Zuge der sozialen Reformen, für die der Ungar Frankel verantwortlich zeichnete, ein Gesetz angenommen, das das Einkommen aller Regierungsbeamten auf 6000 Franken im Jahr fixierte, es sollte dem eines Arbeiters entsprechen. Lenin pries das Einkommen-Gesetz, weil es den »endgültigen Bruch zwischen einer bourgeoisen und einer proletarischen Demokratie« vollzog.

Gleichfalls an diesem ergiebigen Verhandlungstag wurde das Dekret über die Trennung von Staat und Kirche verfügt, eine Maßnahme, über die sich alle Delegierten einig waren. Denn der Haß auf den Klerus hielt sie zusammen.

Am 16. April legten der Delegierte Frankel und seine Initiativkommission einen großen Plan über die »Nationalisierung aller Werkstätten« vor. Der Entwurf wurde zum Edikt erhoben. Im Artikel 2 heißt es konsequent und summarisch: »Die Kommune von Paris, in Erwägung, daß eine Anzahl von Werkstätten von ihren Leitern verlassen wurden (im April und Mai verließen etwa 350 000 Bewohner Paris, um sich unter den Schutz der Versailler Regierung oder der deutschen Besatzungstruppen zu stellen), um sich den Bürgerpflichten zu entziehen und ohne sich um die Interessen der Arbeiter zu kümmern; in Erwägung, daß infolge dieser feigen Flucht zahlreiche für die Kommune lebenswichtige Arbeiten unterbrochen worden sind und die Existenz der Arbeiter auf dem Spiele steht, verordnet: die Arbeitersyndikatskammern werden zusammenberufen, um einen Untersuchungsausschuß einzusetzen.«

Diese Untersuchungskommission sollte feststellen, welche Betriebe herrenlos waren, unter welchen Bedingungen die sofortige Inbetriebnahme der verlassenen Fabriken möglich sein konnte, und welche Unternehmen von sogenannten »Arbeitergenossenschaften« übernommen werden sollten. In der tatsächlichen Anwendung dieses Gesetzes wäre es zu einer »Expropriation der Expropriateure« gekommen, stellte Lissagaray mit Genugtuung fest. »Das Gesetz über die verlassenen Werkstätten gab der seit Jahrhunderten enterbten Masse das aus ihrer Arbeit erworbene Eigentum zurück.« Der rasante Verlauf der Kämpfe im Mai ließ es auch dazu nicht mehr kommen, aber – so versucht Lissagaray sich und die Nachwelt zu trösten – »es gab wenigstens eine Vorstellung von den Forderungen der Arbeiter«.

Die Lawine der angekündigten sozialen und gesellschaftlichen Reformen riß noch andere Stützpfeiler der kapitalistischen Ausbeutermethoden in den Sog des weltverändernden Eifers der unermüdlichen Streiter an der »Papierfront«. So verbot die Kommune am 27. April in einem Erlaß die Nachtarbeit in den Bäckereien, über die sich die Gesellen seit Jahren bitter beklagt hatten. Am 28. erließ sie ein Dekret, das die Abschaffung der willkürlichen Geldstrafen in Form von Lohnabzügen anordnete, mit denen bisher jeder Fabrikant seine Arbeiter belegen konnte und sie dadurch in der Hand hatte, sie praktisch zu »Lohnsklaven« erniedrigte.

Lauter gute Beschlüsse, wenn sie nur befolgt worden wären! Gleichzeitig wurde die Liquidierung des Pfandhauses verfügt.

Durch diese Maßnahme sollten die Verarmten von ihrer Abhängigkeit von Ausbeutern und Wucherern befreit werden. Ein Arbeitsprogramm, das zur Verwirklichung Jahre kontinuierlicher Tätigkeit erfordert hätte, wenn es aus dem Status nascendi in den der Realisierung umgesetzt werden sollte.

Sogar die Prostitution, die während der ersten Belagerung geschäftsmäßig betrieben wurde, sollte abgeschafft werden. Dabei ging jedes Arrondissement nach eigenem Ermessen vor. So spottete denn der Oberst Stanley: »Es ist höchst spaßig, daß das 1. Arrondissement die Frauen in den Häusern verbietet und das 2. die Frauen auf den Straßen. Ich vermute daher, daß die Frauen in dem einen Stadtteil schlafen und im anderen auf den Strich gehen.«

Aber man griff energisch durch. Als Lissagaray einem Besucher aus der Provinz das kämpfende Paris und die Errungenschaften der Kommune zeigte, traf er auf eine Gruppe von Stabsoffizieren, die auf der Straße mit aufgetakelten Kokotten schäkerten. Die Offiziere wurden von einer Streife festgenommen und unverzüglich an die Front geschickt. Die Dirnen wurden zum Barrikadenbau abkommandiert.

Um die verschiedenen Delegationen (Auswärtige Beziehungen, Unterrichtswesen, Arbeit und Handel, Finanzen) in ihrer Tätigkeit zu überwachen, setzte der Rat der Kommune eine übergeordnete, zentrale Abrechnungskommission ein. Wer bei Unterschlagung oder Erpressung ertappt wurde, hatte mit der Todesstrafe zu rechnen. Aber alle Delegationen blieben im Grunde machtlos und erschöpften sich in Scheingefechten, in vergeblichen Bemühungen, den bürgerlichen Machtapparat in die Hand zu bekommen.

Zwei Monate besaßen sie die Schlüssel zu den Geheimarchiven des Bürgertums mit allen Unterlagen seit 1789, aber sie rührten sie nicht an.

»Die Delegierten schliefen neben ihren Schätzen«, bemerkt Lissagaray bitter, und er resümiert: »Man hätte vor den Augen des Volkes die innere Geschichte der Revolution, des Direktoriums, des ersten Kaiserreichs, der Julimonarchie, des Jahres 1848, Napoleons III. darlegen können. Man hätte nur diese Aktenstücke, so wie sie waren, zu veröffentlichen brauchen.«

Am 19. April, während bereits die heftigsten Kämpfe um Neuilly und Asnières tobten und Dombrowski fast ohne Reserven und Nachschub seine vorgeschobene Position gegen die Versailler zu halten versuchte, während der intrigante Félix Pyat die sofortige Zerstörung der Vendôme-Säule forderte und sich das Zentralkomitee wegen dieses Projekts mit der Kommune herumschlug –, am 19. April entschloß sich der Rat von Paris endlich zu einer Proklamation, die in riesigen Plakaten an die Mauern geklebt wurde und in einzelnen halbverkohlten und vom Feuersturm zerfetzten Exemplaren sogar noch das Ende der Kommune überdauerte. Es existiert ein Foto von einer der letzten Barrikaden in Belleville, das hinter den Kämpfern an einer rußgeschwärzten Wand die Parolen dieses »Manifestes der Kommune« zeigt. Wie ein Menetekel, auf eine überdimensionale Filmleinwand projiziert, die die surreale Wirklichkeit eines unerfüllbaren Traumes in das düstere Geschehen einblendet, so erscheinen die verstümmelten Sätze dieses Testamentes der Kommune.

Der Schriftsteller Vallès hatte es dem Rat vorgelegt, nachdem es ein gewisser Pierre Denis, Anhänger Proudhons, verfaßt hatte, und Delescluze als einziges Mitglied der Kommission, die das Programm ausarbeiten sollte, einige Sätze hinzugefügt hatte.

»Ein trauriges und charakteristisches Symptom«, kommentierte Lissagaray diese beschämende Nachlässigkeit. Während der Rat vorgab, für *ganz* Frankreich zu kämpfen, während die Nationalgarde in miserabel organisierten und dilettantisch ausgeführten Gefechten mit dem immer stärker werdenden Gegner verblutete und trotz Dombrowskis kühnem Einsatz in die Defensive gedrängt wurde, diskutierte man im Stadthaus Courbets und Pyats hybriden Antrag, den Kapitalismus und die Ausbeutergesellschaft, den Militarismus und die monarchistischen Generäle durch die Vernichtung der Vendôme-Säule »symbolisch« zu treffen. So sahen die Scheinsiege der Salon-Revolutionäre aus!

Das Manifest, das in absentia der verantwortlichen Funktionäre in einer merkwürdigen Klausur ausgebrütet wurde, ließ in vagen Umrissen ein phantastisches politisches Konzept erkennen. Es war in der Einschätzung der wahren Lage, der hoffnungslosen Isolierung von Paris – in der Provinz hatte die Kommune kapituliert und nicht einen einzigen Stützpunkt gehalten –, absolut unrealistisch. Es war eine prahlerische Epistel, eine patriotische Ode, eine reine Dichtung:

»Was verlangt Paris? Die Anerkennung und Festigung der Republik. Die absolute Autonomie der Kommune, auf alle Orte Frankreichs ausgedehnt. Die unveräußerlichen Rechte der Kommune sind: Die Kontrolle des Gemeindebudgets; die Festsetzung und Verteilung der Steuern; die Leitung der öffentlichen Angelegenheiten; die Organisation der Verwaltung, der Polizei und des Unterrichts; die Administration des Gemeindebesitzes; die Wahl des Stadtrats und der kommunalen Funktionäre sowie das Recht auf ihre Kontrolle; die absolute Garantie der persönlichen Freiheit, der Gewissensfreiheit und der Arbeitsfreiheit; die Organisation der städtischen Verteidigung und der Nationalgarde. Allein die Kommune ist zuständig für die Überwachung und Sicherung des Rechts der Versammlungs- und Pressefreiheit.

Paris will nur dies: unter der Bedingung, in der großen zentralen Verwaltung – den Delegationen der föderierten Kommunen des Landes – die Verwirklichung und die Praxis der gleichen Prinzipien wiederzufinden.«

Die Kommune machte sich erneut zur Sprecherin für ganz Frankreich, einem Frankreich, zu dem sie keinen Zugang mehr hatte und das für sie unerreichbar geworden war wie ein Fixstern in einem Jahrmillionen entfernten Planetensystem. Aber die Proklamation verstieg sich in noch höhere Träume, als sie erklärte: »Die Einheit, wie sie uns bis zu diesem Tag vom Kaiserreich, von der Monarchie und vom Parlamentarismus aufgezwungen wurde, war nur ein despotischer und unintelligenter Zentralismus. Die politische Einheit, wie sie Paris will, ist die freiwillige Vereinigung aller lokalen Interessen und Initiativen. Paris arbeitet und leidet für ganz Frankreich, dem es durch seine Kämpfe und Opfer die geistige, moralische, verwaltungsmäßige und wirtschaftliche Erneuerung bringt. Die kommunale Revolution, begonnen durch die Initiative des Volkes am 18. März, schafft eine neue Ära der Geschichte: experimentell, positiv und wissenschaftlich. Sie ist das Ende der alten staatlichen und klerikalen Welt, der Welt des Militarismus, Monopolismus und der Privilegien, denen das Proletariat seine Knechtschaft verdankt und die Nation ihre Leiden und Katastrophen.«

Man war sich einig unter den Internationalisten und Jakobinern, unter den Gemäßigten und Extremisten im gemeinsamen Haß auf den Klerikalismus der Priester und den Militarismus der Generäle, aber man konnte diesen Haß nicht differenzieren. Man war sich uneinig in der Aufgabe der Provinz im Verhältnis zur Zentrale Paris. War man sich wenigstens zu dieser Stunde einig, daß diese Probleme Hirngespinste, Phantasmagorien werden mußten, wenn es allein noch um Überleben ging? Auch über diese tatsächliche Todesgefahr der Kommune bestand keine einheitliche Vorstellung, auch in diesem Drehpunkt der Existenz gab man sich Illusionen, pathetischen Selbsttäuschungen hin. Die ohnmächtige Spaltung der Kommune in einander feindlich gesinnte Fraktionen illustriert der Ausruf des Internationalisten Rastoul, als das Manifest verkündet wurde: »Das ist das Leichengebet des Jakobinismus, ausgesprochen von einem seiner Führer!«

»Es war mehr das Leichengebet der Schwächlinge«, ergänzt der kritische und doch der Kommune treu ergebene Chronist Lissagaray diese »comédie noire«.

In seinem berühmten Brief vom 12. April 1871 zieht Karl Marx ein erstes Fazit der Ereignisse, wiederholt noch einmal seine Theorie aus dem »Achtzehnten Brumaire« über die Zerschlagung des Militärapparates, die die »Vorbedingung jeder wirklichen Volksrevolution« darstellt und nicht mehr die Übernahme der bürokratisch-militärischen Maschinerie durch das Proletariat vorsieht.

Marx resümiert: »Welche Elastizität, welche historische Initiative, welche Aufopferungsfähigkeit in diesen Parisern! Nach sechsmonatiger Aushungerung und Verruinierung durch inneren Verrat noch mehr als durch den auswärtigen Feind, erheben sie sich, unter preußischen Bajonetten, als ob nie ein Krieg zwischen Frankreich und Deutschland existiert habe und der Feind nicht noch vor den Toren von Paris steht! Die Geschichte hat kein ähnliches Beispiel ähnlicher Größe! Wenn sie unterliegen, so ist nichts daran schuld als ihre Gutmütigkeit. Es galt gleich nach Versailles zu marschieren, nachdem erst Vinoy, dann der reaktionäre Teil der Pariser Nationalgarde selbst das Feld geräumt hatte. Der richtige Moment wurde versäumt aus Gewissensskrupel. Man wollte den *Bürgerkrieg* nicht *eröffnen*, als ob der »mischievous avorton« Thiers den Bürgerkrieg nicht mit seinem Entwaffnungsversuch von Paris bereits eröffnet hätte! Zweiter Fehler: Das Zentralkomitee gab seine Macht zu früh auf, um der Kommune Platz zu machen. Wieder aus zu »ehrenhafter« Skrupulosität! Wie dem auch sei, diese jetzige Erhebung von Paris – wenn auch unterliegend vor den Wölfen, Schweinen und gemeinen Hunden der alten Gesellschaft – ist die glorreichste Tat unserer Partei seit der Pariser Juniinsurrektion. Man vergleiche mit diesen Himmelsstürmern von Paris die Himmelssklaven des deutsch-preußischen Heiligen Römischen Reiches mit seinen posthumen Maskeraden, duftend nach Kaserne, Kirche, Krautjunkertum und vor allem Philistertum.«

Lenin hat die Selbstkorrektur der Schmähungen, die Marx in seinem Dezemberbrief des Jahres 1868 ausgestoßen hatte, honoriert, als er 1870 in seinem Vorwort zur russischen Ausgabe der »Briefe an Kugelmann« den Verfasser für seine Prognose lobt. Er schreibt: »Marx nannte im September 1870 den Aufstand eine Torheit. Als sich aber die *Massen* erhoben, will Marx mit ihnen marschieren, mit ihnen zusammen im Kampfe lernen ... Er begreift, daß ein Versuch, im voraus die Chancen mit *absoluter Präzision* zu bestimmen, entweder Scharlatanerie oder hoffnungslose Pedanterie wäre. *Über alles* stellt er die Tatsache, daß die Arbeiterklasse heldenmütig, aufopferungsvoll, initiativ Weltgeschichte *macht*. Marx betrachtete die Geschichte vom Standpunkt derer, die sie *machen*, ohne die Möglichkeit zu haben, die Chancen *unfehlbar* im voraus zu berechnen, nicht aber vom Standpunkt des spießerhaften Intellektuellen, der da moralisiert ... Marx erkannte auch, daß es Augenblicke in der Geschichte gibt, wo ein verzweifelter Kampf der *Massen* sogar für eine aussichtslose Sache *notwendig* ist für die weitere Erziehung dieser Massen und ihre Vorbereitung zum *nächsten* Kampf.«

Damit war das Experiment für die gesamte Geschichtsschreibung der kommunistischen Nachwelt postum sanktioniert. Alle Interpretationen aus dem linken Lager lagen fortan auf dieser Linie, basierten auf der Analyse von Marx und Lenin. Eine mythenfreie marxistische Deutung konnte unter diesem Aspekt nicht mehr entstehen. Es blieb bei der »Heiligsprechung« des von vornherein verfehlten Unternehmens, dessen Fakten und Phasen wir nachzuzeichnen versuchen, frei von jeder beckmesserischen Verurteilung, frei auch von Moralismus und Ressentiment, soweit das in der Macht des Zeitgenossen steht, der nicht über das Engagement der Zeugenschaft, des Beteiligten, des Leidenden verfügt. Aber dafür haben wir solche extrem gegensätzliche Stimmen wie die eines Lissagaray oder eines Goncourt. Aus diesem Zusammenklang entsteht das sinfonische Gebilde dieses Monstrekonzertes, dem wir zuhören müssen, wenn ein Abglanz der Wahrheit uns bewegen soll.

Aber kehren wir zur Front zurück, wo sich nun alle Offensivbewegungen des »mischievous avorton« auf das Fort Issy konzentrieren, dessen schicksalsentscheidende Bedeutung auch der neue Kriegsminister Rossel und der Oberkommandierende der Südfront, General Walery Wroblewski, erkannt hatten.

Am 27. April hatten sich die Angreifer bis auf 300 Meter an das völlig zerschossene Fort Issy herangearbeitet, in dessen Kasematten 500 kaum versorgte Verwundete auf ihren Tod warteten. Lissagaray schilderte den Zustand dieser schon während der ersten Belagerung von den preußischen Kanonen schwer angeschlagenen Bastion: »Es war kein Fort mehr, kaum noch eine befestigte Stellung; ein Haufen Erde und Schutt, von Granaten zerwühlt. Durch die zerschmetterten Kasematten blickte die Landschaft, und die Pulvermagazine lagen offen; die halbe Bastion Nr. 3 lag im Graben; man hätte mit einem Wagen durch die Bresche fahren können.«

Die Verwundeten konnten nicht abtransportiert werden. »Immer die alte Geschichte – unter vierzig Operierten kommt kaum einer davon. Trinken, trinken, trinken ... Wenn sie alle Ruhe und Lebenskraft brauchen, die sie besitzen, um dem Schlag zu widerstehen, bieten sie nichts als einen fieberhaft erschöpften Zustand des Blutes.«

Dennoch bestand Cluseret auf der Verteidigung, ohne dem Kommandanten Mégy die geforderten Verstärkungen zu schikken. Am 30. April brach der Widerstand der dezimierten Verteidiger zusammen. Mégy gab Befehl, die Geschütze zu vernageln, und räumte Issy.

Damit war auch das Schicksal des Kriegsministers Cluseret besiegelt, obgleich er auf die bestürzende Nachricht hin sofort 200 Mann zufällig anwesender Gardisten zusammenraffte und mit diesem Todeskommando selbst nach Issy marschierte. Er fand das Fort verlassen. Die Belagerer hatten noch gar nicht bemerkt, daß es geräumt war. Auf einem Faß Schießpulver saß ein Kommunarden-Junge von 16 Jahren und war gerade im Begriff, sich mit dem Fort in die Luft zu sprengen. Das »Wunder« von Issy konnte Cluserets Position im Stadthaus jedoch nicht mehr retten. Als er, fast schon beruhigt und zuversichtlich, dem Rat Bericht von seinem unvermuteten Erfolg erstatten wollte, wurde er bereits vor der Tür des Konferenzsaales von dem Delegierten Pindy mit den Worten erwartet: »Mon cher ami, ich habe eine sehr traurige Aufgabe zu erfüllen, ich bin gezwungen, Sie zu verhaften.« Auch Cluserets Stern am Kommune-Himmel war damit erloschen. Er wurde später wieder freigelassen, aber erhielt keine führende Funktion mehr.

Der neue Mann hieß Louis Rossel, der ehemalige Hauptmann in Bazaines Metz-Armee, aus der Rossel während der Kapitulationsverhandlungen, als Bauer verkleidet, entwichen war und sich zu Gambettas Entsatz-Armee durchgeschlagen hatte. Gambetta war von dem militärischen Genie und dem Elan des 26-jährigen Offiziers sofort bezaubert, er beförderte diesen »seltsamen, stolzen jungen Mann mit dem spärlichen schwarzen Schnurrbart und durchdringenden Blick« zum Oberst. Von Rossel stammt das heroische Bonmot, daß »eine Verteidigung bis zum Tode einem Volke nie schaden kann«. Er war entschlossen, aus dem Fort Issy ein zweites Thermopylae zu machen.

So gab er dem 34jährigen polnischen Emigrantengeneral Walery Wroblewski plein pouvoir. Gleichzeitig versuchte er, die überall verstreut umherliegenden, nicht gewarteten und total verwahrlosten 1100 Geschütze in einem Artilleriepark zusammenfassen und instand setzen zu lassen. Um den Fall der wichtigsten Befestigungen, wie eben Issy und das benachbarte Vanves, zu verhüten, entwickelte Rossel einen Plan, die verzettelten Kräfte der Kommune in »Kampfgruppen« zu sammeln, die schnell beweglich und jederzeit einsatzfähig sein sollten. Jede Einheit sollte aus 5 Bataillonen bestehen und, mit 40 Geschützen ausgestattet, unter Führung eines Obersten stehen.

Energische Maßnahmen, die immer wieder durch den sektiererischen Charakter des Bürgerkriegs im Bürgerkrieg, den das offiziell entmachtete Zentralkomitee mit dem Rat in der Rivalität um die Befehlsgewalt über die Nationalgarde führte, zunichte gemacht wurden.

Bezeichnend für dieses Tauziehen um die Macht über das unglückliche Volk von Paris ist ein Ausspruch Lissagarays: »In diesem Konzert ohne Kapellmeister spielte jeder Musikant, was ihm gefiel, so daß die Partituren durcheinandergerieten.«

Rossel sah sich einer unlösbaren Aufgabe gegenüber, aber wie Sisyphos stemmte er sich gegen den Felsblock, der ihn mit der Kommune in den Abgrund reißen sollte. Seine Strenge schuf ihm Feinde, machte ihn in dem allgemeinen Schlendrian, mit dem man militärische Probleme behandelte, bei den eigenwilligen Führern der zahlreichen »Privatarmeen«, bei den Anarchisten, die den Ungehorsam als höchste moralische Tugend fast zu einer Institution ausgebildet hatten, aber auch im argwöhnischen Zentralkomitee und bei den Räten verhaßt. Sie witterten in dem ehemals kaiserlichen Offizier einen machthungrigen Despoten, der nur auf seine Stunde zu warten schien, um die Militärdiktatur auszurufen.

Der Chronist der Kommune Maxime Vuillaume war Zeuge eines Auftritts im Kriegsministerium, den er so schilderte: »Rossel ging zum Fenster, wies auf eine Gruppe von Offizieren des Komitees, die unten laut gestikulierten und debattierten, und sich an uns wendend, stieß er kaltblickend zwischen den Zähnen hervor: Wenn ich sie doch erschießen könnte, jetzt, da unten im Hof.«

Auch Rossel konnte den Fall von Issy und Vanves nicht verhindern, aber aufschieben. Das war das Äußerste, was er unter den gegebenen Umständen erreichen konnte.

Vorher müssen wir aber zurückblenden auf die Verwalter der Macht im Stadthaus. Die Panik, die der drohende Verlust von Issy ausgelöst hatte, erforderte neue Exekutivmaßnahmen. Auf Antrag des Jakobiners Miot, »einem der schlimmsten Schwätzer von 1848«, beschloß man die Errichtung eines »Wohlfahrtsausschusses«, der über allen Kommissionen, auch der Militärkommission natürlich, stehen sollte und dem somit die absolute Macht, praktisch die Ablösung der Kommune durch den Terror, eingedenk der Großen Revolution, zufallen würde. Die »Romantiker«, wie Lissagaray die Befürworter dieser »Parodie der Vergangenheit« nannte, besaßen ja die Majorität, und so peitschten sie ihren Antrag mit 45 gegen 23 Stimmen durch. Miot fungierte als Wortführer und Pyat als Drahtzieher und Initiator. Die Gegner dieses unheilvollen Planes wollten zwar ebenfalls eine starke zentrale Kommission, aber keine »revolutionäre Imitation«.

Aber Pyat beharrte in dem falschen und heuchlerischen Pathos des Tribunats, zu dem er sich berufen fühlte, auf dem Namen »Wohlfahrtsausschuß«: »Ich stimme dafür, denn das Wort ›Öffentliche Wohlfahrt‹ stammt aus genau derselben Epoche wie die Französische Republik und Kommune von Paris.« Männer wie Tridon, Vermorel und Longuet, der künftige Schwiegersohn von Marx, stimmten dagegen, und zwar mit der einleuchtenden Begründung, daß dieser zentrale Ausschuß unter den bestehenden Verhältnissen zu einer Diktatur führen müsse, allerdings im Gegensatz zu der von Rossels Freunden geplanten militärischen zu einer proletarischen Diktatur.

Natürlich wurde der unvermeidliche Pyat in diesen ominösen und die Kommune tödlich entzweienden Ausschuß gewählt, außerdem der tüchtige Ranvier, und Arnaud, Meillet, Gérardin. Abgesehen von dem ehrlichen und gütigen Ranvier, war diese Gruppe dem Anstifter Pyat treu ergeben.

Lissagaray beschreibt diese skandalöse Sitzung vom 1. Mai 1871, die auch die militärische Lage entschied und Rossel deutlich die Gefahr für seine Pläne und sein Leben signalisierte:

»Die Diskussionen spitzten sich zu. Félix Pyat verwandelte sie in Angriffe. Delescluze sprach immer nur für die Einheit, die Eintracht. Der andere hätte die Kommune lieber tot gesehen, als von jemandem gerettet, den er haßte. Und er haßte jeden, der über seinen Wahnsinn lachte. Es machte ihm wenig aus, den Rat in Verruf zu bringen und die Besten mit Schmutz zu bewerfen, wenn nur sein Hochmut gerächt wurde. Er konnte frech lügen, in niederträchtiger Weise verleumden, einen Kollegen begeifern und dann plötzlich gerührt die Arme ausbreiten: ›Komm, umarmen wir uns!‹ Jetzt beschuldigte er Vermorel, er habe seine Zeitung dem Kaiserreich verkauft, nachdem er sie den Orléanisten angeboten hatte. Man sah ihn nie im Feuer der Vorposten, er trieb sich immer in den Korridoren, in den Kommissionen herum, bald schmeichelnd und scherzend, ein wahrer Barrère der Kulissen, bald schäumend, bald patriarchalisch. ›Die Kommune! Sie ist ja mein Kind! Ich habe sie zwanzig Jahre lang gehütet, ich habe sie genährt, gewiegt!‹ Wenn man ihn hörte, so verdankte man ihm den 18. März.«

Der 1. Mai ist aus mehr als einem Grund ein für die Arbeiterschaft historischer und schicksalshafter Tag, denn an ihm vollzog sich die endgültige Spaltung der Kommune in eine Majorität und eine Minorität, ein Datum, das eine Vorform der unglückseligen Zerrissenheit des Proletariats in spätere Kommunisten und Sozialisten vorwegakzentuiert. Traute Feigl, die Herausgeberin des ins Deutsche übersetzten Werkes von Lissagaray, analysiert in einem Kommentar die Situation sehr anschaulich und unwiderlegbar:

»Die *Mehrheit* bestand aus kleinbürgerlichen Demokraten, den Neo-Jakobinern, die für die Erhaltung des kleinen Eigentums und für die ›Beschränkung‹ des Großkapitals eintraten (Delescluze, Pyat, Gambon u. a.) und aus Blanquisten (Vaillant, Grousset, Rigault, Tridon, Eudes u. a.), die die Bedeutung der sozial-ökonomischen Maßnahmen nicht begriffen und für die Diktatur eines Häufleins von Revolutionären eintraten. Vom ersten Tage des Bestehens der Pariser Kommune an wurde zwischen der Mehrheit und der Minderheit ein scharfer Kampf in allen politischen Fragen geführt.«

Die Minderheit charakterisiert Frau Feigl ebenso summarisch, aber präzise:

»Zur *Minderheit* (etwa 25 Mitglieder) gehörten die rechten Proudhonisten, die die Notwendigkeit des politischen Kampfes und der Diktatur des Proletariats leugneten, und die linken Proudhonisten, die den politischen Kampf anerkannten und sich für das gesellschaftliche Eigentum an den Produktionsmitteln aussprachen.«

Die rechten Proudhonisten bildeten den Kern der Pariser Sektion der Internationale, der verhandlungsbereiten Gruppe, die ihre Bestrebungen dann am 15. Mai in einem »Manifest der Minorität« zusammenfassend erläuterte, eine Erklärung, die die Spaltung der Kommune für alle Welt offenkundig machte, sie zementierte und Thiers und seinen bonapartistischen Hintermännern das Ende der Kommune anzeigte.

Bevor es aber zum militärischen Zusammenbruch an der Südfront kam – die Westfront, an der Dombrowski eine bewegliche Strategie entwickelt hatte mit kleinen heftigen Vorstößen und geschickten Ausfallmanövern, blieb ja im wesentlichen bis zum 21. Mai, also bis zum Tage des Durchbruchs der Regierungstruppen an der »weichen Stelle«, der Nahtstelle der beiden Fronten am Point-du-Jour, stabil und intakt; General Dombrowski hielt nach wie vor in seinem zerschossenen Hauptquartier stand, wenn auch seine Adjutanten und Ordonnanzoffiziere wöchentlich mehrmals wechselten, weil sie an seiner Seite fielen –, bevor es im Süden zur Niederlage kam, zieht ein anderes Phänomen unsere Aufmerksamkeit auf sich. Es war der verzweifelte Versuch der Bürgermeister von Paris und der Freimaurer – es gab etwa 10 000 Mitglieder in 55 verschiedenen Logen –, mit Thiers zu einem Kompromiß zu kommen, einen Vergleichsfrieden auszuhandeln. Die Jakobiner – oder auch die »Romantiker« der Revolution, wie sie Lissagaray ironisch nannte – sahen in diesen Bemühungen jedoch einen defätistischen Versuch, die Revolution zu torpedieren und ihre Kampfmaßnahmen zu sabotieren. Sie verhielten sich entsprechend ablehnend und exzentrisch. Ihr revolutionärer Instinkt sagte ihnen, daß man mit Thiers nicht verhandeln konnte, ebensowenig wie dieser ernsthaft daran dachte, mit der Revolution Kompromisse zu schließen. Favres Motto »Mit Mördern verhandelt man nicht!« bestimmte alle Überlegungen in Versailles.

Um dem Blutvergießen ein Ende zu bereiten und die unvermeidliche Katastrophe, die Zerstörung von Paris, abzuwenden, insistierten Bürgermeister und Vertreter der Logen auf ein Gespräch mit Thiers. Zuerst erläuterten sie in einem dringenden Appell an den »mischievous avorton« ihren Standpunkt: »Sie glauben an eine Meuterei, während Sie es mit bestimmten und allgemein anerkannten Überzeugungen zu tun haben. Die ungeheure Mehrheit von Paris fordert die Republik als ein höheres Recht, worüber sich jede Diskussion erübrigt. Paris hat in dem ganzen Verhalten der Versammlung die vorbedachte Absicht der Wiederherstellung der Monarchie gesehen.« Als ob solche eigensinnigen Erklärungen einen halsstarrigen Politiker vom Format eines Thiers zur Revision seiner einmal gefaßten Entschlüsse veranlassen könnten!

Die Vermittler schlossen sich nun zu einer »Republikanischen Union für die Rechte von Paris« zusammen. Thiers ließ sich auf nichts ein und überschüttete die Delegation der »Liga« mit Hohn und Spott:

»Die Aufständischen sollen die Waffen strecken, die Versammlung kann es nicht ... Paris will die Republik ... Die Republik besteht ja, und bei meiner Ehre, solange ich am Ruder bin, soll sie nicht untergehen ... Paris will Munizipalfreiheiten, die Kammer bereitet ein Gesetz für alle Gemeinden vor, Paris soll nicht mehr und nicht weniger haben.« Die Delegierten mußten unverrichteter Dinge nach Paris zurückkehren. Thiers hatte ihre Argumente kaum angehört, ja, er gab sogar Anweisung, keine Vermittler mehr vorzulassen. Er befahl nun rigoros und kategorisch, Paris auszuhungern, was nicht so leicht war, da die Versorgung mit lebenswichtigen Gütern über die neutrale Zone und durch das von den Preußen überwachte Gebiet lief. Dennoch gelang es den Militärbehörden in Versailles immer wieder, Transporte mit Lebensmitteln abzufangen.

Die Freimaurer, die bisher gezögert hatten, sich der Volksbewegung anzuschließen, entschieden sich daraufhin, an der Seite der Kommune in den Kampf zu ziehen. Am 24. April veranstalteten die Logen eine große Kundgebung, in der sie ihre weiße Fahne von Vincennes mit den Standarten der verschiedenen Logen neben dem roten Banner der Kommune vor dem Stadthaus aufpflanzten. Ein Vertreter der Kommune überreichte das Symbol der proletarischen Revolution mit den pathetischen Worten: »Es soll eure Fahne begleiten. Nie wieder werden wir die Hand gegeneinander erheben, sondern nur füreinander, um uns zu umarmen.«

Aber der zermürbende Streit zwischen dem eifersüchtigen Zentralkomitee und dem durch den Auszug der Minorität gelähmten Rat ging weiter, und das angesichts der verzweifelten Lage der für das ganze linke Seineufer unentbehrlichen Forts Issy und Vanves. Rochefort gab mit der schneidenden Ironie, die diesen Eiferer im Wort auszeichnete, einen Zustandsbericht von der Lage, der das ganze Verhängnis grell beleuchtete: »Am Herzen der Kommune nagte das Mißtrauen. Das Stadthaus mißtraute dem Kriegsministerium, Fort Vanves mißtraute Montrouge, und dieses mißtraute Issy. Raoul Rigault mißtraute Oberst Rossel, und Félix Pyat mißtraute mir.«

Rossel, dem die Hände gebunden waren, und der seine Kräfte in immer wieder vergeblichen Versuchen, neue »Kampfgruppen« zur Entlastung der bedrohten Südfront aufzustellen, verzehrte, hielt sich in der Erkenntnis der Nutzlosigkeit seiner Bemühungen seit dem 1. Mai mehr an der Front als im Kriegsministerium auf. Er weckte neuen Mut, wo immer er auftauchte. Als am 1. Mai Marineinfanterie der Versailler das Dorf und die Eisenbahnstation von Clamart stürmten, die die linke Flanke des zerschossenen Forts Issy abschirmten, eroberten Kommunarden unter der fanatischen Führung der Louise Michel und ihrer »Amazonen der Seine« das verlorene Gelände im Gegenstoß zurück, ohne sich allerdings in Clamart halten zu können.

Eine Batterie nach der anderen wurde von den Versaillern ausgeschaltet. Issy wurde das Verdun der Kommune. General Eudes, der von Rossel mit der Verteidigung des Forts beauftragt war, versagte schmählich und verließ die Festung unter einem lächerlichen, aber nicht nachprüfbaren Vorwand. Am 7. Mai hatte das Gemetzel seinen Höhepunkt erreicht. Rossel sah keine andere Chance mehr als einen selbstmörderischen Massenausbruch mit schnell ausgehobenen Reserven, die er vom Rat verlangte. Der »Sicherheitsausschuß« hatte inzwischen – ohne Wissen Rossels – General Dombrowski das Kommando über alle verfügbaren Truppen erteilt. Rossel behielt zwar das Kriegsministerium, sollte aber nicht mehr in die Kampfhandlungen eingreifen können und wurde somit kaltgestellt. Da sich Dombrowski und Rossel in der Beurteilung der Situation einig und außerdem befreundet waren, verständigten sie sich schnell über die erforderlichen Maßnahmen, daß »es nur eine Chance gab, um die militärische Lage zu verbessern, die sehr bedrohlich geworden war: Man mußte mit den Truppen, wie sie eben waren, überraschend die Offensive ergreifen, um das Fortschreiten des Angriffs zu unterbrechen, indem man dem Feind ernsthafte Furcht einflößte.« Zur Abschreckung der um sich greifenden Disziplinlosigkeit, die durch das Versagen Eudes noch verstärkt wurde, befahl Rossel drakonische Maßnahmen: »Deserteure und solche, die hinten bleiben, müssen von der Kavallerie niedergesäbelt werden; wenn es viele sind, werden sie kanoniert!«

Diese Maßnahmen eines »totalen Krieges«, wie sie uns in ihrer schrecklichen Hybris aus der letzten Phase des Zweiten Weltkriegs erinnerlich sind, konnten keine Wende mehr herbeiführen. Sie waren Rossels letzter Appell. Da die Reserven nicht eintrafen, ja ihre Aufstellung vom »Sicherheitsausschuß« verhindert wurde und Rossel seinen Angriffsplan sabotiert sah, entschloß er sich am folgenden Tag, dem 8. Mai, zum Rücktritt. Er diktierte seine Demission: »Bürger, Mitglieder der Kommune! Ich fühle mich unfähig, weiterhin die Verantwortung für ein Kommando zu tragen, über das jeder redet und dem niemand gehorcht ... Die Kommune diskutiert und hat nichts beschlossen ... Das Zentralkomitee diskutiert und ist bis jetzt nicht imstande gewesen zu handeln ... Während dieser Verzögerung hat der Feind Fort Issy durch gewagte, unverschämte Attacken umzingelt, für die ich ihn strafen würde, wenn ich die kleinste militärische Macht zur Verfügung hätte ... Da der Artillerieausschuß eine Null war, verhinderte er die Organisation der Artillerie; das Zögern des Zentralkomitees hinderte die Verwaltung; die kleinlichen Beschäftigungen der Bataillonskommandeure lähmten die Mobilisierung der Truppen. Mein Vorgänger beging den Fehler, gegen diese absurde Situation anzukämpfen ... Ich ziehe mich zurück, und ich habe die Ehre, eine Zelle im Mazas von Ihnen zu erbitten.«

Am Tag darauf kapitulierte das umkämpfte Fort. Fünf Tage später fiel auch Vanves, das Wroblewski am 10. Mai in einer mutigen Attacke noch einmal freigekämpft hatte. Im Stadthaus, wo der diskutierende und polemisierende Rat versammelt war – diesmal raufte man sich um die polizeilichen Kompetenzen Rigaults, die dessen Helfershelfer bei jeder Gelegenheit selbstherrlich überschritten –, wußte niemand von der Todesstunde des Forts und seiner Männer, als plötzlich Delescluze in den Konferenzsaal stürzte und die alarmierende Botschaft von Rossel überbrachte: »Sie diskutieren, während soeben gemeldet wird, daß jetzt die Trikolore über Fort Issy weht! Verrat droht uns in nächster Nähe ... Heute will die Nationalgarde nicht mehr kämpfen, und Sie diskutieren Verfahrensfragen. Noch können wir das Vaterland retten, wenn auch wohl nur hinter Barrikaden.« Beschwörend rief der alte Jakobiner aus: »Laßt euren Haß beiseite!«

Aber Pyat wollte nichts anderes als gerade Haß und Mißtrauen. Das Wort »Verrat«, von Delescluze warnend ausgesprochen, war für ihn das Stichwort zu einem neuen Auftritt. Er griff es auf und münzte es auf Rossel. Heuchlerisch rief der Hundsfott und »böse Geist der Revolution«, wie ihn Malon bei dieser Gelegenheit nannte: »Ich habe Sie gewarnt, Bürger, daß er (Rossel) ein Verräter ist, aber Sie wollten mir nicht glauben. Sie sind jung, im Gegensatz zu unseren Herren vom Konvent sind *Sie* nicht imstande, sich vor einer Militärherrschaft zu hüten.«

Rossel sollte sich vor einem Kriegsgericht verantworten, weil er die Meldung von der Kapitulation des Forts Issy ohne Auftrag der Kommune in 10 000 Exemplaren verbreitet hatte. Delescluze und Avrial sollten die Verhaftung vornehmen. Es kam nicht mehr dazu. Denn Rossel wurde rechtzeitig gewarnt, sprang in eine bereitstehende Kutsche und verschwand. Erst nach dem Zusammenbruch der Kommune konnte ihn ein Polizeikommando der Versailler aufspüren und stellen. Der strahlendste Stern der Revolution endete mit zwei Gefährten, die, wie er, an einen Pfahl gebunden wurden, auf dem Manöverfeld von Satory unter den Schüssen eines Pelotons. Es waren Truppen jener Armee, von der er sich voll Verachtung getrennt hatte.

Mac Mahons Truppen hatten nun die Südfront auf breiter Linie durchbrochen und waren im Marsch auf die Seine. Nur die links an Vanves anschließenden Forts Montrouge, Bicêtre und Ivry konnten von Brunel und seiner beweglichen Kampfführung noch bis zum 25. Mai gehalten werden. Aber da tobte bereits seit vier Tagen der Häuserkampf in den Straßen des brennenden Paris.

Auf die Episode Rossel folgte das Intermezzo Delescluze. Obwohl körperlich gebrochen, dem Tode nah, fast ohne Stimme, die nur noch ein hohles Krächzen war, übernahm der lungenkranke »König Jacobin« nun die militärische Führung des Aufstands. Gleichzeitig beauftragte ihn der Rat mit der Neubildung des »Sicherheitsausschusses«, aus dem der niederträchtige Pyat endlich entfernt worden war. Mit Delescluze übernahm man symbolisch die Traditionen von 1793. In ihrem Geist datierte nun der Ausschuß alle Erlasse und Verfügungen unter dem Datum des alten Revolutionskalenders »Floreal 79«. Ein Akt, der in dieser Stunde der Verzweiflung lächerlich genug war, aber es war eine erhabene Lächerlichkeit im Angesicht des sicheren Todes.

Am »15. Floreal«, also am 15. Mai, verkündete der »Sicherheitsausschuß«, daß er alle Macht von der Kommune übernommen hätte. Der mächtigste Mann neben Delescluze und sein blutiger Schatten war nun der »Procureur« Rigault.

Am gleichen Tage trennte sich die Minorität der Internationalisten endgültig von der Kommune und gab ihr »Manifest« heraus, in dem es anklägerisch hieß:

»Die Kommune hat ihre Macht in die Hände einer Diktatur gelegt, die sich den Namen »Wohlfahrtsausschuß« (Sicherheitsausschuß) gegeben hat. Die Majorität hat sich durch ihre Abstimmung für unverantwortlich erklärt. Die Minorität dagegen stellt ausdrücklich fest, daß die Kommune es der revolutionären Bewegung schuldig ist, alle Verantwortung zu übernehmen. Was uns betrifft, so fordern wir das Recht, allein für unsere Taten einzustehen.«

Aber es fand sich kein Sisyphos-Rossel mehr, der bereit war, seinen Kopf hinzuhalten. Delescluze war zu schwach, um sich mit Erfolg gegen den talwärts rollenden Felsblock zu stemmen, der die Kommune in den Abgrund riß. Und Dombrowski kämpfte, vom Stadthaus unerreichbar, immer noch in den Ruinen von Neuilly, an die er sich geklammert hatte. Er hielt immer noch die Westfront von seinem zerschossenen Hauptquartier Le Muette aus, ein slawischer Fatalist, ergeben seinen Tod erwartend, der unausweichlich war.

Vermorel, Longuet, Varlin, die fähigsten Delegierten der Kommissionen, waren kaltgestellt und aus ihren Ausschüssen entfernt worden. Die Revolution verschlang, blind für die Folgen, Zug um Zug ihre treuesten Kinder.

Die Kommune sollte sich nun mit einem großen Schauspiel von der Bühne der Geschichte verabschieden. Der »Festakt« der Zerstörung der verhaßten Vendôme-Säule, dem Statussymbol des Bonapartismus, am 12. April als Erlaß vom Rat verabschiedet, sollte am 16. Mai zum zweiten großen Volksfest der Kommune werden, ebenbürtig dem glanzvollen Auftritt, als am 28. März die Proklamation verkündet wurde. Courbet war der Initiator dieses Spektakels der Ohnmacht. Denn was an der Front nicht erreicht werden konnte: der Sieg über die Vergangenheit, der Triumph der Revolution, der Beginn einer neuen Zeit, die mit dem »15. Floreal« eingeleitet werden sollte, das mußte nun fünf Minuten vor zwölf, fünf Tage vor dem Einmarsch der Versailler, hier demonstriert werden.

Noch einmal wollte die Kommune dem Volk von Paris und ihren Widersachern zeigen, daß sie nicht ans Sterben dachte. Besondere »Einladungskarten« wurden gedruckt, Musik und Fahnen aufgeboten, um die Menge in Feststimmung zu versetzen. Dann konnte das Schauspiel beginnen, die Abschiedsvorstellung bei hellstem Sonnenschein. Ingenieure hatten Seile an Ankerwinden um die Spitze der Säule geschlungen, und unter dem Klang der »Marseillaise«, dem Jubel der besessen schreienden Volksmenge begann der »Festakt«: die Demontage des 46 Meter hohen Ärgernisses. Zuerst klappte es nicht. Einige Männer wurden verletzt, als das Seil nachgab, aber nicht die massive Säule mit dem kaiserlichen, lorbeerbekränzten Standbild, dem Ziel der Volkswut. Schon brüllten Ungeduldige — wie schon gehabt — »Verrat«, aber dann begann sich gegen 18 Uhr die gewaltige Säule zu neigen.

»Mit einem mächtigen Krach fiel die Säule auf den Haufen Sandsäcke, die für sie bereitlagen. Es gab keine Erschütterung am Boden, die Säule brach beinahe durch und lag als riesige zertrümmerte Masse auf dem Boden. Ein gewaltiger Staub und Rauch von den Steinen und der zerbröckelten Erde stieg auf, und einen Augenblick später eilte eine Menschenmenge darauf zu, Nationalgardisten, Kommunarden und neugierige Engländer, um Stücke zur Erinnerung zu holen, aber die Erregung war so heftig, daß die Leute wie im Traum umhergingen.«

Es geschah am 16. Mai 1871, am zweiten Tag des »Floreal«. Am Tage danach versammelte sich die Kommune zu ihrer letzten Sitzung – sie wußte es noch nicht, daß dieser geschwätzige Epilog ihr eigenes Leichenbegängnis werden sollte, es herrschte bei den 66 erschienenen Ratsmitgliedern keineswegs Sonnenuntergangsstimmung. Die Kommune, so berichtet der Zeuge Lissagaray, »war nie so zahlreich versammelt gewesen«.

Plötzlich erfüllte ein ungeheurer Donner die Luft und ließ die Erde beben. Die Delegierten stürzten ins Freie. Sie sahen eine riesige Explosionswolke, die sich vulkanisch über dem Champ de Mars entfaltete und langsam, vom Westwind getrieben, über den ganzen Osten von Paris ausbreitete. Sie stand stundenlang über dem Stadtkern.

Aber was war geschehen? Hatten Krupps Mammutgeschütze in den Kampf eingegriffen? Endlich konnten die Delegierten Bruchstücke des Geschehens erfahren. Die Patronenfabrik in der Avenue Rapp und ein angrenzendes Pulvermagazin waren in die Luft geflogen. Fünf große Mietshäuser waren eingestürzt und hatten ihre Bewohner unter den Trümmern begraben. Man sprach von zweihundert Toten, gräßlich verstümmelten Explosionsopfern.

War es ein Racheakt für die Zerstörung der Vendôme-Säule, Sabotage der »fünften Kolonne«? Merkwürdig immerhin, daß die Katastrophe gerade am Tage *nach* diesem provokatorischen Schauspiel der Kommune erfolgte. Merkwürdig und verdächtig, daß die Werksleitung gerade an diesem Abend ihre Arbeiter eine Stunde früher als gewöhnlich nach Hause geschickt hatte. Der Vorgang sollte unaufgeklärt bleiben. Denn Paris mußte sich dringlicheren Problemen des Überlebens zuwenden.

»Das Paris der Kommune hat nur noch drei Tage zu leben; prägen wir seine strahlende Erscheinung unserem Gedächtnis ein.« So beginnt Lissagaray seinen Nekrolog auf das sterbende Paris.

Von dieser »strahlenden Erscheinung am Vorabend des Todes« berichtet der englische Arzt Dr. Powell, der im Hospital Beaujon tätig war und dort unter unglaublichen Verhältnissen, ohne genügend Krankenschwestern, ohne ausreichende Hilfsmittel und Medikamente arbeiten mußte – »Man war gezwungen, Karbolsäure in die Flaschen mit Alkohol zu gießen, der in den Kehlen der Wärter so rasch auf einmal verschwand« –: »Die Pariser sind in ihrem Sonntagsstaat oder gewöhnlichem Morgenanzug ausgegangen und haben interessiert der Errichtung gewaltiger Erdarbeiten oben an der Rue de Rivoli und Rue Royale zugesehen, von wo aus die Geschütze über die Place de la Concorde hinweg auf die einziehenden Truppen fegen sollten; die Fontänen spielten wie immer, da fleißig Wasserschläuche gebraucht wurden, während an den Barrikaden ein lärmender Handel mit Sirop de vanille, mit der entsetzlichen Zeitschrift Le Père-Duchesne und schlüpfrigen illustrierten Satiren über Napoleon, Eugénie und Thiers getrieben wurde ... Und weiter in Richtung der Befestigungen ist hoch in der Luft wieder ein Drache zu sehen.«

Was Edmond de Goncourt, der Verächter des Proletariats, gehässig den Klatschspalten seines berühmten »Journal« über den oppositionellen Dichter und Volkstribunen Victor Hugo anvertraute, mag zutreffen. Es trifft jedenfalls mehr oder weniger für die Mehrzahl der indifferenten bürgerlichen Intellektuellen der spätbonapartistischen Gesellschaft zu, der sich der kämpfende Block der Arbeiter, Handwerker und Emigranten gegenübersah: die Polen Dombrowski, Wroblewski, Kazdanski, Okolowicz, der Ungar Frankel, die Russin Dimitrieff.

Hieß Victor Hugos Gott nach Goncourts Auskunft »Priapus«, so blieb der »Lenker der Schlachten« für das elitäre Denken der übrigen nicht am Kampf Beteiligten anonym. Auch Renoir, der mit der Kommune vorübergehend sympathisierende Manet und sogar der oberflächlich für die Revolution engagierte Verlaine verhielten sich ähnlich indifferent, ignorierten die brisante Situation und steckten, wenn es ans Bekennen und Kämpfen ging, den Kopf in den Sand. Sie suchten allesamt lediglich einen sicheren Schlupfwinkel, in dem sie die Katastrophe unangefochten überdauern und möglichst schnell aus ihr zu ihrem poetischen Idyll zurückkehren konnten. Verlaine »verschanzte« sich hinter seinem Schreibtisch in der Pressezentrale der Kommune, und als die Schlacht näher kam, schloß er sich in seiner Wohnung mit dem attraktiven Hausmädchen ein, das er dann im Donner der Kanonen verführte.

Diese Welt der »künstlichen Paradiese«, eine Scheinwelt, wie die Ereignisse zeigten, war vom Sex und dem Augenblick, der »Impression«, geprägt. Nur so ist zu erklären, daß wenige

Wochen nach dem blutigsten Massaker der französischen Geschichte die bürgerlich-konservativen Künstler erneut ihren »Parnaß« besteigen und die alten Modelle kolportieren konnten. Goncourt formulierte diese Uninteressiertheit der »Elite« an dem revolutionären Geschehen mit lapidaren, aber für diese Geisteshaltung typischen Worten. Seine Tagebuchnotiz trägt das Datum vom 18. März, also ein entscheidendes Datum, an dem die Revolution mit ihrem Sieg über die Truppen Vinoys ihren stürmischen Prolog sprach:

»Die Zeitungen bestätigen heute morgen die Erschießung von Clément Thomas und General Lecomte.

Ein Gefühl der Ermüdung, Franzose zu sein. Der heimliche Wunsch, ein Land zu suchen, wo der Künstler seinen Gedanken in Ruhe nachgehen kann und nicht jeden Augenblick gestört wird durch dumme Aufregungen, durch die verrückten Zukkungen eines zerstörerischen Taumels ...«

Ebenso wie für Zola und andere vom 18. März überraschte Zeitgenossen, ja sogar wie für Karl Marx selbst, waren auch für Goncourt die neuen Machthaber gänzlich unbekannte Bürger. Er ist erstaunt, als er auf den Proklamationen, die auf dem Boulevard Montmartre angeschlagen wurden, die Namen der neuen Regierung liest, und vermerkt spöttisch: »... so unbekannte Namen, daß es einer Mystifikation gleichkommt.«

Am Vorabend der »semaine sanglante« trägt er seine perfide, verleumderische und als Bloßstellung gemeinte Notiz über Victor Hugo in sein »Journal« ein:

»Kuriose Details über den jüngsten Aufenthalt Hugos in Paris, Details, die von Madame Meurice mitgeteilt wurden. Hugo ist der Typ des Sechzigjährigen, der von einem heftigen Priapismus geplagt wird, ein wahrhaft Balzacscher Hulot. Alle Abende verläßt er gegen zehn Uhr das Hotel Rohan, wo er, unter dem Vorwand, sie müsse auf seine Enkelkinder aufpassen, Juliette eingesperrt hat. Dann begibt er sich ins Hotel Meurice, wo ihn ein, zwei, drei Frauen erwarten, gegen die sich im Treppenhaus die verscheuchten Mieter drängen. Diese Frauen waren aus allen Schichten, aus den vornehmsten bis herab zu den schmutzigsten. Und aus dem Fenster gegenüber des Erdgeschosses, wo Hugo sein Zimmer hatte, sah das Hausmädchen der Madame Meurice morgens oder abends, wenn sie im Garten umherschlenderte, die Reste fremdartiger Priapusse. Das schien die große Beschäftigung Hugos während der Belagerung gewesen zu sein.«

Sei es, wie es ist: der Ungeist, aus dem heraus solche Niederschriften entstehen, kann nur Kompromittierung und Brunnenvergiftung bezwecken. Denn selbst ein so fanatischer Anti-Revolutionär und Bonapartist wie Goncourt weiß natürlich, daß es nicht Aufgabe des Chronisten ist, moralische Urteile über seine Zeitgenossen zu fällen, sich zum Sittenrichter aufzuwerfen, noch dazu, wenn man, wie Goncourt, selbst syphilitisch verseucht ist, sondern dem Phänomen der Volkserhebung auf den Grund zu gehen, deren Augenzeuge man ist. Ein »Journal«, das dieser Aufgabe nicht gerecht wird, kann kein Zeugnis der Zeit sein, in der der Chronist steht und der er mit seiner ganzen Existenz konfrontiert wird. Es ist dieser trübe Grund, der uns zwingt, Goncourts »Tagebücher« als Fälschungen der Wahrheit, als gezielte Diffamierungsversuche sozusagen »Kopf nach unten« zu lesen. Wenn wir vom Gegenteil des Geschilderten Kenntnis bekommen – zum Beispiel aus den Augenzeugenberichten des Gerechtigkeitsfanatikers Lissagaray –, ist es leicht, das Lügengespinst zu zerreißen. Dann wird der »veruntreute Himmel« über Paris sichtbar, den die Falschmünzer mit ihrem Phrasengewölk zuzuziehen versuchten.

Goncourts Aufzeichnungen vom 28. März und den folgenden Tagen sind bezeichnende Dokumente, denn sie resümieren schlaglichtartig, in stenogrammatischer Kürze, einfach und lapidar, mit *welchem* Gegner es die Kommune zu tun hatte. Goncourt ist der legitime Sprecher der bonapartistischen Bourgeoisie und ihrer Generale »von Adel«: unversöhnlich, verbohrt, rachsüchtig und ohne Verständnis für die Not der Elenden aus Belleville, aus den Brutstätten des Elends, den Keimzellen des Aufstands, aus denen Nacht für Nacht die kleinen Huren und Ganoven hervorkriechen, ausschwärmen und da und dort einfallen, wo der Überfluß verdampft, Keimzellen der Revolution, Hochburgen des Widerstandes um jeden Preis, die letzten Festungen in der Agonie des Mai.

Dieser Goncourt nennt die Männer der Kommune summarisch »Kannibalen«, eine »Armee des Pöbels«, er verhöhnt sie als »sanfte Freunde der Menschlichkeit«. Und als er am 2. April den Beginn der Kanonade in seinem feudalen Schlupfwinkel vernimmt, konstatiert er mit Genugtuung und Schadenfreude, daß nun die Stunde Null gekommen ist, ein echtes Charaktermerkmal vorfaschistoider Unmenschlichkeit:

»Kanonade seit zehn Uhr in Richtung Courbevoie. Gott sei Dank! Der Bürgerkrieg hat begonnen. Eine Kanonade wie zu Zeiten der Preußen ...«

Aber am Abend danach läßt er die Flügel hängen, als die Nachricht von der Wiedereroberung des Mont-Valérien durch die Nationalgarde bekannt wird. Er tröstet sich aber gleich mit der beschwichtigenden Vermutung, daß es sich hierbei »um eine Zeitungsente und ein Manöver handelt, mit denen man die Unentschiedenen verleiten will, sich töten zu lassen«.

Es war die erste große Schlacht um Paris, die verspätet gestartete, mangelhaft vorbereitete Offensive der Nationalgarde mit dem Planziel, Versailles zu erobern, Thiers und seine bürgerlich-monarchistische Regierung in ihrem Versteck zu stellen und zu zerschmettern. Es war die fehlgeschlagene Aktion, in deren dramatischem Verlauf die Kommune-Generäle Duval und Flourens fielen. Aber Goncourt frohlockt, daß das brudermörderische Gemetzel begonnen hat!

Im Erfinden von Greuelgeschichten, von angeblichen Schandtaten der Kommune-Kämpfer ist er Meister. Goncourts Einstellung zu den Abwehrmaßnahmen der Kommune trug viel zur Beschwörung des Terrors bei, eines Terrors, der zwangsläufig den Gegenterror auslöste und so eine Kettenreaktion von Verbrechen hervorrief, für die es von Tag zu Tag schwieriger wurde, wirklich Verantwortliche zu finden.

Jules Favre, ehemaliger Außenminister der Kapitulanten-Regierung der nationalen Verteidigung, Hauptscharfmacher der Versailler – er versuchte sogar die Auslieferung der in die Emigration geflüchteten Kommunarden zu erwirken, um Tabula rasa mit der Revolution machen zu können –, hat die bündige Formel für diese wahrhaft alttestamentarische Praktik gefunden, als er jeden Kompromiß, jedes Verhandeln mit der Kommune mit dem Hinweis ablehnte »Man verhandelt nicht mit

Mördern!« Auch umgekehrt ließ sich ein Schuh daraus machen, er paßte auch den Versaillern.

Kein Chronist kann sich zu einer moralischen Wertung der Ereignisse bereit finden, ohne die Wahrheitsfindung unmöglich zu machen. Jedes Kriegsgericht ist ein Willkürgericht, erzeugt Blutjustiz.

Resümieren wir die Einstellung des Bürgers, der, offen oder heimlich, für Versailles optiert hat, wie sie sich in der aufschlußreichen Eintragung des elitären Musterschülers Goncourt spiegelt:

»Was jetzt geschieht, ist ganz einfach die Eroberung Frankreichs durch den Arbeiter und die Unterjochung des Adligen, des Bürgers, des Bauern unter seinen Despotismus. Die Regierung wechselt aus den Händen der Besitzenden in die Hände derjenigen, die nichts besitzen, aus den Händen derer, die ein materielles Interesse an der Erhaltung der Gesellschaft haben, in die an der Ordnung, der Stabilität, der Erhaltung gänzlich Uninteressierten ... Vielleicht sind in dem großen Gesetz des Wandels aller Dinge auf Erden für die modernen Gesellschaften die Arbeiter dasselbe, was die Barbaren für die alten Gesellschaften waren: wilde Agenten der Auflösung und Zerstörung.«

Wenn Goncourt die Kommunarden durchweg als »Kannibalen« und »schmutzige Bürger mit zweifelhaften Berufen« denunziert, so kann man in seinem Fall resümieren: die Mittel entehren den Zweck. Goncourts »Journal« ist das Tagebuch einer Propagandalüge und kaum besser, aber nicht weniger aufschlußreich als der »Michael« eines anderen, uns grausam bekannten »Propagandachefs«.

Goncourt will nicht wahrhaben, daß am Rande des brutalen, historisch notwendigen, weil aus den Vorgängen resultierenden Prozesses auch Platz für mehr als nur menschliche Gesten, für menschliches *Verhalten* und humane *Taten* war. Es gab echte Kameraderie auch unter Menschen, die verschiedenen feindlich gegenüberstehenden Parteien angehörten. Zu diesen peripheren Ereignissen gehört die von Jean Renoir berichtete zweimalige, unter entgegengesetzten Bedingungen stattgefundene Begegnung seines Vaters Auguste Renoir mit dem späteren »Procureur« der Kommune Raoul Rigault. Dieser Erzjakobiner war absolut nicht der zynisch mitleidlose »Kannibale« und blutgierige Henker, als den ihn die bürgerlichen Chronisten stets verteufelt haben. Er jedenfalls besaß die in diesen Wirren selten anzutreffende Gabe der Dankbarkeit, der Erinnerung an ihm selbst gewährte Hilfe in einem kritischen Augenblick seines turbulenten Lebens. Und er praktizierte diese Gabe in einer für Auguste Renoir, dem berühmten Meister des Impressionismus und Maler der lichtüberfluteten Boulevards, ebenso verzweifelten Situation.

Aber folgen wir der Schilderung, die Renoirs Sohn Jean in seinem Erinnerungsbuch »Mein Vater Auguste Renoir« von dem Vorgang gibt. Jean Renoir berichtet, wie sein Vater, als er sich mit seiner Staffelei malend im Wald von Fontainebleau installiert hatte, den »republikanischen Journalisten Raoul Rigault, den die Polizei des Kaisers verfolgte«, vor den Agenten gerettet hatte, indem er ihn einfach in einen Malerkittel steckte und mehrere Wochen in seinem Atelier in Marlotte beherbergte, bis die Gefahr für den Revolutionär vorüber war. Jean Renoir erzählt dann, wie sich der inzwischen zur Macht gekommene »Procureur« der Kommune revanchierte, indem er seinerseits den großen Maler in einer für Renoir gefährlichen Situation vor dem Lynchmord bewahrte. Ein schönes Zeugnis der Loyalität in einer von Haß und Rache entstellten Gesellschaft!

»Glücklicherweise siegte die Nationalgarde, und mein Vater wurde zum Revier geschleift. Ein Erschießungskommando hatte dort ständig Dienst. Renoir war schon auf dem Weg zur Exekution, als er seinen Schützling aus Marlotte in voller Pracht vorbeigehen sah. Er hatte eine Trikolore als Schärpe um den Leib geschlungen; ein Stab Offiziere in wundervollen Uniformen folgte ihm. Es gelang Renoir, seine Aufmerksamkeit auf sich zu lenken. Raoul Rigault stürzte sich auf ihn und schloß ihn in die Arme. Sofort verwandelte sich die Masse. Zwischen präsentierenden Nationalgardisten hindurch folgte mein Vater seinem Retter bis zu einem Balkon, der den Platz beherrschte, auf dem sich die Neugierigen drängten. Sie warteten auf die Exekution des Spions. Raoul Rigault stellte ihn der Menge vor: ›Bitte die Marseillaise für den Bürger Renoir!‹

Ich sehe das Gesicht meines Vaters ordentlich vor mir, wie er sich linkisch verneigte und der Menge mit verlegenen Bewegungen für ihren Applaus dankte. Er nahm die Gelegenheit wahr, sich von seinem Freund einen Passierschein ausstellen zu lassen, so daß er seine Familie besuchen konnte, die nach Louveciennes in das Landhaus des Großvaters geflüchtet war.«

Renoirs anderer Freund, Prinz Bibesco, war im gegnerischen Lager einflußreich. Zufällig erfuhr er, daß mein Vater in Louveciennes weilte, besuchte ihn und stellte ihm einen Versailler Passierschein aus. Renoir suchte sich einen hohlen Baum in einem verlassenen Garten am Ende der Rue de Vaugirard, wo die reaktionären Stellungen aufhörten und die revolutionären begannen. Bevor er die Grenze überschritt, verbarg er dort das kompromittierende Dokument und ersetzte es durch das richtige; bei seiner Rückkehr wollte er es wieder auswechseln. Wenn mein Vater mir diese Geschichte erzählte, zitierte er jedesmal Lafontaine: »Der Weise sagt je nach Bedarf: Es lebe der König, es lebe die Liga!«

Raoul Rigault hatte seine Fairneß und Treue nichts genützt. Als er in den letzten Maitagen in die Hände der Versailler Truppen fiel, wurde er auf der Stelle und ohne Gerichtsverfahren erschossen.

Renoir kehrte nach der Niederlage der Kommune unangefochten nach Paris zurück und malte weiter an der selbstgestellten Aufgabe, »die Nebel zu lichten, die sich zwischen der Natur und dem menschlichen Auge ausbreiten«.

Von Gustave Courbets politischem Engagement für die Sache der Kommune hielt Auguste Renoir nicht viel. »Courbets Triumph auf der politischen Bühne verdrehte ihm so wenig den Kopf wie die Entfernung der Vendôme-Säule, worin er die natürliche Erfüllung ihres Geschickes sah.«

Renoirs kühler Kommentar zu der unsinnigen Affekthandlung der Kommune ist vernünftiger und auch verständlicher als das hysterische Geschrei der Neo-Bonapartisten, die in dieser hilflosen und verfehlten Maßnahme ein Kapitalverbrechen sahen, für das Tausende willkürlicher Opfer liquidiert wurden.

Renoir war ein großer Bewunderer Courbets, aber seinen politischen Eifer verstand er nicht. »Er dachte nur an die Vendôme-Säule, das Glück der Menschheit hing vom Niederreißen dieser Säule ab!« tadelte ihn Renoir. Über die Kommune urteilte er summarisch: »Brave Männer voller guter Absichten, aber man kann nicht zu Robespierre zurückkehren. Sie lebten achtzig Jahre hinter ihrer Zeit her. Und warum mußte man die Tuilerien abbrennen! Viel war ja nicht dran verloren, aber es war doch immer noch besser als das, was uns dann erwartete.«

Nach der Einnahme der Stadt durch die reaktionären Generäle des Präsidenten Thiers, wodurch die Volksgerichte der Kommune von sogenannten Sühnegerichten der Militärs abgelöst wurden, resümierte Renoir kurz und bündig: »Die einzige Erschießung, mit der ich einverstanden bin, ist die von Maximilian auf Manets Bild. Das herrliche Schwarz entschuldigt die Grausamkeit des Gegenstandes.«

Courbet wurde verhaftet und wäre sicher auch erschossen worden, wenn sich nicht der kunstbegeisterte Prinz Bibesco für ihn eingesetzt hätte. So kam er mit sechs Monaten Gefängnis davon. Als er auch noch 250 000 Franken für die Wiedererrichtung der zerstörten Vendôme-Säule zahlen sollte, floh er in die Schweiz, wo er den Rest seines Lebens verbrachte.

Auch Manet und Pissarro sympathisierten mit der Kommune. Manet hielt sich allerdings sehr zurück. Pissarro optierte entschieden für die Sache der Revolution. Für Manet, den empfindsamen Bürgersohn, der sich als Seekadett beim Karneval in Rio die Syphilis geholt hatte, an der er ebenso zugrunde ging wie Baudelaire, Maupassant, Dumas fils und viele bedeutende Männer seiner Zeit – »Renoir bemerkte einmal ironisch, er könne kein wahrer Künstler sein, weil er nie Syphilis gehabt habe. Diese schreckliche Seuche war kennzeichnend für das gesamte Zweite Kaiserreich: an der Oberfläche Heiterkeit und Licht, darunter Verfall und schließlich der Tod« –, für Manet war die Revolution ein ästhetisches Problem, es zwang ihn nicht zum Engagement. Er zeichnete gefallene Kommunarden vor den Barrikaden mit ebenso kühler Präzision wie im Bois de Boulogne »Das Krokettspiel«. Seine Sympathie für das unterdrückte Volk von Paris resultierte aus einem Jugenderlebnis, das ihn tief und nachhaltig beeinflußt hatte. Als der Staatsstreich von 1851 vorüber war – Manet hatte gerade mit seinem Kunstunterricht begonnen –, wurden ihm 500 Leichen Ermordeter vorgeführt, die unter einer Strohschütte nur notdürftig bedeckt waren. Dieser Eindruck ließ ihn nicht mehr los, auch wenn er sich auf Grund seiner Konstitution und angegriffenen Gesundheit nachher nicht wie der »lautstarke, trunksüchtige Courbet« für den Kampf entscheiden konnte.

Courbet war am 12. April vom Rat der Auftrag erteilt worden, die seit der Belagerung durch die deutschen Invasionsarmeen geschlossenen Museen von Paris wiederzueröffnen, »so schnell wie möglich«, außerdem sollte nun ein alljährlicher Salon dem arbeitenden Volk von Paris Zugang zu den Werken der lebenden Meister ermöglichen. Courbet war mit Feuereifer bei der Sache, vor allem ging es ihm darum, sein eigenes Werk vorteilhaft zu präsentieren und alle »bourgeoisen Schmierer und Farbenkleckser« zu entfernen. Sogar die Venus von Milo mußte vor Courbets erbarmungsloser antitraditionalistischer Furore in Sicherheit gebracht werden. Man verbarg sie unter einem Aktenberg in der Polizeipräfektur vor seinem Zugriff.

Courbet war bei den Ergänzungswahlen zur dezimierten Kommune in den Rat gewählt worden, und er war entschlossen, Tabula rasa mit der Kunst des Kaiserreiches, mit dem gefälligen Pomp des Bonapartismus zu machen. Er wollte die Kunst dem Volk zurückgeben und sein Genie für die Elenden einsetzen. Stolz hatte er das »Kreuz der Ehrenlegion« zurückgewiesen, mit dem ihn das Kaiserreich 1870 am Vorabend seines Zusammenbruches auszeichnete. Er wollte aus Protest gegen die sozialen Mißstände und die aristokratische Klassenherrschaft zu den »Deklassierten« gehören, zu denen sich der wilde, lebensstarke Genießer und Bohemien hingezogen fühlte.

Die Brüder Margueritte, sehr genau und objektiv berichtende Zeitgenossen, Autoren des ersten großen Romans, der das Drama der Kommune episch zu bewältigen versuchte, haben Courbet von allen Gestalten des figurenreichen Zeitbildes am schlechtesten behandelt: »Ein Künstler, berühmt durch seine maßlose Eitelkeit ebenso wie durch seine kraftvollen, mit fetten und dicken Farben bedeckten Bilder: Courbet, einer jener Einfaltspinsel, die sich für Neuerer halten, weil sie das Gegenteil der empfangenen Meinungen verfechten und jeder Kontrolle und Überlegung unfähig sind. Ein toller Sozialist, der alle Maler im besonderen (sich selbst ausgenommen) und die Welt im allgemeinen in schmutzigen Aphorismen ankläffte. Eine Wirtshausberedsamkeit, durch die ironischen Bravorufe der Genossen berauscht. Ein Klubschreier, der seit Beginn der Belagerung die Niederreißung der Vendôme-Säule und die Umänderung sämtlicher die Namen von Generälen tragenden Straßenbenennungen forderte, welche dazu beitrugen, das Andenken und den antidemokratischen Begriff des Krieges aufrechtzuerhalten!«

Das eigentliche Problem dieser paranoiden Natur, dessen Größenwahn und Selbstliebe merkwürdig mit seinem sozialen Pathos und Engagement kontrastierte, hat Nordahl Grieg in seinem Schauspiel »Die Niederlage« erfaßt.

Courbet, »dick, herzlich, vital, überwältigend selbsteingenommen«, lebte in Todesangst vor der Rache der Versailler, die nun unaufhaltsam auch auf ihn zukam. Grieg hat diese Stunde der Panik in einem fiktiven Dialog zwischen Courbet und den beiden zum Tod entschlossenen Kommune-Führern Delescluze und Varlin signifikant geschildert.

So kann es als Ironie, als tragische Ironie des Schicksals angesehen werden, daß der Instrukteur der Kommune, der kaum 30jährige Buchbinder Varlin, in der Schlächterei ebenso unterging wie der letzte Kriegsminister Delescluze, Courbet aber mit nur sechs Monaten Gefängnis und einer Geldbuße von 250 000 Franken davonkam. Eine unverständlich milde Strafe, wenn man bedenkt, nach welchen Prinzipien die Justiz der Henker über Tod oder Leben entschied. Es ist die Tragikomik dieser gescheiterten Revolution, daß die Künstler und Intellektuellen mit wenigen Ausnahmen vorwiegend negative Rollen in ihr spielten, während sich die politischen Führer, die Dogmatiker, töten ließen.

Und Zola, der sozialkritische Autor des zwanzigbändigen Romanzyklus »Die Rougon-Macquart«? Er verließ Paris in der Stunde des Zorns und der Rache mit einem preußischen Paß, begab sich unter den Schutz der deutschen Bajonette. Wäre sein Platz nicht bis zum bitteren Ende unter den Leidenden gewesen, im »Bauch von Paris«, in der feurigen Mitte des Taifuns, der über diese gedemütigte Stadt hinwegfegte, in der er den Anschauungsunterricht, das heiße Material für alle Romane, die er noch schreiben sollte, empfangen konnte? Mußte unter diesen Umständen seiner Flucht vor dem Unvermeidlichen nicht auch sein Nekrolog auf die Kommune im »Zusammenbruch« eine Geschichtsfälschung, eine Farce werden, unglaubwürdig und parteiisch?

Zolas Genie bewahrte ihn vor dem Scheitern an dieser Aufgabe. Aber alle in dem Schmelztiegel des brennenden Paris verbliebenen Zeugen, sofern sie als Autoren und Chronisten einen Namen hatten, konnten nicht mehr aktiv zur Rettung der Kommune eingreifen. Es waren nicht Schriftsteller der »ersten Garnitur«, aber sie brachten unverzüglich das Opfer ihres Lebens, als es von ihnen verlangt wurde: Arthur Arnould, Jules Vallès, Paschal Grousset, Auguste Vermorel. Das Bild, das sich den Nachfolgegenerationen von der Kommune eingeprägt hatte, konnten diese wenigen Kämpfer unter den Intellektuellen nicht mehr korrigieren. Die Brüder Margueritte, Söhne des toten Reitergenerals, der mit dem Henker der Kommune Marquis de Galliffet vor Sedan die sinnlose Attacke auf der Hochebene von Illy gegen die preußischen Kanonen ritt, haben diese kleine Gruppe todesmutiger Intellektueller in ihrer Substanz getestet und geschrieben, was dazu zu sagen war:

»Ein sanftes Antlitz mit breiter Stirn und gedankenvollen Augen: das ist Arthur Arnould, der durch seine Feldzüge gegen die Presse zur Avantgarde berufene Schriftsteller ...

Ein bäurisches, von Bartstoppeln umstarrtes, gebräuntes Gesicht mit hart und traurig blickenden Augen, das ist Jules Vallès, der erbitterte Widerspenstige, der lärmende Aufrührer, dessen ganze Persönlichkeit den Stempel hochmütiger Wildheit trägt ...

Ein hübscher, junger Mann mit lebhaften, anmutigen Zügen, dessen sorgfältig gepflegtes Äußere in dieser wenig für Eleganz besorgten Umgebung überraschend wirkt: der Polemiker Paschal Grousset. Derselbe Kontrast zeigt sich auch in seinem Talent, das, ehemals Rosenwasser, sich jetzt in Scheidewasser verwandelt hat. Südländische Überspanntheit und Ehrgeiz hat ihn an die grünen Tische des Rathauses geführt, wo er mit wagehalsigem Leichtsinn alles auf eine Karte setzt ... Und dieser da, mit den sich überstürzenden Worten, denen die Gedanken zuströmen, mit seinen runden, glatten und blassen Wangen ... das ist Vermorel: der Romancier und Journalist, dessen ätzende Feder, dessen beißende Verse überall verwundeten, wohin sie trafen.«

TEIL III

INFERNO

BLUTIGER MAI

Paris lebte trotz der Umklammerung, trotz des zunehmenden Kanonendonners, trotz des Zuges der Elendsgestalten, die aus den umkämpften Außenbezirken, aus Neuilly und Asnières, in die belagerte Stadt strömten. Paris lebte und amüsierte sich. Im Salle des Maréchaux, dem prächtigen Kuppelsaal der Tuilerien, in dem noch vor gar nicht langer Zeit die Bälle und Redouten des Kaiserreichs stattfanden, in dem die Marquise de Galliffet ihre erlesenen Toiletten und mehr zeigte, wobei sie sonst schamvoll Verhülltes den gierigen Blicken ihrer Bewunderer preisgab und die moralische Entrüstung der Internationalisten sowie der Puritaner in London erregte – in diesen einst der imperialen Creme vorbehaltenen Gemächern produzierte nun Madame Bordas freche Chansons, sang sie den Schlager des Tages:

»C'est de la canaille?
Eh bien, j'en suis!«
»Das ist die Kanaille?
Dann gehör ich dazu!«

Die vierzehn imponierenden, in Lebensgröße gemalten Porträts der Marschälle des ersten Napoleon waren verhängt worden. Nichts mehr sollte das bewaffnete Volk von Paris an die Zeit der Unterdrücker und des Imperialismus erinnern. Heiterkeit, Hochstimmung, Euphorie und Siegeszuversicht beherrschten die Gemüter, trotz der Hiobsbotschaften des von allen Seiten bedrängten Dombrowski, der immer noch keine Reserven, geschweige Unterstützung durch eine Offensive an anderer, weniger gefährdeter Stelle erhalten hatte.

Man gab sich sorglos und – noch schlimmer – man war es. Der Frühling war über Paris gekommen, der Blütenmonat Mai, und schien mit seinem Glanz, mit dem diffusen Licht seiner Spiegelungen über dem Seine-Wasser, mit dem frischen Grün der Uferpromenaden die Stadt und die in ihr Gefangenen zu bestätigen. Pompeji kann in der Nacht vor seinem Untergang kaum leichtsinniger und vergnügungssüchtiger gewesen sein.

So war es auch am Sonntag, dem 21. Mai. Die Kommune veranstaltete in den Gärten der Tuilerien eines ihrer Monsterkonzerte, an dem 1500 Musiker teilnahmen. Auf dem Programm standen Mozart, Meyerbeer und andere Klassiker des guten Geschmacks. Lissagaray verstieg sich zu der kühnen Behauptung, daß diese Darbietungen »die musikalischen Obszönitäten des Kaiserreichs« verscheuchten. Unter dem brausenden Beifall der bewegten Menge, unter dem Jubel der aus ihren Wohnhöhlen und verwanzten Asylen der Banlieu in das Licht der festlich erleuchteten Säle und Terrassen geströmten »Elenden« – der Terrassen, auf denen sie wenige Tage später sterben sollten, auf denen der Kommandant Brunel seine letzten Reserven verbluten sehen mußte – verlas ein Offizier der Kommune eine Botschaft an die Pariser: »Bürger, Monsieur Thiers versprach, gestern in Paris einzuziehen. Monsieur Thiers ist nicht eingezogen; er wird nicht einziehen. Deshalb lade ich Sie für nächsten Sonntag hierher an die gleiche Stelle ein.«

Die Wirklichkeit zerstörte diesen Traum der Schönheit. Es gab keinen Frieden für das Volk. Denn zur gleichen Stunde – und das ist die absurde Wahrheit der Geschichte – marschierten die Truppen des Generals Douay durch das sträflich unbewachte und unbefestigte Tor von Saint-Cloud in die Stadt ein und entfalteten sich in breiter Front in den Bezirken Auteuil und Passy, die weitgehend von wohlhabenden bürgerlichen Parisern bewohnt wurden, die daher sofort mit den einrückenden Versailler Truppen sympathisierten.

Was war geschehen? Und wie konnte das, was sich an der Porte de Saint-Cloud ereignet hatte, geschehen? Es war gegen 3 Uhr nachmittags, als sich die folgende, für den ganzen weiteren Verlauf der Ereignisse entscheidende Szene abspielte, die das Intermezzo – nein, wir müssen es gewichtiger formulieren! –, die Tragödie von Leben und Tod der Kommune einleitete und das unabwendbare Ende herbeiführte.

Der Wegebauinspektor und Amateurspion Jules Ducatel, ein geschworener Feind der Kommune, hatte bei einem Spaziergang entlang der Befestigungswälle mit Überraschung festgestellt, daß die Bastion 64 nicht besetzt, die umliegenden Häuser von der Nationalgarde geräumt, das Terrain unbewacht waren. Ein Marineoffizier beobachtete, wie der Mann ein weißes Taschentuch entfaltete und die Belagerer aus den angrenzenden Laufgräben heranwinkte. Man verständigte sich schnell. Der vernehmende Offizier telegrafierte die alarmierende Nachricht an Marschall Mac Mahon, der sich gerade mit Präsident Thiers in der Festung Mont-Valérien aufhielt. Sie gaben die Nachricht sofort an die Divisionskommandeure weiter, die ihre Truppen unverzüglich in Marsch setzten. In wenigen Stunden wurden so etwa 70 000 Mann durch die Porte de Saint-Cloud und Porte de Passy in die Stadt eingeschleust.

General Dombrowski, der zufällig nicht in seinem Hauptquartier La Muette anwesend war, traf dort um 4 Uhr ein und ergriff sofort Verteidigungsmaßnahmen. Aber seine Hände waren gebunden, er verfügte über keine ausreichenden Kräfte. Trotzdem war er entschlossen, den Kampf aufzunehmen, alles unter sein Kommando zu stellen. Dombrowski schickte eine Depesche an Delescluze im Kriegsministerium und eine zweite an den Sicherheitsausschuß: »Die Versailler sind durch die Porte de Saint-Cloud eingedrungen. Ich ergreife Maßnahmen, um sie zurückzuwerfen. Wenn Sie mir Verstärkungen schicken, werde ich mit allen Mitteln antworten.«

Der Inhalt der Depesche, deren Original verlorengegangen ist, wurde von Dombrowskis Bruder und mehreren Mitgliedern der Kommune rekonstruiert. Während die Nationalgarde in aller Eile Stellungen am Ausgang des Boulevard Murat und am Quai des Pont d'Iéna bezog und dort Barrikaden errichtete, erreichte Dombrowskis Alarmbotschaft das im Stadthaus in Permanenz tagende Zentralkomitee, das gerade gegen den gestürzten Kriegsminister Cluseret verhandelte. Cluseret saß apathisch auf dem Anklagestuhl, als Billioray, ein Mitglied des benachrichtigten Sicherheitsausschusses, vor Erregung bleich und atemlos, in den Saal stürzte und den Sprecher Vermorel unterbrach: »Halt, halt! Ich habe eine Mitteilung von höchster Wichtigkeit, für die ich eine Geheimsitzung beantrage!« Er verlas Dombrowskis Depesche, die in seiner Hand zitterte. Zuerst herrschte betretenes Schweigen. Niemand wollte die ganze furchtbare Wahrheit akzeptieren. Billioray versuchte die Nachricht abzuschwächen, sie mit einer beschwichtigenden Lüge zu verdecken: »Bataillone sind unterwegs. Der Sicherheitsausschuß ist wachsam.«

Es war die letzte Vollversammlung der Kommune im Stadthaus. Nach diesem Ereignis löste sie sich auf. Die Mutigen gingen in den Kampf, bestiegen wie Delescluze, Vermorel, Varlin und andere die Barrikaden und fielen auf ihnen. Cluseret wurde freigelassen. Rigault empfahl, von dem Tiger Ferré unterstützt, die Vernichtung des Stadtzentrums und den Rückzug in die proletarischen Viertel, um dort den Widerstand zu konzentrieren. Nur Delescluze im Kriegsministerium behielt seine kaltblütige Entschlossenheit. Er befahl die Verteidigung Straße für Straße und übertrug Paul-Antoine Brunel, dem einfallsreichen Taktiker im Häuserkampf, der erst am Vortag aus dem Mazas-Gefängnis befreit worden war, die Schlüsselstellungen rund um die Place de la Concorde. Dann richtete er einen flammenden Appell an die Pariser, die der Alarm der Sturmglocken aus ihren Träumen jagte:

»Genug des Militarismus! Keine Generalstäbler mehr mit Rangabzeichen und goldenen Litzen an jedem Saum! Macht Platz für das Volk, für die Kämpfer mit blanken Waffen! Die Stunde des Revolutionskrieges hat geschlagen. Das Volk weiß nichts von gelehrten Abhandlungen, aber wenn es ein Gewehr in die Hand nimmt und Steine unter seinen Füßen spürt, fürchtet es nicht die Strategen der monarchistischen Kriegsschule.«

Was vier Wochen zuvor notwendig gewesen war: die Aufstellung einer wirklichen Volksarmee ohne litzenverbrämte Eitelkeit, das wurde nun in der Stunde der höchsten Not – zu spät, um noch wirksam werden zu können – Wirklichkeit.

Edmond de Goncourt, der diese Wendung der kriegerischen

Entwicklung mit Genugtuung beobachtete, kommentierte das Ereignis von seinem »üblichen Standquartier«, einem Haus im Zentrum der Stadt, mit zynischer Freude:

»Lange gehe ich umher auf der Suche nach Auskünften, nach Hinweisen ... Nichts, nichts, nichts ... Wieder nur ein Gerücht! Endlich kehre ich heim. Verzweifelt lege ich mich zu Bett. Ich kann nicht schlafen. Durch meine hermetisch verschlossenen Vorhänge glaube ich ein entferntes Geräusch wahrzunehmen. Ich stehe auf. Ich öffne das Fenster. Es ist das gewohnte Geräusch von Kompanien, die sich ablösen. Na denn! Eine Wirkung meiner Phantasie. Ich lege mich wieder schlafen ... Aber diesmal ist es wirklich die Trommel, wirklich das Horn! Ich springe wieder zum Fenster. In Paris schlägt man Rappel; und bald werden die Trommel, das Horn, die Rufe, die Schreie: ›Zu den Waffen‹ von den großen, tragisch tiefen Schwingungen der Sturmglocke übertönt, die jetzt von allen Kirchen läutet – ein düsteres Geräusch, das mich mit Freude erfüllt und für Paris die Todesstunde der verhaßten Tyrannei einläutet.«

Die undurchsichtige Lage, noch verworrener durch Dementis, die die kritische Situation bagatellisieren sollten und Entschlossenheit vortäuschten, führte zu den widersinnigsten und absurdesten Maßnahmen. Außer Delescluze, der sich ein genaues Bild von der militärischen Lage zu verschaffen suchte und »sehr ruhig erschien«, gab es keine Autorität im Stadthaus, die die Offensive der Versailler Truppen durch vernünftige Gegenaktionen abfangen konnte.

Delescluze hatte sich für den Straßenkampf entschieden, für die »levée en masse«, die die Eindringlinge unter den Häusern der Proletarier begraben sollte. Es war eine Maßnahme des »totalen Krieges«. Die Stadt sollte zum Grab aller werden. Delescluze schickte jedenfalls Assi, den profillosen Präsidenten der Kommune, mit der Weisung, sich ein klares Bild von den Ereignissen zu verschaffen, in den bedrohten Bezirk des 16. Arrondissements. Ein einsames Himmelfahrtskommando! Assis »Spähtruppunternehmen« endete mit einer Katastrophe. Der berittene Präsident erreichte kurz vor Mitternacht den Trocadéro, ahnungslos, daß er sich bereits im besetzten Gebiet befand. Als sein Pferd in einer großen Blutlache zu Boden ging und nicht wieder auf die Beine kommen wollte, stürzten sich Bewaffnete auf Assi und überwältigten ihn. Er war zuerst im Glauben, Nationalgardisten vor sich zu haben, aber dann ließ er sich widerstandslos gefangennehmen. Hier endete die Karriere dieses farblosen Mannes. Wenige Wochen später war er mit Billioray, Paschal Grousset, Louise Michel und anderen Helden der Kommune unterwegs nach Neu-Kaledonien, dem sichersten Verbannungsort für politische Verbrecher, über den die Franzosen zur Zeit verfügten.

Zu gleicher Stunde dementierte der Generalstabschef der Nationalgarde den Einmarsch der Versailler und verbreitete die haarsträubende Lügenbotschaft: »Das Observatorium des Triumphbogens verneint den Einmarsch der Versailler, es hat nichts Derartiges bemerkt. Der Sektionskommandant Renaud versichert, daß es keine Panik gibt und daß die Porte d'Auteuil nicht genommen ist. Sollten einige Versailler eingedrungen sein, so sind sie zurückgeschlagen worden. Ich habe 11 Bataillone zur Verstärkung geschickt.«

Man glaubt, einen von Propagandachef Goebbels manipulierten Wehrmachtsbericht zu lesen. Aber Dombrowski wußte, daß eine hoffnungslose militärische Lage entstanden war. So dämmerte der Morgen des 22. Mai herauf, heiß und strahlend wie alle Tage dieses Blut-Mai. Um 2 Uhr morgens erschien Dombrowski im Stadthaus, bleich, erschöpft, verstört, durch einen herabgefallenen Stein an der Brust verletzt. Er berichtete mit hastig hervorgestoßenen Worten von der Krise in Passy, aber auch von seinen vergeblichen Versuchen, die zurückweichenden Kommunarden zum Stehen zu bringen und einen hinhaltenden Widerstand zu koordinieren. Die Mitglieder des Zentralkomitees schenkten ihm keinen Glauben, sie verdächtigten ihn des Defätismus. Dombrowski rief empört: »Was? Der Sicherheitsausschuß hält mich für einen Verräter? Mein Leben gehört der Kommune!« Seine Stimme bebte vor Empörung.

Die prekäre Situation, in die die Kommune geraten war, ließ die wildesten Gerüchte aufkommen. Wie immer in solchen Fällen, wenn die Panik jede vernünftige Überlegung ausschaltet, wenn die Führung versagt, aber ihr Versagen nicht zugeben will, so wurde auch hier ein Sündenbock gesucht und gefunden, um dem ohnmächtigen Zorn der Jakobiner ein Ventil zu schaffen, die sogenannte »Volkswut« zu dämpfen. Der Sündenbock hieß diesmal Dombrowski. Félix Pyat und seine Gehilfen schrien Verrat. Hier taucht der alsbald für immer aus der Tragödie der Kommune verschwundene böse Geist der Revolution noch einmal auf, zieht er noch einmal seine denunziatorische Schmutzspur durch das blutige Geschehen dieser infernalisch entflammten Maitage. Ausgerechnet der tapfere und selbstlose Dombrowski wurde angeklagt, den Versaillern beim Einmarsch über die unbesetzten Bastionen bei der Porte de Saint-Cloud Schützenhilfe geleistet zu haben. Eine perfide Unterstellung und besonders widerwärtig, wenn man sich erinnert, daß hier ein polnischer Offizier sein Leben für die Sache Frankreichs einsetzte.

Noch einmal gelang es ihm, 3000 bis 4000 Kampfwillige zu sammeln, die er unter dem Alarm der Sturmglocken den Truppen General Douays entgegenwarf. Aber an anderen Stellen verließen ebensoviel Männer ihre Posten. Die Proklamation des Kriegsministers »Auf die Barrikaden! Schluß mit dem Militarismus!« schien sie von jedem Gehorsam zu entbinden. Jeder Kommunekämpfer wollte sich nun nur noch in seinem Wohnviertel dem Feind stellen. So fiel die Truppe auseinander. Statt zu einer Massenerhebung kam es zu einer Massenflucht in die noch feindfreien Quartiere. Der Widerstand zersplitterte in unzusammenhängende Kämpfe um einzelne Viertel und Häuserblocks. Wo ein tapferer Führer wie Dombrowski oder der eben erst aus dem Gefängnis zurückgekehrte Brunel Abwehrmaßnahmen ergreifen konnte, stabilisierte sich an diesem 22. Mai die Lage etwas, wurde verbissen um jede Barrikade, um jeden Platz, um jedes Gebäude gerungen. Mittelpunkt des Kampfes wurde jetzt die Place de la Concorde. Hier stand, wie ein Fels in der Brandung, der Kommandant Brunel mit seiner Legion.

Inzwischen mußte das Kriegsministerium geräumt werden. Das geschah wie immer in panischer Überstürzung, ohne die wichtigsten Dokumente, die Namenlisten der Mitglieder des Zentralkomitees zu verbrennen oder in Sicherheit zu bringen.

Die Versailler konnten sie gleich als Sammellisten für die Verhaftungsmaßnahmen ihrer Erschießungskommandos verwenden. Dieser Leichtsinn des Generalstabs der Kommune kostete Tausenden ihrer Anhänger das Leben.

Douay gruppierte inzwischen, ungestört von den schweigenden Kanonen des Montmartre, seine Einheiten um. Er sammelte die Regimenter der Linie um die Etoile zum letzten Stoß ins Herz von Paris. In den Tuileriengärten, in denen noch vor 12 Stunden das seiner Freiheit bewußte Paris flaniert und dem Orchester gelauscht hatte, eine fröhlich bewegte, sorglose Menge, verschanzten sich nun Brunels Scharfschützen und eröffneten ein gezieltes Feuer auf die Kolonnen Douays. Schwere Verluste zwangen den General Mac Mahons, seine Truppen bis zum Palais de l'Industrie zurückzunehmen. Aber auch diese Teilerfolge konnten das Schicksal nicht mehr wenden. Die Champs-Elysées lagen unter dauerndem Beschuß. Auch die amerikanische Gesandtschaft erhielt einige Treffer, und der nach Informationen hungrige Elihu Washburne begab sich eilig, unbeeindruckt von der Kanonade — endlich antworteten auch die Geschütze der Kommune —, in seine Residenz, um die Schäden zu besichtigen. Sein Ritt führte ihn an Gefallenen der Nationalgarde vorbei, die, unbestattet, zu Leichenhügeln an den Wällen entlang aufgehäuft, von der Härte der Kämpfe zeugten. Mit Genugtuung über das Gesehene resümierte er seinen Eindruck: »Man schätzt, daß bis morgen früh 80 000 bis 100 000 Mann der Linie in der Stadt sein werden. In unserem ganzen Stadtteil sind sie von den wenigen zurückgebliebenen Leuten mit grenzenlosem Jubel begrüßt worden.« Goncourts Wunsch war schon in Erfüllung gegangen.

Am gleichen Tag wagte der eifrige Apologet amerikanischer Demokratie und Botschafter Elihu Washburne den schon erwähnten Ritt in das Hauptquartier des Marschalls Mac Mahon, das dieser bereits innerhalb der Stadtgrenzen von Paris aufgeschlagen hatte, in dem bourgeoisen Passy, das zu dieser Stunde ganz in der Hand der Regierung war. Washburne traf dort ein, um Mac Mahon »mitzuteilen, was ich über Erzbischof Darboy wußte«. Wir wissen, um was es in dieser Mitteilung ging und daß der Kirchenfürst keine Chance mehr hatte, rechtzeitig aus der Gefangenschaft als Geisel der Kommune befreit zu werden. Thiers hatte ihn längst fallenlassen.

Aber Montmartre? Warum schwieg diese Zitadelle des Volkes? War sie nicht zum Symbol des Widerstandes, der Erhebung, der Macht geworden mit ihren 250 Kanonen, die seit dem glorreichen 18. März »Volkseigentum« waren? Niemand schien sich dieser Waffen zu erinnern, niemand sie zur Abwehr der Aggression aus Versailles einsetzen zu wollen. Montmartre war paralysiert, vom Schreck gelähmt. Kein Schuß kam aus diesen vergessenen Rohren. Es war unfaßbar. Delescluze schickte endlich La Cécilia – ein wenig profiliertes Mitglied des Zentralkomitees – aus, um nachzuforschen, was dort oben auf dem beherrschenden Hügel über der City eigentlich los war. Cécilias Bericht war niederschmetternd, aber nachdem, was die Kommune alles versäumt hatte, nicht mehr originell genug, um Staunen zu erregen: »Fünfundachtzig Kanonen und etwa zwanzig Mitrailleusen lagen dort, schmutzig und verstreut. Niemand hatte in den vergangenen acht Wochen daran gedacht, sie einzusetzen. Es gab eine Menge Siebenpfünder-Munition, aber keine Verschlußstücke. Im Moulin de la Galette waren nur drei Vierundzwanzigpfünder mit Lafetten ausgerüstet; aber es gab keine Gewehrauflagen, keine Seitenpanzerung, keine Plattformen.«

Als man auf Delescluzes energisches Drängen endlich mit dem Abwehrfeuer begann, um die Verteidiger der Tuilerien wirksam zu unterstützen und vor allem vor der Gefahr des Umgangenwerdens – zu dem die im spitzen Winkel auf die schnurgeraden Boulevards des Erbauers der City, Baron Haussmann, zulaufenden Querstraßen geradezu einluden –, vor dem tödlichen Stoß in den Rücken der Barrikaden zu schützen, als es soweit war, daß diese verwahrlosten Batterien feuerbereit waren, »begrub der Rückstoß die Lafettenschwänze im Erdreich, und es dauerte eine Weile, bis sie wieder freigeschaufelt waren«.

Mit solchem Material konnte keine erfolgreiche Abwehr erreicht, konnte der »veruntreute Himmel« über Paris nicht wieder reingefegt werden. Delescluze erkannte, daß alles verloren war.

»Gegen zehn Uhr«, so berichtete der Arzt Dr. Herbert, der seine Dienste einer Ambulanz auf der Place de la Madeleine angeboten hatte, »wurde die Schießerei ziemlich stark, und Kanonen wurden herbeigeschafft, um sie auf den Boulevards aufzustellen ... Niemand wagte sich hinaus, und die Posten wußten nichts. Gegen Nachmittag nahmen die Straßenkämpfe eine andere Form an. Den Truppen war es gelungen, ein Haus am Ende meiner Straße, Rue Chauveau-Lagarde, zu besetzen, und sie bahnten sich den Weg von Haus zu Haus durch Löcher in den Mauern, bis sie am Ende der Straße anlangten, und dann schossen sie auf die Barrikade hinab. Die Aufständischen beantworteten das Feuer von der Place de la Madeleine, konnten aber nicht in die Straße eindringen ...«

Dr. Herbert war von der Entwicklung der Kämpfe so fasziniert, daß er seinen Beobachtungsposten bis zum Anbruch der Nacht nicht mehr verließ. Er notierte: »Als erster schoß ein grauhaariger, graubärtiger alter Mann, der blutrünstigste alte Bursche, den ich je gesehen habe. Er hetzte die anderen auf und führte wilde Diskussionen, selbst mit seinen eigenen Offiziezieren ... Im ganzen waren es etwa zwanzig oder dreißig, die schossen; es war ein schrecklicher Anblick. Sie stritten sich, wer die meisten Schüsse haben sollte, wer an der Reihe sei zu schießen, und von Zeit zu Zeit hörte man Ausdrücke wie: ›Oh, den hat es erwischt!‹ Es war, als ob Knaben Kaninchen schießen. Ich glaube jedoch nicht, daß sie viele *töteten*, aber es wäre nicht möglich gewesen, auf die Straße zu gehen, so hitzig war die Schießerei ...«

Das war die Stunde, in der sich Félix Pyat zum letztenmal im Stadthaus und damit in Paris sehen und hören ließ:

»Gut, meine Freunde, unsere letzte Stunde ist gekommen. Aber was macht es schon für mich! Mein Haar ist weiß, meine Bahn beendet. Welch ein ruhmreicheres Ende könnte ich erhoffen, als auf den Barrikaden zu sterben! Aber wenn ich mich umsehe, erkenne ich viele blonde Köpfe, und ich bange um die Zukunft der Revolution.«

Nach diesem Auftritt, den Pyat vor den etwa zwanzig versammelten Kommunarden des Artillerieausschusses und anderer militärischer Dienststellen als große Schau aufzog, wurde der Schreibtischheld und Provokateur, Denunziant und Schwadroneur nicht mehr gesehen, das heißt: nicht mehr in Frankreich; er tauchte erst sechzehn Jahre später aus dem »Exil« in London wieder auf und wurde prompt zum Senator gewählt. Das »Mac-Mahonnat« – wie Lissagaray die Republik des Marschalls und seines Kriegsministers Marquis de Galliffet so treffend nannte – liquidierte seine Schuld und wohl auch seine Schulden.

Blenden wir zurück zur Szene und schalten wir uns in die Tragödie ein, die vor unseren Augen abrollt: Paris erwacht im Donner der Kanonen und sieht die Proklamation des Kriegsministers Delescluze an den Häuserwänden. Da schließen die Geschäftsleute ihre Fensterläden, verriegeln die Türen. Die Boulevards liegen ausgestorben und menschenleer in der Maisonne. Die Aufrührerin Paris, nun eine gejagte Partisanin, zeigt die Physiognomie des Kampfes. Staffetten klirren über das Pflaster, Reste von geschlagenen und versprengten Bataillonen sammeln sich im Stadthaus, wo das Zentralkomitee, der Artillerieausschuß, alle militärischen Stäbe konzentriert sind. Aber nichts geschieht, außer daß nun der »Papierkrieg«, der pausenlos Proklamationen, Resolutionen, Appelle an die Bürger von Paris produziert, orgiastische Formen annimmt. An markigen Worten ist kein Mangel, darin zeigen sich die Männer mit den verstörten Gesichtern einfallsreich. So verkündet denn also der Sicherheitsausschuß am Mittag des 22. Mai: »Die guten Bürger erheben sich! Auf die Barrikaden! Der Feind ist in unseren Mauern. Kein Zögern mehr! Vorwärts für die Kommune und für die Freiheit! Zu den Waffen!«

Eine Stunde später folgt die Proklamation »An das Volk von Paris«:

»Das Volk, das die Könige entthront, das die Bastille zerstört hat, das Volk von 1789 und 1793, das Volk der Revolution kann nicht an einem Tag die Früchte des Aufstandes verlieren. Zu den Waffen! Paris muß sich mit Barrikaden umgeben und hinter diesen improvisierten Festungswällen noch einmal seinen Kriegsruf dem Feind entgegenschleudern, seinen stolzen Schrei, den Schrei der Herausforderung, aber auch des Sieges; denn Paris mit seinen Barrikaden ist uneinnehmbar.«

»Große Worte, nichts als Worte«, so kommentierte Lissagaray, einer der treuesten Söhne der Revolution diese schwungvollen Appelle an ein Pariser Volk, das, zerniert in seinen Fluchtburgen, den Quartieren des Elends von Belleville und Montmartre, nicht mehr hören konnte, was seine Wortführer ihm »fünf Minuten vor zwölf« noch zumuteten.

Während sich hinter den von aufzuckenden Bränden grell beleuchteten Fenstern des Konferenzsaales die Funktionäre um Formulierungen bemühen und streiten, breitet sich draußen in der brodelnden Frühe des Tages die Agonie aus, ergreift der langsame Tod der durch Gegenstöße immer wieder hinausgezögerten Niederlage diese Stadt.

Emile Zola hat diesen Schwebezustand der Erwartung eines unvermeidlichen Endes in seinem klassischen und wohl gelungensten Roman dieser Epoche, »Der Zusammenbruch«, beschrieben. Ihm ist es gelungen, mit seiner Schilderung die Nachwelt für das Geschehen zu interessieren, sie zu gewinnen und zu beteiligen, so daß auch heute noch die Leser sich und unser hundertjähriges Unheil in den Menschen des Romans wiedererkennen. Denn wir haben alle teil an dem Schicksal von Paris damals und heute. Nichts, was Menschen geschieht, widerfährt ihnen isoliert von dem Leben und Sterben anderswo. Ich habe es nie deutlicher erfahren, nie tiefer gewußt, als eines Tages, da ich mich – nun ein Mann von mehr als fünfzig Jahren – an die Lektüre meiner Kindheit, der entscheidenden Jahre vor der Reife, erinnerte: es war Zolas Roman vom Tod bei Sedan und vom Sterben der Kommune, »Der Zusammenbruch«.

Der Autor erzählt in dem präzisen, auf schmuck- und arabeskenlose Genauigkeit bedachten Stil seiner Zeit, dem um Authentizität bemühten Naturalismus, die Geschichte zweier Freunde: Maurice Levasseur – ein junger Intellektueller und Jurist aus Paris – und Jean Macquart – ein Bauer und für das Soldatenhandwerk bestimmter Sergeant der Linie, der besten Truppen, die Frankreich in diesem Krieg aufzuweisen hatte. Sie gehen miteinander durch das Feuer der Niederlage von Sedan, Maurice leicht verwundet, von einem Sanitäter aus der verlorenen Schlacht getragen und geborgen, Jean mit der kapitulierenden Armee auf der Maashalbinsel Iges dem Hunger preisgegeben. Und sie treffen sich wieder in dem Augenblick, da das brudermörderische Ringen um Paris sie *gegeneinander* hetzt. Maurice, nun auf der Seite der Kommune, feuernd, den glühenden Lauf seines Chassepot-Gewehrs auf den Sandsack einer Barrikade der Rue du Bac gestützt, Jean mit den Linientruppen Mac Mahons die Barrikade aus der Umgehungsbewegung im Sturm von hinten attackierend. Jean, der den unentwegt schießenden Mann im Rücken packt, stößt ihm das Bajonett in die Lunge. Erst als Maurice den Kopf herumwirft, erkennen sie sich mit einem Schrei der Vergeblichkeit, in dem sich noch einmal die Freundschaft gegen den Tod aufbäumt.

Zola läßt es aber nicht Jean aussprechen, was er denkt, sondern mit einem epischen Kunstgriff legt er die Absage an Maurice – und er ist die Symbolfigur der Kommune in ihrer radikalsten, der anarchistischen Variante – dem Oberstabsarzt Bouroche, den Jean zu Hilfe geholt hat, in den Mund: »Warum hast du dich auf die Seite dieser Schurken geschlagen? Warum hast du eine derartige Schmutzigkeit begangen?« Das will Jean, der schlichte Soldat, der sich niemals zuvor solche Fragen gestellt hat, wissen, Jean, der Bauer und Sergeant, der immer nur gehorcht hat, der getan hat, was die kaiserlichen Offiziere ihm befahlen.

Maurice stammelt, während ihm ein Blutsturz die Stimme nimmt: »Weil es zuviel Elend gibt, zuviel Ungerechtigkeit und Schande.«

In dieser Frage Jeans und der bündigen Antwort des todgeweihten Maurice steckt die ganze Problematik der Kommune, wird die Ursache und Notwendigkeit der Revolution verständlich und transparent. Noch einmal wehrt sich also die Freundschaft gegen den unvermeidlichen Tod. Jean bringt den Schwerverwundeten durch die Linien der Kämpfenden, setzt mit einem Boot, das er an einem verlassenen Quai fand, über die Seine, vorbei an den brennenden Tuilerien, an der sich gespenstisch im Feuer verzehrenden Stadt. Es gelingt ihm, Maurice in die Mansarde des Hauses zu bringen, wo Henriette, die Schwester des jungen Kommunarden, Unterschlupf gefunden hat, nachdem ihr Mann von den Bayern in Bazeilles bei Sedan erschossen wurde, weil er sich als Zivilist am Straßenkampf beteiligt hatte. Jean liebt diese stille und vereinsamte Witwe, die allein in der fremden Stadt lebt, er liebt sie mit dem Ungeschick und der Heimlichkeit des naiven Menschen, des Bauern, der zu grobe Hände für seine Zärtlichkeit hat. Er liebt sie, ohne es ihr zu gestehen, wagt nicht an eine Verbindung zu denken. Nun bringt er ihr den sterbenden, den von ihm getöteten Bruder. Während Paris unter Rauch und Trümmern langsam erlischt, stirbt auch Maurice mit einem letzten Blick aus dem Fenster der Mansarde auf die verlorene Stadt. Ein neuer Blutsturz erstickt sein junges, leidenschaftliches, Freiheit und Gerechtigkeit suchendes Leben. Sein Grab trennt Jean und Henriette für immer. Es trennt den Intellektuellen, der für die Elenden, für das Proletariat stirbt, für immer von dem promonarchistischen Bauern- und Bürgertum der pseudorepublikanischen Regierung in Versailles.

Es ist eine Parabel, die Zola erzählt hat. Die Parabel vom Sterben der Revolution, die der Brudermord tötet. Kaum ein Buch hat in den letzten 30 Jahren so sehr unsere Geschichte zum Thema gehabt wie dieses Bekenntnis Zolas, das auch ein Eingeständnis seiner eigenen Schwäche, seiner Unfähigkeit zum Kämpfen ist. Denn Zola versagte wie die meisten der Intellektuellen in diesem Zwiespalt, er wich wie viele seinesgleichen in der Flucht durch die deutschen Linien der Entscheidung aus. Aber das ist schon ein anderes, nicht weniger düsteres Kapitel dieser großen Tragödie.

Die Zwietracht, das Mißtrauen, der kleinliche Krämergeist, der Wurm im brüchigen Gebälk dieser verfrühten Machtprobe des Proletariats mit dem gerüsteten Klassenfeind, den monarchistischen Pseudorepublikanern der Nationalversammlung, den Handlangern Bismarcks und des deutschen Imperialismus — so interpretierten Marx und seine Internationalisten die Situation —, diese Totengräber jeder Revolution bohrten unentwegt und ungestört von der Kanonade weiter an der Kommune. Sie brachten selbst den General Dombrowski vor das Tribunal, nachdem sie schon den Kriegsminister Rossel verschlungen hatten.

In jener Nacht des 22. Mai gegen zehn Uhr arretierten einige Nationalgardisten den Kommandanten Dombrowski und führten ihn im Stadthaus dem in Permanenz tagenden Sicherheitsausschuß vor. Die alte, schlimme Lüge vom Verrat — selbst Lissagaray schloß sich dieser Version an — wurde erneut aufgetischt. Dombrowski, der sich mit seinen Offizieren zu dem Vorposten Saint-Ouen begeben hatte, wurde bezichtigt, im Schutz der Dunkelheit geplant zu haben, zu Pferde durch die preußischen Linien zu fliehen. Wieder wies er den Vorwurf empört zurück: »Ich bin kein Verräter!« Die Ausschußmitglieder beschwichtigten den verleumdeten General, der sich wortlos an die Offizierstafel begab, wortlos seine letzte Mahlzeit einnahm und dann den Anwesenden stumm die Hände schüttelte, um sich erneut in den aussichtslosen Kampf zu stürzen. Alle wußten, daß es ein Abschied für immer war.

Louise Michel, die gerade von der Frauenbarrikade an der Place Blanche kam, wo alle Verteidigerinnen bis zum letzten Schuß ausgehalten hatten, begegnete dem polnischen Kommandanten der Kommune, der »für unsere und eure Freiheit« fiel. »Dombrowski ging vor uns, traurig, allein, er wollte sich töten lassen. Es ist zu Ende, rief er mir zu. Ich antwortete ihm: Nein, nein! Aber er gab mir nur beide Hände und wandte sich ab.«

Am nächsten Tag fand man ihn schwerverwundet neben seinem alten Freund Vermorel. Dieses Ereignis, die Szene, die es beschworen hatte, führte zur letzten großen gemeinsamen Kundgebung der Verbundenheit aller am Kampfe beteiligten Anhänger der Kommune, sofern sie zu dieser Stunde noch erreichbar waren.

»Es gab Nächte«, so würdigte Lissagaray das Geschehen, »die lärmender waren, stärker von Bränden erhellt, eindrucksvoller, in denen ganz Paris von der Feuersbrunst und der Kanonade eingehüllt war, aber keine drang kummervoller in die Seele als diese ... Am Eingang zum Faubourg Montmartre erlosch plötzlich das Licht. Die Schatten, die sich durch diese Nacht bewegten, nahmen gigantische Formen an, es war, als marschiere man in einem Alptraum, die Tapfersten fühlten den Schrecken.«

Zola bezeichnete diese gespenstische Situation poetisch als »die Krise des Bösen in der Form des Paroxysmus«, in der die Lügen der einen auf den exaltierten Glauben der anderen stoßen. Das trifft den Kern der existentiellen Schizophrenie, der hybriden Gespaltenheit des Menschen in der Phase revolutionärer Umbrüche.

Der englische Oberst John Stanley, ein scharfer Beobachter der militärischen Szene, der die Maiwoche in einem Widerstandsnest der Kommune miterlebte, zog am Nachmittag eine erste Bilanz der Kämpfe vom 22. Mai: »Die Linie hat den Bahnhof Saint-Lazare eingenommen, aber sie scheint nicht sehr schnell vorzurücken. Zwei Einheiten der Nationalgarde sind um die Ecke gezogen und hinunter zur Place Vendôme, arme Teufel, sie singen: Mourir pour la patrie! Seitdem herrscht vollständige Stille. Ich vermute, daß sich die Linie durch halb Paris hindurch verschanzt. Alles ist so seltsam. Wieder beginnen die Geschütze und Gewehre. Gerade werde ich von meinem Balkon abgerufen . . .«

Dank der ungebrochenen Aktivität von Männern wie Brunel und dem zum letzten Einsatz entschlossenen Delescluze versteifte sich der Widerstand. Thiers seinerseits wollte bedächtig vorgehen, aber gründlich reinen Tisch machen, es sollte keine Pannen und Rückschläge mehr geben wie am ersten Tag. Am Abend dieses Tages verkündete der »Mörder von Paris« – wie Zola den Präsidenten in seinem Roman »Der Zusammenbruch« nannte – etwas voreilig, daß »die Sache der Gerechtigkeit, Ordnung, Humanität und Zivilisation triumphiert hat. Die Generäle, die den Durchbruch nach Paris leiteten, sind große Krieger.« Und die Massaker ankündigend, fügte er drohend hinzu: »Die Sühne wird vollständig sein. Sie wird im Namen des Rechts, durch das Recht und innerhalb des Rechts vollzogen.«

Die Ordnung, die Thiers meinte, war die Ordnung des Todes; das Recht aber das absolute Recht auf die Willkür des Tötens, die Beschwörung der Humanität und der Zivilisation ein Hohn auf die Humanität und die Zivilisation. Es war die Provokation des Henkers, der seine Opfer verspottet und sie zynisch fragt, ob es ihnen gutgeht, was ihnen fehlt und ob sie Klagen oder Wünsche vorzubringen haben, ehe er sie exekutieren läßt.

Am Abend dieses Kampftages verlief die Front vom Bahnhof Batignolles, an der Ostbahn und am linken Seineufer entlang über den Bahnhof Saint-Lazare, zur Kaserne de la Pépinière, weiter zur englischen Botschaft und zum Palais de l'Industrie. Ebenfalls besetzt von den Truppen der Linie waren: die Rue de Bourgogne, der Boulevard des Invalides und der Bahnhof Montparnasse. Paris war in der Mitte zerschnitten, der Rest eine Beute, die es noch aufzuteilen und zu verschlingen galt.

Um dieses Fragment gewordene Paris der Kommune zerschlagen zu können, ließ Bismarck entgegen aller Friedenspräliminarien die Versailler Armee durch die neutrale Zone marschieren. Am 23. Mai drangen die Generale Clinchant und Ladmirault mit ihren Divisionen durch die Porte de Saint-Ouen nun auch in den Ostteil der Stadt ein. Die proletarischen Hochburgen der Buttes wurden jetzt unmittelbar bedroht und eingeschlossen. Die Prognose vom Bündnis der Klassenfeinde, von der Verschwörung der imperialistischen Verräter traf also zu.

Um 9 Uhr in der Frühe fiel auch das Quartier des Epinettes und ganz Batignolles in die Hände der rasch vordringenden Versailler. Hier wurden alle gefangenen Nationalgardisten, dem Befehl des »Ordnungshüters« Thiers gemäß, füsiliert. Kurz darauf fiel auch Montmartre, das stolze Symbol des Sieges und des Widerstandes mit seinen »volkseigenen« Kanonen. Hier in Batignolles und Montmartre hatte ein Frauenbataillon unter Louise Michel und der schönen Emigrantin Elisabeth Dimitrieff, der grande Dame der Kommune, verzweifelt gekämpft. Die Sprengung der Buttes-Montmartre, ein Befehl, mit dem die »rote Jungfrau« betraut war, kam jedoch nicht mehr zur Ausführung. Die fünfzehn überlebenden Frauen mußten sich in aller Eile über den Boulevard Barbès zurückziehen, während Benoît Malon den Versailler Kordon durchbrechen und über Montmartre ausweichen konnte. Es war der Augenblick der letzten Begegnung mit dem aus Clignancourt kommenden Dombrowski, der hier in der Rue Myrrha seine Todeswunde erhielt. Mit den Worten »wir sind verloren« fiel er nieder. Louise Michel behielt diese Erinnerung an den tapferen Polen, eine Erinnerung, die sie stark genug machte, das Schicksal der Verbannung und mörderischen Zwangsarbeit in Neu-

Kaledonien zu ertragen und zu überstehen und schließlich 1886 in Paris ihre Memoiren zu veröffentlichen.

Nun begannen die Massaker. Man könnte sie Massaker von »faschistischem Format« nennen, Liquidierungen in einem Ausmaß, wie sie die Geschichte des 19. Jahrhunderts der Aufklärung, des plakatierten Humanismus und Rationalismus bisher nicht für möglich oder vorstellbar gehalten hätte. Es begann dieser heuchlerische Prozeß der »Wiederherstellung der Ordnung«. So wurde die junge Republik mit einer promonarchistischen Nationalversammlung und entsprechend zusammengesetzten Regierung zu einer Diktatur des Militärs und des Neoimperialismus. Selbst liberal-bürgerliche Historiker haben übereinstimmend festgestellt, daß das Blutvergießen, die »Sühne«, die Thiers gefordert hatte, den Terror der Schreckensherrschaft von 1793 und der bolschewistischen Revolution in Petersburg 1917 weit übertraf. Das will etwas heißen!

So wurden in Montmartre 42 Männer, drei Frauen und vier Kinder wahllos aufgegriffen und an der Mauer, vor der am 18. März die Generale Clément Thomas und Lecomte füsiliert wurden, erschossen. Eine der Frauen hob dem Exekutionskommando ihr Kind entgegen, weigerte sich niederzuknien und appellierte dabei an ihre Gefährten: »Zeigt diesen Elenden, daß ihr aufrecht zu sterben wißt!«

Lissagaray vertrat uneingeschränkt die Sache der Kommune. Er war mit ganzem Herzen dabei. Aber seine Darstellung besitzt auch ein Höchstmaß an beteiligter Glaubwürdigkeit. Eine seltene Eigenschaft bei einem Mitkämpfer, der gewöhnlich eher zu einer falschen Heroisierung seiner Gefährten neigt, zu ihr verführt wird. Aber Lissagaray verfolgte keine politischen Ziele. Er war kein Dialektiker der Revolution, verfaßte keine Manifeste, Programme und Erklärungen wie die Mitglieder des Zentralkomitees oder ihre postumen Apologeten vom Format eines Marx oder Lenin. Lissagaray war von dem Geschehen in der Tiefe seines Wesens aufgewühlt, und so zeigt seine im Exil verfaßte Niederschrift Menschlichkeit und Würde, die Signatur der Erschütterung. Sein Stil ist dementsprechend bilderreich, farbig, unmittelbar und differenziert zugleich, er verrät hohes literarisches Können: Phantasie in der visionären Schilderung der Ereignisse *und* Präzision in den Details. Die Fakten, die dieser Autor summiert, stimmen. Fast jeder Historiker, dem es um die Durchleuchtung der Vorgänge, um die schwierige Wahrheitsfindung – eben durch falsche tendenziöse Berichte erschwert – ging, hat sich auf Lissagaray berufen und auf diese authentische Quelle verlassen können. Wir verdanken diesem miterleidenden Augenzeugen die verläßlichste Darstellung der Kämpfe in der letzten Phase um den Stadtkern von Paris, der »blutigen Woche«, dann eine würdevolle Wiedergabe der Ereignisse vom 23. Mai, das heißt: der Eroberung der Bastion Montmartre durch die Regierungstruppen unter General Clinchant und vor allem der von Brunel und Bergeret ausgelösten Feuersbrünste.

Die Vergeltung hatte begonnen. Die Furie der Rache tobte durch das eroberte Viertel, das Arrondissement Clemenceaus und seines Stellvertreters Théophile Ferré. Auch den Tod Dombrowskis hatte Lissagaray mit der liebevollen Akribie des berufenen Chronisten beschrieben. Es war die letzte Nacht, die das Zentralkomitee der Kommune und sein Generalstab im Hauptquartier der Revolution verbrachte, bevor Bergeret seinen Auftrag erfüllte, auch das Hôtel de Ville, dieses zum Symbol gewordene Widerstandszentrum, in Flammen aufgehen zu lassen.

»Die Versailler bauen ihren Erfolg von Montmartre aus, stoßen in diesem Augenblick zum Boulevard Ornano und zum Nordbahnhof vor. Um zwei Uhr werden die Barrikaden auf der Chaussee von Clignancourt aufgegeben. In der Rue Myrrha fällt Dombrowski an der Seite Vermorels. Noch am Morgen hatte Delescluze Dombrowski ermuntert, alles für Montmartre zu tun, was getan werden konnte. Aber ohne Hoffnung, ohne Soldaten, seit dem Eindringen der Versailler von der Kommune mit Mißtrauen betrachtet, bleibt Dombrowski nichts anderes übrig, als zu sterben. Zwei Stunden nach seiner Verwundung erliegt er im Hospital Lariboisière den Verletzungen. Sein Leichnam wird ins Stadthaus gebracht und dort aufgebahrt. Die Besatzung der Barrikaden, an denen er vorübergefahren wird, präsentiert das Gewehr.«

Es war die Stunde, da Brunel mit seinem Vernichtungswerk

begann, der Taktik der verbrannten Straßen, die sich dann zu den Flächenbränden von Weltkriegsformat ausweiten sollten, von der barbarischen Hitze dieser Maitage unterstützt, immer wieder angefacht und weitergetrieben von einem mistralartigen, exzessiven Sturm. Als endlich der Regen fiel – es war wie ein Zeichen des Himmels –, war das Massaker nahezu beendet, und was brennen sollte, war verbrannt.

Lissagaray resümiert weiter, nichts entgeht seinem Röntgenblick: »Der Boulevard Malesherbes ist von Granaten umgepflügt. Die wichtige Barrikade, die die Straße blockiert, wird von den Häusern auf der linken Straßenseite beherrscht, von denen herab die Versailler die Verteidiger der Barrikade dezimieren ... Brunel, durchdrungen von der Wichtigkeit des Postens, den man ihm anvertraut hat, gibt den Befehl, die mörderischen Häuser in Brand zu stecken. Ein Nationalgardist, der ihm gehorcht, wird von einer Kugel ins Auge getroffen und stirbt neben seinem Kommandeur mit den Worten: ›Ich bezahle den Befehl, den ihr mir gegeben habt, mit meinem Leben. Es lebe die Kommune!‹

Die eroberten Häuser zwischen dem Boulevard Malesherbes und der Straße des Faubourg Saint-Honoré gehen in Flammen auf. Dadurch werden die Versailler aufgehalten. Auf der linken Seite von Brunel leistet die Terrasse der Tuilerien, die schon tags zuvor tapfer verteidigt wurde, immer noch Widerstand. 60 Geschütze vereinigen ihr Feuer vom Quai d'Orsay, aus Passy, vom Champ-de-Mars, vom Etoile auf diese Terrasse und auf die Barrikade Saint-Florentin.«

Diese Vorfälle vermitteln einen Eindruck von der Härte und Unerbittlichkeit der Kämpfe, die keinen Vergleich mit dem dilettantischen Klamauk arrangierter Rebellionen oder dem plakatierten Anarchismus unserer Tage zulassen.

Lissagaray stellt ausdrücklich fest, daß in erster Linie die Geschosse der Versailler die Feuersbrunst hervorgerufen haben. Der Rest des Viertels wurde schnell von den Flammen ergriffen. Karl Marx hat Brunels Strategie der »verbrannten Erde« in seinem Analysierungsversuch des Phänomens Kommune, eben in der Schrift »Der Bürgerkrieg in Frankreich«, rechtfertigen wollen, als er erklärte:

»Im Krieg ist Feuer eine vollständig rechtmäßige Waffe. Gebäude, vom Feinde besetzt, bombardiert man, um sie anzuzünden. Müssen die Verteidiger sie verlassen, so stecken sie selber sie in Brand, damit die Angreifer sich nicht darin festsetzen können. Niedergebrannt zu werden, war stets das unvermeidliche Schicksal aller in der Schlachtfront aller regelmäßigen Armee der Welt gelegenen Gebäude. Aber im Krieg der Geknechteten gegen ihre Unterdrücker, dem einzig rechtmäßigen Krieg in der Geschichte, da soll dies beileibe nicht gelten. Die Kommune hat das Feuer, im strengsten Sinn des Worts, als Verteidigungsmittel gebraucht. Sie wandte es an, um den Versailler Truppen jene langen geraden Straßen zu versperren, die Haussmann absichtlich dem Artilleriefeuer offengelegt hatte; sie wandte es an, um ihren Rückzug zu decken, gerade wie die Versailler in ihrem Vordringen ihre Granaten anwandten, die mindestens ebensoviel Häuser zerstörten wie das Feuer der Kommune. Noch jetzt ist es streitig, welche Gebäude durch die Verteidiger und welche durch die Angreifer angezündet wurden. Und die Verteidiger nahmen Zuflucht zum Feuer erst dann, als die Versailler Truppen bereits mit ihrem Massenabmorden der Gefangenen begonnen hatten.

Zudem hatte die Kommune längst vorher öffentlich angekündigt, daß, wenn zum Äußersten getrieben, sie sich unter den Trümmern von Paris begraben und aus Paris ein zweites Moskau machen werde, wie die Verteidigungsregierung, freilich nur als Deckmantel ihres Verrats, dies ebenfalls versprochen hatte. Gerade für diesen Zweck hatte Trochu das nötige Petroleum herbeigeschafft. Die Kommune wußte, daß ihren Gegnern nichts lag am Leben des Pariser Volks, aber sehr viel an ihren eigenen Pariser Gebäuden. Und Thiers seinerseits hatte erklärt, er werde in seiner Rache unerbittlich sein. Sobald er erst seine Armee schlagfertig hatte auf der einen Seite und auf der andern die Preußen den Ausgang absperrten, rief er aus: ›Ich werde erbarmungslos sein! Die Buße wird vollständig sein, die Justiz streng.‹ Wenn die Taten der Pariser Arbeiter Vandalismus waren, so waren sie der Vandalismus der verzweifelnden Verteidigung.«

Sicher hat Marx mit der postumen Rehabilitierung der Brandstifter, sofern sie, wie Brunel, aus militärischer Notwendigkeit handelten, recht — das Recht der Geschichte. Aber auch Hitler proklamierte den »totalen Krieg« nach dem Prinzip der »verbrannten Erde«. Heute, aus der Distanz zu beiden Ereignissen, der Kommune und dem totalen faschistischen Krieg, liest sich dieses Dokument des »Generalrats der Internationale« vom 30. Mai 1871 wie eine Regieanweisung, die jedem kriegerischen Barbarismus einen Freibrief erteilt. Und es erscheint unglaubwürdig, daß General Trochu das Petroleum, das nachher von der Kommune, speziell von ihrem verfemten »General« Bergeret, zur Brandstiftung an den Tuilerien verwendet wurde, ursprünglich zur Zerstörung der Stadt bestimmt hatte, um sie nicht den Preußen in die Hände fallen zu lassen. Das Vorbild Moskaus war wohl nur ein rhetorischer Trick, um den kriegsentschlossenen Proletariern zum Munde zu reden und ein Ventil für die Niederlage an der Front, wenigstens akklamatorisch, zu schaffen. Das Verbrechen war im Sinn der verzweifelten Kommune eine Tugend. Denn in dieser Situation gab es ja keine Gnade, keine Chance des Überlebens. Wer in Vinoys oder Galliffets Hände fiel, war verloren. Also schlug man sich mit allen Mitteln, auch mit Feuer, Petroleum und dem Geiselmord. Wer will je entscheiden, wo, von wem und auf welches Stichwort mit dem Morden begonnen wurde? Gibt es Schuldige und Unschuldige im brudermörderischen Krieg aller gegen alle und vor der Geschichte?

Der Bürgerkrieg, die Revolution in ihren extremen Äußerungsformen, ist die Hydra. Wer Rechtfertigungen sucht, wer sie vorbringt und moralische Aspekte in seine Argumentation einbezieht, betätigt sich bereits als Legendenschreiber, er beteiligt sich an dem System von Fälschungen, das zur Geschichtsklitterung führt.

Marx wußte, warum er den Akzent auf »Trochus Petroleum« legte, um den verzweifelten Opfern der »strengen Justiz« zu assistieren, einer Justiz, die mit Recht nichts zu tun hatte, aber alles mit »Vandalismus« — Vandalismus: ein schlechtes Wort, ein denunziatorisches Wort für die ohnmächtige Wut der Geschlagenen, für Brunels Rückzugsstrategie, für Bergerets blinden Haß gegen die abweisenden, stolzen Fassaden jener Monumente, die für ihn und seinesgleichen die Ausbeutergesellschaft repräsentierten: die Tuilerien. Keine Rehabilitierung also! Nach *beiden* Seiten nicht! Aber endlich Gerechtigkeit! Das heißt: den Fakten genügen, den Ereignissen Genugtuung geben. Und das vermag erst eine Distanz von hundert Jahren zu garantieren. Nein, sie wird es versuchen zu garantieren! Denn der Geschichte gegenüber befinden wir uns stets im Stadium der Improvisation, der Mutmaßung und Spekulation.

Es gibt eine Parallele zur jüngsten Geschichte dieser Stadt, die noch nicht Vergangenheit ist. Larry Collins und Dominique Lapierre berichten in ihrer Dokumentation »Brennt Paris?« – so lautete Befehl und Frage Hitlers – über die Sorge, die General Leclercs Aktionen lähmte, als er im August 1944 mit seiner Panzerarmee auf Paris vorstieß, um die Seine-Metropole von den deutschen Okkupanten freizukämpfen, die Sorge nämlich, daß der Beschuß die Stadt und ihre wertvollen Bauwerke zerstören könnte:

»Vielleicht würde Paris morgen seine Befreiung mit der Zerstörung der Place de la Concorde, der Deputiertenkammer, des Palais du Luxembourg und der Rue de Rivoli erkaufen müssen. Den Offizieren, die ihn schweigend umstanden, erteilte Leclerc den strikten Befehl, ohne seine ausdrückliche Einwilligung keine schwere Artillerie einzusetzen. ›Wir sind gekommen, um Paris zu befreien, nicht um es zu zerstören!‹«

1870 und 1871 ließen sich weder die belagernden Preußen noch die einmarschierenden Truppen der Versailler Regierung, noch die fanatischen Männer der Kommune von solchen Erwägungen in ihrem Vernichtungswerk aufhalten. Die ritterliche Haltung des französischen Weltkriegsgenerals, ebenso wie die seines Gegners, des deutschen Befehlshabers General von Choltitz, die beide dem Wahnsinn Hitlers eine Absage erteilten, war eine edle Geste, die einem längst abgeschlossenen Kapitel der Kriegsgeschichte angehört.

Als die Truppen der Regierung, die Linienregimenter Mac Mahons mit ihrer überlegenen Feuerkraft, die allein 60 Geschütze auf die Tuilerien konzentrieren konnten, weiter auf die Oper vorrücken, muß das Bataillon, das zwei Tage lang verzweifelt das Gebäude der Ehrenlegion gehalten hat, auch diese Stellung aufgeben, nicht ohne vorher auch dieses Symbol der Autorität und des Glanzes niederzubrennen. Am Abend erreichen die Angriffsspitzen General Douays die Place Vendôme.

In unmittelbarer Nähe des Feindes verbringen die Verteidiger die letzte Nacht in ihrer »Residenz«, dem Stadthaus, das vollgestopft ist mit sterbenden Verwundeten, die ohne Hilfe, ohne Operateure, ohne Rettung, auf Treppen, in Gängen und Kellern den Tod erwarten, neben der aufgebahrten Leiche ihres Gefährten Dombrowski. Dombrowski, der sterben mußte, um vor sich selbst bestehen zu können und um hier im Pariser Exil die verlorene Freiheit Polens zu verteidigen, mißverstanden, verdächtigt, von Pyat denunziert, aber nun postum geehrt, vor allem von dem Mann, der nun bereit ist, seinem Beispiel zu folgen und mit seinem Tod die mißkreditierte Sache der Kommune zu rehabilitieren: Charles Delescluze. Hier steigert sich Lissagarays Schilderung zu dramatischer Wucht. Der Zeitgenosse, für den die heroische Phrase von »Blut und Tränen« längst zu einem fatalen und unerlaubten Klischee erstarrt ist, wird dennoch dem fremden Schicksal dieses polnischen Emigranten und Offiziers Respekt entgegenbringen, auch wenn er die heroische Geste in dieser späten Stunde nicht wahrhaben möchte.

»Im Zimmer der Valentine Haussmann liegt Dombrowski auf dem Bett aus blauem Satin. Eine Kerze wirft ihr Zwielicht auf den tapferen Soldaten. Das Gesicht ist schneeweiß und ruhig, die Nase spitz, der Mund zart, der blonde Bart aufgerichtet. Zwei Adjutanten wachen still im Hintergrund, ein anderer skizziert eilig die letzten Gesichtszüge seines Generals. Die doppelte Marmortreppe, die zu den Regierungsräumen führt, ist vom Kommen und Gehen der Nationalgardisten erfüllt. Die Wachposten sichern mit Mühe das Verhandlungszimmer der Delegierten der Kommune. Delescluze unterzeichnet Befehle, bleich, stumm wie ein Gespenst. Die Ängste der letzten Tage haben verzehrt, was noch an Leben in ihm ist. Seine Stimme ist nur noch ein heiseres Krächzen. Allein sein Auge und sein Herz leben noch.

Zwei oder drei kaltblütige Offiziere formulieren die Befehle, stempeln sie, schicken die Depeschen ab. Viele Offiziere und Gardisten umstehen den Tisch. Keine Diskussionen mehr, einige Gespräche in Gruppen. Wenn auch die Hoffnung erloschen ist, die Entschlossenheit hat sich nicht vermindert.«

Auch die Kommune hatte Sinn für »grandeur«. Und so vollzog sich das Begräbnis General Dombrowskis am 24. Mai in der feierlichen Form eines Staatsaktes, dem Zeremoniell für Helden, wie es diesem unentwegten Kämpfer für die Freiheit zukam. Er wurde mit militärischen Ehren auf dem Père-Lachaise, dem zentralen und berühmten Pariser Friedhof, der letzten Bastion der Kommune beigesetzt. Hier ruht er neben den großen Männern seiner und unserer Zeit, neben Politikern und Künstlern, neben Heinrich Heine, Paul Eluard und anderen Dichtern der Résistance. Er folgte der polnischen Losung der nationalen Befreiungskämpfe aus dem 19. Jahrhundert »Für eure und unsere Freiheit« und erfüllte sie. Es gibt ein Gedicht, das versucht, diese Szene einzufangen:

Dombrowski

Im Tiegel schmort
die letzte Ratte des Quartiers.
Das Land ist voll Stimmen.
So schleicht es heran.

Die Mitrailleuse
im Grauregen bellt.

Die zerborstenen Fenster
lassen den Winddrachen ein.
Er bläst in den Meiler
und schwingt sich davon.

Flammende Zungen,
in Spiegeln gefangen.
Feuerverfallene Stirnen.
Krönungsgemächer durchloht.

Den mit dem Beckenschuß
deckt die Portiere aus Brokat.

Der blutige Mai
legt sich im Feuer schlafen,
in Gräbern, offen
und vom Ruhm verschmäht.

Kriegsminister Delescluze, selbst schon ein »Toter auf Urlaub«, führte den Trauerzug an. Auf dem langen Marsch durch die Nacht und an den Barrikaden der Bastille vorbei präsentierten die Nationalgardisten das Gewehr und betteten dann den Toten zu Füßen der Julisäule. Fackeln erleuchteten die düstere, aber auch stolze Szene, als die Männer der Kommune einzeln an den toten General herantraten und ihm die Stirn küßten. Dann wurde der Leichnam in eine rote Fahne gehüllt. Dombrowskis Bruder, der ebenfalls in den Reihen der Kommune kämpfte, sowie zweihundert Offiziere und Gardisten bildeten einen Kreis. Vermorel, wie Delescluze ein verläßlicher Führer und Gegner des heuchlerischen Pyat, sprach flammende Worte zu den Versammelten. Es war sein letzter Appell. Denn er fiel am folgenden Tag, ebenso wie der letzte Kriegsminister der Kommune, Delescluze, mit dem er in treuer Freundschaft verbunden war.

Diese Abschiedsworte an Dombrowski sagen mehr über den Kampfgeist aus, der die verlorene Mannschaft der Kommune in den Tagen ihres Todeskampfes erfüllte, als all die vergeblichen Proklamationen und Resolutionen, die im Stadthaus verfaßt wurden und doch die Katastrophe keinen Augenblick aufzuhalten vermochten. Vermorel rief mit anklägerischer, erschütterter Stimme: »Hier ist er, Dombrowski, den man des Verrats bezichtigt hat. Er hat als einer der ersten sein Leben für die Kommune hingegeben. Und was tun wir, statt ihm nachzueifern?«

Mit lauter Stimme brandmarkte Vermorel Feigheit und Panikmache. Seine Worte waren erregt von der Leidenschaft, die ihn hinriß. Er hielt, was er versprach: »Wir schwören, von dieser Stelle nur zu weichen, um zu sterben!«

Die Männer, die Zeuge dieses Vorgangs waren und für diese wenigen Minuten ihren verzweifelten Kampf unterbrochen hatten, weinten. Dann gingen sie zurück in den Feuersturm, der nun mit aller Gewalt über sie hereinbrach.

Diese letzte Nacht im Stadthaus beleuchtet die Tragödie auf ihrem Höhepunkt. Die Stunden der Kommune sind gezählt. Auch ein nochmaliger Appell des Sicherheitsausschusses »An die Soldaten der Armee von Versailles« kann das Schicksal nicht mehr wenden, die Katastrophe nicht mehr aufhalten, kaum um ein Atemholen verzögern:

»Das Volk von Paris wird niemals glauben, daß ihr eure Waffen gegen es richtet, wenn seine Brust die eure berührt; eure Hände werden vor einem Akt zurückschrecken, der ein wahrhafter Brudermord sein würde. Wie wir, so seid auch ihr Proletarier. Was ihr am 18. März getan habt, werdet ihr noch einmal tun. Kommt zu uns, Brüder, kommt zu uns, unsere Arme sind euch geöffnet.«

Dieser Appell erinnert an die Solidarität der Soldaten, die am Tage des Aufstands mit den Verteidigern der Kanonen von Montmartre fraternisierten, statt General Vinoys Befehl zu gehorchen und auf die Menge zu schießen.

Auch das Zentralkomitee erließ noch einen Aufruf an die Soldaten Mac Mahons:

»Wir sind Familienväter. Ihr werdet eines Tages Familienväter sein. Wenn ihr heute auf das Volk schießt, werden euch eure Söhne verfluchen, wie wir die Soldaten verfluchen, die im Juni 1848 und im Dezember 1851 die Eingeweide des Volkes zerrissen haben. Vor zwei Monaten haben eure Brüder mit dem Volk fraternisiert: folgt ihnen!«

Es war umsonst. Die wenigen Plakate, die in dem Chaos, unter den pausenlosen Feuerschlägen der Versailler Artillerie an die Mauern der umkämpften Bezirke geklebt werden konnten, waren bald von den Flammen erfaßt, von Wind und Rauch davongeweht.

Auch der »Procureur« Raoul Rigault war nun entschlossen, Tabula rasa zu machen und seinen kapitalen Gefangenen Gustave Chaudey zu liquidieren. Chaudey hatte am 22. Januar auf die Demonstranten schießen lassen, er fiel nun unter das »Geiselgesetz«. Rigault begab sich zum Gefängnis Sainte-Pelagie, begleitet von einem Bruder des tollkühnen Ranvier, ließ Chaudey herausführen und begrüßte ihn mit den Worten: »Sie haben meinen Freund Sapia getötet, Sie haben noch fünf Minuten zu leben!«

Chaudey, der sich für einen progressiven Sozialisten hielt, wollte nicht glauben, daß Rigault sein Todesurteil verkündete. Rigault wies ihn auf die Schießerei vom 22. Januar hin und blieb von Chaudeys Unschuldsbeteuerungen ungerührt. Als die Posten den Delinquenten mit ihren Revolvern erledigten, weil das Erschießungskommando wieder einmal versagt und Chaudey nur am Arm verwundet hatte, rief der Hingemetzelte »Vive la République!«.

Chaudey wurde Opfer seiner eigenen Parole »Die Mächtigeren werden die Schwächeren füsilieren«, Worte, mit denen er nach dem Aufstandsversuch vom 31. Oktober 1870 Ferré und eine Abordnung der Partisanen der Kommune zurückgewiesen hatte, die die Freilassung der Louise Michel und ihrer Freunde gefordert hatten. Dieser episodische Kommentar mildert nicht die Bluttat und spricht auch die Ausführenden, vor allem den »Procureur« Rigault, nicht frei, aber er macht sie verständlich. Wieder müssen solche extremen Vorgänge unter dem Aspekt ihres Entstehens und ihrer Ursache betrachtet werden, ehe man einseitige Urteile fällt, die den einen verdammen, den anderen aber zum Helden und Märtyrer stempeln. Wer in diesen Kampf geriet, war mit Blut befleckt und im vorhinein ein Verdammter. Auch Rigault entging seinem gewalttätigen Schicksal nicht. Aber das gehört nicht mehr zu dem Kapitel dieser »traurigen Nacht« – es war 2 Uhr, als Chaudey starb – und zu diesem verlustreichen 23. Mai. Das gehört bereits zum Finale, zur Phase der Agonie, mit der alles unkorrigierbar wurde, abgeschlossen, Geschichte, Stoff für Historienschreiber, Chronisten, Dramatiker, Romanciers und Erinnerungsstoff für die Verbannten, die das Massaker in Neu-Kaledonien als Zwangsarbeiter oder als arrivierte Bürger im belgischen und englischen Exil überlebten.

Es ist nun an der Zeit, Dombrowskis Freund und Kampfgenossen Walery Wroblewski in seinem Verteidigungsabschnitt auf dem linken Seineufer einen Frontbesuch abzustatten. Denn Wroblewski, Exilpole wie die Brüder Dombrowski, war ein ebenso guter militärischer Führer wie der gefallene General. Wroblewski hatte sein polnisches Erbe angetreten.

Über diese Phase der Kämpfe gibt es wieder markante Augenzeugenberichte. Sie lassen erkennen, daß der Kommune bei überall gleichzeitiger und ebenso umsichtiger Kampfführung eine militärische Chance geblieben war. Aber partielle Erfolge konnten Unfähigkeit und Verwirrung in der Zentrale des Widerstandes nicht verhindern. Sie mehren lediglich den Ruhm der wirklichen Kämpfer und beschämen die Schwätzer und Feiglinge vom Typ eines Pyat, Cluseret und Bergeret. Thiers glaubte zuversichtlich, daß mit dem Fall von Montmartre die Schlacht um Paris siegreich beendet sei, und telegrafierte bereits in diesem Sinn an die Präfekten. Seit sechs Wochen behauptete er, daß die Aufständischen geschlagen seien. Aber Paris kämpfte, ganz gegen die Gewohnheiten der Verlierer von Sedan, Metz und der »nationalen Verteidigung«, in den Straßen weiter, und, statt sich zu ergeben, ließ es sich in Brand schießen.

Paris war in das blendende Licht der aus der Nacht emporlodernden Flammen getaucht, die sich in dem Wasser der Seine spiegelten und verdoppelten, so daß sie die Stadt wie mit Hydraarmen umklammert hielten. Die Tuilerien, die Legion d'Honneur, der Staatsgerichtshof, das Finanzministerium, die Rue de Lille, Rue du Bac, Rue Royale, die Kasernen und Quais vereinigten sich in einem Flammenmeer, breiteten sich zu einem Flächenbrand aus wie nach einem Bombenteppich.

Die Kommune war im Begriff, Paris auszuradieren, und das gnadenlose Feuer aus 300 Geschützen, die die Versailler aus den eroberten Forts und vom Mont-Valérien, von der Porte de Passy und Porte de Saint-Cloud in das Stadtzentrum richteten, vollendete dieses Vernichtungswerk. Das Finanzministerium, bis zum Dachfirst mit Akten vollgestopft, stieß Kaskaden von schwarzem Papierrauch in den wilden Himmel – Zola hat dieses makabre Schauspiel wie kein anderer mit der Kraft seiner dichterischen Vision beschrieben –, und Zeitgenossen berichteten, daß man ganze Bündel verkohlten Papiers, vom Feuersturm in die Luft gewirbelt, sogar noch in der Normandie, also 300 Kilometer vom Ort des Geschehens entfernt, aufgefunden hatte.

»Von der Höhe der Buttes des Moulins breitete sich die reichliche Hälfte von Paris unter ihnen aus: zunächst die Viertel der Innenstadt, vom Faubourg Saint-Honoré bis zur Bastille, dann der ganze Lauf der Seine mit dem fernen Häusergewimmel auf dem linken Ufer, ein Meer von Dächern, Baumwipfeln, Glockentürmen, Kuppeln und Türmen. Der Tag zog herauf; die greuliche Nacht, eine der gräßlichsten der Geschichte, war zu Ende. Aber in der reinen Helligkeit der aufgehenden Sonne dauerten unter dem rosigen Himmel die Feuersbrünste an. Gegenüber gewahrte man die Tuilerien, die noch immer brannten, die Kaserne d'Orsay, die Palais des Staatsrats und der Ehrenlegion, deren vom vollen Licht gebleichte Flammen den Himmel weithin erschauern ließen. Selbst jenseits der Häuser der Rue de Lille und der Rue du Bac mußten andere Häuser lodern, denn Flugfeuersäulen stiegen am Carrefour de la Croix-Rouge und noch weiter von der Rue Vavin und der Rue de Notre-Dame-des-Champs auf; rechts gingen ganz in der Nähe die Feuersbrünste in der Rue Saint-Honoré zu Ende, während links am Palais-Royal und am neuen Louvre verspätete Feuer verkümmerten, die gegen Morgen gelegt worden waren.«

So entfaltete sich dieses höllische Feuerwerk in der Nacht vom 23. zum 24. Mai, der letzten Nacht, die der Rest der aktiven Mitglieder der Kommune im Stadthaus verbrachte, bevor das Zentralkomitee das geistige Zentrum des Widerstandes ebenfalls dem Feuer überlassen mußte. Bergeret hatte als letzten Auftrag die lange vorbereitete Vernichtung des Tuilerienkomplexes befehlsgemäß und nicht ohne persönliches Vergnügen an der Liquidierung der königlichen Vergangenheit — dem Statussymbol einer verhaßten Tradition — ausgeführt.

Mit einer gewaltigen Detonation fiel die Kuppel des Palais des Rois in den Salle des Maréchaux. Der Wind hatte sich gedreht und trieb nun die Rauchwolken westwärts nach Versailles, und mit dem Funkenregen, der sich über die bourgeoisen Viertel ergoß, präsentierten die Pariser dem »assassin« Thiers die brennenden Aktenbündel aus dem Rechnungshof, die nun keine Auskunft mehr über Schuld- und Pfandbriefe, über bezahlte und nicht bezahlte Steuern geben konnten.

Edmond de Goncourt, der neugierigste der Chronisten, dessen Tagebücher sich passagenweise wie moderne Reportagen lesen, war nach Auteuil in sein leicht beschädigtes Haus geflüchtet, hinter sich Paris, das einem biblischen Sodom glich. Und der faszinierte Beobachter der Szene beschrieb es auch so: »Überall fielen um uns her, wie ein schwarzer Regen, kleine verbrannte Papierfetzen vom Himmel: das Rechnungswesen und das Personenstandsregister Frankreichs.« Paris erschien Goncourt wie der rauchende »Schornstein eines Gaswerks« ähnlich »jenen neapolitanischen Gouachen auf schwarzem Papier von einem Vesuvausbruch«.

Indessen wartete Thiers immer noch vergeblich auf den Fall der Stadt, die nicht kapitulieren wollte. Die Siegesmeldung blieb aus. Denn am linken Seineufer hatten Dombrowskis Waffengefährte Wroblewski, der junge, zähe Bataillonskommandeur Eugène Varlin und Oberst Maxime Lisbonne eine neue Verteidigungsfront aufgebaut, koordinierte Zusammenarbeit vereinbart, endlich eine Art Generalstab eingerichtet, der wirklich funktionsfähig war und die letzten Reserven auch einsetzen konnte, koste es, was es wolle. Wer desertierte, wurde ohne Verhandlung erschossen, zu spät, um die Katastrophe aufzuhalten, aber nicht zu spät, um die Kommune vor dem pauschalen Urteil der Feigheit zu bewahren. Diese Männer hielten stand und rissen die rote Fahne noch einmal aus den Niederungen der Selbstverachtung und des Verrats.

In diesem Frontabschnitt kamen die Regierungstruppen in den folgenden beiden Tagen nur schrittweise vorwärts, sie mußten Haus für Haus erobern, aber die Barrikaden versperrten ihnen den entscheidenden Durchbruch. General Clinchants Korps, das Montmartre erobert hatte, versuchte nun in die Flanke der Kommune vorzustoßen und sich an die Oper heranzuarbeiten. General Douay aber trug seine Angriffe auf dem rechten Flügel in Richtung Madeleine vor, wobei er vor Brunels starker Stellung auf der Place de la Concorde liegenblieb. Die Position an der Madeleine wurde zum Schlüssel für das noch von der Nationalgarde und Brunels Legion gehaltene Paris. Der verläßliche Arzt Alan Herbert, der auf dem Verbandsplatz ausgehalten hatte, bis die Kommunarden sich auch hier zurückziehen mußten, gab eine sehr lebendige Schilderung dieser Kampfphase:

»Beim ersten Morgengrauen begann die Schießerei erneut auf beiden Seiten und dauerte den ganzen Morgen lang, war aber weniger heftig als am Tag zuvor. Keinerlei Nachricht über irgendwelche Ereignisse; wir wußten nur, was wir durch die Gitter meines Fensters sahen ... Gegen Abend wurde das Feuer immer stärker, und nachdem wir anderthalb Stunden zugeschaut hatten, sahen wir, wie sich die Aufständischen von den verschiedenen Barrikaden zurückzogen und den Platz überquerten. Dann kamen die Truppen herein. Es gab ein paar Szenen schrecklichen Gemetzels und Blutvergießens, und dann wurden die Straßen von den regulären Truppen besetzt.«

Douay und seiner Übermacht war es endlich gelungen, die Barrikadenfront von hinten aufzurollen, indem er der Taktik der Umgehung folgte, um sich mit Clinchants Linienregimentern zu vereinigen. Haussmanns noch unvollendete Oper war hier die letzte Bastion, um die Stockwerk um Stockwerk gerungen wurde. Bilder aus Stalingrad, aus dem Reichstagsgebäude in Berlin und anderen Monumenten der Erinnerung stellen sich ein, bieten sich dem Chronisten zum Vergleich an. Um sechs Uhr abends gelang es den aus den umliegenden Gebäuden gezielt feuernden Scharfschützen, die Verteidiger so zu dezimieren, daß der Rest aufgeben mußte. Ein Soldat der Linie kletterte auf das Standbild des Apollo am Eingang der Oper, riß die rote Fahne herunter und hißte die Trikolore. Auch an diesem Abschnitt war der Kampf zu Ende. Das Massaker konnte beginnen.

Goncourt, der sich zu diesem Zeitpunkt noch in seiner Pariser Wohnung aufhielt, beobachtete die Szene aus einem Spalt des Vorhangs im Speisezimmer:

»Auf der anderen Seite des Boulevards liegt ein Mann auf dem Boden ... Nahe der Leiche stehen zwei Männer, ein Nationalgardist und ein Leutnant. Die Kugeln lassen die Blätter eines Bäumchens über sie regnen, das seine Zweige über ihre Köpfe streckt. Eine dramatische Einzelheit, die ich fast vergaß. Der Nationalgardist, der mit heftigen, empörten Gesten in die Ferne spricht, gibt den Soldaten zu verstehen, daß er den Toten aufheben will. Die Kugeln lassen weiterhin Blätter über die beiden Männer regnen. Dann wirft der Nationalgardist, dessen zornrotes Gesicht ich sehen kann, sein Chassepot über die Schulter, den Kolben nach oben, und marschiert fluchend auf die Gewehrschüsse zu. Plötzlich sehe ich, wie er innehält, eine Sekunde lang Hand und Stirn gegen ein Bäumchen stützt, sich dann um sich selber dreht und mit ausgestreckten Armen auf den Rücken fällt.

Der Leutnant war unbewegt neben dem ersten Toten stehengeblieben, ruhig wie ein Mann, der in einem Garten meditiert. Eine Kugel hatte einen kleinen Zweig nahe seinem Kopf herabfallen lassen, den er fortschnippte, sie hatte ihn nicht aus seiner Starre reißen können. Einen Augenblick lang betrachtete er seinen getöteten Kameraden. Danach warf er ohne Hast seinen Degen hinter sich, mit einer gleichsam verächtlichen Langsamkeit, bückte sich und versuchte den Toten aufzuheben. Er war groß und schwer, der Tote, und entzog sich seinen Anstrengungen wie etwas Lebloses, fiel in seinen Armen nach rechts, nach links. Schließlich hob er ihn auf. Fest gegen seine Brust gepreßt, trug er ihn fort; da zerschlug eine Kugel ihm die Hüfte, sie ließ den Toten und den Lebenden in einer gräßlichen Pirouette kreisen, bis sie übereinanderfielen.«

Mit dem zunehmenden Terror, der die Auflösungserscheinungen der Kommune beschleunigte, bekamen die radikalen Elemente die Oberhand, die keine plausible politische Ideologie mehr anzubieten hatten, außer der totalen Zerstörung. Intellektuelle Anarchisten vom Kaliber eines Rigault, Ferré, da Costa beherrschten nun die Szene. Louise Michels Devise: »Es lebe die Kommune! Es lebe der Nihilismus!« triumphierte. Ihre gemeinsame Parole hieß: »Paris brennt! Paris muß brennen!«

Zola hat diese tragisch-fanatische Rolle seinem Romanhelden Maurice Levasseur zugeteilt. Um alle Hoffnung betrogen, von den Führern, denen er sich anvertraut hatte, getäuscht und verlassen, schlägt sich Maurice nur noch um des Tötens willen, kämpft er ziellos bis zur letzten Patrone. Im Fieberwahn formuliert er die Theorie des »totalen Krieges«, eine Art anarchistisches Manifest:

»Zerstören um des Zerstörens willen, die alte, verfaulte Menschheit unter der Asche einer Welt begraben in der Hoffnung, daß eine neue Gesellschaft, glücklich und ohne Falsch, wieder sprießen werde mitten im irdischen Paradies aus den Sagen der Vorzeit ... Paris brennt, nichts wird übrigbleiben. Ah, diese Flamme, die alles beseitigt, die alles heilt, habe ich gewollt, ja, sie verrichtet gute Arbeit ... Laßt mich hinuntergehen, laßt mich das Werk der Menschlichkeit und Freiheit vollenden! ...«

»Deshalb wurde er noch mehr von Fieber befallen bei den Gerüchten, die umliefen: die Stadtviertel unterminiert, die Katakomben mit Pulver vollgestopft, alle öffentlichen Gebäude fertig zur Sprengung; elektrische Drähte gezogen, die die Minenkammern verbanden, damit ein einziger Funke sie alle auf einen Schlag entzünde; beträchtliche Vorräte an Zündstoffen, vor allem an Petroleum, genug, um die Straßen und Plätze in reißende Ströme, in Meere von Flammen zu verwandeln. Die Kommune hatte geschworen, falls die Versailler einrückten, würde nicht einer über die Barrikaden hinwegkommen, die die Straßenkreuzungen abschlossen, das Pflaster würde sich auftun, die Gebäude würden zusammenstürzen, Paris würde auflodern und eine ganze Welt verschlingen.«

Zola hat die Szene gut gekannt, auch wenn er selbst vor ihr geflohen ist. Mit dieser gefährlichen und verworrenen Konzeption wurde weitergekämpft, weitergebrannt, weiterfüsiliert, nun auch in den eigenen Reihen.

Eines der ersten Opfer der Selbstvernichtung der Revolution war der junge Graf von Beaufort, Offizier im Generalstab der Kommune. Nach der Räumung und dem Niederbrennen des Stadthauses und Hauptquartiers durch den »Pyrotechniker« Bergeret mußte die Verteidigung zusammenbrechen. Delescluze hatte sich vergeblich gegen die Aufgabe dieser zentralen Position gewehrt, er wußte, daß mit diesem Rückzug der Widerstand nun in Sektionen und Gruppen aufgesplittert wurde.

Meutereien und Rebellionen in den verschiedenen Bataillonen der Nationalgarde, die nicht mehr wußten, welchen der widersprechenden Befehle sie folgen sollten, waren nun an der Tagesordnung. Es gab keine Möglichkeit mehr, die Abwehrmaßnahmen zu koordinieren. Die Nationalgarde war dabei, ihre Kommandeure abzuschaffen. Varlin und Lisbonne, die sich von den Barrikaden der Rue Vavin und Rue Croix Rouge zurückgezogen hatten und mit knapper Mühe dem Kessel, den die Regierungstruppen um das Panthéon bildeten, entgangen waren – diese tüchtigen Kommandeure fanden keinen Gehorsam mehr. Nur Brunels stark dezimierte Legion hielt zu ihrem Führer. Die Wut und Enttäuschung der Nationalgarde richtete sich jetzt gegen die untätigen Generalstabsoffiziere, die mit goldbestickten Käppis, Litzen und biesenbesetzten Hosen, manche sogar mit Orden behängt, an den Barrikaden vorbei in ihr neues provisorisches Hauptquartier auswichen.

Die Gardisten machten sich den richtig gemeinten, aber falsch verstandenen Aufruf des Kriegsministers Delescluze zu eigen, der in der Stunde der Not alle Ränge abgeschafft wissen wollte. Sie schrien den Stabsoffizieren zu: »Heute gibt es keine Tressen mehr!«

So wurde in der Rue Sedaine der junge Graf von Beaufort von meuternden Gardisten des 166. Bataillons erkannt, die er am Abend zuvor gemaßregelt hatte. Er hatte angedroht, das ganze Bataillon »verheizen« zu lassen, es hatte dabei 60 Mann verloren. Die aufgebrachten Gardisten ergriffen Beaufort und brachten ihn vor ein Kriegsgericht, das sich in einer *Boutique* des Boulevard Voltaire eingerichtet hatte. Die Richter entschieden, daß der Graf von nun an Dienst als einfacher Gardist in dem 166. Bataillon zu tun hätte.

Aber es kam anders. Einige seiner Vertrauten nannten ihn beim Verlassen der Boutique weiterhin »Kapitän«. Beaufort triumphierte. Da stürzte sich ein Gardist auf ihn. Der nervös gewordene, aber in seiner Eitelkeit bestätigte Offizier zog seine Pistole, um den Soldaten abzuwehren. Beaufort wurde erneut vorgeführt. Nun konnte auch Delescluze, der zugegen war, ihm nicht mehr helfen. Der Stabsoffizier wurde auf ein wüstes Feld hinter der Mairie des 11. Arrondissements – dem neuen Hauptquartier der Rest-Kommune – geführt und von seinen eigenen Leuten erschossen.

Eine Episode? Nein, mehr als das: ein Symptom, eine Erscheinung, die alle militärischen Niederlagen begleitet. Die Signatur der Willkür, die die Anarchie provoziert und sie auslöst. Wir kennen diese Zeichen des Unterganges. Es sind die Stigmata der Agonie, sie gehen dem Exitus voraus, sie leiten ihn ein. Man kann an solchen im Gesamtverlauf eines geschichtlichen Prozesses und seiner Entwicklungsstadien sicher nur peripheren Erscheinungen, wie sie dieses Vorkommnis akzentuiert, den Wasserstand der Flut ablesen, die alles hinwegspült, was sich ihr entgegenstemmen, was sie aufhalten will.

Die führenden Männer der Kommune fielen nun einer nach dem anderen. Auch für den »Procureur« und Ex-Präfekten, den geistigen Urheber des »Geiselgesetzes« und Initiator des »Sicherheitsausschusses« nach jakobinischem Muster, für Raoul Rigault, der noch am Tage zuvor den verhaßten Chaudey füsilieren ließ, war am 24. Mai die Stunde Null gekommen. Seit dem 14. Mai war der unerbittliche Théophile Ferré Rigaults Nachfolger in der Präfektur. Ferré war nun entschlossen, Rigaults Absicht zu verwirklichen und den zu nichts, zu keiner Erpressung gegenüber Versailles mehr tauglichen Erzbischof Darboy sowie den Beichtvater der schönen Ex-Kaiserin Eugénie, den 75jährigen Abbé Deguerry, den Ex-Präsidenten Bonjean und drei ebenfalls als Geiseln festgenommene Jesuiten zu liquidieren.

Ferré war ein Anarchist vom Typ des degenerierten Intellektuellen, Mitglied der Kommune und Delegierter des Sicherheitsausschusses. Er handelte aus dem Ressentiment des körperlich Benachteiligten, des Schlechtweggekommenen. Diese negative Grundeinstellung zu dem Problem der Existenz kam seinem fanatischen Antiklerikalismus, den er übrigens mit allen Mitgliedern der Kommune teilte – gleichgültig, aus welchem Lager sie kamen, ob sie der jakobinischen Fraktion oder der Internationale, den Anhängern Proudhons, Blanquis oder gar den Anarchisten Bakunins angehörten – sehr entgegen. Sie verband sich mit einem zügellosen, rachsüchtigen und in jeder Variante leidenschaftlichen Temperament.

Francoise d'Eaubonne erwähnt Ferré in ihrem Roman »Rebell Rimbaud« als eine für den dichtenden Rebellen enttäuschende Figur, als kleinen schnauzbärtigen Stutzer, keinesfalls als eine Persönlichkeit, wie sich unser »Kapitän Nemo« alias Rimbaud einen Volkstribunen vorgestellt hatte, als er sich der Kommune auf Widerruf anschloß.

Ferré war erst 25 Jahre alt.

»Er besaß einen schwarzen Haarschopf und einen vollen Schnauzbart, der ein Raubvogelgesicht von außergewöhnlicher Blässe und unverhüllter Melancholie umrahmte. Auf seiner großen Hakennase saßen dicke Brillengläser, durch die schwarze Augen voll kurzsichtiger Milde starrten. Seine Beine waren im Verhältnis zum Oberkörper beinahe entstellend kurz; er ging auf Zehenspitzen, verbunden mit einem nervösen Zucken der Schulter. Ferré beneidete Rigault wegen seiner Anziehungskraft auf Frauen, während ihn die eigenen körperlichen Mängel und eine Jugend in bedrückendem Elend mit Menschenhaß erfüllten. In der Fähigkeit, rücksichtslos und entschlossen zu handeln, war er ebenso wie Rigault eine Ausnahme in der Kommune.« So charakterisierte der liberale englische Historiker Alistair Horne diese Schlüsselfigur der Kommune und nennt ihn an anderer Stelle einen »eiskalten Terroristen«. Es ist das Porträt des Mannes, der mit der skrupellosen Liquidierung der Priester dem historischen Bild der Kommune einen nicht mehr gutzumachenden Schaden zugefügt hat. An diesem Exempel, das Ferré lieferte, scheiden sich erneut die Geister zwischen Nachruf (Legende, Mythos) und Verruf (Schmähung, Verteufelung) der Kommune.

Die Hinrichtung wurde in einer besonders rohen Form vollzogen. Der erst nach mehreren Salven des Pelotons schwerverwundet am Boden liegende Erzbischof wurde von Bajonetten zerfetzt, seine Leiche in eine offene Grube auf dem Père-Lachaise geworfen.

Aber auch Ferré entging seinen Rächern nicht. Am 28. November 1871 wurde er zusammen mit dem ehemaligen Kriegsminister und militärischen Stern der Kommune, dem fairen und korrekten Mustersoldaten Oberst Rossel, auf der grauen, zugigen Ebene von Satory an einen Pfahl gebunden und füsiliert. Auch Victor Hugos Intervention zugunsten des Terroristen und Bakuninschülers konnte dieses Auge-um-Auge-Urteil nicht abwenden.

Der Terror gebar den Gegen-Terror, und die Geburtshelfer dieses teuflischen Mechanismus Zahn um Zahn mußten mit hinab in die Katakomben dieses blutigsten Monats, den Paris jemals in seiner Geschichte erlebte und mit dem verglichen die Sizilianische Vesper ein kleines Frühstück im Freien war. Auch die Bartholomäusnacht gibt keine anderen erschreckenderen Proportionen für eine zeitgenössische Tragödie her.

Während sich die Feiglinge und Kampfesmüden in Zivilkleider warfen, um sich vor der Rache der Versailler zu retten, sich unters Fußvolk mischen wollten, um so unsichtbar zu werden, zog Rigault die Uniform eines Majors der Nationalgarde an und stellte sich seinem Schicksal.

Als Cisseys Korps die Panthéonfront aufgerollt hatte, wurde dort auch Rigaults Position unhaltbar, er flüchtete in ein Haus der Rue Gay-Lussac, wo er bei einer ihm bekannten Schauspielerin, eine seiner zahllosen Liebschaften, Unterschlupf suchte. Aber ein Sergeant und einige Soldaten folgten ihm. Sie verhafteten den Hauseigentümer, bedrohten ihn mit dem sofortigen Tod durch Erschießen, wenn er seinen unfreiwilligen Gast nicht ausliefern würde. Aber Rigault erschien bereits auf der Treppe und nannte seinen Namen: »Ich bin Rigault. Was wollen Sie von mir? Es lebe die Kommune!«

Der Sergeant tötete ihn ohne weitere Frage durch Kopfschüsse. Dann warfen die Henker seinen Leichnam auf die Straße in den Rinnstein, wo er zwei Tage unbedeckt lag, bis eine Freundin Rigaults im Vorüberkommen den Toten identifizierte und ihren Mantel über den »Procureur« legte. Daß es auch Gerechte unter den Richtenden gab, bezeugt ein Vorfall. Als der Unterleutnant Ney, ein ehemaliger Klassenkamerad aus dem Gymnasium, Raoul Rigault erkannte, verlangte er eine Untersuchung des Vorganges, weil der Sergeant den »Procureur« ohne Befehl füsiliert hatte.

Fast zur gleichen Stunde ereignete sich wenige Straßen weiter der von Rigault geplante, aber nun von ihm nicht mehr ausgeführte Geiselmord an den Priestern, die, mit etwa 60 anderen Gefangenen, begleitet von einer Vergeltung fordernden Menge, am 22. Mai aus dem Mazas-Gefängnis in das sichere La Roquette gebracht worden waren. Gaston da Costa, Rigaults Stellvertreter-Procureur, hatte diesen letzten Befehl seines Meisters prompt ausgeführt. Die Menge raufte sich mit den Begleitmannschaften, sie dürstete nach Blut, wollte den Lynchmord an den verhaßten Pfaffen exemplifizieren. Aber da Costa konnte seine Herde mit heiler Haut in den Pferch treiben.

Am 24. Mai wurde die Gegend von einer schwer angeschlagenen Einheit der Nationalgarde besetzt, die im Kampf um die Oper große Verluste erlitten hatte. Dieses 66. Bataillon forderte nun stürmisch den Blutzoll von dem wehrlosen Gegner. Théophile Ferrés Werk konnte beginnen. Denn er war in diesem Augenblick eingetroffen, um den Widerstand um das Hauptquartier des 66. Bataillons zu organisieren. Lissagaray hat auch den nun folgenden Verlauf der Geiselliquidierung ohne Geiselprozeß – ein Gerichtsverfahren hatte nie stattgefunden, selbst Rigault war nicht mehr dazu gekommen – minuziös beschrieben.

Ferré hatte zwei Offiziere mit den Hinrichtungsformalitäten beauftragt, Fortin und Genton, und mit großen Buchstaben auf die Order geschrieben: »Und besonders der Erzbischof!« Genton war Delegierter des Sicherheitsausschusses, ein fanatischer Revolutionär alten Stils, Jakobiner, Teilnehmer des Juniaufstandes 1848, wo er in die Hände der Polizei geriet und um ein Haar erschossen worden wäre. Einer jener glücklichen, unwägbaren Zufälle rettete ihn. Nun war er am Zuge. Er hatte im Krieg und in der Kommune mit beispiellosem Mut gekämpft, war kein Papiertiger wie Pyat, kein Schreibtischstratege, und er bezahlte die von dem Sieger präsentierte Rechnung mit dem

Tod vor dem Peloton auf der Hinrichtungsstätte von Satory. Jetzt aber hatte er das Wort. »Da die Versailler unsere Anhänger füsilieren, werden heute sechs Geiseln exekutiert. Wer von euch will das Peloton bilden?«

»Ich! Ich!« riefen die Männer von allen Seiten. Einer trat vor und sagte: »Ich räche meinen Vater.« Ein anderer: »Ich räche meinen Bruder.« Ein dritter Gardist schrie: »Ich, sie haben meine Frau getötet.« Jeder meldete seine Rechte auf Rache an. Genton wählte dreißig Mann aus und betrat dann das Gefängnis. Vom Gefängnisdirektor François ließ er sich das Haftregister vorlegen und bezeichnete in ihm sechs Namen: den Erzbischof Darboy, den Präsidenten Bonjean, den Bankier Jecker – dessen Finanzspekulationen zu dem unglücklichen Mexikoabenteuer Napoleons und Maximilians geführt hatten –, die Jesuiten Allard, Clerc und Ducoudray. Im letzten Moment wurde Jecker gegen den Abbé Deguerry ausgetauscht. Jecker wurde dann erst zwei Tage später von einem anderen Kommando und unter anderen Umständen liquidiert.

Dann wurden die genannten Geiseln aus ihren Zellen geführt. Darboy beteuerte stammelnd: »Ich bin kein Feind der Kommune. Ich habe getan, was ich konnte. Ich habe zweimal nach Versailles geschrieben.«

Das mag er in der Tat getan haben, aber Thiers hatte ihn nicht gehört. Bonjean, der unerbittliche Feind der Aufständischen des Juni, sinkt in die Knie, während sich Darboy aufrichtet, als er das Unvermeidliche vor sich sieht. Bonjean will wissen: »Wer verurteilt uns?«

»Das Gericht des Volkes«, belehrt ihn Genton.

Dann führt man die Todgeweihten auf den Rundweg im Hof des Gefängnisses. Genton befiehlt Ruhe. Einer der drei verurteilten Priester will sich in einem Schilderhaus verstecken. Man zieht ihn wieder hervor. Dann werden die sechs Opfer an der Gefängnismauer in einer Reihe aufgestellt. Leutnant Sicre gibt den Schießbefehl. »Sie dürfen nicht *uns* wegen ihres Todes anklagen, sondern die Versailler, die unsere Freunde füsilieren!«

Die Schüsse werfen fünf der Geiseln tödlich getroffen zu Boden. Nur der 75jährige Darboy steht, nur leicht am Kopf verletzt, aufrecht auf der Szene. Eine zweite Salve trifft ihn. Dazwischen hört man die Stimme eines Nationalgardisten: »Mein Gott, er muß eine eiserne Rüstung tragen!«

Bajonette durchbohren den Leichnam, um zu verhindern, daß sich an dem alten Diener seines Herrn »ein Wunder der Auferstehung« vollziehen kann.

Genton kehrt ruhig zu seiner Barrikade an der Porte Saint-Martin zurück, wo er am nächsten Tag schwerverwundet gefangengenommen wird.

Delescluze wird die Nachricht von der Geiselerschießung um 11 Uhr in der Nacht überbracht. Er nimmt sie entgegen, ohne von seiner Arbeit aufzusehen, fragt ruhig und wie beiläufig: »Wie sind sie gestorben?«

Nachdem die Offiziere ihm die Einzelheiten berichtet haben und wieder hinaus zu ihren Kampfplätzen gegangen sind, vergräbt der alte, in Revolutionspraktiken erfahrene Jakobiner sein Gesicht in den Händen und stöhnt: »Was ist das für ein Krieg! Was für ein Krieg!« Dann wendet er sich zu seinem Begleiter und ruft: »Auch wir werden zu sterben wissen!«

Während des ganzen 24. Mai hatten Brunel und seine Legion die vorgeschobenen Stellungen auf dem linken Seineufer gegen einen oft zehnfach überlegenen Gegner gehalten. Der »Brenner« wußte zu kämpfen. Alistair Horne nannte ihn mit gutem Grund »einen erbarmungslosen und einfallsreichen Soldaten«, der sich schon im Kampf gegen die deutschen Belagerer bewährt hatte. In seinem Frontabschnitt behauptete sich die Kommune auf der Linie Rue Royale, Place de la Concorde und – als Riegel vor der Rue de Rivoli – auf der mächtigen, von einem tiefen »Panzergraben« umgebenen Pflasterstein- und Sandsackbarrikade am Ende der Rue Saint-Florentin. Von diesem strategischen Fixpunkt aus duellierten sich 12 Geschütze der Verteidiger mit etwa 60 Kanonen, viele davon schweren Kalibers, des General Douay.

Die Rue de Rivoli führte direkt ins Stadthaus, sie mündete im Herzen der Kommune – sie war auch im August 1944 Schwerpunkt der deutschen Abwehr, die sich im Hotel Crillon und Hotel Meurice etabliert hatte –, in das zu dieser Stunde Delescluze und seine Getreuen immer noch Hoffnung pumpten. Aber die wichtige Barrikade wurde allmählich zu einer Schlachtbank. Denn nun mähten Scharfschützen, die sich in den hohen Mietshäusern der Rue Royale eingenistet hatten, die Verteidiger reihenweise nieder.

Ein amerikanischer Freund von Wickham Hoffman, dem Sekretär Elihu Washburnes, beobachtete »eine junge, offenbar gutaussehende Frau«, die »mit einer roten Fahne in der Hand auf die Barrikade springt und sofort erschossen wurde«. Sie war die letzte Verteidigerin der fünf Meter hohen Bastion. Als die Barrikade von den Versaillern genommen war, bemerkte der gleiche Augenzeuge, wie etwa 50 gefallene Kommunarden in den »Panzergraben« geworfen wurden, wie die Soldaten ungelöschten Kalk über die Grube schütteten und so den Graben füllten. Dann schleppten Douays Kanoniere ihre Geschütze über die Einbruchsstelle.

Brunel mußte weichen, wenn er nicht abgeschnitten werden wollte. Er begab sich hinter den von ihm angelegten Feuervorhang, immer wieder im Schußwechsel mit dem nachstoßenden Feind, ins Stadthaus, um neue Informationen und Weisungen zu erhalten. Hier erteilte Delescluze letzte Befehle:

»Bleich, stumm wie ein Geist. Die Agonien der vergangenen Tage haben ausgeleert, was von seinem Leben noch blieb. Seine Stimme ist nichts als ein Krächzen. Nur sein starrer Blick und sein Herz leben noch.«

Nur einem menschlichen Wunder, einer jener Anwandlungen humanitärer Gesinnung, zu denen die Kommune, vor allem immer wieder ihr letzter Kriegsminister, fähig war, ist es zuzuschreiben, das im Zuge der »Frontverkürzung«, des feuergedeckten Rückzuges, nicht auch die Kathedrale Notre-Dame in Flammen aufging. Ein Stabsoffizier hatte bereits Vorbereitungen zur Brandschatzung beobachten können. Die zurückflutenden Nationalgardisten errichteten einen riesigen Scheiterhaufen aus Kirchenbänken, Stühlen und begossen ihn mit Petroleum. Im angrenzenden Hôtel-Dieu lagen in diesem Augenblick fast 1000 schwerverwundete Kommunarden, die unrettbar verloren gewesen wären, wenn Notre-Dame zur Riesenfackel der Anarchie geworden wäre. Ein Fanal, das die Parole des Paroxysmus »Paris muß brennen!« großartig illuminiert hätte.

Der Stabsoffizier begab sich im Schweinsgalopp zu Delescluze und erwirkte den Gegenbefehl, der zwar die Räumung der Kathedrale anordnete, aber die Brandstiftung bei Strafe der Exekution verbot. So überlebte dieses Symbol klerikalen Geistes, und es überlebten auch die Verwundeten, bis sie den Versaillern in die Hände fielen, von denen sie massakriert wurden. Aber die Geste der Humanität, die der alte Jakobiner an der Schwelle des Todes machte, ehrte ihn noch einmal als einen der wenigen Männer dieses ungleichen Duells, der nicht vom Ungeist der Rache infiziert und zerfressen war.

Als Lissagaray in dieser Nacht zwischen den Feuern die Bilanz zog, mußte er zugeben, daß mit einem Kräfteverhältnis 12 und 1 und einigen tausend zum Tod entschlossenen Kämpfern der Kommune – bald werden es nur noch Hunderte sein, denn die Mitläufer und Nutznießer, die »Ratten«, hatten das sinkende Schiff längst verlassen – die Niederlage bereits komplett war. Es galt nur noch mit Anstand zu sterben, wie es Delescluze erkannt und für sich entschieden hatte. Während die total erschöpften Barrikadenverteidiger in der Nacht eine Stunde Schlaf in einem noch nicht besetzten oder brennenden Haus suchten, zog Mac Mahon frische, ausgeruhte Divisionen nach, nahm die verlassenen Stellungen ein und ersetzte die rote Fahne durch die Trikolore.

Brunel blieb hart, er evakuierte das zernierte 10. Arrondissement und verlegte die Geschütze zum Château-d'Eau. Er und Wroblewski behielten einen klaren, kühlen Kopf, faßten ausführbare Entschlüsse, blieben aktionsfähig. Man kann sagen, daß vom 25. Mai an, also in den letzten vier Kampf- und Lebenstagen der Kommune, ein Dreigestirn den Geist der Revolution vor Panik und Selbstaufgabe bewahrte: Delescluze, Brunel, Wroblewski. Nur von diesen Männern sollte noch die Rede sein. Alles, was sonst noch auf der Szene erschien, produzierte sich als Abfall. Varlin und Lisbonne ausgenommen, aber sie waren bereits völlig isoliert, nachdem sie zwei Tage lang die Rue Vavin am Montparnasse verteidigt und beim Abzug das riesige Pulvermagazin am Jardin du Luxembourg in die Luft gejagt hatten. Sie hatten keine Mannschaft mehr zur Verfügung, nur noch einen Haufen völlig demoralisierter, der Verzweiflung preisgegebener Meuterer, die nur noch darauf bedacht waren, ihre Uniformen loszuwerden und sich irgendein ziviles Alibi zu verschaffen, eine Metzgerbluse oder einen Arbeitskittel, in den sie schlüpfen konnten, um dann mit einer Unschuldsmiene aus dem Inferno auftauchen zu können, wenn das Straf- und Standgericht sich für sie interessieren sollte. Angst und Panik führten jede koordinierte Kampfführung ad absurdum.

Anders war die Situation nur in den Abschnitten, in denen Brunel und Wroblewski den Widerstand organisierten. Bis zum 25. Mai hatten hier die Forts Ivry und Bicêtre an der äußersten, linken Flanke der kilometerlangen Bürgerkriegsfront mit ihren intakt gebliebenen Batterien die Angreifer in Schach gehalten.

Wroblewski hatte sich sogar dem Befehl des Kriegsministers widersetzt, diese Bastionen zu räumen und sich in den Stadtkern und auf die Barrikaden zurückzuziehen. Weit vor der Front hatte er sich einen Stützpunkt auf der Buttes-aux-Cailles eingerichtet, von dem er das Feuer der Forts dirigierte. Als Bicêtre dann verlorenging und die Versailler ihre Geschütze dort installierten, wurden auch die Positionen in Ivry und auf der Buttes unhaltbar. Wroblewski mußte dem Druck nachgeben, den die 50 Batterien General Cisseys gegen seine Igelstellung ausübten, die sie in pausenlosem Beschuß einebneten. Langsam bahnten sich seine Männer vom 101. Bataillon, der besten Kampftruppe, die die Geschichte der Kommune aufzuweisen hatte, einen Weg zu ihrem geliebten und bewunderten Kommandeur auf dem zerfetzten und umgepflügten Hügel der Buttes. Als Wroblewski bemerkte, wie sich die Zangen hinter ihm zu schließen begannen, um ihn und den Rest der Kämpfer zu zermalmen, zog er sich über den von Bränden illuminierten Fluß hinweg – zweiundeinhalb Kilometer unter feindlichem Feuer, eine große taktische Leistung! – bis zur Mairie des 11. Arrondissements zurück, in der Delescluze das letzte provisorische Hauptquartier der Kommune eingerichtet hatte. Hier gab er seinen letzten, aber sinnlosen Befehl. Heroismus in seiner extremsten Form, der nur noch eine todesverachtende Geste hervorzubringen vermochte.

»Ich schlage vor, daß die Mitglieder der Kommune, angetan mit ihren Schärpen, alle verfügbaren Bataillone auf dem Boulevard Voltaire aufmarschieren lassen. Dann können wir sie zu den Punkten führen, die zurückerobert werden müssen.« Ein verbrecherischer Illusionismus? Eine leere Geste? Sie wären es gewesen, wenn nicht Delescluze der erste gewesen wäre, der sie in die Tat umsetzte. Er gab das Beispiel, er führte es aus und zeigte den Zögernden, den kopflos gewordenen Überlebenden der Stunde, wie man zu sterben hatte. Glich sein Befehl auch dem Wahnwitz der letzten Verzweiflungsmaßnahmen in Berlin, als der schnurrbärtige Tamerlan der Deutschen Kinder mit Panzerfäusten antreten ließ, um mit ihnen die Russen aufhalten zu wollen, als dieser Feind des Menschen die U-Bahn-Schächte mit allen dort versammelten Flüchtlingen überfluten ließ, um seine Gnadenfrist zu verlängern — Delescluze bewies einen anderen Geist und Mut, als er seinem Appell entsprechend *handelte*.

Nun aber treffen wir Wroblewski in dem kümmerlichen kahlen Bürozimmer des 11. Arrondissements. Die beiden führen ein letztes Gespräch, es gilt nicht dem eigenen Überleben, sonder Fortführung des Kampfes um jeden Preis, auch den des eigenen Kopfes.

Das haben die Männer der Kommune nie vergessen. Sollten sie da nicht ein Recht auf *ihre* Legende, auf ihren *Mythos* haben? Ich meine, wenn dieser Nekrolog, den die Geschichte geschrieben hat, die Wahrheit nicht fürchtet, den Anspruch auf diese Wahrheit nicht schmälert, wenn er nicht kaschierend das Bild der angestrahlten Szene, dieser blutigen, von Verbrechen und Verblendung gezeichneten Wirklichkeit verfälscht, dann sollte er neben dem Entsetzen und dem Abscheu auch der Bewunderung und Hochachtung Raum geben können. Diesen Raum beanspruchen Männer wie Dombrowski, Delescluze, Brunel, Lisbonne, Ranvier, Varlin und — nicht zu vergessen — Frauen, die ihnen ebenbürtig waren in ihrer blinden Bereitschaft, das eigene Leben für eine verfehlte Sache einzusetzen: Louise Michel, Elisabeth Dimitrieff und jene Unbekannte mit der roten Fahne auf der verlassenen Barrikade ...

Was haben sich die beiden Todverschworenen — der französische Jakobiner mit der gebrochenen Stimme, der polnische Offizier mit dem schneidigen Elan, für den Kämpfen gleich Leben ist – noch zu sagen?

Delescluze bietet Wroblewski das Oberkommando über die Streitkräfte der Kommune an. Ein gespenstisches Angebot, fast eine Farce, eine Eulenspiegelei. Aber Delescluze ist kein Galgenvogel, er meint es ernst. Er glaubt an die Zauberkraft militärischen Könnens, an die Kühnheit des Entschlusses, an die Energie seines jungen Partners. Aber dieser übersieht das Terrain, und das ist leergefegt von dem Orkan, den 500 Geschütze entfesselt haben. Streitkräfte? Wo findet er diese Geisterarmee, die sein Kriegsminister aus dem Boden stampfen möchte, die er ruft, aber die diesen Appell nicht vernehmen kann, weil sie sich längst aufgelöst hat? Und so antwortet Wroblewski auf diesen unrealisierbaren Vorschlag mit einer Gegenfrage: »Haben Sie ein paar tausend entschlossene Männer?«

»Höchstens ein paar hundert«, gestand Delescluze verzweifelt.

Unter diesen Bedingungen sah sich Wroblewski nicht in der Lage, den Kampf weiterzuführen, jedenfalls nicht als verantwortlicher Kommandant. Er gab den Auftrag zurück, bat um die Erlaubnis, als »Soldat ohne Befehlsgewalt« weiterkämpfen zu dürfen, nahm sich ein Gewehr und begab sich unverzüglich auf eine der nächstliegenden Barrikaden. Damit verließ der einzige General der Kommune, der – nach dem Tode Dombrowskis und dem Verschwinden Rossels – über militärische und menschliche Qualitäten verfügte, die einen Führungsanspruch gerechtfertigt hätten, die Szene. Während sich Wroblewski, der Soldat, entschlossen hatte, unterzutauchen und am Ende den Henkern entwischen konnte, gab Delescluze, der hochgemute Zivilist, sein Leben kampf- und waffenlos für die Sache, die er verloren sah, deren Ziel sich als utopisch und unerreichbar erwiesen hatte.

Es war sieben Uhr abends, als der Kriegsminister ohne Truppe und ohne etwas anderes zu hinterlassen, als den Abschiedsbrief an seine Schwester, den er in der Mairie des 11. Arrondissements in einem Augenblick der Sammlung niedergeschrieben hatte, seinen Entschluß wahrmachte: »Wir werden zu sterben wissen!«

Jourde und einige beherzte Kommunarden, darunter auch der Chronist Lissagaray, folgten ihm im Abstand. Delescluze begab sich zur Place du Château-d'Eau; wie in den Tagen des Triumphes und der Euphorie des Sieges am 18. März, so auch in dieser Stunde der Kapitulation vor dem Unvermeidbaren als Zivilist gekleidet. Dort hatten versprengte Einheiten und der Rest der Legionäre Brunels eine neue Widerstandslinie bezogen. Hier und an der Bastille setzten sie sich noch einmal fest. Die mächtige Barrikade über den Boulevard Voltaire blokkierte den Vormarsch der Versailler. Aber wer verteidigte sie? Lissagaray sah keine Männer hinter den Sandsäcken, keine Mannschaften an den Geschützen und Mitrailleusen. Mit Entsetzen gewahrten Jourde und seine 50 Gefährten, daß auch diese Riegelstellung bereits verlassen war. Aber Delescluze ignorierte es offensichtlich. Denn er ging getrost, und ohne sich noch einmal nach seinen Begleitern umzusehen oder ein Wort der Erklärung für sein Verhalten zu haben, auf die Barrikade zu, die in gespenstischer Unberührtheit den menschenleeren Boulevard verriegelte. Eine Erscheinung von unwirklicher Transparenz vor diesem feuer- und rauchverhängten Hintergrund, aus dem es von den Abschüssen der Angreifer brodelte und zuckte. Ein Augenblick, in dem ein einzelner Mensch zur Symbolfigur eines historischen Prozesses wird, in dem dieser Prozeß für einen Herzschlag lang angehalten wird, um das volle Licht des Abends auf diese Szene zu werfen.

Die Zurückgebliebenen beobachteten diesen Mann wie in einer Versteinerung. Keiner griff ein oder wagte, den Entschluß des Kriegsministers zu korrigieren. Keiner versuchte in diesem »Augenblick der Wahrheit« zu intervenieren. Aber das Bild prägte sich ein. Und vielleicht war es diese Sekunde des Todes, die den Mythos rechtfertigt, die ihn hervorbrachte, unabhängig von der gezielten Legende, die die Theoretiker der Mythisierung nachträglich produzierten, die dann in der kommunistischen Praxis zum Dogma erstarren sollte: Dieser Mann im Habit der Revolution von 1848, sorgfältig und mit Pedanterie gekleidet; den sauber gebürsteten Zylinder über dem knochigen, vom Fieber ausgezehrten Gesicht; die Stiefel blank geputzt wie zu einem Empfang; Hosen und Gehrock schwarz; eine rote Schärpe um die Taille geschlungen, schwer auf seinen knotigen Stock gestützt, aber aufrecht.

So sahen ihn die, die sich erinnern konnten, die wenigen, die diese Sekunde der Wahrheit miterlebten.

»Er war das einzige lebende Wesen auf dem Boulevard Voltaire«, bemerkte der Beobachter Lissagaray, während er mit Schrecken der tragischen Szene folgte, deren Zeuge er wurde. Dreißig Meter vor der unbesetzten Barrikade verließen die letzten Gardisten ihren Kriegsminister, der nun im Kugelhagel immer rascher und entschlossener auf die verlassene Bastion zuschritt.

Plötzlich sahen sie ihn hochaufgerichtet auf dem First der Barrikade, schwarz, die Arme von den Kugeln, die ihn zerfetzten, emporgerissen und von der untergehenden Sonne angestrahlt. So hielt er sich einen Atemzug lang im vollen Licht, ehe er vornüber auf das Gesicht fiel. Einige Männer, die Delescluze zu Hilfe eilen wollten, wurden vom Feuer erfaßt und an seiner Seite zu Boden geworfen. Es war wie eine Kreuzigung, nur daß kein Grab dieses Opfer erwartete, in das es gebettet werden konnte. Wenige Minuten später stürmten die Spitzen der Versailler Division die Barrikade und hatten nun den Schlüssel zur Bastille in der Hand.

Der Leutnant Jules Johannard, der im Hintergrund der Szene das Ende miterlebte und die Panik kommen sah, die sich nach dem Tode des letzten Kriegsministers der Verteidiger bemächtigte, schrie voll Zorn über die Verzweiflung: »Nein, ihr seid nicht würdig, die Kommune zu verteidigen!«

Aber was nützte in dieser Situation dieses Pathos? Was vermochte die Geste des Aufbegehrens gegen eine Niederlage, die schon der Sieg wie eine Krankheit in sich barg, eine Niederlage, die als Geburtshelfer Arglosigkeit, Leichtsinn, Zwietracht und das völlige Unverständnis für die wahren Machtverhältnisse, für die politischen Gegebenheiten und Erfordernisse der Stunde nannte?

Vom Bazillus der Spaltung in einander feindlich gesinnte Fraktionen befallen, siechte die Kommune ihrer Todesstunde entgegen, zerfressen von Mißtrauen, beherrscht von Impotenz. Schon Zola hatte sich über die Mediokrität der verantwortlichen Namen gewundert, die unter den Proklamationen und Manifesten zu lesen waren. Maurice Levasseur bemerkt mit Erstaunen, daß ihm fast alle Mitglieder des Zentralkomitees unbekannt waren, nie gehörte Namen, mittelmäßige Politiker. So mutmaßte der junge Anwalt, der Intellektuelle, der Gerechtigkeitsfanatiker, der Paris brennen sehen wollte, um so die Menschheit von allen Schurken und aller Mittelmäßigkeit zu erlösen.

Johannard, der kleine, schneidige Leutnant und Herzensbrecher, hatte allen Grund, sich und die Kommune anzuklagen für den Trümmerhaufen, den sie hinterließ.

»Die Nacht fiel auf uns herab, und wir überließen den Körper unseres armen Freundes Delescluze den Beschimpfungen des Gegners ohne Respekt vor dem Tod«, klagt Lissagaray angesichts der Katastrophe und in Gegenwart der Überlebenden, denen das eigene Versagen vor dem Opfer auch die eigene Schändlichkeit bewußt machte.

Es gab an diesem Abend des 25. Mai noch ein anderes Beispiel, das die Lebenden beschämte. Kurz bevor die kleine Gruppe der Getreuen, die Delescluze zu seiner Selbsthinrichtung begleitete, den Boulevard Voltaire erreichte, trafen sie den sterbenden Vermorel, der mit Delescluze in Freundschaft und in gemeinsamer Feindschaft zu Pyat, dem Totengräber der Kommune, verbunden war. Auch für diesen Abschied gab es keine Worte. Delescluze hatte dem Freund die Hand gedrückt und war weitergegangen, hatte keinen Blick von seinem Ziel gewandt, das ihn magnetisch anzog.

Was Napoleon vor Sedan versagt blieb, was dem ehrgeizigen, aber unseligen General Ducrot bei dem großen Ausfall gegen die preußischen Belagerer mißlungen war: den Tod zu stellen und ihn auch zu finden, das glückte dem alten Jakobiner Delescluze ohne Aufwand und Pathos. Ihm fehlten die Eigenschaften des Vabanquespielers, die so oft mit denen des Bankrotteurs zusammenfallen, ihm fehlte auch die Aura des Mannes, der »Geschichte macht«. Er hatte alle Kräfte in dem Kampf verbraucht, den er ein halbes Jahrhundert für die gleiche Sache geführt hatte. Er war besessen von der Idee einer absoluten Gerechtigkeit. Dreißig Jahre Exil, Gefangenschaft, Folterung, die seine Gesundheit zerstört, seine Glieder zerbrochen hatten, vermochten nicht, diese jakobinische Kompromißlosigkeit – den abstrakten Absolutheitsanspruch fanatischer Gesinnung, wie sie die Révolution Sociale voraussetzt – zu untergraben. So blieb der besessene Geist dieses ausgebluteten Mannes bis zum selbstgewählten Partisanentod intakt. Und es ist für das Geschichtsbild des Delescluze sekundär, ob er diese Leidenschaft, die ihn vorwärtstrieb und am Leben erhielt, in die richtigen Kanäle zu leiten vermochte. Denn wir haben hier kein Urteil zu fällen. Es gibt keinen postumen Prozeß gegen Delescluze. Uns können nur menschliche Eigenschaften interessieren, Eigenschaften, die auf gewisse Qualitäten schließen lassen, die imponierend und subtil genug sind, daß sie Erwähnung und Würdigung beanspruchen können.

Delescluze besaß diese in Revolutionskämpfen seltene Gabe, sich mit allen zu verbinden, auch mit den Internationalisten (die mit Versailles verhandeln wollten, die Kompromisse anstrebten), mit den Blanquisten und Sozialisten Proudhons und schließlich mit den intellektuellen Außenseitern, die ein Unsicherheitsfaktor blieben. Er wollte mit allen revolutionswilligen Kräften eine gemeinsame Aktionsfront gegen den waffenstarrenden, von Bismarck unterstützten, in deutschen Gefangenenlagern gedrillten pseudorepublikanischen, in Wirklichkeit neomonarchistischen Feind in Versailles aufrichten. Nur die Anarchisten, deren Parole »Paris muß brennen« er mißbilligte, schloß er von diesen Überlegungen aus. Was George Orwell rückblickend über die Spanische Bürgerkriegsfront resümierte: »Weltanschaulich sind Kommunismus und Anarchismus polare Gegensätze«, das galt schon für Delescluze und für die Front von Paris.

Dieser zivile Jakobiner besaß die Fähigkeit des Brückenschlagens, des Ausgleichens und Vermittelns, die seltenste Tugend der Revolutionäre, die leider nur die Minorität überzeugte und auszeichnete, während die Majorität, verbissen und blutig zerstritten in Intrigen und Fraktionskämpfen, die Aktionseinheit sabotierte. Eine übermächtige Phalanx von heimlichen und offenen Widersachern. Ein Delescluze zur rechten Stunde, nicht erst 5 Minuten vor zwölf, mit Dombrowski als Kriegsminister und Rossel als Generalstabschef, hätte als Präsident der Kommune vielleicht den Sieg erzwingen können, wenn die Provinz erfolgreich und vertrauensvoll an seiner Seite gekämpft hätte. Aber die versagte aus partikularistischem Ehrgeiz, ebensosehr wie Paris aus polypenhaft zentralistischem Totalitätsanspruch und Sendungsbewußtsein.

So scheiterten sie an ihrer Hybris, jeder auf seinem speziellen Kampf- und Spannungsfeld. Narbonne, Lyon, Marseille: Lokale Aufstände, von Dilettanten angeführt, von Mitrailleusen niedergemäht. Es gab in diesem ganzen Ringen, das, wenn es für die Kommune erfolgreich verlaufen wäre, Europa unter Umständen 100 Jahre blutiger Erfahrung erspart hätte, kein Zentrum, keinen geistigen, politischen und militärischen Mittelpunkt, der von allen Fraktionen respektiert und von der Mehrzahl akzeptiert worden wäre. Das war die Krankheit, deren Verlauf und Ausgang schon am 18. März abzusehen war, als sich der Bazillus Verzögerung in dem Körper der jungen Kommune festhakte.

Vermorel stirbt in der Mairie des 11. Arrondissements, umgeben von einigen Helfern. Ferré umarmt ihn. Vermorel spricht das aus, was die Lage wie kein anderes Aperçu trifft. An stolzen Worten war ja in den unerfüllten Programmen der Kommune kein Mangel gewesen, aber dieses hier ist mehr als nur eine Phrase, mehr auch als ein klangvoller Kommentar, an dem sich die gallische Phantasie berauschen kann, ohne daß die Vernunft bereit wäre, daraus Konsequenzen zu ziehen. Vermorels letzte Worte sind das Vermächtnis der Kommune, dauerhafter als Nekrologe und nachträglich fabrizierte Legenden, Vermorels Worte sind ein Konzentrat der Wahrheit: »Sie sehen, meine Freunde, daß sich die *Minorität* für die Sache der Revolution töten läßt!«

Ein Wort auch in Pyats Ohr, aber der war weit weg vom Schuß und von den letzten Erkenntnissen, die der sterbende Vermorel formulierte. Die Minorität: das waren die Internationalisten, die Marx verteufelt und im Stich gelassen, die er zu spät für ihre Aufgabe präpariert hatte. So wurden sie zur Isolierung gezwungen, in einen Engpaß getrieben, aus dem es nur auf die Barrikaden führte. Leo Frankel, Internationalist aus Ungarn, der Sozialreformer der Kommune – wir erinnern uns an ihn –, kam, von der verwundeten Elisabeth Dimitrieff gestützt, schwer getroffen ins letzte Hauptquartier zurück. Lisbonne wurde lebensgefährlich verwundet und mußte operiert werden. Brunel bekam einen Schuß in die Leistengegend und wurde gelähmt. Das »Jugendbataillon«, mit dem er den Bezirk des Château d'Eau abschirmte, verlor seinen Führer.

Der Kommune blieben am Morgen des 26. Mai nur noch zwei Bezirke, das 19. und 20. Arrondissement und Teile des 11. und 12. Damit war der Widerstand in einzelne Igelstellungen aufgespalten. Intakt blieb nur die Fluchtburg, die proletarische Festung Belleville. Auf sie konzentrierten sich nun die Anstrengungen des Gegners und die Abwehrmaßnahmen der Rest-Kommune. Die Stadt selbst aber wurde von nun an beherrscht vom Gegenterror und von der Vergeltung der Generale.

DIE VERGELTUNG

Jede Reaktion und Restauration, ob es sich nun um einen Faschismus von links oder rechts handelt, braucht einen Buhmann, der den Kleinbürgern die Gehirne vernebeln und ihnen einen eisigen Schrecken über den Rücken jagen soll, wenn dieses Gespenst beschrieben und drohend heraufbeschworen wird. Die Restaurateure aus Versailles erfanden die Petroleusen-Legende, als Paris vor dem Peitschenschwinger Mac Mahon auf den Knien lag und vor der angekündigten Rache des »Befreiers« Thiers zitterte.

Diese »Petroleusen« genannten Frauen der Kommune sollten eine Art Petroleum-Cocktails mixende und werfende Mänaden sein, die jedermann bei ihrer schändlichen Tätigkeit der Brandschatzung in den bürgerlichen Quartieren beobachtet haben wollte. Dieses haarsträubende Phänomen, das seine Parallele in den »Flintenweibern« des Spanischen Bürgerkrieges fand, blieb allerdings eine von den Siegern manipulierte Lüge. Denn als man dann endlich diesen Harpyen einer kranken Phantasie den Prozeß machen wollte, fehlten die Zeugen. Aber nichtsdestoweniger begann gleich nach dem Einmarsch die Hexenjagd auf die Verdächtigen. Schon am 25. Mai, als man noch um die Bastille kämpfte, berichtete ein gewisser Stanley, Oberst und Angehöriger der britischen Mission in Paris: »In der vergangenen Nacht nahm man drei Frauen fest, die brennende Bündel in die Kelleröffnungen der Straße warfen. Natürlich gab es keinen Zweifel. Aus einigen drang bereits der Rauch heraus. Sie wurden in eine Ecke getrieben und erhielten auf der Stelle eine Kugel durch den Kopf.«

Unter dem Zeichen der »Wiederherstellung der Ordnung« betrieb man etwas, was Washburnes Vertrauter Wickham Hoffman den »Wahnsinn der Stunde« nannte. Auch er gab einen entsprechenden Kommentar: »Jede Frau, die eine Flasche trug, wurde verdächtigt, eine Petroleuse zu sein ... Ich glaube nicht an die Petroleumgeschichte, und ich kann mir nicht denken, daß ein Drittel der Bevölkerung daran glaubt. Doch so groß war die Macht der Verdächtigung in jenen Tagen und so groß das Mißtrauen gegenüber den Nachbarn, daß jeder gesetzte und nüchterne Haushälter seine Kellerfenster zumauerte, und wochenlang sah man bei dem herrlichen Sommerwetter kein offenes Fenster in den unteren Stockwerken.«

Und Edwin Child, ein zwanzigjähriger englischer Angestellter in einem Juweliergeschäft, schrieb einen empörten Brief an seinen Vater: »Die Frauen benahmen sich wie Tigerinnen, sie warfen überall Petroleum ... Erschießen ist viel zu gut für diese Teufelinnen.«

Aber die »Hüter der Ordnung« arbeiteten noch mit anderen Mitteln, um die Geister zu verwirren und die Gemüter zu erregen. So verbreiteten sie das Gerücht, daß die verteufelten »Tigerinnen« des Proletariats den Liniensoldaten Giftbecher reichten, wenn diese sich, von Feuer und Rauch bedrängt, von den Frauen anlocken ließen. Ja, sogar die Feuerwehr sollte von diesen »Amazonen der Seine« verführt worden sein und aus den Dampfpumpen, die mit fauchendem Geheul die Brandherde bekämpften, Petroleum statt Wasser in die Flammen der Tuilerien gespritzt haben.

Als der Volksaufstand niedergeworfen war, tauchten plötzlich Pakete von Flugblättern auf, die »Instruktionen« enthielten, die sich auf bestimmte Objekte bezogen mit dem Vermerk »Häuser zum Anzünden« oder »Gut zum Niederbrennen«, plumpe Fälschungen einer haß- und rachsüchtigen Kamarilla, die auch noch nach dem Ende der Kommune einen Ausrottungskrieg gegen die Revolutionäre führen wollte und partiell auch während des sogenannten »Mac-Mahonnat«, also während der Präsidentschaft des »Besiegten von Fröschweiler« und »Siegers vom Père-Lachaise« – wie Zola den Marschall verächtlich nannte – bis zur Affäre Dreyfus mit wechselndem Erfolg führte. Es war die Zeit der größten Erniedrigung, in der der Henker-Marquis Galliffet als Kriegsminister amtierte.

Eine schmutzige Legende, die wieder einmal den Bürgerkrieg als zweifellos niederträchtigste Form der innerpolitischen Auseinandersetzung entlarvt.

Oberst Stanley, der kühle, ironische und innerlich an dem Massaker unbeteiligte, daher auf jeden Fall als neutral anzusehende Engländer hat zu dem Brand von Paris, zu dieser unvermeidlich erscheinenden Katastrophe, deren Ursache allein in den tagelangen Artillerieduellen und Straßenschlachten zu suchen ist, wenn man sich nicht in vage Spekulationen verlieren will, ein schwarzhumoriges Aperçu geliefert: »Die Ausländer werden allgemein beschuldigt, die Tuilerien angesteckt zu haben, denn die Eitelkeit der Franzosen will nicht hinnehmen, daß dies die Tat eines Franzosen sein könne.«

Also hielt man sich an Karl Marx und die Internationale in London, die der liberale Historiker Alistair Horne »eine zwielichtige Körperschaft« nannte. Die Brandstifter hätten ihre »Instruktionen« von dorther bezogen und auf Weisung der Verschwörer in London gehandelt. Auch der Sonderkorrespondent der »Daily News« schloß sich solchen Behauptungen an und beschrieb ausführlich die »drei Techniken«, nach denen die »Petroleusen« laut obiger Anweisung zu Werke gingen.

Die Liquidierungswelle erreichte nun auch die Mitkämpfer, die Sympathisierenden, wobei es nebensächlich war, welcher Gruppe sie angehörten. Es genügte, suspekt, das heißt Sozialist oder liberal zu sein. So traf der Gegenterror am 26. Mai auch den Delegierten Jean-Baptiste Millière. Er war ein ehrenhafter Mann, kein Kombattant, kein Fanatiker, kein »Brenner«, eher ein »Versöhnler« und »Abweichler«, nach heutigem marxistischem Sprachgebrauch ein »Revisionist« des kommunistischen Konzepts. Sein einziges Vergehen: er hatte einige antibonapartistische Artikel verfaßt und er hatte sich, wenn auch sehr distanziert, am Aufstand vom 31. Oktober beteiligt, war in der Nationalversammlung gegen den Friedensvertrag und das antisoziale Mietfälligkeitsgesetz aufgetreten. Millières Engagement galt der Versöhnung der Gegensätze. Aber das zählte nicht in der Rechnung, die der mitleidlose und schamlose Feind präsentierte. Denn General Cisseys »Schlachthaus« im Luxembourg-Park brauchte Nachschub, und so ergriffen seine Schergen den Volksfreund Millière auf dem linken Seineufer.

Die Kanaille, die ihn aufstöberte und sein Schicksal genußvoll schilderte, hieß Hauptmann Garcin – später wurde er General. Es war derselbe Offizier, der nachher in der großen Säuberungsaktion einen falschen Billioray, einen zufällig des Weges kommenden Geschäftsmann füsilieren ließ, der dem Mitglied des Zentralkomitees ähnlich sah. Man erkennt auch an diesem Willkürakt die Praktiken der Ordnungshüter, die nun mit ihren Gegnern Tabula rasa machten.

Garcin berichtete am Kasinotisch über den Vorgang – und es ist schon damals die Sprache der Henker von Auschwitz, die Sprache des Barbarismus, die zynische Verleugnung humanitärer Gesinnung:

»Wir frühstückten gerade mit dem General im Restaurant Tournon neben dem Luxembourg. Wir hörten einen großen Lärm und sind hinausgegangen. Millière wurde vorgeführt. Man sagte mir: ›Das ist Millière.‹ Ich paßte auf, daß die Menge ihn nicht lynchen konnte. Er ist nicht in den Luxembourg hineingekommen, er wurde vor der Tür festgenommen. Ich ging zu ihm hin und fragte ihn: ›Sie sind sicher Millière?‹ ›Ja, aber Sie wissen nicht, daß ich Abgeordneter bin.‹ – ›Das ist möglich, aber ich glaube, daß Sie Ihr Mandat in diesem Augenblick verloren haben. Übrigens, unter uns ist ein Abgeordneter, der Sie erkennen wird, Herr von Quinsonas.‹ Ich sagte dann zu Millière, daß er auf Befehl des Generals erschossen werden sollte. Er fragte mich: ›Warum?‹ Ich habe ihm geantwortet: ›Ich kenne nur Ihren Namen, aber ich habe Artikel von Ihnen gelesen, die mich geärgert haben. Sie sind eine Viper, die man zertreten muß. Sie hassen die Gesellschaft.‹

Er unterbrach mich, indem er mit einem unverschämten Gesichtsausdruck sagte: ›O ja, ich hasse *diese* Gesellschaft.‹

›Nun gut, dann wird *diese* Gesellschaft Sie von ihren Brüsten entfernen. Sie werden durch die Waffen gerichtet werden.‹

›Das ist eine summarische Justiz, das ist Barbarei, Grausamkeit.‹

›Und all die Grausamkeiten, die Sie begangen haben, zählen nicht? Auf jeden Fall gibt es von dem Augenblick an, da Sie sagten »Ich bin Millière« nichts Dringenderes zu tun, als Sie zu erschießen.‹

Der General hatte befohlen, daß er auf den Stufen des Panthéons füsiliert werden sollte, auf den Knien, um die Gesellschaft um Verzeihung zu bitten für alles, was er ihr angetan hatte. Ich habe zu ihm gesagt: ›Das ist die Order, Sie werden auf den Knien füsiliert und nicht anders.‹

Er hat sich geweigert, niederzuknien. Er hat ein bißchen Komödie gespielt, hat seine Jacke aufgeknöpft und seine Brust dem Peloton gezeigt. Ich habe zu ihm gesagt: ›Sie spielen hier ein Schmierentheater, Sie wollen, daß man sagt, wie mutig Sie gestorben sind. Sterben Sie ruhig, das ist besser.‹

›Ich bin frei in meinen Entschlüssen und auch in diesem Fall. Ich kann tun, was ich will.‹

›Meinetwegen, aber jetzt knien Sie nieder.‹

Da sagte er: ›Ich werde mich nicht niederknien, nur, wenn Sie mich auf die Knie zwingen.‹

Ich ließ ihn von zwei Soldaten auf die Knie werfen, und wir haben seine Exekution durchgeführt. Er hat gerufen: ›Es lebe die Menschlichkeit!‹ Er hat auch noch etwas anderes gerufen, als er sterbend zusammenbrach. Ein Soldat stieg die Stufen hinauf, näherte sich dem Toten und schoß ihm mit dem Gewehr in die linke Schläfe. Der Kopf Millières prallte zurück und zerplatzte, schwarz von Pulver. Der Schuß hatte ihn nach hinten gedreht, so daß er die Vorderseite des Panthéons anzusehen schien.«

»Es lebe die Menschlichkeit!«: Dieser Ausspruch Millières besagt zweierlei, nämlich: »Ich lebe ebenso für die Freiheit der anderen Völker wie für die Freiheit Frankreichs.« Er will außerdem darauf hinweisen, daß der Tod für die Humanität, der Kampf um Paris, der Aufstand der Elenden 1871, wie 1848, wie 1793 zu Beginn der Kette revolutionärer Explosionen, für alle Unterdrückten aller Länder erlitten und geführt wurde.

Der 26. Mai war auch der Tag, als der Regen kam; und von den großen Feuern, zwischen die Sieger und Besiegte, zu gespenstischen Schattenexistenzen deformiert, geraten waren, blieb nur noch stinkende Asche. Aber das Gemetzel ging weiter. Denn noch hielten die proletarischen Festungen Belleville und Ménilmontant dem ungeheuren Druck zehn- und hundertfacher Übermacht stand. Oft standen ein paar Dutzend Kommunarden einem ganzen Regiment gegenüber, und zehn Geschütze von der Buttes-Chaumont duellierten sich mit 100 Kanonen der Versailler. So sah das Kräfteverhältnis an diesem Tag der Geiselmorde – Morde auf beiden Seiten – aus. Es war ein hoffnungsloses Stalingrad für die Belagerten, die sich nun zu den Gräbern des riesigen Père-Lachaise zurückzogen, um hinter den barocken Engeln der Monumente Stellung zu beziehen.

Paul Verlaine, der so lange im Presseamt der Kommune eine scheinrevolutionäre Tätigkeit ausgeübt hatte, verbrachte die letzten Kampftage in seiner Wohnung. Er hatte sich dort, nachdem seine Frau zu ihren Eltern zurückgekehrt war, mit Madame Verlaines attraktivem Dienstmädchen eingeschlossen, war mit Verführungskünsten beschäftigt und hoffte, unentdeckt zu bleiben. Aber seine ehemaligen Gefährten stöberten ihn in seinem Elfenbeinturm auf und suchten bei ihm Unterschlupf zu finden.

»Sie waren schwarz von Staub und Pulver, kamen von einer Barrikade ganz in der Nähe und baten mich um Asyl. Natürlich nahm ich sie zu mir, und wir begannen mit der Einäscherung von Hosenstreifen und der Vernichtung von Käppis, ebenfalls durch Feuer. Die Metallknöpfe warfen wir in den Abort und ergriffen weitere Vorsichtsmaßnahmen gegen eine mögliche Durchsuchung. Von Waffen und Munition war nicht mehr die Rede; sie hatten sie unterwegs fortgeworfen.«

Dann bewirtete sie der Dichter, gemeinsam schäkerten sie mit dem hübschen Mädchen; spät in der Nacht beobachteten sie vom Balkon, wie ein Bataillon der »Rächer von Flourens«, eine Jugendbrigade, die nach dem ersten gefallenen Führer der Kommune, Gustave Flourens, benannt war, aufzog.

»Jungen von fünfzehn, sechzehn Jahren, als Schützen der kaiserlichen Garde gekleidet, schwarz-grüne Uniform, Zuavenhosen und ein breiter weißer Gürtel; forsch sahen sie aus, allzu forsch, aber am nächsten Tag wurden sie bis zum letzten Mann auf der Barrikade am Pont d'Austerlitz getötet.«

Jeder Einwohner von Belleville, von der Buttes, aus Ménilmontant, vom »Kalvarienberg« des Montmartre, war nun ein Partisan. Der Kampf verschonte keinen. Der Gegner unterschied nicht mehr zwischen regulären Soldaten der Nationalgarde und Zivilisten. Hier war zu später Stunde in der Tat ein Volk in Waffen aufgestanden, um einem blindwütigen Gegner entgegenzutreten, der keine Gnade kannte, kein Pardon geben wollte. Belleville und die anderen Bezirke des 20. Arrondissements mit seinem tatkräftigen Bürgermeister Gabriel Ranvier, einem Mitglied des Sicherheitsausschusses, der überall eingriff und den Männern neuen Mut einflößte, waren, wie in jüngster Geschichte Madrid, dann Leningrad, Warschau und Budapest, Arenen der Hoffnung und des Heroismus geworden. Ranvier war der einzige der noch aktiven Delegierten der Kommune. Er wurde, so preist ihn Lissagaray, »in dieser Agonie zur Seele von Villette und Belleville«.

Aber was nützte das? Eine Wendung der Situation konnte auch die 395. (!) und letzte Proklamation der Kommune nicht mehr bringen. Sie verriet zwar etwas über den Todesmut Ranviers und seiner Handvoll Getreuen, aber wer sollte die Maueranschläge noch lesen, falls es wirklich gelang, sie an die zerfetzten Mietskasernen anzukleben?

»Bürger des 20. Arrondissements! Wenn wir nachgeben, so wißt ihr, welches Los uns erwartet. Zu den Waffen! Wachsamkeit, vor allem nachts! Ich bitte euch, die Befehle getreu auszuführen. Leiht eure Kräfte auch dem 19. Arrondissement, helft ihm den Feind zurückzuschlagen. Dort ist unsere Sicherheit. Wartet nicht, bis Belleville selbst angegriffen wird, und Belleville wird noch einmal triumphieren. Vorwärts, es lebe die Republik!«

Die wütende, vom Blutrausch stigmatisierte Menge war nun entschlossen, den Tod der noch verbliebenen Geiseln zu erzwingen. An diesem Abend der Massaker sah man gegen 6 Uhr die 50 am 18. März festgenommenen und ins Gefängnis La Roquette geworfenen Priester, Gendarmen und als »Polizeispione« verdächtigten Zivilisten auf ihrem letzten Gang. Eine Schwadron der »Enfants perdus«, die von General Eudes dem Kommandanten Emile Gois als Begleitmannschaft mitgegeben wurde, sicherte den Zug vor der amoklaufenden Menge, die hysterisch schreiend die Auslieferung der Gefangenen verlangte, um sie in einem Schnellverfahren der Selbstjustiz zu massakrieren.

Hier gelang es Eugène Varlin noch einmal zu intervenieren und einen Vollstreckungsaufschub zu erwirken, aber er gefährdete dabei sein eigenes Leben. Die Versailler haben es ihm dann schlecht gelohnt und ihn, als sie ihn am 28. Mai im Kampf stellten, grausam mißhandelt und schließlich wie ein Vieh abgeschlachtet.

Als erster wurde der bankrotte Bankier Jecker vorgeführt. Dieser Spekulant und Abenteurer galt nicht nur bei der Kommune als Hauptschuldiger für das Unternehmen Mexiko, das dem ehrgeizigen, aber dilettantischen Kaiser Maximilian von Napoleons Gnaden das Leben kostete, aber seinen Marschall Bazaine, der für das militärische Fiasko im Kampf mit Benito Juarez und seinen Indianertruppen verantwortlich war, ungeschoren ließ.

Jecker also wurde zum Père-Lachaise eskortiert. Er hatte mit dem Leben abgeschlossen. Als skrupelloser Verfechter des finanziellen Abenteuers kannte er auch die tödlichen Folgen einer Fehlspekulation. Man sagte, daß er ein völliger Nihilist, Zyniker und Karrierist sei und so jedes Leben, auch das eigene, geringschätzte. Diese Einstellung zur Existenz verlieh ihm die Haltung, die Nichtachtung dessen, was nun mit ihm und um ihn herum geschah, eine Haltung, die Millière nur aufgrund seiner Überzeugung vom Sieg der Humanität gelingen konnte, eine Sicherheit, die den Kämpfern der Kommune wie Flourens, Delescluze, Dombrowski und Vermorel – um nur einige sehr verschiedene Charaktere auf der breiten Skala des verwegenen Mutes zu erwähnen – nur aus dem Wissen um die gerechte Sache, für die sie fielen, gegeben wurde. Jecker also ging kaltblütig, von seinem mexikanischen Abenteuer plaudernd, zu seiner Hinrichtungsstätte in die Rue de la Chine.

»Ach, ich habe dabei kein gutes Geschäft gemacht, diese Leute dort haben mich bestohlen.«

Als er vor das Peloton zitiert wurde und an die Mauer trat, sagte der Kommandant: »Wollen Sie hier erschossen werden?«

»Meinetwegen, wie Sie wollen«, antwortete Jecker ungerührt. Er fiel unter der Salve ohne Laut. Sein Gesicht bedeckte man mit seinem Hut, heftete einen Zettel mit seinem Namen an die Krempe und warf den Leichnam in eine Grube.

Dann begab sich Gois, der sich als Nachfolger des toten »Procureurs« Rigault und »Präsident« des Schnellgerichts ausgab, zu dem Gros der Hinrichtungsprozession, die nun die Rue Haxo an der Stadtmauer von Paris erreicht hatte. Von jenseits der efeubewachsenen, fast sechs Meter hohen Mauer konnten die Opfer und ihre Henker Klänge von Walzermusik hören, die von den Akkordeons der preußischen Soldaten aufstiegen. Hier im Osten des Pariser Ringes waren ja die Deutschen zuständig. Hier hatten sie entgegen den Friedensvertragsbestimmungen ja auch zusätzlich 10 000 Mann zusammengezogen, um einen Massenausbruch der eingekesselten Kommune zu verhindern. Hier demonstrierten sie die »brüderliche Zusammenarbeit«, das heißt in diesem Fall: militärische Assistenz der Truppen Mac Mahons. Sie griffen zwar nicht in das Massaker ein, aber ihre verstärkte Präsenz war nichtsdestoweniger ein kriegerischer Akt. Er exemplifizierte, wie das Schlagwort von der Neutralität zur heuchlerischen Phrase werden kann. Wenn überlegene Mächte von der Nichteinmischung reden, ist die Intervention gemeint, dann stinkt es nach Verrat und Terror.

Nun waren sie auf ihrem Kalvarienberg angelangt – diese 50 unschuldig Schuldigen und letzten Opfer der Kommune, die nicht gefallen wären, wenn Thiers und seine scheinrepublikanische Regierung, die in Paris allerdings nur als Militärjunta auftrat, von Anfang an das Gebot der Humanität geachtet hätte. Aber von der Ermordung Duvals und Flourens bis zu dieser Stunde Null an der Stadtmauer von Belleville zieht sich die Blutspur, die Versailles ebenso schuldig spricht wie die Ausführenden dieses Verbrechens.

Die Exekution vollzog sich ohne Befehl und ohne Kommandeur. Es war eine »spontane« Hinrichtung, das heißt: alle, die eine Waffe trugen, schossen auf die an der Mauer zusammengedrängte Schar der Geiseln, bis die Munition verbraucht war. Als das Fest des Mordens vorüber war, hatte sich die Zahl der Massakrierten um einen Unbekannten vermehrt.

Als man dem »Präsidenten« Gois davon Mitteilung machte, daß man eine Leiche über das Soll gezählt hätte, bemerkte er lakonisch: »Das ist entschieden eine zuviel.« Tatsache war, daß die blindwütig Umsichschießenden in dem regellosen Gemetzel einen der ihren getroffen und getötet hatten.

Auch einige »enfants perdus« wurden schwer verwundet. Es waren in der Tat »verlorene Kinder«, denn sie überlebten dieses blutige Fest nur um einen Tag. Am Sonnabend, den 27. Mai, erreichten die Angriffsspitzen der Division Vinoy im Morgengrauen den Friedhof Père-Lachaise. Neben der Buttes-Chaumont war er der letzte befestigte Stützpunkt, der Ranvier und seinen Leuten geblieben war. Während Mac Mahons Eliteeinheiten zum Sturm auf die Höhen der Festung Belleville antraten, räumten Vinoys Linientruppen Stein für Stein und Monument auf Monument von den verbissen aus ihrer Dekkung schießenden Kommunarden. »Die Gegner kämpften und starben in denselben Kellern, und die Dunkelheit beendete nicht das Wüten ihrer Verzweiflung.«

Vergleiche aus der biblischen, der alttestamentarischen Geschichte bieten sich an. Für einen Augenblick der kollektiven Erinnerung lösen sie sich aus der Erstarrung, in der sie zu Bildungsrelikten, zu pädagogischem Lehrstoff, zu Symbolen der religiösen Propaganda degradiert wurden, und kehren nun in das Bewußtsein der Nachfolgegenerationen zurück: Sodom, Gomorrha, Dantes Inferno, Katharsis und Purgatorium, Vorstellungen, die kaum von der Wirklichkeit des 20. Jahrhunderts und seiner im Ausmaß unübersehbaren Katastrophen überholt und in den Schatten zurückgedrängt wurden.

Während sich die kleine Gruppe der zum kollektiven Selbstmord entschlossenen Mitglieder der Kommune in ihrer Fluchtburg, der Mairie des 20. Arrondissements, versammelte und dort undurchführbare Aktionen diskutierte, wälzte sich der Strom der regulären Truppen unaufhaltsam gegen die Bastionen von Belleville, wo die Mitrailleusen der Verteidiger allmählich verstummten: die Kanoniere gefallen, die Munition verschossen, die Rohre geborsten, die Laffetten im Schlamm des immer heftiger niedergehenden Frühlingsregens versunken. Und während Jules Allix, der Erfinder des »preußischen Fingers«, neue

Wahnsinnsprojekte vortrug – er wollte den verhaßten Feind aus dem Imaginären heraus von hinten angreifen, die Versailler aus der ausgebrannten Innenstadt herauslocken und mit einer Handvoll Männer, einem »Himmelfahrtskommando«, in diesen leeren Raum vorstoßen –, während sich die letzten Getreuen um Ferré, Varlin, Ranvier, Jourde und Trinquet scharten, legten Tausende die Waffen nieder. Mit der kämpferischen Moral brach auch der Mut der Verzweiflung zusammen. Wer eine Chance des Überlebens witterte, schlich sich von den Brennpunkten weg, streifte die zerfetzte, von Flammen versengte Uniform ab, verkroch sich in Trümmern und Kellern und kam erst wieder zum Vorschein, als die Razzien der Rächer vorüber, die Hinrichtungskommandos zu lohnenderen Fangplätzen weitergezogen waren.

Wie mit einem riesenhaften unsichtbaren Netz fingen die »Sieger vom Père-Lachaise« die führerlos gewordenen Herden der Geschlagenen ein und warfen ihre Beute gegen die Mauern der Lobau-Kaserne und des Friedhofes, wo pausenlos die Salven der Pelotons knallten und den Rest der Revolution hinwegfegten. Während des ganzen Sonntags, der diese Blutwoche des gescheiterten Volksaufstandes mit einer schaurigen Gloriole umgab, hielt das Gemetzel an.

Zweihundertsiebenundzwanzig fielen allein in La Roquette dem Generalsbefehl zur »Wiederherstellung der Ordnung« zum Opfer, zufällige Opfer, die in dieses fängisch gestellte Netz geraten waren, nur weil sie obdachlos auf der Straße umherirrten. Die Regel, daß nur der mit einem Gewehr in der Hand angetroffene Zivilist als Franktireur, als Partisan anzusehen und zu füsilieren war, galt längst nicht mehr. Hier wurde reiner Tisch mit allen Verdächtigen gemacht und ganz nebenbei auch private Rache geübt, wurden alte Rechnungen blutig präsentiert und den von der Tünche der Zivilisation kaschierten, nie ausgelebten Instinkten Vollmacht erteilt.

Alphonse Daudet, der, wie die Mehrzahl der Intellektuellen, das Geschehen aus der Distanz, aus seinem sicheren Versteck beobachtete, fand poetisch verklärende Worte für das Bacchanal der Sieger, und während er das »Grollen der Kanonen und Mitrailleusen« im fünfundzwanzig Kilometer entfernten Champrosay mit einem Schiff in Seenot verglich, das seine sos-Rufe in den Sturm funkt, widmete er der untergehenden Kommune einen Nekrolog von visionärer Kraft:

»Ich spürte, wie die Kommune, dem Scheitern nahe, ihr Notsignal abschoß. Mit jeder Minute sah ich die Flut steigen, die Bresche größer werden, und unterdessen fuhren die Männer im Stadthaus fort zu dekretieren; dann eine letzte Woge, und das große Schiff sank – mit seinen roten Bannern, seinen goldenen Schärpen, seinen Delegierten in Anwaltsroben und Generalsuniformen, seinen Amazonen in Gamaschen und Federbüschen, seinen Zirkussoldaten, ausstaffiert mit spanischen Käppis, garibaldinischen Hauben, seinen polnischen Lanciers und Phantasietürken, betrunken, rasend, singend.«

Alles ist in diesem Kolossalgemälde festgehalten, was zum Wesen dieser phantastischen und fanatischen Revolte des Proletariats und seiner kleinbürgerlichen Mitläufer gehörte. Wir erkennen in den »Zirkussoldaten« Gustave Flourens und seine »Vengeurs de Flourens« wieder. Wir sehen noch einmal die tapferen Gestalten Dombrowskis und Wroblewskis mit ihren »polnischen Lanciers« aus den Blutnebeln der mit Feuer übergossenen Seine auftauchen. Aber das Stadthaus, zu dieser Stunde längst ein glühender Meiler, dessen Fackel ausgelodert war, wurde mit der kümmerlichen Mairie des letzten Arrondissements, das die Kommune halten konnte, getauscht. Hier führte Ranvier, der Bürgermeister, das Wort. Er schnitt es dem von seinen Wahnbildern besessenen Allix brüsk ab und rief den apathisch gewordenen Delegierten zu: »Geht und kämpft, statt zu reden!«

Allix schlich sich davon, er lebte nur für seine Projekte, von denen das skurrilste Pariser Geschichte machte, einen Einfall Münchhausens parodierend. So grotesk waren die Ideen dieser Männer, die alle in diesem seltsamsten Eintopf der Revolution ohne Programm verkocht wurden, einig nach der Spaltung nur im Widerstand gegen den kollektiven Tod, gegen die pauschale Rache.

Daß der methodische Wahnsinn auch in der modernen Kriegsgeschichte noch Schule machen kann und eifrige strategische Apologeten findet, illustriert ein zuverlässiger, durchaus ernst zu nehmender Bericht aus Vietnam, den eine große deutsche Wochenzeitung im Oktober 1968 publizierte. Da wird – und das ist kein Aprilscherz – die offensichtlich von Orwellschen Phantasien inspirierte Geheimwaffe der auf Nordvietnamesen abgerichteten und gegen sie als Agenten eingesetzten Wanzen beschrieben:

»Eine wohlentwickelte Wanze, gut gelaunt, aber leicht hungrig, sollte nach Ansicht nordamerikanischer Entomologen die Fähigkeit entwickeln, Freund und Feind zu unterscheiden. Bei der geringsten Witterung eines vertrauten Nordvietnamesen stößt die hungrige Wanze nämlich einen fröhlichen Jodler aus. Für das normale Menschenohr nicht vernehmbar, läßt sich der Wanzenlustschrei elektronisch so verstärken, daß auch die Herren vom Erkennungsdienst ihn hören und bei der Durchmusterung einsamer Dörfer dank dem Spürsinn der Tiere Freund und Feind unterscheiden können ...«

Noch grotesker sind die zum Streifendienst als Brückenwache an den gefährdeten Saigoner Brücken eingesetzten Gänse. »Was man von ihnen erwartet, ist, daß sie während der nächtlichen Ausgangssperre Dunkelmänner, die die Brücke überschreiten wollen, mit durchdringendem Geschrei anzeigen. Da auch amerikanische Soldaten gelegentlich Appetit auf Gänsebraten verspüren, hat man ihr Gefieder leuchtend rot gefärbt und ihnen eine eigene »task-force« zur Verfügung gestellt, unter Führung des Oberleutnants Steven Schreiner von der Y-Brigade des strategischen Dienstes ...«

Die Vietkong sind ihrerseits nicht weniger erfindungsreich. Sie haben »im Tierkrieg im Mekong-Delta eine besonders teuflische Art von Fallen konstruiert: Tritt ein amerikanischer Stoßtruppler auf ein verstecktes Brett, entlädt sich von oben ein Korb voller Giftschlangen über seinen Kopf.« Der einzige, nicht wegzuleugnende Unterschied zwischen diesen Praktiken und den Vorschlägen des irren Delegierten der Kommune Jules Allix ist die Tatsache, daß er schließlich in eine Klapsmühle gesteckt wurde. Die Vietnamstrategen operieren mit ihren Methoden hundert Jahre nach dem Intermezzo der Kommune und in Richtung auf das Fernziel der Gesellschaft des zwanzigsten Jahrhunderts: den Atavismus der Atomzeit. –

Als im Herbst 1870 die Preußen vor den Festungswällen erschienen und an die Porte de Saint-Cloud klopften, als ihre Krupp-Geschütze die Rohre auf Paris drehten und die ersten Granaten in die von der Niederlage bei Sedan und Metz paralysierte Stadt fielen, war dieser Allix mit einer »Wunderwaffe« zur Stelle, ein wahrer Hexenmeister. Sein Projekt: Die zehn Bataillone »Amazonen der Seine«, die ein gewisser Kommandant Belly aufstellen wollte, sollten mit sogenannten »preußischen Fingern« ausgestattet werden. Ein verführerischer Finger in der Tat, mit dem die Pariser Frauen ihre Tugend verteidigen sollten. Denn diese Megären der Volkswut sollten den Feind nicht mit Sirenentönen in ihren Bann ziehen und unschädlich machen. Sie sollten ihm nur »einen Finger reichen«, einen Finger allerdings, auf dem ein mit Blausäure vergifteter Stift befestigt werden und dem so Verführten unter die Haut gehen sollte.

»Der Preuße kommt auf Sie zu. Sie strecken Ihre Hand aus, stechen ihn. Er ist tot, und Sie sind rein und beruhigt.« Das war ein einfaches, plausibles Rezept. Belly kassierte Vorschuß. Allix feierte sich als Held des Tages, und die 15 000 Amazonen, die sich für diesen patriotischen Zweck registrieren ließen, warteten auf die erste Lieferung der »preußischen Finger«, die nie erfolgte, weil die damals bürgerliche Regierung rechtzeitig einschritt, um dem Spuk des wahnsinnigen Allix ein Ende zu machen.

Es gab dann »Amazonen«, die wirklich zu kämpfen wußten, aber mit dem Chassepot im Anschlag, hinter der Mitrailleuse und auf der Barrikade. Aber das waren die Partisaninnen Louise Michels und Elisabeth Dimitrieffs, keine Sirenen mit vergifteten Fingern.

Dennoch erschien Allix nach dem 18. März wieder auf der politischen Bühne und avancierte als Delegierter des 8. Arrondissements zum Mitglied der Kommune, wo er – wie wir bemerkten – erneut Narrenfreiheit genoß, bis er schließlich im Irrenhaus endete. Auch diese Episode beleuchtet mit ihrer Hektik die Variationsbreite und die Vielfalt der heterogenen Elemente, die das Konglomerat der Kommune verkraften mußte, wenn sie bestehen und überleben wollte. Sie gab Scharlatanen und Magiern, Schwindlern und Helden eine Chance und verzehrte sich in der Unvereinbarkeit dieser divergierenden Kräfte, die sie auseinanderrissen.

Aber ein Phänomen ist vor allem bemerkenswert, denn es beschämt die Theoretiker des Klassenkampfes und ihre brudermörderischen Praktiken, wie sie dann der Stalinismus in äußerster und absurder Konsequenz herausgebildet hatte. »Die Spionenkrankheit, die russische Syphilis« – wie Gustav Regler in seinem zeitgeschichtlich autobiographischen Roman »Das Ohr des Malchus« diesen Prozeß der Selbstzersetzung genannt hat –, zerfraß die intakten Kader der Kommune, bevor sie eingesetzt werden und sich bewähren konnten.

Im Sterben hielten die Fraktionen, die sich so erbittert bekämpft und in diesem Zwist die Niederlage der Revolution heraufbeschworen und verschuldet hatten – einer Schuld, von der sie keine nachträgliche Glorifizierung von Marx bis Lenin freisprechen kann –: im Sterben und im Kampf mit der Waffe gegen den parlamentarischen Bonapartismus der Restaurationsregierung der Thiers, Mac Mahon und Galliffet hielten sie zusammen. Noch das letzte Aufgebot zeigt diese Gemeinschaft der über alle Mißverständnisse, über alle, auch die verschrobensten Ideologien hinweg sich brüderlich schlagenden Kommunarden. Das letzte Aufgebot, das keine Differenzierung im Angesicht des Todes mehr zuließ, das keine Unterschiede mehr zwischen Jakobinern und Internationalisten, zwischen Blanquisten und Proudhonisten – wie Engels die beiden Fraktionen der Majorität und der Minorität bezeichnet hatte – kannte. Die Spur des Todes löschte die Programme. Sie vereinte das Getrennte. Sie band das haßvoll ineinander Verstrickte. Dieses Phänomen gab dem Kampf recht. Es war der Triumph der Revolution gerade in ihrer unvermeidlich gewordenen Niederlage. In der Agonie wurde die Spaltung aufgehoben, das Trennende eliminiert: Die Gruppe Ferré, Varlin, Ranvier, Jourde und Trinquet, Erzjakobiner und Gemäßigte, auf engstem Raum zusammengedrängt, in einem Zipfelchen von Paris eingeschlossen, in der Feuerflut wie auf einer Arche dem Styx entgegentreibend.

Wie anders verliefen die folgenden Episoden des Klassenkampfes, der ja nach dem Willen seiner Apologeten ein unaufhörlicher, kontinuierlicher und notwendiger, nie beendbarer gesellschaftlicher Prozeß der Menschheitsgeschichte sein soll, der es ad infinitum bleiben wird, trotz der Saturierung des Proletariats, trotz seiner Degenerierung zum gesellschaftserhaltenden, perfekten Kleinbürgertum! In beiden Wirtschaftsordnungen und Staatsformen – den kapitalistischen sowohl wie den kommunistischen – vollzieht sich dieser Strukturwandel in einem ständigen, von den Beteiligten zuerst oft kaum bemerkten Prozeß der Anpassung. Wir müssen uns davor hüten, differenzierende Begriffe schematisch anzuwenden, müssen viel eher darauf bedacht sein, sie als Hilfsbegriffe zu kennzeichnen und gelegentlich auch mit dem Zusatzwort »pseudo« in Frage stellen. Denn wir erkennen im Augenblick lediglich Übergangsformen, Zwischenstadien der Entwicklung. Und es bahnt sich eher eine Verschmelzung als eine Trennung dieser Begriffe an, jedenfalls keine eindeutig nachvollziehbare Trennung, die eine Unterscheidungsmöglichkeit zuließe. Es gibt nur fließende Grenzen, schillernde Profile, kaum markierbare Differenzierungen. Wenn wir diese gegensätzlichen Wirtschafts- und Gesellschaftsformen als Grundmuster akzeptieren, so müssen wir auch mit ihren Grundformen, also mit den geschlossenen Blockbildungen, manipulieren. Aber schon entsteht ein uniformes Geschichtsbild, das im Detail nicht stimmen kann. Vorsicht in der Formulierung! So verlockend Schemata sind – eben weil sie Vereinfachungen zulassen –, so gefährlich, irreführend sind sie auch.

Ein junger Theoretiker der »dritten Kommune«, der intellektuellen, studentischen Opposition gegen das »Establishment« – auch ein peinliches Behelfswort! – Bernd Rabehl, formulierte in einer Situationsskizze zum Kampf der Kommune in Paris und zum Klassenkampf in der Jahrhundertgesellschaft präzise, worum es damals ging und worum es heute wieder – oder noch – geht. Die Fakten decken sich. Die Fronten sind dieselben geblieben:

»Der Sinn der These, daß die außerparlamentarische und antiautoritäre Opposition dort anzuknüpfen habe, wo vor 100 Jahren die Arbeiterbewegung ihren Ausgangspunkt genommen hat, ist darin zu sehen, daß man in der Gegenwart, beim Stand der Industrialisierung und der Automation, sich nicht vertrauensvoll dem Programm einer »sozialistischen« Partei anschließen darf oder Illusionen über die parlamentarischen Auseinandersetzungen hegen kann, sondern allein die direkte Aktion gegen die irrationale Herrschaft in Fabriken, Universitäten, Schulen etc., werden sie von den je spezifischen Gruppen durchgeführt, kann ein Bewußtsein darüber schaffen, daß diese spätkapitalistische Gesellschaft ersetzt werden muß durch eine sozialistische Gesellschaft, in der alle Produzenten, ob Arbeiter oder Studenten, an den sozialen und wirtschaftlichen Entscheidungen beteiligt sein müssen.«

Ersetzt man nun in diesem »Parallelogramm der Kräfte« »spätkapitalistische Gesellschaft« durch »frühkapitalistische«, das heißt auch »vorimperialistische«, so stand die Kommune 71 vor dem gleichen Problem der »direkten Aktion«. Sie mußte sich ihre Symbole schaffen. Was sie nun als symbolische Handlungen gegen die bürgerlich-bonapartistischen Unterdrücker vortrug und ausführte – wie die Zerstörung der Vendôme-Säule und das Verbrennen der Museums-Guillotine –, ähnelte in der Geste den pubertär-revolutionären Empfehlungen, wie sie Rudi Dutschke in seinem Aufsatz »Die Widersprüche des Spätkapitalismus, die antiautoritären Studenten und ihr Verhältnis zur Dritten Welt« anführte.

Auch Alain Geismars Genugtuung über den Brand der Pariser Börse während der kritischen Maitage 1968 gehört in diese Kategorie: »Die Börse hat für uns einen symbolischen Wert.« Er ist die gleiche infantile Befriedigung, die »General« Bergeret empfand, als er sein »Werk«, die Brandschatzung der Tuilerien, betrachtete. Eine pyrotechnische Meisterleistung. Die Wahnsinnstat eines politischen Paranoikers. Dutschke dekretiert: »Das Maß an Irrationalität, das im Werfen von Eiern und Tomaten steckt, ist nicht die zur Gewalttätigkeit als Selbstzweck drängende Irrationalität der Faschisten, sondern die surrealistische und provokative Versinnlichung der Irrationalität einer Gesellschaft, die die Bedeutungslosigkeit politischer Vernunft und der Sprache der Humanität dadurch dokumentiert, daß sie ihr eine Hyde-Park-Ecke zur Verfügung stellt. Wenn sich zudem zeigt, daß die die eigene Ohnmacht ausdrückende Karikatur von Gewalt in Form von Eiern und Tomaten den sich tolerant gebenden Gewaltapparat dazu provoziert, die demokratischen und rechtsstaatlichen Formen beiseite zu lassen und ungeschminkt zur Sache zu kommen, eben zur Gewalt über Menschen, so leistet diese provozierende Irrationalität offenbar mehr an politischer Aufklärung als die meisten politischen Podiumsdiskussionen.«

Kein Zweifel, es ist nicht der beste Stil, der in dieser »Geschichte der Krise an der Freien Universität Berlin« geschrieben wird, er unterscheidet sich in seiner knöchernen Gewichtigkeit kaum von dem verbeamteten Funktionärsdeutsch der Kanzleien und der parlamentarischen Apparatur. Aber zur Materie selbst: Diese avisierte »Dritte Welt« ist dann allerdings erst in unserer zweiten Jahrhunderthälfte ins Blick- und Spannungsfeld getreten und als politischer Faktor brisant geworden. Denn die erste Hälfte des 20. Jahrhunderts war mit der Tabula rasa der »Zweiten Welt« ausgefüllt und ließ kein Übergreifen der Problematik auf andere »Welten« zu, richtiger: diese Machtkämpfe untereinander verhinderten, daß das Problem der »Dritten Welt« akut werden konnte.

In der zur Parteibürokratie erstarrten Revolution wurde aus dem emanzipierten Proletarier ein reaktionärer, seinen jeweiligen roten, braunen und schwarzen Diktatoren ergebener Kleinbürger und Strammsteher im Westentaschenformat. Denn in der sogenannten »spätkapitalistischen Gesellschaft« vollzieht sich ebenso wie in der konterrevolutionären Phase des Poststalinismus und parallel zu diesem Prozeß der Anpassung die Integrierung der Opposition in den von einer hochentwickelten Wirtschaft garantierten Lebensstandard. Damit verliert die Revolution ihre Impulse, ihre Dringlichkeit, sie gleicht einem Bomber ohne Triebwerk. Dieser bestürzende Vorgang diktiert den europäischen Maoisten, Fidelisten und Guevaristen sein Gesetz des Handelns, das heißt: er paralysiert ihre revolutionäre Aktivität, er zwingt sie, sich mehr oder weniger mit »symbolischen Aktionen« zu begnügen. Darin liegt die neurotische Komponente, aber auch die skurrile Tragik der Mini-Cocktails aus Tomaten und Eiern. Sie werden zu mythisierten Relikten der Revolutionsgeschichte und belegen in ihrer

Legende den Platz der imaginären Petroleumflaschen der »Amazonen von der Seine«.

Intellektuelle, Studenten und Deklassierte aller Berufsschichten bildeten im rebellischen Frühling 1968 das explosive Ferment des neuen Proletariats.

»Die Ideologie der Studenten, noch ungeformt, aber in der Kristallisierung begriffen, erscheint als ein Mischmasch aus Ideen von Lenin, Mao, Castro, Sartre, Marcuse und Rosa Luxemburg«, resümierte Peter Nettl in seiner Rosa-Luxemburg-Biographie.

Diese »Vorausabteilungen« der neuen Kommune rekrutieren sich — Nettls Analyse zufolge — »aus Gesellschaftsschichten, denen das politische und soziale Denken bisher nie eine spezifische Rolle zuerkannt hat, die bisher nie spezifische politische Institutionen entwickelt haben. Jugendliche, und zwar zumeist Studenten, rassische Minderheiten, ein paar dissidierende Intellektuelle — sie bilden das neue Proletariat. Ihr Mißvergnügen erwächst nicht zwangsläufig aus objektiver Entbehrung; es beruht zum Teil auf relativer Entbehrung — dem Bewußtsein von Möglichkeiten und zugleich von den Sperren, die ihrer Verwirklichung entgegenstehen . . .«

Mit der folgenden Feststellung trifft der Autor das Kernproblem aller proletarischen Revolutionen, ein Problem, dessen Brisanz zum ersten Mal das Scheitern der Kommune gezeigt hat (daher auch ihre Tabuisierung bei den marxistischen Legendenschreibern, die Angst vor einer Wiederholung der Katastrophe in der zwangsneurotischen Phase des Stalinismus):

»Es gibt zwar Perioden, wo die Intellektuellen und die Aktivisten getrennt sind, wo die einen oder die anderen schweigen; aber eine gesellschaftliche Umwälzung kann sich nur dann vollziehen, wenn sie zusammen marschieren.«

Der Kommune 71 fehlte dieses die Extreme bindende Ferment aus Intellekt und Aktion. Die fast völlige Interesselosigkeit, Passivität, Desorientierung und auch Korruptheit der Intellektuellen verwies die Anhänger der Kommune immer wieder auf ihre zerstrittenen, mittelmäßigen Politiker — potentielle Nieten —, die außer ihrem zufälligen Namen keinen Trumpf in das ungleiche Spiel der Kräfte und Mächte zu werfen hatten.

In der Konfrontation mit dem Gegner können sich die jungen Kommunarden nur rhetorisch auf die Forderung ihres Idols, des späten Helden Ernesto Che Guevara, berufen. Denn die Rolle des Partisanen ist in Europa seit dem Volksaufstand gegen den Faschismus unbesetzbar geworden. Guevara, der kategorisch forderte und dieser Forderung bedenkenlos nachkam, der die Revolution *realisierte,* wie sie fast hundert Jahre zuvor die Männer der Kommune bereits verstanden hatten – die wenigen jedenfalls, die wirklich Zeitgeschichte machten und denen in der Phase des Kampfes die Verbrüderung, die Aufhebung der Antinomien gelang – Realität wurde die Kommune ja nur in ihrem Todeskampf, in der legendär gewordenen »semaine sanglante« –, Guevara also formulierte in seinem »politischen Testament« die These von der absoluten Gewalt, die 1871 nur von der kleinen Gruppe der Anarchisten um Louise Michel mehr geahnt als gelebt wurde.

»Die Revolution aber muß ein Akt der Maßlosigkeit sein, dessen Wellen alles unter sich begraben ... Damit die Menschen aus diesem Elend herauskommen – sofern sie es überhaupt wollen –, gibt es nur ein Mittel: Alles in Feuer und Blut ersticken, bis die Wanzen, die sich vom Schweiß der anderen mästen, verreckt sind. Einen anderen Weg, eine andere Hoffnung gibt es nicht.«

Und nach seinen bitteren Erfahrungen mit der sowjetischen Konterrevolution und dem faschistoiden poststalinistischen Imperialismus zog Maos treuester Gefolgsmann die für den etablierten Kommunismus herbe Bilanz:

»Die Revolution von Lenin und Trotzki ist tot, sie widert mich an! ... Es gibt keine Kommunisten mehr, vor allem seit man dieses Wort systematisch für die Russen verwendet. Die Russen haben mit diesem schönen Wort Schindluder getrieben und ein kleinbürgerliches, stinkiges Ragout daraus gemacht.«

»Sofern sie es überhaupt wollen!«: Die Revolutionäre von heute müssen die Erfahrung machen, daß der antiproletarisch gewordene, saturierte Neubürger in beiden Lagern, dem »spätkapitalistischen« und dem »kommunistischen«, daß dieser saturierte und integrierte, anpassungsfähige und anpassungsbereite Zeitgenosse nichts anderes will, als in Ruhe gelassen zu werden, daß er zum Prototyp konservativer Beharrlichkeit geworden ist, zum Feind jeder revolutionären Entwicklung, was nicht bedeuten soll, daß es nicht gelingen könnte, ihn mit Parolen mobil zu machen. Aber diese Parolen sind – wie wir es bei der neofaschistischen Opposition wahrnehmen können – Requisiten aus der historischen Rumpelkammer, entsprechen dem rückwärtsgewandten Vokabular der dreißiger Jahre. Sie sind au fond nicht ernstzunehmen und müssen naturgemäß unwirksam bleiben, sie sind, entwicklungsgeschichtlich betrachtet, regressive Faktoren des historischen Prozesses, der sich über sie hinweg vollzieht und sie beiseite fegt.

Bis zur letzten Stunde, als sich der Ausgang des ungleichen Kampfes auch nicht mehr durch ein Wunder revidieren ließ, kämpften Männer der verschiedensten Fraktionen Seite an Seite, einig in ihrem Haß auf die bonarpartistische Restauration im Bürgerpelz und auf den Thiers und seine Komplizen assistierenden Klerus. Es gab kein Gemetzel in den eigenen Reihen – wohl kalte Liquidierungen, wie es die Entfernung Cluserets von seinem Amt als Kriegsminister zeigte oder auch Bergerets vorübergehende Gefängnishaft. Es gab den Vorwurf des Verrats, wie es der Fall Rossel oder Dombrowski zeigte, es gab gewissenlose Ankläger wie Pyat, der aber dann gleich von dem Internationalisten Malon zur Ordnung gerufen wurde. Aber es gab keine Tschistka. Das Vokabular der Verdächtigungen und Beschimpfungen war in diesen goldenen Kindheitstagen der Revolution noch verhältnismäßig unkompliziert: Verräter, Halunke, Zuhälter (Siehe Marx!). Damit erschöpfte sich schon die Skala der Möglichkeiten, mit welchen Mitteln und unter welchen Stichworten man einen mißliebigen Genossen suspekt erscheinen lassen konnte. Erst die Stalin-Ära erfand einen diffamierenden Katalog längst Klischee gewordener Rubrizierungen wie: »Trotzkistischer Faschist«, »Revisionist«, »rechter« oder »linker Abweichler«, »Sektierer«. Eine Flut von Begriffen, mit denen die Revolution erschlagen, abgewürgt und in den eigenen Reihen diffamiert wurde. Das Urteil – wenn man einer der erfindungsreichen Klassifizierungen vor der Parteijustiz zugeordnet wurde – lautete fast immer auf *Tod.* So zerfraß und zerstörte sich die Revolution von innen heraus.

Das schlimme Exempel Madrid und Barcelona, die ganze spanische Bürgerkriegsgeschichte mit ihren separaten kleinen Parteibürgerkriegen innerhalb der Revolution und ihrer divergierenden Kräfte steht für viele Beispiele des Zerfalls der proletarischen Front. Der Stalinismus mit seinen sadistischen Apparaturen der Vernichtung ist das negative Vorbild für solche Entwicklungen. Er ist die Hydra, die ihr menschenmörderisches Haupt über die erste Jahrhunderthälfte hebt.

Vielleicht wäre auch die Kommune zu ähnlichen Praktiken gekommen, wäre dem revolutionären Mechanismus der Selbstauflösung und Vernichtung gefolgt, wenn sie nicht im Stadium ihres Entstehens bereits dem Druck von außen erlegen wäre.

George Orwell hat in seiner Bürgerkriegschronik »Mein Katalonien« seine Erfahrungen mit Anarchisten, Kommunisten, Sozialisten und den von Stalin verteufelten »Trotzkisten« – der Usurpator erfand die irre Formulierung von den »trotzkistischen Faschisten« – mitgeteilt und eine präzise Differenzierung der Begriffe vorgenommen. Er führt den lesenden Laien in einen Dschungel von widerspruchsvollen Parolen und Programmen. Orwell projiziert das Menetekel der Spaltung auf die Mauern der kämpfenden spanischen Städte, er sucht eine Erklärung, eine Formel für den Wahnsinn ihrer Selbstzerstörung. Immer war in diesen drei blutigen Jahren, in denen die Vorentscheidung für das Schicksal Europas fiel, der »Trotzkist« der Buhmann, ein Inbegriff der Scheußlichkeit und der Verräterei. Wenn er seinen Auftritt vor dem Thron des roten Cäsars übte, trug er auch schon seinen »Kopf unterm Arm«. George Orwell entkam dieser Hölle. Er hat die Gottesanbeterin Revolution in jeder Phase und Zug um Zug auf ihrem Schrecken verbreitenden Weg verfolgt, hat die Stationen ihrer gefräßigen Wanderschaft markiert, ihre Geheimnisse und ihr Ritual dechiffriert. Denn für den Außenstehenden, den Fremdling in dieser gefährlichen Wildnis sind die zahllosen Gruppen und Untergruppen, in die sich eine Bürgerkriegsfront aufsplittert, völlig unverständliches Parteikisuaheli.

George Orwell hat als unmittelbar Beteiligter, als Kämpfer an der inneren und äußeren Front, das raffinierte System, das von Stalin wie die Fäden eines riesigen Fangnetzes durch die

Kader der Revolution gezogen wurde, durchschaut und angeprangert. In seinem Buch »Mein Katalonien« hat er das Muster nachgeknüpft und sich selbst kritisch analysierend in die Falle katapultiert. Er gab die für alle auf die »unblutige Kommune 71« folgenden Massaker im Namen des Proletariats – das nicht gefragt wurde, über das nur verfügt wurde – unbestritten genaueste Analyse dieses Mechanismus der permanenten Tschistka. Orwell erbringt den Nachweis, daß der Kommunismus des Spanischen Bürgerkrieges ein sich selbst verschlingender Masochismus war, der jede Volksrevolution torpedierte, weil er korrupt gehandhabt und von den Funktionären okkupiert und entmannt wurde. Orwell fand den Geheimschlüssel für das Phänomen der gescheiterten Volksaufstände im Bereich des konterrevolutionär gewordenen Marxismus-Leninismus in der stalinistischen Entartung. Er formuliert mit der unbestechlichen Optik des Augenzeugen: »Das einzig unerwartete Merkmal an der spanischen Lage besteht darin, daß unter den Parteien auf der Seite der Zentralregierung *die Kommunisten* nicht auf der extremen Linken, sondern *auf der extremen Rechten* standen. In Wirklichkeit sollte das nicht überraschen, denn die Taktik der kommunistischen Partei in anderen Ländern, besonders in Frankreich, hat klar gezeigt, daß man den offiziellen *Kommunismus* zumindest zur Zeit als *eine antirevolutionäre Kraft* betrachten muß ... Vornehmlich hat sich die UDSSR mit Frankreich verbündet. Darum muß die kommunistische Politik in Frankreich antirevolutionär sein. Das heißt nicht nur, daß die französischen Kommunisten hinter der Trikolore hermarschieren und die Marseillaise singen, sondern sie mußten jegliche wirksame Agitation in den französischen Kolonien fallenlassen.« Diese hellsichtige Prognose wurde *1938*, genau 30 Jahre vor dem gaullistischen Pariser Mai und der Invasion der »kommunistischen« Konterrevolutionäre des Kreml-Generalstabes in der CSSR geschrieben. Welch weitblickendes politisches Ingenium war dieser Visionär Orwell!

Die Kommunisten – nennen wir sie unter der Perspektive der Märzerhebung in Paris Internationalisten – waren schon damals die gemäßigten, zu Kompromissen (Verhandlungen mit Nationalversammlung in Versailles) bereiten Vertreter der

Kommune. Sie wollten den Kampf vermeiden, waren für das Hinauszögern der Offensive gegen Versailles – die sie dann ungenügend unterstützten – verantwortlich und arbeiteten durch ihre laue Haltung, mehr oder weniger bewußt, den Versaillern in die Hände, wie es auch der Fall Beslay und der Bank von Frankreich bewiesen hat. Sie waren von Anfang an das Bleigewicht an den schwachen Beinen, auf denen zu stehen sich die Kommune vergeblich bemühte. Beim ersten Zusammenprall mußte dieser Torso stürzen.

Vielleicht hätte es eine Tschistka auch für Delescluze gegeben, wenn ein Demiurg vom Format des roten Cäsars die Macht an sich gerissen hätte. Spekulationen? Sicher. Aber sie bieten sich an, wenn man das Phänomen der Volksaufstände mit ihrer periodischen Wiederkehr der Schreckensherrschaft betrachtet. Es gibt gewisse Grundzüge, die allen Revolutionen gemeinsam sind, nämlich die Korrumpierung der Macht, sobald sich die erkämpften Formen festigen und anstelle der revolutionären Bewegung den Apparat installieren.

Doch diese Spekulationen und Überlegungen können den Blick nicht von dem Ort des Geschehens ablenken, an dem nun am 27. Mai die Kommune ihren letzten Kampftag erlebte.

Immer noch hielten versprengte Reste der Nationalgarde die Buttes-Chaumont, die Mac Mahon nun in einem großangelegten Umgehungsmanöver einzukesseln begann. General Ladmiraults Division vollzog eine Schwenkung von Norden über die in Flammen stehenden Docks von La Villette und sprengte so einen tiefen Keil in die Stellungen auf den Stadtmauern, um in den Rücken der mit Artillerie befestigten Buttes zu gelangen. Gleichzeitig griffen General Clinchants Linienregimenter die Festung frontal an. Immer wieder stürmten diese Elitetruppen mit gefälltem Bajonett den Hügel hinauf, immer wieder wurden sie zurückgeworfen. Aber in der Mitte der Frontlinie brachen General Vinoys Truppen nach pausenloser Beschießung durch und erreichten den legendär gewordenen Friedhof Père-Lachaise, den zweihundert Nationalgardisten mit zwei Geschützbatterien verteidigten. Munitionsmangel und Erschöpfung schwächten ihre Widerstandskraft. Die Übermacht hundert gegen eins brachte schnell die Entscheidung. Das Haupttor zersplitterte unter den Kanonenschlägen der schweren Geschütze Vinoys. Nahkämpfe Gruft um Gruft beschlossen das Gemetzel. Der letzte Kommunarde fiel, von Bajonetten durchbohrt, neben dem Grab Honoré de Balzacs, des großen Erzählers des bürgerlichen Frankreich.

Auch das letzte Hauptquartier der Kommune, die Mairie des 20. Arrondissements, fiel zur gleichen Stunde. Bevor diese Bastion von den Versaillern genommen wurde, versuchte ein Kommandotrupp der Nationalgarde mit zwei Geschützen und einem Mörser das Gefängnis La Roquette, in dem immer noch mehrere hundert Geiseln auf ihre Füsilierung warteten, zusammenzuschießen.

Als dann aber regierungstreue Matrosen das Gebäude nahmen und die Priester befreiten, trauten diese vor Angst halb wahnsinnigen Kleriker ihren Befreiern nicht, glaubten vielmehr, nun sei ihre Sterbestunde gekommen. Sie hielten die Matrosen für verkleidete Kommunarden. So tief hatte die Panik Gefangene und Befreier verstört, daß die einen an die Befreiung nicht mehr glauben konnten, die anderen aber nun in einen Blutrausch ohne Grenzen gerieten. Von nun an galt nur noch das blinde Recht der Gewalt, das Gesetz des Dschungels.

Als am 28. Mai Thiers' Truppen mit der Treibjagd begannen, war die Schlacht um Paris beendet. Um 11 Uhr morgens ergaben sich die eingekesselten Reste der Aufständischen. Das Fest des Tötens erhielt nun eine noch grausamere Variante, es wurde zur unkontrollierbaren und blindwütigen Rache an Wehrlosen. Denn der *Figaro* rief zur »Sühne« auf. Als Sprecher der Versailler Regierung ermunterte dieses bourgeoise Blatt die Pariser zur Lynchjustiz, zum absoluten Terror, zum Prozeß ohne Verfahren:

»Noch nie hat Paris eine solche Gelegenheit gehabt, sich selber von dem moralischen Aussatz zu heilen, der es seit zwanzig Jahren verzehrt. Die Pariser müssen sich den Kriegsgesetzen unterwerfen, so schrecklich sie sein mögen. Milde bedeutet heutzutage Wahnsinn.«

Von diesem Tag an, dem Pfingstsonntag des Jahres 1871, galt nur noch die Tugend des Tötens. Und die Bilder brutalen Wahnsinns zogen die Schaulustigen an. Die »grandes horizontales« der Boulevards wohnten schäkernd den Exekutionen bei. Frauen führten ihre Kinder zu den Hinrichtungsstätten und ließen sie teilhaben an dem Danse makabre; sie weideten ihre Augen an den zerschossenen Gesichtern der ineinandergestürzten Leichen, die sich an den Mauern türmten. Jeder, der sich ein Alibi für die große Razzia sichern wollte und selbst keine reine Weste vorzuweisen hatte, beteiligte sich an der schmutzigen Wäsche, an den Denunziationen, die zu einer Orgie der persönlichen Rache ausarteten. In zwei Wochen gingen bei der Militärbehörde über 350 000 solcher Anzeigen gegen angebliche Kommunarden ein. Eine phantastische Zahl. Fast ebensoviel Pariser waren in den März- und Apriltagen vor der Kommune in das feindbesetzte Gebiet geflohen. Nun kehrten sie als Denunzianten zurück. Es genügte, schmutzige oder rußige Hände zu haben, um verdächtigt zu werden, ein Chassepotgewehr abgefeuert zu haben oder gar bei einer Brandstiftung beteiligt gewesen zu sein. Es war, als trügen alle Pariser ein Kainsmal an der Stirn, als wären sie mit Lepra geschlagen. Die Tugend des Tötens braucht keine Gründe, sie ist sich selbst genug, sie findet ihr Opfer auch mit verbundenen Augen. Wer in diesen Teufelskreis von Verdächtigung und Denunziation geriet, wurde zermahlen.

Louise Michel berichtete in ihren 1886 erschienenen »Memoiren«, die sie bereits in der Verbannung auf der Deportierteninsel Neu-Kaledonien begonnen hatte und dann nach ihrer Freilassung ungehindert abschließen konnte, über einige absurde Szenen, die sie im Gefängnis miterleben konnte. Schwarzhumorige Grenzfälle zwischen Tragödie und Kabarett, schizophrene Akte der Bestialität und totaler Entmaterialisierung. Sie nannte diese Szenen lapidar »épisodes comiques«:

»Eine Taubstumme verbrachte dort einige Wochen, weil sie ›Vive la Commune!‹ gerufen, eine alte, in beiden Beinen gelähmte Frau, weil sie am Bau von Barrikaden teilgenommen haben sollte. Eine andere lief drei Tage lang im Kreis herum, ihren Einkaufskorb an einem Arm, den Regenschirm am anderen. Sie trug in diesem Korb Gedichte, die ihr Meister zum Lob der Sieger verfaßt hatte und von denen man glaubte, sie seien für die Kommune bestimmt: ›Bons messieurs de Versailles, entrez dedans Paris.‹ Aber schnell gefror uns das Lachen auf den Lippen. Das Geschrei der Wahnsinnigen, die Sorgen um die Eltern, um die Freunde, deren Schicksal man nicht kannte, die armen Mütter allein in der Wohnung . . .«, mit diesen Worten bricht der Bericht der »roten Jungfrau« ab.

In dieser Verblendung kam der blutigste Monat der französischen Geschichte: der Juni, der auf den Feuermonat Mai folgte. In der befreiten Gefängnisfestung La Roquette wurden fast zweitausend Kommunarden und andere mißliebige Bürger, die man gleich mit unter der Rubrik »moralischer Aussatz« aufführte, von Mitrailleusen niedergemäht. Im Mazas-Gefängnis waren es vierhundert Opfer der Rachejustiz. Die Gesamtzahl der von der Kommune vorgenommenen Hinrichtungen betrug dagegen nicht einmal fünfhundert.

Sechsundzwanzig Kriegsgerichtshöfe wurden in den Arrondissements eingerichtet. Sie leisteten ihre schauerliche Arbeit noch bis zum Jahre 1875 (!). Der erste Prozeß fand im August 1871 statt. Er traf Théophile Ferré, das Mitglied des Zentralkomitees Lullier, den Urheber des Geiselgesetzes Urbain, den Expräsidenten der Kommune Assi, den totgesagten Billioray, den jungen Journalisten und Delegierten für Auswärtiges Paschal Grousset. Ferré starb vor dem Peloton in Satory. Auch Victor Hugos Fürsprache konnte ihn nicht retten. Die anderen wurden zur »Transportation an einen sicher umschlossenen überseeischen Ort« – wie man die Strafkolonie Numea auf Neu-Kaledonien im Jargon der kriegsgerichtlichen Prozeßordnung nannte – verurteilt. Wer ohne Verfahren liquidiert wurde, starb in der Lobau-Kaserne, auf dem Friedhof Montparnasse oder auf einem der als provisorische Hinrichtungsstätte benutzten Bahnhöfe, solange noch der Zugverkehr eingestellt war.

Goncourt, der Flaneur und wendige Chronist, ließ es sich nicht nehmen, die verhaßten Kommunarden sterben zu sehen. Er schilderte, was er sah, als er an der Lobau-Kaserne vorbeischlenderte und eine Gruppe von Gefangenen auf dem Hof erblickte, die gerade vor das Peloton geführt wurden:

»Fast im gleichen Augenblick knallte eine Salve. Sie hatte etwas von der mechanischen Regelmäßigkeit einer Mitrailleuse.

Es gab ein erstes, zweites, drittes, viertes, fünftes mörderisches Rrrrha – dann eine lange Pause – und schließlich ein sechstes, und dann krachte es noch zweimal rasch aufeinander ... und während zwei geschlossene Fuhrwerke in den Hof hineinfahren, schlüpft ein Geistlicher hinaus. Noch lange sieht man an der Außenmauer der Kaserne den mageren Rücken, den Schirm, den weichen Schritt.«

Und es war sicher keine schwarze Legende, keine Glorifizierung des Unheils, sondern eher eine mit Genugtuung aufgenommene, grausam-lapidare Meldung, als die Zeitung »La petite Presse«, die von der Kommune verboten worden war, ihren Lesern die Beobachtung vermittelte: »Gestern konnte man auf der Seine einen langen Streifen Blut sehen, der mit der Strömung durch den zweiten Bogen auf der Seite der Tuilerien floß.«

Als die letzten Schüsse der Kommunarden in Belleville und auf dem Père-Lachaise verhallt waren und man nur noch das monotone, pausenlose Feuer der Erschießungskommandos in der Lobau-Kaserne und auf den Straßen nach Versailles hörte, erließ der Meister der Stunde Null, der Marschall Mac Mahon, einen Tagesbefehl: »Einwohner von Paris: Heute, am 28. Mai, ist der Kampf beendet. Paris ist befreit! Die Ordnung, die Arbeit und die Sicherheit sind wiedergeboren!«

Nur in der Festung Vincennes hielt sich noch eine Hundertschaft der Nationalgarde bis zum Morgen des 29. Mai. Nach der Übergabe wurden 9 der 24 Offiziere in der darauffolgenden Nacht erschossen. Man führte sie an einen Ort auf dem weitläufigen Festungshof, wo 1804 der Herzog von Enghien und 1917 die Meisterspionin Mata Hari hingerichtet wurden. Als sich das Peloton formierte, wandte sich der Hauptmann Delorme an den Versailler Offizier, der das Erschießungskommando antreten ließ, und rief ihm zu: »Kommen Sie her und fühlen Sie meinen Puls, prüfen Sie, ob ich Angst habe!«

Von nun an löste sich diese große Tragödie eines gescheiterten Volksaufstandes in melodramatische Einzelschicksale auf, die sich am Rand der Geschichte als Episoden von zäher Konsistenz erhalten haben und im Laufe der Jahrzehnte zum festen Bestand der Überlieferung wurden.

Bereits einen Tag nach dem Ende der Kommune schrieb die liberale englische »Times« warnend: »Die Kriegsgesetze! Sie sind milde und christlich gegenüber den unmenschlichen Gesetzen der Rache, unter denen die Versailler Truppen während der letzten sechs Tage Gefangene, Frauen und Kinder, erschossen, erstochen, aufgeschlitzt haben. Soweit wir uns erinnern können, hat es in der Geschichte nichts Vergleichbares gegeben ...«

Zwei Tage später ergänzte diese loyale Zeitung ihre Schrekkensbilanz: »Die Franzosen füllen die dunkelste Seite im Buch ihrer Geschichte und der Weltgeschichte. Die Anklage ruchloser Grausamkeit beschränkt sich nicht mehr auf eine Partei oder eine Klasse. Die Versailler Truppen scheinen die Kommunisten (sic!) in ihrer reinen Vergeudung von Menschenblut übertreffen zu wollen.«

Dieses Schauspiel der Rache, das unterschiedslos Schuldige und Unbeteiligte zermalmte, hat, auch das darf nicht übersehen werden, Lenin und die Bolschewiki darin bestärkt, ihrerseits unerbittlich mit ihren Gegnern abzurechnen. Die Angst vor dem Scheitern des Oktoberaufstandes griff so tief, die Erinnerung an das Schicksal der Kommune, der Unterlegenen im Kampf mit dem Bürgertum, bestimmte so sehr das revolutionäre Klima der großen russischen Revolution, daß sie schließlich bei Stalin zum Trauma wurde. Es gebar die Krankheit des Terrors aus Furcht, den Verfolgungswahn, der wiederum zur Eskalation des Gegenterrors führte, ihn heraufbeschwor.

Interessant ist das Phänomen, daß das Resumee der »Times« zum erstenmal die Formulierung »Kommunisten« für die Internationalisten und Jakobiner der Kommune benutzte.

Mehr und mehr Zeitungen begannen sich nun in den Junitagen von den Massakern zu distanzieren, sie riefen die Pariser in Gegen-Appellen zur Beendigung des Gemetzels auf.

Am Pfingstsonntag, den 28. Mai, fiel auch Eugène Varlin, einer der begabtesten Instrukteure und Vertreter der Internationale, mit dem Rest seiner Getreuen in die Hände der Regierungstruppen. Ein Priester, der einen Offizier suchte, erkannte Varlin und denunzierte ihn bei einem Leutnant Sicre.

Mit auf dem Rücken gefesselten Armen trieben ihn die Soldaten zur Buttes-Montmartre, wo sich der Gefechtsstand des

Generals Laveaucoupet befand. Die Begleitmannschaft sparte nicht mit Brutalitäten. Kolbenschläge zerfetzten Varlins Körper.

»Als Varlin die düstere Rue des Rosiers erreichte, aus der man ein regelrechtes »Sühne«-Zentrum gemacht hatte, war sein Gesicht Brei, und ein Auge hing aus der Höhle heraus. Stehen konnte er nicht mehr, daher trug man ihn hinaus in den Garten und erschoß ihn sitzend in einem Stuhl.«

So beschreibt Alistair Horne, der vorsichtige und gerechte, eher vermittelnde als die Gegensätze verschärfende Historiker des Understatements, die Szene.

Es war der gleiche Garten, in dem am Tage der Erhebung vom 18. März die Generäle Lecomte und Thomas erschossen wurden. Sicre ließ seinen Gefangenen mit Bedacht dort füsilieren, um einen Akt der Vergeltung zu statuieren. Dann erstattete er seinem Colonel in einem ausführlichen Brief über den Vorgang Bericht. Dieser Brief ist erhalten geblieben und bestätigt die von Lissagaray und Alistair Horne mitgeteilten Details.

»Die Menge«, so versichert der Leutnant des 67. Linienregimentes seinem Kommandeur, »die den Exminister der Kommune begleitet hatte, und eine große Anzahl der Bewohner der Buttes-Montmartre, etwa 3000 bis 4000 Personen, haben der Exekution beigewohnt und ihr mit lauten Bravorufen zugestimmt.«

Der »Generalrat der Internationalen Arbeiter-Assoziation« kommentierte in seiner Botschaft vom 30. Mai 1871 die Ereignisse dieses Blutsonntags:

»Nach Pfingstsonntag 1871 kann es keinen Frieden und keine Waffenruhe mehr geben zwischen den Arbeitern und den Aneignern ihrer Arbeitserzeugnisse. Die eiserne Hand einer gemieteten Soldateska mag das Proletariat für eine Zeitlang in gewaltsamer Unterdrückung niederhalten. Aber der Kampf muß aber- und abermals ausbrechen, in stets wachsender Ausbreitung, und es kann kein Zweifel sein, wer der endliche Sieger sein wird – die wenigen Aneigner oder die ungeheure arbeitende Majorität. Und die französischen Arbeiter bilden nur die Vorhut des ganzen modernen Proletariats . . .«

Varlin war kein Anhänger des Jakobinismus, er gehörte zu der gemäßigten Minorität, also zu den Internationalisten, zur »französischen Sektion«, die von Karl Marx seinerzeit mit Halunken und Zuhälter tituliert worden war. Varlins bestialische Ermordung ist angesichts der Tatsache, daß er sein Leben gewagt hatte, um den Geiseln der Rue Haxo, also auch dem von Thiers im Stich gelassenen Erzbischof Darboy, zu Hilfe zu kommen, besonders verabscheuenswert. Diese Exekution läßt erkennen, daß die sogenannten Ordnungskräfte, die *jede* Revolution unterdrücken, um die alten gesellschaftlichen und politischen Verhältnisse zu erhalten, also die Mächte der Reaktion und Restauration, Gewalt mit doppelter Grausamkeit vergelten, wo immer sie auftreten. Aber auch Karl Marx kann dem Vorwurf nicht entgehen, diesen Kräften der Vergeltung Vorschub geleistet zu haben. Durch seine Ansichten über die »Französische Sektion«, wie er sie in seinem Brief vom 5. Dezember 1868 an Freund Kugelmann vertrat, hat er die Henker moralisch gerechtfertigt und zur Vergiftung der Atmosphäre wesentlich beigetragen. Die nachträgliche Heroisierung war zwar der Legende des Martyriums, dem Mythos der Kommune nützlich, aber für ihre *Realität* war es zu spät. Als der Kampf begann, waren diese Männer, die nun von den Hinrichtungskommandos der rachsüchtigen Generäle wie Wild im Kessel Paris zusammengetrieben wurden, ganz allein auf sich gestellt, auf ihre eigene Kraft angewiesen.

Von der ersten bis zur letzten Stunde hat die bürgerliche Welt – und es gab keine andere zu diesem Zeitpunkt, in dieser Phase der europäischen Geschichte – diese Revolution und ihre Kämpfer geschmäht, verunglimpft, verfolgt und gehetzt, hat sie als »Ragamuffins« und »Macquereaus« verteufelt. Die Stichworte hatte ihnen und ihrer Presse ausgerechnet der Mann geliefert, der die Erhebung, den Aufstand des Volkes der »Elenden«, inspiriert und mit seinen Ideen gespeist hatte. Ein absurdes, aber auch beschämendes Phänomen.

Der Pariser Korrespondent der »Daily News« vom 8. Juni 1871 beschrieb als Augenzeuge das Wüten des Henker-Generals Marquis de Galliffet, der an den gefangenen Kommunarden als erster in der Bürgerkriegsgeschichte das Prinzip der *Selektionen* anwandte. Dieser Reiterführer, von den Franzosen mit dem Spottnamen eines »Fähndrich Pistol« belegt, erwarb sich zweifelhafte Lorbeeren auf dem Schlachtfeld von Sedan, als er die vergebliche Kavallerie-Attacke gegen die deutschen Stellungen kommandierte, die im Abwehrfeuer zusammenbrach, allgemein als »Todesritt« bekannt. Schon hier zeigte sich übrigens die Verwendung der Reiterei in einem Krieg der Feuerwaffen als Anachronismus. Was aber damals noch sinnvoll erschien, mußte in den kommenden Kriegen als Wahnwitz angesehen werden.

Wir erinnern uns an die Attacken der polnischen Ulanen gegen die deutschen Panzerrudel, an die selbstmörderische Attacke der Kosakendivision bei Osarowo im Zweiten Weltkrieg. Vergleiche bieten sich an, wo und wann immer man in der Kriegsgeschichte zu lesen beginnt.

Hier gilt es, Galliffets Rolle als Würger der Kommune zu »würdigen«, der den Blutbefehl der Versailler Regierung mit sadistischer Freude am Gemetzel durchführte. Die Stadtverwaltung von Paris bezahlte für die Beerdigung von 17 000 Leichen. Aber etwa 20 000 wurden außerhalb von Paris auf dem Wege nach Versailles, auf dem Manöverfeld von Satory und anderen Vororten verscharrt.

»Der elegante, geistreiche, sarkastische Höfling«, wie ihn Alistair Horne nannte, war ein Mann für Auschwitz, er hätte dort seine exzessive Blutgier befriedigen können und sicher auch die entsprechenden Partner für seine zynischen Bonmots gefunden. Die Dreyfusaffäre erlebte diesen bösen Geist der monarchistischen Reaktion dann als Kriegsminister im Kabinett der korrupt gewordenen Republik.

Aber hier nun der von vielen Augenzeugen verbürgte Bericht des »Daily-News«-Korrespondenten über das Wirken des »Fähndrich Pistol« im eroberten Paris. Dieser Bericht wurde als Beilage der »Adresse des Generalrats der Internationalen Arbeiter-Assoziation« vom 30. Mai 1871 angefügt:

»Die Gefangenen-Kolonne machte halt in der Avenue Uhrich und wurde in vier oder fünf Gliedern auf dem Fußsteig aufgestellt, Front nach der Straße. Der General Marquis de Galliffet und sein Stab stiegen vom Pferd und inspizierten die Linie, vom linken Flügel anfangend. Der General ging langsam entlang, die Reihen besichtigend; hier und da hielt er an, einen Mann an der Schulter berührend oder ihn aus den hinteren Gliedern hervorwinkend. Die so Ausgesuchten wurden, meist ohne weitere Verhandlung, mitten in der Straße aufgestellt, wo sie bald eine kleine Sonderkolonne bildeten ... Es war augenscheinlich, daß hierbei für Mißgriffe beträchtlicher Raum gelassen war. Ein berittener Offizier machte den General auf einen Mann und eine Frau wegen irgendeiner besonderen Missetat aufmerksam. Die Frau, aus den Reihen hervorstürzend, fiel auf die Knie und beteuerte mit ausgestreckten Armen heftig ihre Unschuld. Der General wartete eine Pause ab und sagte dann mit vollständig ruhigem Gesicht und unbewegter Haltung: ›Madame, ich habe alle Theater in Paris besucht, es ist nicht der Mühe wert, Komödie zu spielen.‹ Es war an jenem Tage nicht gut für einen, wenn er merklich größer, schmutziger, reinlicher, älter oder häßlicher als seine Nebenleute war. Von einem Manne fiel es mir besonders auf, daß er seine schleunige Erlösung aus diesem irdischen Jammertal wohl nur seiner eingeschlagenen Nase verdankte ... Über hundert wurden so ausgesucht, ein Zug Soldaten zum Erschießen kommandiert, und die übrige Kolonne marschierte weiter, während jene zurückblieben. Einige Minuten nachher fing hinter uns das Feuer an, das – mit kurzen Unterbrechungen – über eine Viertelstunde anhielt. Es war die Hinrichtung dieser summarisch verurteilten Unglücklichen.«

Von Alistair Horne wird noch zusätzlich berichtet, daß dieser »Verteidiger der justice und der civilisation«, wie sie Monsieur Thiers und seine Regierung verstanden, sich den von seinen Hinrichtungskommandos zusammengetriebenen Mitgliedern der Kommune, sowie der Beteiligung an den Kämpfen Verdächtigten – es gab kein Gerichtsverfahren, das die Umstände der Gefangennahme geklärt hätte – mit einer zynischen Begrüßungsformel vorstellte:

»Ich bin Galliffet. Ihr Leute vom Montmartre haltet mich vielleicht für grausam, aber ich bin noch grausamer, als ihr euch vorstellen könnt.«

Der »Generalrat« kommentierte in seiner Erklärung noch die Rolle, die dieser »Panache-et-Gloire«-General Louis Napoleons in der Pariser Gesellschaft des Zweiten Kaiserreichs spielte und die ihn schlicht als Zuhälter seiner vergnügungssüchtigen und eitlen Frau, Ballkönigin der Tuilerienfeste und Star der Weltausstellung 1867, präsentierte: »Der Louis seiner Frau, so notorisch durch die schamlose Bloßstellung ihres Leibes bei den Gelagen des Zweiten Kaisertums.«

Wie tief sich das Schreckbild dieses mörderischen Mannes in die Erinnerung der Franzosen eingefressen hat und zu einer Symbolfigur der Unterdrückung geworden ist, erhellt ein Nachwort, das Lissagaray seiner »Histoire de la Commune« 1896 anfügte (die Erstausgabe erschien 1876 im Brüsseler Exil): »25 Jahre sind seit der Commune vergangen. Die Galliffets sind noch immer da. Besiegt, würde das Volk die gleichen Erschießungen erleiden.«

Am 8. Juni gab auch der Korrespondent von »Evening Standard« ein Resümee der Massaker und wiederholt darin einen Bericht der »Temps«:

»Der ›Temps‹, ein bedächtiges und keineswegs der Sensation ergebenes Blatt, erzählt eine schauerliche Geschichte von halbtotgeschossenen und vor ihrem Tod begrabenen Leuten. Eine große Anzahl wurde auf dem Platz bei St-Jacques-la-Bouchière begraben, manche von ihnen nur leicht mit Erde bedeckt. Während des Tags überhallte der Straßenlärm alles, aber in der Stille der Nacht wurden die Bewohner der umliegenden Häuser geweckt durch fernes Stöhnen, und am Morgen sah man eine geballte Faust aus dem Boden ragen. Infolgedessen wurde die Wiederausgrabung der Leichen befohlen ... Daß viele Verwundete lebendig begraben wurden, daran kann ich nicht im mindesten zweifeln. Für einen Fall kann ich einstehen: Als Brunel mit seiner Geliebten am 24. Mai im Hofe eines Hauses des Vendôme-Platzes erschossen wurden, ließ man sie bis zum Nachmittag des 27. liegen. Als man dann endlich kam, die Leichen zu entfernen, fand man das Weib noch am Leben und nahm sie zu einem Verbandplatz mit. Obwohl von vier Kugeln getroffen, ist sie jetzt außer Gefahr ...«

Dieser »Fall« ist eine »Räuberpistole« und außerdem ein Kuriosum. Denn er beruht auf einer Falschmeldung der Pariser Presse. Brunel war ebenso wie die gleichfalls totgesagten Mitglieder des Zentralkomitees Billioray und der Schriftsteller Vallès mit dem Leben davongekommen. Brunel konnte sich, obgleich durch einen Schuß in die Leiste schwerverwundet, nach England retten und machte dort Karriere als Ausbilder der Kadetten am Royal Naval College in Dartmouth. Einer seiner Schüler war der spätere König V. von England. »Mons Brunel« – wie seine Freunde ihn nannten –, der ehemalige »Brenner von Paris«, wurde »ein Inbegriff der Ehrbarkeit«. Auch so friedlich kann sich am Ende das Leben eines großen Revolutionärs in Bürgerlichkeit bescheiden.

Auch Wroblewski, der seinem toten Waffengefährten Dombrowski brüderlich verbundene Kommandeur des Seineufers, ebenfalls in Abwesenheit zum Tode verurteilt, konnte mit einem falschen Paß nach London entkommen. Er kehrte später, amnestiert, sogar nach Frankreich zurück, wie auch der wendige Pyat, den man als Gegentyp zu Brunel und Wroblewski einer anderen Kategorie von Revolutionären zurechnen muß, nämlich den Denunzianten, die den Volksaufstand mißkreditierten und schließlich ruinierten. Auch der tapfere Wroblewski, totgesagt in dem seltsamen Brief, den der nach Charleville zurückgekehrte und von der Kommune enttäuschte Arthur Rimbaud aus dem eingeschlossenen Paris empfing, diesen Brief voller Irrtümer und Fehlinformationen, die Rimbaud erneut verstörten und tangierten –, auch dieser Exilpole und Offizier der Kommune überlebte die Katastrophe und starb erst 1908 in Nizza. Er war Teilnehmer des polnischen Aufstands von 1863 gegen die Zarenherrschaft, dann Mitglied des »Generalrats der I. Internationale« und korrespondierender Sekretär der »polnischen Sektion«.

Aber wie kam es zu den Falschmeldungen über Brunel, Billioray und Vallès?

Lissagaray hat die Ursachen dieser »Latrinenparolen« untersucht und folgende schlüssige Erklärung dafür gefunden, an der zu zweifeln kein Grund besteht. Zum Fall Brunel, von dem das Gerücht wissen wollte, daß er im Appartement von Madame Fould erschossen wurde, berichtet Lissagaray:

»Die Armee, die weder polizeiliche noch andere Auskünfte verlangte, tötete nach Gutdünken, allein auf Denunziationen hin, selbst, wenn sie von Funktionären kamen, die durch ihre Anzeige die eigenen Verbrechen kaschieren wollten. Jeder Dahergekommene, der einen Passanten mit revolutionärem Namen bemerkte, ließ diesen füsilieren.«

So ermordete man einen falschen Brunel, einen angeblichen Billioray, einen vermuteten Vallès. Die Presse hielt sich an diese Berichte und veröffentlichte den Tod der betreffenden Opfer. Lissagaray kommentierte diese Vorgänge, die das Bürgerkriegschaos, aber auch die zum Amoklauf gewordene Furie der Rache grell beleuchten:

»Man las in der Zeitung ›Les Debats‹: Der Kommandeur Brunel wurde am Donnerstag in dem Haus Nr. 24 der Place Vendôme entdeckt – wohin er geflohen war – in einen Kleiderschrank gekauert – einige Pistolenschüsse töteten ihn auf der Stelle. Man las in der Zeitung ›Petit Journal‹: Brunel war bei seiner Geliebten. Diese Frau wurde ebenfalls mit erschossen. Nach dieser doppelten Exekution wurde das Appartement versiegelt.«

In der Zeitung »Le Gaulois« wurde ein umfangreicher Bericht über die angebliche Hinrichtung des bedeutenden Schriftstellers Jules Vallès veröffentlicht. Autor der Falschmeldung war ein Chirurg, der der Exekution beigewohnt haben will. Vallès war Chefredakteur der linksrepublikanischen Zeitung »Cri du Peuple«, Mitglied des Zentralkomitees der Kommune und Vertreter des 15. Arrondissements. Er hat noch lange nach dem Ende der Kommune – er konnte wie viele seinesgleichen in letzter Minute über die Grenze entkommen – als Schriftsteller gewirkt und einige Romane, so den bekannten »L'Insurgé«, und, von Dickens inspiriert, »Jacques Vingtras« publiziert. Auch Charles Longuet, der spätere Schwiegersohn von Karl Marx, gehörte zu den in der Zeitung »Figaro« Totgesagten. In vielen derartigen Fällen entsprachen diese Berichte dem berüchtigten »Vater des Gedankens«, dem Wunschtraumdenken der bonapartistischen Reaktion. Denn Thiers und seine Handlanger wollten die Liste der Liquidierten möglichst lückenlos der Nationalversammlung präsentieren können, wenn nach dem Massaker Bilanz gezogen werden sollte.

Aber auch unter den Betroffenen herrschten Verwirrung und

Ratlosigkeit in einem Maße, das es schwermacht, die wirklichen Vorgänge tatsächlich authentisch wiederzugeben. Die Beteiligten konnten während und, sofern sie überlebten, auch nach den Kämpfen keinen Überblick gewinnen, wer von ihren Gefährten und Freunden noch lebte, wer gefallen, wer liquidiert oder in die Verbannung geschickt worden war.

Besonders aufschlußreich, auch für die immer wieder bestrittene Tatsache, daß der »Dichter der Kommune« Arthur Rimbaud, alias »Kapitän Nemo«, *nicht* an den Kämpfen teilgenommen hat, ist der Brief, den ein gewisser Wenzeslas Bogsinski seinem jungen Freund Rimbaud nach Charleville geschrieben hat. Der Brief ist datiert vom 20. Mai, also an einem Tage, da die Massaker erst begonnen hatten und alle Führer der Kommune noch lebten.

Rimbaud, der über sein Unvermögen, seine Flucht vor der Feuerprobe, zerknirscht war, trug diesen Brief, wie einen Talisman unter seinem Hemd verborgen, mit sich herum, er hütete diese Botschaft aus dem brennenden und sterbenden Paris der Kommune wie ein kostbares, aber auch gefährliches und verfluchtes Geheimnis.

Fast sämtliche Angaben über den Tod der bewunderten Helden der Kommune – Bogsinski war ein enthusiastischer Anhänger Dombrowskis und gehörte zur Gruppe der verbissen kämpfenden Exilpolen der antizaristischen Aufstände von 1863 – stimmen zumindest zu diesem Zeitpunkt (noch) nicht. Der Brief ist dennoch ein Dokument von großem Aussagewert, da er die Legende von Rimbauds Aufenthalt in Paris während der letzten Phase der Revolution, der »semaine sanglante«, ein für allemal aufhebt.

Bogsinski schreibt an diesem umstrittenen 20. Mai:

»Mein teurer Freund, es ist ein Geächteter, der diese wenigen Zeilen an Dich sendet. Ich gehe morgen über die Grenze. Unser Masséna Jaroslaw ist getötet. Delescluze ist getötet. Rigault ist getötet. Ferré, soviel ich weiß. Vallès ist nach Genf gegangen. Manche sagen, London. Auch ich gehe nach London, mit meinem Landsmann Matuszewitz, der in Verzweiflung ist, daß er seine Frau zurücklassen muß. Meine Heimat war an Bord der »Jeanne-Marie«. Der Vater ist in der Picardie an seinem bösen Husten gestorben. Und Jeanne-Marie hat die Kohlenbarke verkauft und wollte im April wiederkommen. Du hattest mich beauftragt, Dir das Neueste mitzuteilen. Nun ja, Jeanne-Marie ist nicht mehr. Dein Kamerad J. Baptiste Clément hat sie auf der letzten Barrikade der Rue Fontaine-au-Roi fallen sehen, an der Seite der Krankenträgerin Louise. Der große Wroblewski ist auch gestorben – wie ein Löwe! Werden wir uns wiedersehen, Kapitän?

Der Deine
W. Bogsinski.«

Diese Nachricht, von der sich Rimbauds Geist und Gemüt nicht mehr erholen sollte, da sie sein Leben mit Skrupeln und Gewissensfragen vergiftete, mußte ihn in der Tat wie ein Donnerschlag treffen. Denn bei Jeanne-Marie auf der Kohlenbarke an der Seine hatte er Zuflucht vor dem aufgewühlten Paris gefunden. Sie war seine erste Geliebte geworden, deren Hände er bewundert hatte, weil sie dem obdachlosen, von der Roheit der Soldateska angeekelten Jungen erste Zärtlichkeit gaben.

Unwiderlegbar sind die Fakten über Rimbauds Pariser Abenteuer. Sie fixieren seinen Aufenthalt für die Zeit während der Belagerung vom 15. Februar 1871 bis zum Monatsende, insgesamt vierzehn Tage. In dieser für ihn so entsetzlich negativen Zäsur wurde er allen nur denkbaren Prüfungen ausgesetzt, lernte er alle Laster, Entartungen, aber auch alle Leiden der Kreatur kennen, der nichts erspart bleiben sollte. Er wurde *Zeuge* seiner Zeit. Und er konnte sein Urteil über diese Zeit sprechen:

»Es gibt Zerstörungen, die nötig sind. Es gibt noch andere Bäume, die Hunderte von Jahren gestanden haben und niedergelegt werden müssen. Wir werden uns daran gewöhnen müssen, ihren Schatten zu entbehren. Die Axt muß an die Wurzel der Gesellschaft gelegt werden, die Täler sollen erhöht und die Berge erniedrigt werden. Das Krumme soll gerade und das Harte weich werden. Der Reichtum muß mit Stumpf und Stiel ausgerottet und der Stolz der Großen zu Boden gerungen werden. Blasser Neid und dumme Bewunderung müssen vertilgt werden.«

Enid Starkie nennt in ihrem Buch »Das trunkene Schiff, das Leben des Jean-Arthur Rimbaud« die absolut verbindlichen

Daten: »Wir wissen aus einem Brief, daß Rimbaud vom 10. März bis 17. April und nach dem 13. Mai in Charleville war.« Aber gerade in diesen Wochen war ein Nationalgardist im Kapitänsrang vom Schauplatz des Dramas unabkömmlich. Rimbaud war im höheren Sinn des suspekten Wortes einfach »desertiert«. Es gibt auch eine Erklärung für sein Verhalten. Von den Erlebnissen in den Slums, den verwanzten Kasernen, dem Bauch von Paris aufgewühlt, vom Sex unerwartet heftig übermannt, von dem Abenteuer mit Jeanne-Marie und ihrem Flußboot gleichzeitig unwiderstehlich angezogen und verstört, spezialisierte sich der *Dichter* auf sein Handwerk, entwickelte er eine neue literarische Theorie, schrieb er seinen ersten »Lettre du Voyant«. *Er* war der handlungsunfähige Voyeur, der alles in Dichtung umsetzt, der sublimieren muß, wenn andere kämpfen: »Dies hält mich zurück, wenn die helle Wut mich antreibt, mich in den in Paris tobenden Kampf zu stürzen, wo in diesem Augenblick so viele Arbeiter sterben müssen.«

Der Brief ist an seinen alten Freund Izambard gerichtet und wurde am 13. Mai (!) in Charleville geschrieben, an einem Tage, da die Schlacht um Montmartre bereits begonnen hatte, Fort Issy gefallen und Rossel zurückgetreten, dafür Delescluze Kriegsminister geworden war. Es war der Tag, an dem die Jakobiner kamen. Rimbaud war nicht dabei! ...

Louis Aragon, der große französische Romancier und Lyriker, der in allen Rimbaud betreffenden Fragen kompetent wie kein anderer Chronist und Interpret ist, hat die Bedeutung des jungen Rimbaud für die Weltliteratur – und er schließt die *politische* Bedeutung dieser Literatur nicht aus, sieht sie vielmehr als gegeben an, erkennt ihre Notwendigkeit angesichts der Massaker – in seinem Aufsatz »Chronik des Bel Canto« (in dem sich Aragon mit dem Erscheinen der Œvres complètes von Rimbaud in der berühmten Bibliothèque de la Pléiade auseinandersetzt) wie folgt interpretiert:

»Wenn überhaupt in einem Stück Einmütigkeit herrscht, so darin, daß ein Halbjahrhundert der französischen Dichtung und vielleicht sogar der Dichtung überhaupt von dem Bilde, ja dem Vorbilde Arthur Rimbauds beherrscht wird; ein halbes Jahrhundert der Dichtung wird geradezu von diesem Gespenst und dieser Stimme heimgesucht. Alles Ringen in dieser ersten Hälfte unseres Jahrhunderts steht fast ausschließlich unter dem Zeichen Rimbauds, und alle die Namen, mit denen man Schule zu machen versucht hat, lassen sich im Grunde auf einen Begriff »Rimbaldismus« zurückführen. Alle, soviel wir auch sein mögen, ob wir nun so oder so schreiben, ob wir untereinander zerrissen, uneinig, verfeindet sein mögen, haben dennoch den gemeinsamen Nenner, der unsere Träume bestimmt, den ewig jungen Rimbaud, der verstummt ist, dem aber insgeheim jeder Dichter das schuldet, was er für sein eigenes Teil an der Ewigkeit hält. Und wieweit sich auch dieser oder jener Dichter davon entfernt haben mag, es kommt immer unweigerlich dazu, daß am Anfang seiner Dichtung dieser Hirtenstern, dieses unvergleichliche Licht steht.«

Und Aragon zitiert dann die letzten Passagen aus Rimbauds Hauptwerk »Une saison en enfer« und unterstreicht seine eminente Bedeutung für die Vision einer modernen Gesellschaft, der Rimbauds kühnes Werk galt:

»Ja, die Stunde ist zum mindesten sehr streng.

Denn ich kann sagen, der Sieg ist mein: das Zähneknirschen, das Feuergezisch, die verpesteten Seufzer klingen ab. Alle unreinen Erinnerungen verblassen. Meine letzten Regungen des Bedauerns ziehen ab – Eifersucht auf Bettler, Strauchdiebe, Freunde des Todes, Rückständige aller Art. Verflucht seien sie, wenn ich mich rächte!

Es gilt ganz und gar modern zu sein.

Keine Hohen Lieder: das gewonnene Feld halten. Harte Nacht. Das geronnene Blut dampft auf meinem Gesicht, und ich habe nichts hinter mir als diesen schrecklichen kleinen Baum! ... Der geistige Kampf ist ebenso roh wie die Schlacht der Menschen; aber das Schauen der Gerechtigkeit ist die Lust Gottes allein.

Jedoch noch ist es der Vortag. Lassen wir alle Kraft und alle wahre Zartheit in uns einströmen. Und um das Frührot mit brennender Geduld gewappnet, ziehen wir in prächtige Städte ein.

Was sprach ich von Freundeshand? Es tut mir wohl, daß ich über alte, trügerische Lieben lachen und die verlogenen Paare beschämen kann – ich habe die Hölle der Frauen von dort unten gesehen –, und es steht mir frei, die Wahrheit in einer Seele und in einem Körper zu besitzen.«

Diese großartige, dichterische und zusammenfassende Schlußpassage aus der »Jahreszeit in der Hölle« – und diese Hölle barg das Kommune-Erlebnis des Dichters – liest sich wie ein verspätetes postumes Manifest der Kommune. Keiner ihrer Wortführer, auch nicht Vallès, Rigault und Courbet, nicht einmal der Tribun Delescluze, von Rochefort und dem selbstgefälligen Schwätzer Pyat ganz zu schweigen, war in der Lage, so machtvoll die Vision einer neuen Gesellschaft, die Rimbaud ausdrücklich als »modern« bezeichnet, zu formulieren und zu verkünden. Einem im Feuer der Revolution zum Mann gewordenen Kind – wir wissen, was ihn dieses heftige, übereilte Wachstum kostete! – blieb es vorbehalten, den »Entwurf einer kommunistischen Gesellschaft« erstmalig zu konkretisieren, und das in mitreißenden, flammenden Worten.

Am 15. Mai hatte dann der Sicherheitsausschuß und mit ihm Raoul Rigault als Exponent des Terrors die Macht übernommen, die Kommune als demokratische Institution abgelöst. Rimbaud aber kam erst im Herbst 1871 wieder in das ausgeblutete, aber beruhigte, von Bajonetten befriedete Paris zurück. Die zweite Runde führte ihn zu Verlaine. Doch das gehört allein zur Geschichte Rimbauds und Verlaines, zu der ebenfalls oft mißdeuteten intimen Geschichte der beiden in Liebeshaß verbundenen Dichter der postnapoleonischen Gesellschaft. Dieses Kapitel kann nicht mehr Teil einer Bilanz des blutigen Frühlings von Paris sein.

EXODUS

Erst am 29. Juni, als das Blutbad nahezu beendet war, ließ Präsident Thiers die siegreichen Truppen, die gegen den Landesfeind versagt hatten und nun den Talmiruhm später Bürgerkriegslorbeeren ernteten, auf dem Rennplatz Longchamp zur Parade antreten. An der Spitze der triumphierende Marschall Mac Mahon auf einer schwarzglänzenden Araberstute und, nicht zu vergessen, der Verräter Ducatel, der den Truppen des Generals die Bresche am Point-du-Jour gewiesen hatte, die diesen schmählichen Sieg erst ermöglichte. Auch Ducatel war mit Orden dekoriert und gefiel sich in der Paraderolle eines gefeierten Bürgerkriegshelden. Die Menge sah diesem Schützenfestrummel gelassen und ohne die üblichen Begeisterungsrufe zu, die den Parisern sonst bei ihren Festen so leicht über die Lippen kommen. Wenn nun Thiers aus seiner mit Prunkteppichen drapierten Loge trat und von der »Freude einer glücklichen Genesung an einem Sommertag« sprach, so applaudierte er sich selbst mit dem Zynismus seiner selbstgefälligen Suada.

Mit der Niederlage der Kommune war auch der Gedanke der Autonomie der Metropole Paris innerhalb eines föderierten Frankreichs begraben worden. Die Sternstunde war für die ehrgeizige, eifersüchtig ihren Ruhm bewachende Schöne an der Seine vorübergegangen und hatte nichts als Trümmer, Blut und erneute, noch tiefere Armut zurückgelassen. Nun galt es, die wirklichen Sieger in Potsdam und Berlin, die lachenden Dritten in dem verlustreichen Geschäft zufriedenzustellen. Frankreich mußte gleichzeitig an den Wiederaufbau und die fälligen Kriegskontributionen denken.

Théophile Gautier, der in das schweigende Paris zurückkehrte, in dessen leeren Boulevards noch der Brand- und Leichengeruch stand und nur die Ratten fett waren, schildert, noch benommen von diesen ersten Eindrücken seines Wiedersehens mit der geliebten Stadt, in welcher Verfassung er die abgeschminkte Schöne antraf:

»Sie schien in ihrer ganzen Länge verödet zu sein, wie eine Straße Pompejis«, schrieb er von der heißumkämpften Rue de Lille. »Totenstille herrschte über diesen Ruinen; eine Stille, die in den Nekropolen von Theben oder den Schächten der Pyramiden nicht tiefer hätte sein können.« Das ausgebrannte Stadthaus, dessen Stahlträger im Feuer zu surrealen Gebilden umgeschmolzen zu sein schienen, entfaltete in der Dämonie der Zerstörung eine morbide Pracht, zweckentfremdet und furchterregend.

»Die Ruine mit ihren Tönen in Rosa, Berggrün und der Farbe weißglühenden Stahls, deren Stein, vom Petroleum gebrannt, wie Achat glänzt, ähnelt der Ruine eines italienischen Palastes«, dichtete Gautier. Er drang bis in die Bastion der »Elenden«, in das eroberte Belleville, vor. Dort fand er in »leeren Straßen Leute, in Wirtshäusern trinkend, mit böse verschlossenen Gesichtern. So sieht ein Stadtteil aus, der besiegt, aber nicht unterworfen ist.«

Dieses Fazit kündigt bereits die kommenden Katastrophen an. Aber Paris erholte sich überraschend schnell von diesem vernichtenden Schlag. Paris wollte *leben.* Es resignierte nicht in seinen Trümmern. Wie Warschau, Leningrad, Wroclaw, Berlin und andere europäische Trümmerstädte erhob es sich und ging an die Arbeit. Wenige Wochen nach dem Erlöschen der Brände, nach den willkürlichen Exekutionen auf den Straßen und Plätzen lebte es auf und, was die Kommune versprochen, aber nicht erreicht hatte – nicht erreichen konnte in der kurzen Frist, die ihr gegeben wurde –: nämlich die sozialen Bedingungen der Arbeiter und Handwerker zu verbessern, das wurde jetzt den Unternehmern von der Notwendigkeit einfach diktiert. Denn 40 000 gefangene und deportierte Kommunarden, dazu fast ebensoviel Tote hatten das Arbeitspotential so geschwächt, daß nun die Überlebenden besseren Lohn und menschlichere Arbeitsbedingungen fordern konnten. Die für die Neubauten erforderlichen Handwerker, die Dachdecker, Maurer, Rohrleger, Stahlarbeiter und Kräfte der Bekleidungs- und Ernährungsindustrie waren so rar geworden, daß die Löhne automatisch ansteigen mußten, wenn man an den Wiederaufbau denken wollte. Die »Elenden« aus Belleville und Ménilmontant diktierten nun die Preise.

Die soziale Reform kam – und auch das ist ein ausgleichender Akt der gescheiterten Erhebung, ist Ironie der Geschichte – durch den Tod der Kommune eher als mit ihrem Leben.

Am 3. Juni öffneten die Theater mit einem Spielplan, der, unberührt von den Ereignissen, Klassik im klassischen Kostüm anbot; und die Dichter bestiegen erneut ihren Parnaß, von dem herab sie die Schönheit um der Schönheit willen priesen.

Goncourt strich mit ungehemmter Entdeckerfreude über die wiederbelebten Boulevards, dort, wo sie vom Feuersturm unversehrt geblieben waren. Er notiert befriedigt und lustvoll die »gaffenden Männer und sich feilbietenden Frauen«, durch die er sich kaum einen Weg bahnen konnte.

»Paris repeuple«, schrieb Rimbaud, zornig über die Vergeßlichkeit, mit der die Leiden ignoriert und überspielt wurden. Paris war wieder das Babel, das die Moralisten und konservativen Geister in England und anderen Ländern nördlicherer, kühlerer Lebensart so oft schockiert und brüskiert hatte. Thomas Cook witterte eine Chance für seine Ruinen-Show; und schon in den ersten Junitagen zogen die Trümmer von Paris Scharen von Schaulustigen an, die Cooks Reisebüro durch die Boulevards schleuste, wie später nach dem ersten großen Weltkrieg über die Schlachtfelder von Verdun und Ypern. Und die berühmten Liebesboote, die »Bateaux-Mouches«, die Monet so bestechend und anziehend gemalt hatte, schaukelten wieder ihre verliebten Paare auf der Seine, in deren noch verpestetem Wasser sich die bizarren Mauerzinnen und demontierten Giebel der Tuilerien spiegelten.

Man genoß das Überleben. Aber man schloß die Augen vor der finsteren Drohung der Kettenreaktion, die die Rache provozierte. Doch die Revolution war führer- und waffenlos geworden. Wer sein Gewehr nicht ablieferte, wurde ohne Umschweife an die nächste Wand gestellt und erschossen. So wurde das proletarische Paris entwaffnet in demselben Maße, als die Ordnungstruppen aufrüsteten und alles in ihren eisernen Griff zwangen.

Die Kriegsgerichtshöfe tagten in Permanenz. Sie fällten 23 Todesurteile, die sofort vollstreckt wurden, 72 Todesurteile, die später in lebenslängliche Haft umgewandelt wurden, sie sprachen 251mal lebenslängliche Zwangsarbeit aus, verfügten 1160 Transportationen in Strafkolonien, beschlossen 3417 »einfache Transportationen« nach Nouméa, verurteilten weitere 5000 Delinquenten zu Gefängnisstrafen.

Auch Rochefort, der gescheiterte Volkstribun, mußte lebenslänglich dafür büßen, daß er seine gewaltige Stimme dem Volk geliehen hatte. Rossel, der zweite Kriegsminister und militärisch genialste Führer der Kommune in den ersten Kampftagen, ein Patriot und Soldat alter kaiserlicher Schule, kein Jakobiner, kein Anhänger der Internationale, nur ein irregeleiteter Offizier – wenn man diese einschränkende Bemerkung zu seinem nutzlosen Opfer wagen darf –, bekam einen großen Prozeß, einen Schauprozeß. Das Todesurteil, erst ausgesprochen, dann wieder aufgehoben, dann schließlich bestätigt und vollstreckt, soll dem Gerücht zufolge sogar den hartgesottenen Staatsanwalt zu Tränen bewegt haben.

Am 28. November trat Louis Rossel mit Ferré und den anderen seinen letzten Weg auf dem Manöverfeld von Satory an. Er starb, an einen Pfahl gefesselt, aber die Augen nicht verbunden.

Die Künstler, die Intellektuellen, die nicht für die Kommune optiert, aber offen oder insgeheim mit ihr sympathisiert hatten, sofern sie nicht geschworene Gegner der Volksherrschaft waren, die sich rechtzeitig ins Ausland, meist nach England abgesetzt hatten, kehrten nun in ihre verwüsteten Ateliers zurück und begannen das alte Spiel der Täuschungen. Renoir und Degas, Monet und Pissarro breiteten einen neuen leidenschaftlichen Glanz, das diffuse Licht der Morgenstimmung über dem in herbstlichen Gold atmenden Fluß auf ihrer Leinwand aus, sie malten und priesen die Liebe und das angenehme Leben. Manet schuf – schon von der Paralyse verwüstet, die er sich vor vielen Jahren als Seekadett auf dem Karneval in Rio zugezogen hatte – eines seiner schönsten Gemälde »Das Krokettspiel« und schlug seine Staffelei im Bois de Boulogne auf, der wieder Hauptquartier der Flaneure, Zuhälter und Dirnen wurde. So wandelte sich die Szenerie. Wo einst heruntergekommene und abgerissene Truppen lagerten, flirteten die Paare, hielt Eros Hof.

Aber die Kommune hatte die Struktur der europäischen Welt grundlegend verändert, auch wenn es dem Zeitgenossen nicht bewußt wurde. Die entscheidenden Umstrukturierungen der Gesellschaft geschehen von der Menge unbemerkt, die aus der verkürzten Perspektive ihres Alltags diese Prozesse der Umwandlung nicht wahrzunehmen vermag. Erst ein neues Jahrhundert vermag rückschauend auf das Vergangene Maßstäbe zu setzen und die Kontur des Geschehens nachzuzeichnen, ohne vom grellen Licht des Augenblicks geblendet zu werden. Das Gleichgewicht der Kräfte hatte sich durch die doppelte Niederlage Frankreichs, des imperialen sowie des proletarischen, entscheidend geändert. Das neue Kaiserreich jenseits des Rheins bestimmte nun die Grundlinien des politischen Geschehens.

Auguste Renoir, der kein Freund der Kommune war, hat ihr einen Nekrolog gesprochen, der mehr über das Phänomen dieser spontanen Volksbewegung aussagt als die bombastischen Erklärungen der Dogmatiker, die sich im Verlauf eines ganzen Jahrhunderts auf diese »Generalprobe« der marxistischen Revolution beriefen und ihre falschen, aber auch richtigen Lehren aus dem Scheitern zogen. Der bürgerliche Maler, dem ausgerechnet der jakobinische »Procureur« Rigault das Leben gerettet hatte, sprach den Nachruf, der hinter dieses ganze, elende, verworrene und mißdeutete Kapitel der Weltgeschichte einen Akzent der Menschlichkeit setzt: »Sie waren Narren, aber in ihnen brannte jene kleine Flamme, die nie verlöscht.«

Das sind Worte, die tiefer bewegen als die leeren Gesten der Staatsmänner, die aus den Niederlagen der Menschlichkeit und der erzwungenen Kapitulation vor dem Terror ihre dann bald zu Dogmen erstarrten Thesen prägen.

95 Jahre nachdem die Fahne der Kommunarden eingezogen und erneut durch die Trikolore ersetzt wurde, starteten drei

sowjetische Kosmonauten zum Weltraumflug. Als Reliquie und vielleicht auch als eine Art Talisman nahmen sie in ihrer Kapsel außer je einem Foto von Marx und Lenin auch einen Stoffrest von einer zerfetzten Fahne der Kommune mit in den Weltraum.

Am 4. September fand vor dem 4. Kriegsgericht die Verhandlung gegen die angeblichen »Petroleusen« statt. Insgesamt »arbeiteten« 26 solcher Kriegsgerichte. Lissagaray nannte diese Bluttribunale treffend »gerichtliche Mitrailleusen«, die in Versailles, Paris, Vincennes, auf dem Mont Valérien, in Saint-Cloud, Sèvres, Saint-Germain, Rambouillet und sogar in Chartres funktionierten.

Das Verfahren gegen die »Petroleusen« war ein Schauprozeß und eine Farce obendrein, die das Recht und die Menschlichkeit beleidigten und herausforderten. Das Gericht hatte bereits am 16. August zwei Todesurteile gefällt. Nun waren diese »Furien« an die Reihe – von 8000 Verdächtigen blieben am Ende nur noch *fünf* übrig, die es abzuurteilen galt, von denen das Gerücht behauptete, zahllose Gebäude, vor allem historische Bauten, mit Petroleum in Brand gesteckt zu haben.

Es genügte in diesen Wochen, mit einer Milchkanne auf der Straße erwischt zu werden, um Verdacht zu erregen. Die fünf vorgeführten Frauen, für deren ihnen zur Last gelegten Verbrechen es keine Zeugen gab, wurden angeklagt, das Gebäude der Legion d'Honneur eingeäschert zu haben. Wir erinnern uns, daß sich hier Brunel zwei Tage lang erfolgreich mit seinen Getreuen gegen die Übermacht der Versailler verteidigt hatte, bis das Gebäude durch Artilleriebeschuß in Brand geriet und aufgegeben werden mußte. Nun sollten Schuldige für das Inferno gefunden werden. Und sie wurden vorgeführt. Diese Szene beschrieb Lissagaray in der ihm eigenen minuziösen und gewissenhaften Art:

»Die Verhandlung ergab, daß diese angeblichen Petroleusen nur Krankenwärterinnen mit einem wunderbaren Herzen waren. Die Bürgerin Rétiffe sagte: ›Ich würde ebenso gern einen verwundeten Versailler Soldaten aufgehoben haben wie einen Nationalgardisten!‹

›Warum‹, so fragte man eine andere, ›sind Sie geblieben, als sich das Bataillon rettete?‹

›Wir hatten Verwundete und Sterbende‹, antwortete sie schlicht.

Die geladenen Zeugen erklärten, daß sie keine der Angeklagten beim Anzünden des Feuers beobachtet hatten. Aber ihr Schicksal war von vornherein besiegelt. Zwischen zwei Konferenzen rief der Ankläger Kapitän Boisdenemetz in einem Café: ›Die Todesstrafe für alle diese Bettlerinnen!‹

Die Verteidiger der Angeklagten, die mit dieser blutigen Wäsche des Kriegsgerichts nichts mehr zu tun haben wollten, verließen den Gerichtssaal und begaben sich aufs Land. Soldaten übernahmen den Fall. Die Angeklagten Suétens, Rétiffe und Marchais wurden zum Tode verurteilt, weil »sie versucht hatten, die Regierungsform zu ändern«. Kein Wort mehr von Brandstiftung und Petroleum. Nicht einmal das Kriegsgericht wagte diese Lüge aufrechtzuerhalten. Nur eine böswillige und reaktionäre Legende manipulierte auch weiterhin bis in unsere Tage mit diesem scheußlichen Vorwurf, der die Anhänger der Kommune für immer zu Barbaren und Untermenschen stempeln sollte.

Die beiden nicht »überführten« Frauen wurden zur Deportation und Zuchthausstrafe verurteilt, was bei den skandalösen Verhältnissen auf den Deportationsschiffen nach Neu-Kaledonien einer Todesstrafe gleichkam. Als eine der Verdammten den Gerichtsschreiber, der das Urteil verlas, verzweifelt fragte: »Und mein Kind? Was wird aus meinem Kind? Wer wird es ernähren?«, antwortete der Büttel gelassen und zynisch: »Dein Kind ist auch hier.«

Am nächsten Tag wurden fünfzehn Kinder unter sechzehn Jahren wegen des gleichen Delikts vorgeführt und verurteilt. So waltete die von Thiers beschworene Gerechtigkeit im besiegten Paris des Jahres 1871.

Die Parallelen zur jüngsten Geschichte bieten sich erneut an: Leningrad, Warschau, Budapest, die belagerten Hauptstädte Europas, in denen es für Kinder »keine andere Alternative gab, als unter den Kugeln zu fallen oder vor Hunger zu sterben«.

Monsieur Thiers versicherte noch am 22. Mai in der Nationalversammlung: »Wir sind ehrliche Menschen; es geschieht zum Nutzen der allgemeinen Gesetze, daß Gerechtigkeit geübt wird. Wir wollen nur zum Recht zurückkehren.«

Es war das Recht der Mitrailleusen, das Gesetz der Hinrichtungen, der Rache, der Vergeltung, der Willkür. Marschall Mac Mahon, der Thiers als Präsident der dritten Republik ablöste, behauptete schlankweg und ungestraft in einer »Untersuchung über den 18. März«: »Ich kann versichern, daß die Zahl der Exekutionen sehr beschränkt gewesen ist.« Wenn man mit Zahlen zwischen 17 000 und 40 000 manipuliert, dann trifft man ungefähr Mac Mahons Kalkulation, seine Vorstellung von der geübten Zurückhaltung bei der Liquidierung der Kommune. Noch heute ruft die Erinnerung an die Exekutive bei den Republikanern in Frankreich Angst und jenes Unruhegefühl hervor, das sofort zum Widerstand reizt, sobald sich bewaffnete Polizei irgendwo einmischt oder nur sehen läßt.

Louise Michel bewies den Mut, den sie während des Kampfes gezeigt hatte, auch vor dem Kriegsgericht, das Anfang Dezember 1871 zusammentrat, um über ihr Schicksal zu befinden.

F. Roy, der Herausgeber der »Memoiren« dieser »Pasionaria« der Kommune, hat 1886 dem berühmt gewordenen Buch ein Charakterbild dieser starken, sozial bewußten und dabei musischen Persönlichkeit vorangestellt. Sie dichtete, inspiriert von Victor Hugos flammendem Pathos, malte und musizierte. Sie bildete in allen Gefängnissen, in denen sie die fruchtbarsten Jahre ihres Lebens verbrachte, sofort eine Zelle des Widerstands und der Hoffnung, um die sich die Geschlagenen und Verfolgten sammelten. Während die Mitgefangenen resignierten, schrieb sie Gedichte »an ihre Brüder«:

Frères, dans la lutte géante,
J'aimais votre courage ardent.
La mitraille rouge et tonnante,
Les bannières flottant au vent.
Sur les flots, par la grande houle,

Il est beau de tenter le sort.
Le but, c'est de sauver la foule,
La récompense, c'est la mort.

Louise Michels Träume hatten ihr brennende Städte und flache, friedliche Flußlandschaften gezeigt und sie dann allein gelassen. Aber sie war die mächtigste Stimme der Zeitung »Révolution sociale«, deren Programm sie entworfen hatte und durchzuführen versuchte gegen die Lauen, Zögernden und Kompromißbereiten. Louise Michel zitierte in ihren »Memoiren« für die Nachfolgegeneration der gescheiterten Revolution ein Fragment ihres Programms:

»Die revolutionäre Partei muß sich solide organisieren auf ihrem eigenen Terrain, mit ihren eigenen Waffen, ohne von den Institutionen, den Lehren und Fortschritten ihrer Feinde etwas zu übernehmen. Die Revolution muß sich vervollkommnen, bis die heroischen Zeiten wiedergekehrt sein werden und sie die Belagerung des Staates erfolgreich führen kann. Sie darf von dieser Festung, die die Boulevards der Privilegierten beschützt und verteidigt, keinen Stein auf dem anderen lassen.«

»Für viele Menschen«, so schrieb F. Roy in der Laudatio seines Nekrologs auf die »rote Jungfrau«, »und – warum soll man es nicht zugeben? – für die große Mehrheit der Bevölkerung, besonders in der Provinz, ist Louise Michel eine Art Vogelscheuche, ein erbarmungsloses Mannweib, eine Menschenfresserin, ein Monstrum, dazu bestimmt, überall Eisen, Feuer, Petroleum und Dynamit zu verbreiten. Wenn es darauf ankäme, würde man sie anklagen, kleine Kinder zu verzehren. Das ist eine Legende.

Wie anders liest sich die Wahrheit: Wer ihr zum erstenmal begegnet, ist überrascht, eine Frau mit sympathischem Aussehen, mit einer sanften Stimme, mit vor Intelligenz blitzenden Augen, die Güte ausstrahlen, vor sich zu haben. Wenn man länger als eine Viertelstunde mit ihr spricht, verlieren sich alle vorgefaßten Meinungen, alle Vorurteile: man wird unterworfen, fasziniert, begeistert, erobert.

Man kann ihre Ideen zurückweisen, ihre Taten verurteilen, aber man kann nicht umhin, sie zu lieben und die kühnen und leidenschaftlichen Gedanken, die Louise Michel bewegen, selbst in ihren Ausschweifungen, zu respektieren.

Denn diese heftige Anarchistin ist eine Verführerin. Die Direktoren und Wärter der zahlreichen Gefängnisse, die sie kennenlernte, sind alle ihre Freunde geworden. Selbst die Nonnen von Saint-Lazare lebten mit dieser Atheistin, mit dieser wilden Revolutionärin, in vollständigem Einvernehmen. Louise Michel war streng erzogen, eine gute Musikerin, sehr gute Zeichnerin und besaß eine große Begabung für fremde Sprachen. Sie verfügte über eine ausgezeichnete Kenntnis der Botanik und der ganzen Naturwissenschaft – man kann in ihren Memoiren präzise und überraschende Studien über die Fauna und Flora Neu-Kaledoniens finden –, sie machte sogar wissenschaftliche Entdeckungen, die heute noch nicht überholt sind. Sie hat noch *vor* Pasteur die Anwendung des Impfstoffes auf Cholera und Tollwut empfohlen. Vor einigen Jahren hat die Deportierte von Nouméa den Gedanken entwickelt, im gegebenen Fall auch Pflanzen zu impfen. Aber vor allem ist sie eine Dichterin, Dichterin in der eigentlichen Bedeutung des Wortes, in seinem wahren Sinn. Und die Fragmente, die zwischen ihre Erinnerungen gestreut sind, enthüllen eine träumerische, meditative, von ihren Idealen durchdrungene Natur. Die Mehrzahl ihrer Gedichte sind unverwechselbar in ihrer Form, in ihrem Gehalt und in dem Gedanken, der sie belebt und erfüllt ...«

Nun steht sie vor dem unerbittlichen Gericht der Generäle, die keine Gedichte lesen. Kurz zuvor war Gaston Crémieux, der Initiator der Kommune in Marseille, zum Tod durch Erschießen verurteilt und mit Musik und Defilee füsiliert worden, ebenso wie der schwerverwundete Lisbonne. Crémieux befahl dem Peloton: »Zielt auf die Brust, nicht auf den Kopf! Feuer! Es lebe die Répu ...« Dann schnitt die Salve seine Worte ab.

Louise Michel erhob vor dem Gericht noch einmal die fanatische Stimme einer »Pasionaria«:

»Ich will mich nicht verteidigen. Ich will nicht verteidigt werden. Ich gehöre ganz der sozialen Revolution und ich betone die Verantwortung für meine Handlungen. Sie klagen mich an, mich an der Exekution der Generale Lecomte und Thomas beteiligt zu haben. Ja, wenn ich mich in Montmartre befunden hätte, als sie auf das Volk schießen lassen wollten, hätte ich keinen Augenblick gezögert, auf diejenigen zu schießen, die solche Befehle erteilten.

Und was die Brandstiftungen in Paris anbetrifft, so gestehe

ich gern, daß ich daran teilgenommen habe. Ich wollte eine Feuerwand vor den Eindringlingen aus Versailles errichten. Ich habe keine Komplizen, ich habe allein und auf eigenen Entschluß gehandelt.«

Der Staatsanwalt beantragte, wie konnte es in diesem Fall anders sein, die Todesstrafe. Louise Michel bestätigte dieses Urteil selbst, forderte es mit Vehemenz, wollte keinen Aufschub, vor allem keine Begnadigung:

»Was ich von dem Kriegsgericht verlange, von Ihnen, die sich meine Richter nennen, ist das Feld von Satory, wo schon viele meiner Brüder gefallen sind. Man muß mich aus der Gesellschaft ausmerzen, weil mein Herz, das für die Freiheit schlägt, ein Recht auf eine Kugel hat. Ich verlange mein Recht. Wenn Sie mich am Leben lassen, werde ich nicht aufhören, nach Rache zu schreien, und ich werde die Mörder von der ›Begnadigungskommission‹ der Rache meiner Brüder empfehlen.«

Der Präsident des Gerichtshofes entzog Louise Michel auf diese ungeheuerliche Herausforderung hin das Wort. Die rote Partisanin vom Montmartre konnte ihm gerade noch zurufen: »Ich habe nichts mehr zu sagen. Wenn Sie keine Feiglinge sind, töten Sie mich!«

Aber offensichtlich fehlte diesem Kriegsgericht, das so reibungslos Todesurteile am Fließband produzierte, in diesem Fall der Mut zur konsequenten Anwendung der Rachejustiz. Es begnügte sich damit, Louise Michel zu lebenslänglicher Deportation an einen befestigten Ort zu verurteilen. Sie teilte das Schicksal der rund 8000 Deportierten, von denen 36 Frauen waren. Insgesamt waren 36 900 Mitglieder und Anhänger der Kommune, sowie Verdächtige, und ein hoher Anteil Unbeteiligter in Gefangenschaft geraten und erst nach Monaten, im Winter 1871, den Gerichten vorgeführt worden.

Friedrich Engels hat sich in seinem Aufsatz zum zwanzigsten Jahrestag der Kommune mit ihren sozialen Maßnahmen — sofern sie in der kurzen Lebensdauer von zwei Monaten überhaupt realisierbar waren und zur Wirkung kommen konnten — auseinandergesetzt. In der hektischen Atmosphäre, mit der das Zentralkomitee Gesetze am Fließband produzierte und verabschiedete, erschien das Problem der Durchführbarkeit zweitrangig. Einiges gewann allerdings Leben, anderes wiederum blieb abstrakt, war proletarisches Wunschtraumdenken.

Engels führt in seiner Untersuchung noch einmal summarisch die entscheidenden Ereignisse an:

»Am 26. März wurde die Kommune erwählt und am 28. proklamiert. Das Zentralkomitee der Nationalgarde, das bisher die Regierung geführt, dankte in ihre Hände ab, nachdem es noch zuvor die Abschaffung der skandalösen Pariser »Sittenpolizei« dekretiert hatte. Am 30. schaffte die Kommune die Konskription und die stehende Armee ab und erklärte die Nationalgarde, zu der alle waffenfähigen Bürger gehören sollten, für die einzige bewaffnete Macht; sie erließ alle Wohnungs-Mietsbeträge vom Oktober 1870 bis zum April, unter Anrechnung der bereits bezahlten Beträge auf künftige Mietszeit, und stellte alle Verkäufe von Pfändern im städtischen Leihhaus ein. Am selben Tage wurden die in die Kommune gewählten Ausländer in ihrem Amt bestätigt, da ›die Fahne der Kommune die der Weltrepublik ist‹. – Am 1. April beschlossen sie, das höchste Gehalt eines bei der Kommune Angestellten, also auch ihrer Mitglieder selbst, dürfe 6000 Franken (4800 Mark) nicht übersteigen. Am folgenden Tage wurde die Trennung der Kirche vom Staat und die Abschaffung aller staatlichen Zahlungen für religiöse Zwecke sowie die Umwandlung aller geistlichen Güter in Nationaleigentum dekretiert; infolge davon wurde am 8. April die Verbannung aller religiösen Symbole, Bilder, Dogmen, Gebete, kurz ›alles dessen, was in den Bereich des Gewissens jedes einzelnen gehört‹, aus den Schulen befohlen und allmählich durchgeführt. Am 5. wurde, gegenüber der täglich erneuerten Erschießung von gefangenen Kommunekämpfern durch die Versailler Truppen, ein Dekret wegen Verhaftung von Geiseln erlassen, aber nie durchgeführt.«

Engels hat in diesem Resumee eine gute und glaubwürdige Interpretation der Legislativmaßnahmen geliefert, gerät dann aber, der marxistischen Diktion entsprechend, bei der Erwähnung des »Geiselgesetzes« in grobe Schönfärberei, wenn er seinen Lesern die Falschmeldung zumutet, daß dieses »Geiselgesetz nie durchgeführt« wurde.

Der utopische Charakter dieses Konzepts der Kommune wird deutlich, wenn Engels auf die gesellschaftlichen Maßnahmen im industriellen Sektor eingeht. Handelte es sich bei dem fanatischen Antiklerikalismus *aller* Gruppen um einen hybriden Chiliasmus, dem Traum einer »Weltrepublik« aller Unterdrückten und Entrechteten, so ist die »industrielle Revolution« angesichts der Bedrohung von außen zu diesem Zeitpunkt völlig illusionär und absurd – wenn man dazu noch bedenkt, daß die Bank von Frankreich unangetastet in den Händen der Kapitalisten blieb und ihnen weiterhin zur Verfügung stand, während die Kommune mit Almosen abgefunden wurde.

Engels führt dazu aus: »Am 16. April ordnete die Kommune eine statistische Aufstellung der von den Fabrikanten stillgesetzten Fabriken an, und die Ausarbeitung von Plänen für den Betrieb dieser Fabriken durch die in Kooperativ-Genossenschaften zu vereinigenden, bisher darin beschäftigten Arbeiter, sowie für eine Organisation dieser Genossenschaften zu einem großen Verband.«

Das war, gerade vier Wochen vor dem beginnenden Einmarsch der Versailler Truppen, reine Spekulation und absolut unrealistisch. Denn es gelang in der Tat nicht, auch nur einen Betrieb wieder in Gang zu setzen. Was die Arbeiter vor der völligen Beschäftigungslosigkeit und Lethargie rettete, war allein der Dienst in der Nationalgarde, der ihnen und ihrer Familie ein Existenzminimum sicherte.

Aber folgen wir der kommentierenden Bilanz des »Nekrologs« zur Zwanzigjahrfeier, in dem Engels die Fakten summiert:

»Am 20. schaffte die Kommune die Nachtarbeit der Bäcker ab, wie auch den seit dem Zweiten Kaiserreich durch polizeilich ernannte Subjekte – Arbeiterausbeuter ersten Ranges – als Monopol betriebenen Arbeitsnachweis; dieser wurde den Mairien der zwanzig Pariser Arrondissements überwiesen.

Am 30. April befahl sie die Aufhebung der Pfandhäuser, welche eine Privatexploitation der Arbeiter seien und im Widerspruch ständen mit dem Recht der Arbeiter auf ihre Arbeitsinstrumente und auf Kredit.«

Dann führt Engels noch die als große Gesten gedachten, dem

gallischen Temperament zuzurechnenden Akte kindlich-sinnloser Zerstörung und kollektiven Wahnsinns an, die den von Anfang an Unterlegenen, den in die Defensive gedrängten Führern der Kommune als eine Art Ersatzbefriedigung für die auf dem Schlachtfeld vorenthaltenen Siege dienten. Zu diesem Phänomen gehörte die Vernichtung der auf Napoleons Befehl nach dem Krieg von 1809 aus eroberten Kanonen gegossenen Siegessäule auf dem Vendôme-Platz.

Engels nennt sie »ein Sinnbild des Chauvinismus und der Völkerverhetzung«. Die Zerstörung wurde am 12. April beschlossen, aber erst während der Agonie der Kommune vollzogen. Mit dieser Aktion wurde der steigenden Volkswut über die Ohnmacht der Kommune gegen den mächtigen Gegner ein Ventil geschaffen.

Ein Akt psychopathologischen Ressentiments war auch der Beschluß vom 5. Mai, der die Schleifung der Sühnekapelle für die Hinrichtung Ludwig XVI. bestimmte.

Die öffentliche Verbrennung der Guillotine »unter lautem Volksjubel« stellte eine jener kindlichen Gesten dar, in denen ein Volk sich mit der Erinnerung an seine blutige Vergangenheit auch von ihren Schlacken zu befreien versucht. Solchen Demonstrationen kommt kaum mehr Bedeutung zu als einem Brillant-Feuerwerk auf einem Crailsheimer Schützenfest. Aber immerhin war auch diese Episode eine menschliche Geste und in nichts zu vergleichen mit jenen grausam zukunftsvergiftenden Akten psychopathischer Selbstbefriedigung, wie sie zum Beispiel die Verbrennung der Bücher mißliebiger Dichter und Schriftsteller, Philosophen und Historiker vor dem Berliner Schloß während des faschistischen Interregnums exemplifizierte.

Friedrich Engels hat sich schließlich um eine Analyse der rivalisierenden Gruppen innerhalb der Kommune bemüht, die zu früh und im Zustand ihrer Unreife, das heißt ihres Wachstums, ihres Entstehens und vor ihrer Konsolidierung das aktionsfähige Zentralkomitee abgelöst hatten. Verfrühte Machtübernahme führte zur Zersetzung, zur Spaltung, zur Fraktionsbildung.

Engels unterscheidet lediglich zwischen zwei Fraktionen – aber wir resümierten bereits, daß die Zersplitterung viel tiefer griff – und führt dazu aus: »Die Mitglieder der Kommune spalteten sich in eine Majorität, die Blanquisten, die auch im Zentralkomitee der Nationalgarde vorgeherrscht hatten, und eine Minorität, die vorwiegend aus Anhängern der proudhonschen sozialistischen Schule bestehenden Mitglieder der Internationalen Arbeiter-Assoziation.«

Die Blanquisten formierten sich, je mehr sich die militärische Situation zuspitzte, um den jakobinischen Kern der Kommune, um die Symbolfigur ihres letzten Führers, um Charles Delescluze. Die Proudhonisten bildeten die Gruppe der in die Opposition gedrängten, zu Verhandlungen mit Versailles bereiten Internationalisten. Auf eine Kurzformel gebracht: einer radikalen Majorität stand eine gemäßigte Minorität gegenüber.

Engels lobt die Kommune, weil sie »das Grab der proudhonschen Schule des Sozialismus« geworden sei, er sieht in dem Sieg der Radikalen über die zu Verhandlungen mit der Bourgoesie bereite Minderheit eine historische Notwendigkeit. Aber diese Entwicklung führte zu jenem Zeitpunkt zur Katastrophe und zur Ausrottung der revolutionären Kräfte, die in den folgenden Jahrzehnten der Arbeiterschaft für ihren Kampf um politische und gesellschaftliche Emanzipierung unentbehrlich gewesen wären. Und die oppositionellen Internationalisten wurden in dem Schmelztiegel, in den die als Ordnung, Gesetz und Gerechtigkeit firmierte Rache das wehrlose Paris verwandelt hatte, einfach und ohne zu differenzieren »mitverheizt«.

Wir können dieses pauschale Verfahren an dem Fall Varlin ablesen. Präsident Thiers konnte schon am 22. Mai, einen Tag nach dem Einmarsch in Paris, also noch in der ersten Phase der Kämpfe und vor Beginn der eigentlichen Massaker, vor der Nationalversammlung in Versailles, seines Sieges sicher, die Stichworte für das geplante und dann skrupellos ausgeführte Blutbad geben: »Die Sache der Gerechtigkeit, der Ordnung, der Menschlichkeit, der Zivilisation hat triumphiert!«

Am 2. Juni aber appellierte das bürgerliche Blatt »Paris-Journal« an Thiers und seine Generäle, an die Vollstrecker Galliffet und Vinoy: »Laßt uns nicht mehr töten! Auch nicht mehr die Mörder und Brandstifter! Töten wir nicht mehr! Wir bitten nicht um ihre Begnadigung, aber um einen Aufschub!«

Und deutlicher an die Adresse der Henker, die die Jakobiner mit den Internationalisten, die Aktivisten mit den Mitläufern, die Bewaffneten mit den Waffenlosen, die Schuldigen mit den Unschuldigen massakrierten, richtete sich ein Aufruf der Zeitungen »Le National« und »L'Opinion nationale«:

»Genug der Exekutionen, genug Blut, genug Opfer!« und dann: »Man fordert eine ernsthafte Überprüfung der Angeklagten. Man will nur die wirklich Schuldigen sterben sehen.«

Aber Anfang Juni gab der Chef des Kriegsgerichts bereits die Füsilierung von 17 000 gefangenen Kommunarden und Verdächtigten zu. Für 17 000 Opfer der Rache wurden Gräber ausgehoben, sie wurden innerhalb von Paris beerdigt. Aber etwa 20 000 — das wurde von Offizieren der Armee vermutet — lagen verscharrt auf den Feldern rund um Paris, die meisten davon am Rand der Straßen, die nach Versailles und auf die Ebene von Satory führten. Die perfide Geschichte der Willkür klassifiziert diese Toten als Opfer der »Gerechtigkeit, Ordnung, Menschlichkeit und Zivilisation«. Denn das war die Rechnung, die sie präsentierte.

Lissagaray bemerkt zu dieser Bilanz, daß nur die »asiatischen Hekatomben eine Vorstellung von diesem proletarischen Schlachthaus« geben können.

Wenn auch der Vergleich der 17 000 ermordeten Pariser mit den 63 erschossenen Geiseln, die die Kommune auf dem Gewissen hat, keine Gegenbilanz darstellen kann, so vermittelt er doch ein ungefähres Bild von den Ausmaßen der Rache und Sühne.

»Christus«, so resümiert der Chronist bitter, »offerierte sein blutendes Herz«, und so errichteten die Herren von Paris auf dem Kalvarienberg des Proletariats, auf dem Montmartre, 1873 auf Beschluß der Nationalversammlung die Kathedrale Sacré-Cœur »als Zeugnis der Reue und Symbol der Hoffnung«. Ein fotogenes Monstrum, Souvenir aller Paris-Reisenden, die nichts von der grausamen Entstehungsgeschichte dieses Monumentes der Restauration ahnen und erfahren — wenn sie nicht danach fragen, und wer tut das schon in unserem Jahrhundert der Meisterschaft im Vergessen und der täglichen Befriedigung neuer Bedürfnisse?! ... —

Als der junge Rimbaud, der »Dichter der Kommune«, von der kleinbürgerlichen Atmosphäre im heimatlichen Charleville angewidert, im Herbst 1871 erneut nach Paris aufbrach und dort die seltsam zwiespältige Freundschaft mit Verlaine begann – es war ein ambivalentes Liebesverhältnis, das mit einem Mordanschlag auf Rimbaud endete –, schrieben und verkauften die Dichter des Parnaß, les parnassiens, immer noch ihre klassizistischen Mythen, als wäre nichts geschehen. Denn »der Krieg und die Kommune hatten die ästhetischen Ideale der Pariser literarischen Welt ziemlich unberührt gelassen«. Es waren die Ideale des Zweiten Kaiserreiches, sie stellten an die Künstler die Forderung, »die Schönheit, vor allem die Schönheit des menschlichen Körpers zu verehren, und Schönheit bedeutete für sie Harmonie und Heiterkeit«. Vor allem der weibliche Körper mußte stilisiert und so unnatürlich wie nur möglich, in einer abstrakt antikisierenden Form wiedergegeben, eben »verschönt« werden. Keine realistische Schönheit, keine Arbeiterhände, keine Lebensnähe, wie man sie etwa auf den Bildern des Kommunarden Courbet oder auch des zwar indifferenten, aber nicht kommunefeindlichen Manet sah, sondern »eine vergeistigte, geschlechtslose Schönheit«, die keine sexuellen Begierden hervorrufen, aber auch in dem Beschauer kein Mitgefühl mit den Modellen wecken sollte.

Die Parnassiens verherrlichten das »harmonisch Nackte«. Man kann sich leicht vorstellen, wie schockierend Rimbauds Variante des Venus-Themas in seinem provokanten Gedicht »Venus Anadyomène« auf die gespreizten Salonlöwen des Neubürgertums wirkte, wenn er dieses antike Klischee zynisch parodierte: »belle hideusement d'un ulcère à l'anus« (»auf scheußliche Weise schön, mit einem Geschwür am After«).

Charles Baudelaire, der der sanften Nabelschau Einhalt geboten hätte, war seit 1867, dem gloriosen Jahr der Weltausstellung, das einen letzten Triumph des napoleonischen Geistes »enrichissez-vous«, einen Höhepunkt der »gloire« bedeutete, dieser Unruhefaktor Baudelaire war ausgeschieden, an der Syphilis gestorben. Er verstreute keine »Blumen des Bösen« mehr auf den Boulevards, über die sich nun nur noch seine ruinierte Freundin, die Mulattin Jeanne Duval, dahinschleppte, ein Skandal für die wieder bigott und fügsam gewordene Pariser Bourgeoisie.

Und Isidore Ducasse, der sich Comte de Lautréamont nannte, der kühne Erneuerer der französischen Sprache und des gallischen Esprit, war noch während der Belagerung 1870 gestorben. Es waren Rimbauds geheime Wünsche, die den »Kapitän Nemo« 1871 zur Konfrontation mit der Kommune führten, die der 24jährige Dichter der »Chants du Maldoror« aussprach, es waren Rimbauds und aller wachen Geister Ahnungen und Sehnsüchte, die Lautréamont im Wort fixierte: »Zur Zeit durchlaufen neue Schauer die intellektuelle Welt, man muß nur den Mut haben, ihnen ins Gesicht zu sehen.«

Kurz ist das Gedächtnis der Lebenden. Wenige berührt der Atem die Geschichte. Rimbaud widmete den dreihunderttausend Paris-Heimkehrern, die vor der Kommune ins »Exil« geflohen waren, in die Provinz oder zu den Preußen, und die nun nach den Versaillern als »zweite Sieger« in die Stadt, in ihre Häuser, Ämter und Pfründen einzogen, ein großes, bitteres, bizarres Gedicht, das die Restauration, das »Mac-Mahonnat«, schonungslos attackierte und bloßstellte. Wir geben es im Auszug wieder in der ausgezeichneten Übertragung von Ernst Fischer.

Rückkehr nach Paris

Ihr Feiglinge, da seid ihr! Schmachvoll heimgefahren!
Der Sonne Fiebermund saugt auf die blutige Spur
Der Straßen, eine Nacht Besitztum der Barbaren.
O heilige Stadt der westlichen Kultur!

Ans Werk! Bewahrt die Stadt vor neuen Feuersbrünsten!
Da sind die Quais, die Häuser dort und die Alleen,
In sanftes Blau getaucht; ihr habt in roten Dünsten
Sie jüngst, im Sturz der Bomben habt ihr sie gesehn.

Gestorbene Paläste steckt in Brettergrüfte,
Schminkt neu den alten Tag, der angstvoll vor euch stand,
In roten Rudeln stampft das Volk und schwenkt die Hüfte.
Vergeßt die blöde Scheu! Seid außer Rand und Band!

Und mag's auch schrecklich sein, dich so bedeckt von Schwären
Zu sehn, du Stadt, die das Geschmeiß in Unrat stieß.
Und mußt du im Gestank der Beulen wiederkehren,
Der Dichter grüßt dich: »Du bist schön, Paris!«

Der Sturm wird dein Gedicht in alle Himmel schreiben,
Der Aufruhr ungeheurer Kräfte steh dir bei.
Und tönst du noch vom Tod, o Stadt, dein Werk wird bleiben!
Im Herzen der Fanfare sammle deinen Schrei!

Die Fahne der Verfemten wird der Dichter tragen,
Den Haß Gemarterter und der Zertretnen Leid,
Und seine Liebe wird das Fleisch mit Peitschen schlagen,
Und schreien wird sein Lied, daß ihr Banditen seid!

Gesellschaft, wieder hergestellt: die Orgien heulen,
Ihr altes Röcheln füllt den alten Hurensaal,
Es rast das Gas, an Wänden, rot von Fieberbeulen
Und lodert drohend hoch zu Himmeln, blau und fahl.

BIBLIOGRAPHISCHER NACHWEIS

Aragon, Louis: Chronik des Bel Canto, Lancelot, Freiburg im Breisgau 1947

Audebrand, Philibert: Historie Intime de la Révolution du 18 Mars, Paris 1871

Baudelaire, Charles: Charles Baudelaire in Selbstzeugnissen und Bilddokumenten, dargestellt von Pascal Pia, Rowohlt Verlag, Reinbek bei Hamburg 1958

Baudelaire, Charles: Les Fleurs du Mal, Paris 1857

Bergmann, Uwe; Dutschke, Rudi; Lefèvre, Wolfgang; Rabehl, Bernd: Rebellion der Studenten oder Die neue Opposition, Rowohlt Verlag, Reinbek bei Hamburg 1968

Blumenberg, Werner: Karl Marx in Selbstzeugnissen und Bilddokumenten, Rowohlt Verlag, Reinbek bei Hamburg 1968

Blumenthal, Leonard Graf von: Tagebücher des Generalfeldmarschalls Graf Blumenthal aus den Jahren 1866 und 1870/71, Stuttgart und Berlin 1902

Bowles, Thomas Gibson: The Defence of Paris, London 1871

Brecht, Bertolt: Die Tage der Commune, Berlin 1955

Bruhat, Dautry und Tersen: La Commune de 1871, Prag 1960

Brunel, Georges: Les Ballons au Siège de Paris, 1870—71, Paris 1933

Busch, Moritz: Graf Bismarck und seine Leute während des Krieges mit Frankreich. Nach Tagebuchblättern, Leipzig 1878

— Unser Reichskanzler. Studien zu einem Charakterbilde, Leipzig 1884

Cassou, Jean: Das Massaker, Berlin 1947

Cluseret, Gustave-Paul: Mémoires du Général Cluseret, Paris 1888

Cohn-Bendit, Gabriel und Daniel: Linksradikalismus — Gewaltkur gegen die Alterskrankheit des Kommunismus, Rowohlt Verlag, Reinbek bei Hamburg 1969

Collins, Larry, und Lapierre, Dominique: Brennt Paris? Der Kampf um die französische Hauptstadt 1944, Scherz Verlag, Bern und München 1964

Costa, Gaston da: La Commune Vécue, Paris 1903—1905

Daily News, War Correspondence of the Daily News 1870—71, London 1871

Daudet, Alphonse: Souvenirs d'un Homme de Lettres, Paris 1888

— Notes sur la Vie, Paris 1899

Deutschland: Der deutsch-französische Krieg, kurz aber vollständig dargestellt in officiellen Telegrammen, Leipzig 1871

Ducrot, Augustin-Alexandre: La Défense de Paris 1870—1871, Paris 1875—1878
Eaubonne, Françoise d': Rebell Rimbaud, München 1955
Engels, Friedrich: Zum zwanzigsten Jahrestag der Pariser Kommune, in »Der Bürgerkrieg in Frankreich« von Karl Marx, Ausgewählte Schriften in zwei Bänden, Berlin 1954
Favre, Jules: Le Gouvernement de la Défense Nationale, Paris 1872
Feigl, Traute: Vorwort zu Prosper Lissagaray »Geschichte der Kommune von 1871«, Berlin 1956
Flaubert, Gustave: Correspondence in »Œuvres complètes«, Paris 1910 bis 1933
Flourens, Gustave: Paris livré, Paris 1871
Friedrich III., Kaiser: Das Kriegstagebuch von 1870/71, Berlin und Leipzig 1926
Furet, Francois, und Richet, Denis: Die Französische Revolution, F. Fischer Verlag, Frankfurt am Main 1968
Gautier, Théophile: Tableaux du Siège. Paris 1870—1871, Paris 1886
Goncourt, Edmond und Jules de: Journal 1851—1895, Paris 1887—1896
Grieg, Nordahl: Die Niederlage, Berlin 1947
Guevara, Ernesto Che: Bolivianisches Tagebuch, München 1968
Grousset, Paschal, und Jourde, François: Die Märtyrer der Commune in Neu-Caledonien, Bericht zweier Entwichenen, Leipzig 1876
Guillemin, Henry: L'Héroique Défense de Paris, Paris 1959
— Cette Curieuse Guerre de Soixante-Dix, Paris 1956
Hauser, Arnold: Sozialgeschichte der Kunst und der Literatur, 2 Bände, Verlag C. Beck, München 1958
Hérisson, Comte Maurice d': Journal of a Staff Officer during the Siege of Paris, London 1885
Hoffman, Wickham: Camp, Court, and Siege, New York 1877
Horne, Alistair: Paris ist tot — es lebe Paris! Der Deutsch-Französische Krieg 1870/71 und der Aufstand der Kommune in Paris, Scherz Verlag, Bern und München 1967
Hugo, Victor: Les Châtiments, Paris 1853
Jellinek, Gaston: The Paris Commune of 1871, London 1937
Labouchere, Henry: Diary of the Besieged Resident in Paris, London 1871
Lamazou, Abbé: The Place Vendôme and la Roquette. The First and Last Acts of the Commune, London 1872
Lautréamont, Comte de (Isidore Ducasse): Œuvres complètes, Paris 1953. Gesamtwerk in deutscher Übersetzung von R. Soupault, Heidelberg 1954
Lefèbvre, Henri: Aufstand in Frankreich, Suhrkamp Verlag, Frankfurt 1969
Lefrançais, Gustave: Etude sur le mouvement communaliste, Neuchâtel 1871
— Souvenirs d'un révolutionnaire, Brüssel 1902
Lenin, Wladimir Iljitsch: Staat und Revolution, München 1926
— Über die Pariser Kommune, Berlin 1952
Lissagaray, Prosper Olivier: Histoire de la Commune de 1871, Brüssel 1876. Geschichte der Kommune von 1871, Berlin 1956
Malon, Benoît: La troisième défaite du prolétariat français, Neuchâtel 1871
Marcilly, Jean: Le Testament politique de Guevara, Zürich 1968
Margueritte, Paul und Victor: Die Kommune, Frankfurt am Main 1912

Marx, Karl: Briefe an Kugelmann, Berlin 1947
— Der Bürgerkrieg in Frankreich, Hamburg 1919
Maurois, André: Histoire de la France, Paris 1947
— Olympio ou la vie de Victor Hugo, Paris 1954
Meschkat, Klaus: Die Pariser Kommune von 1871 im Spiegel der sowjetischen Geschichtsschreibung, Wiesbaden 1968
Michel, Louise: Mémoires, Paris 1886
Moltke, Helmuth von: Geschichte des deutsch-französischen Krieges von 1870/71, Berlin 1891
Moser, Françoise: Une Héroine — Louise Michel, Paris 1947
Nass, Lucien: Le Siège de Paris et la Commune. Essais de Pathologie Historique, Paris 1914
Nettl, Peter: Rosa Luxemburg, Verlag Kiepenheuer und Witsch, Köln 1968
Orwell, George: Mein Katalonien, München 1964
Ott, Sieghart: Kunst und Staat. Der Künstler zwischen Freiheit und Zensur, München 1968
Pavese, Cesare: Schriften zur Literatur, Claassen Verlag, Hamburg und Düsseldorf 1967
Powell, O. C.: Reminiscences of la Commune and the Second Siege of Paris, March to May 1871, London 1914
Regler, Gustav: Das Ohr des Malchus, Köln 1958
Renoir, Jean: Mein Vater Auguste Renoir, Piper Verlag, München 1962
Rimbaud, Jean Arthur: Sämtliche Dichtungen, Deutsch von Walter Küchler, Heidelberg 1960
Rochefort, Henri de: Les Aventures de ma Vie, Paris 1896
— Un coin du voile, New York und London 1874
Rossel, Louis: Papiers posthumes, Paris (ohne Jahresangabe)
Sartre, Jean-Paul: Baudelaire, Rowohlt Verlag, Reinbek bei Hamburg 1957
Sauvageot, Jean; Geismar, Alain; Cohn-Bendit, Daniel: Aufstand in Paris oder: Ist in Frankreich eine Revolution möglich?, Rowohlt Verlag, Reinbek bei Hamburg 1969
Servan-Schreiber, J. J.: Frankreich steht auf, Verlag Hoffmann & Campe, Hamburg 1969
Sheppard, Nathan: Shut up in Paris, London 1871
Stalin, I. W.: Werke, Band 1, 6, 10, Moskau 1940
Starkie, Enid: Das trunkene Schiff. Das Leben des Jean Arthur Rimbaud, Leibniz-Verlag, Hamburg 1963
Thiers, Adolphe: Notes et Souvenirs (1870—1873), Paris 1904
Thomas, Edith: Les Pétroleuses, Paris 1963
Trochu, Louis Jules: Pour la Vérité et pour la Justice, Paris 1873
— L'Armee française en 1867, Paris 1867
— Œuvres Posthumes, Tours 1896
Verlaine, Paul: Confessions, Paris 1899
Vinoy, Joseph: Campagne de 1870—1871. Siège de Paris, Paris 1872
Vuillaume, Maxime: Mes Cahiers Rouges, Paris 1914
Washburne, Elihu Benjamin: Recollections of a Minister to France 1869 to 1877, London 1877
Wild, Dieter: „De Gaulle hat nie Hering mit dem Volk gegessen", Der Spiegel, Hamburg, 10. Juni 1968

Whitehurst, Felix: My Private Diary during the Siege of Paris, London 1875
Zola, Emile: La Débâcle, Paris 1892
— Der Zusammenbruch (Übersetzung von La Débâcle), Goldmann Verlag, München 1966

PERSONENREGISTER

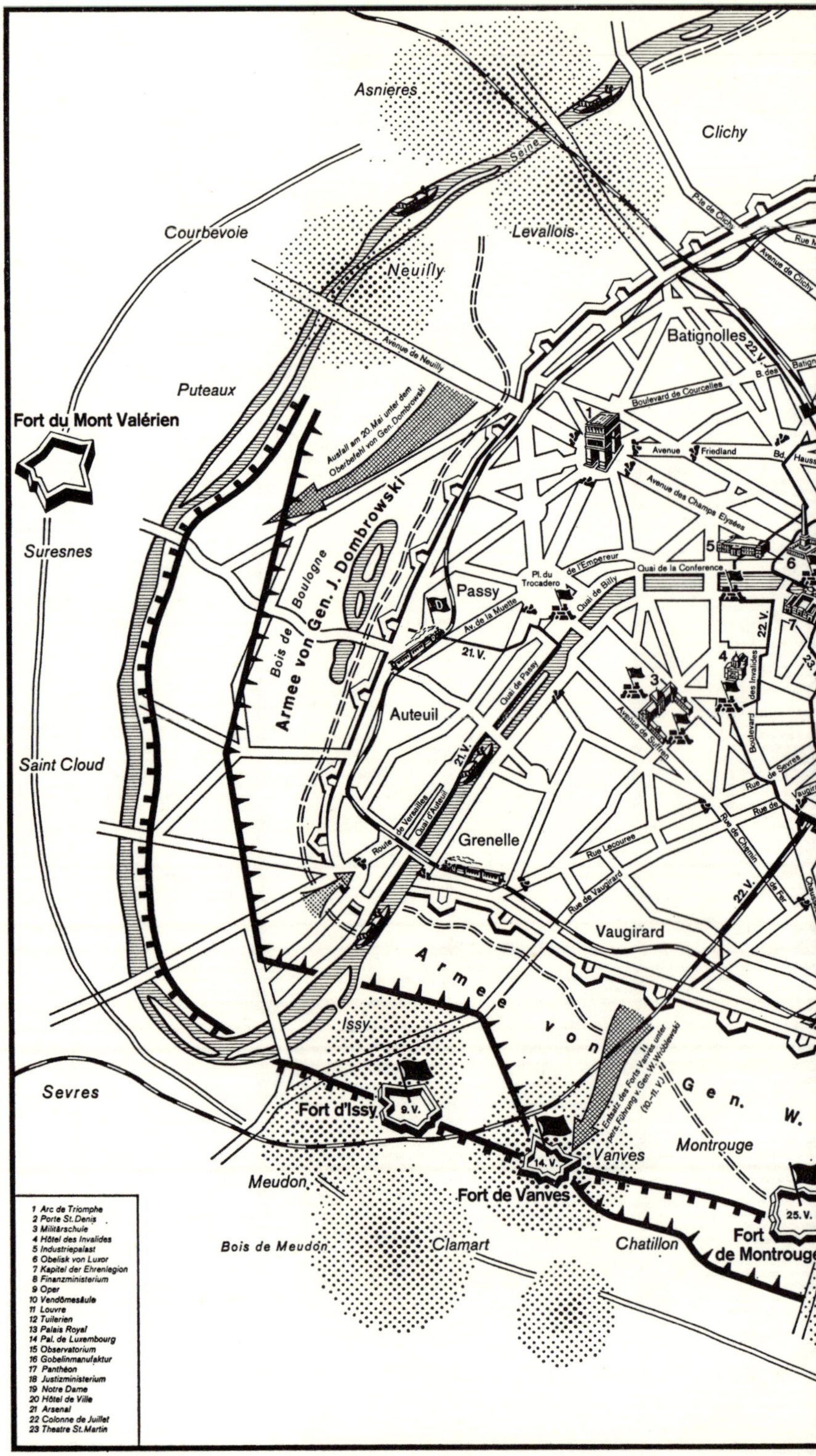
Asnieres
Clichy
Seine
Courbevoie
Levallois
Neuilly
Avenue de Neuilly
Batignolles
Puteaux
Fort du Mont Valérien
Ausfall am 20. Mai unter dem Oberbefehl von Gen. Dombrowski
Boulevard de Courcelles
Avenue
Friedland
Avenue des Champs Elysées
Suresnes
Armee von Gen. J. Dombrowski
Bois de Boulogne
Passy
Pl. du Trocadero
Quai de la Conference
Quai de Billy
Av. de la Muette
21. V.
Quai de Passy
Avenue de Suffren
Boulevard des Invalides
Auteuil
Saint Cloud
Rue de Sevres
Route de Versailles
Quai d'Auteuil
Grenelle
Rue Lecouree
Rue de Vaugirard
Rue de Chemin de Fer
22. V.
23. V.
Vaugirard
Armee von Gen. W.
Issy
Sevres
Fort d'Issy
9. V.
Entsatz des Forts Vanves unter pers. Führung v. Gen. W. Wróblewski (10.–11. V.)
Montrouge
Vanves
14. V.
Meudon
Fort de Vanves
25. V.
Fort de Montrouge
Bois de Meudon
Clamart
Chatillon
1 Arc de Triomphe
2 Porte St. Denis
3 Militärschule
4 Hôtel des Invalides
5 Industriepalast
6 Obelisk von Luxor
7 Kapitel der Ehrenlegion
8 Finanzministerium
9 Oper
10 Vendômesäule
11 Louvre
12 Tuilerien
13 Palais Royal
14 Pal. de Luxembourg
15 Observatorium
16 Gobelinmanufaktur
17 Panthéon
18 Justizministerium
19 Notre Dame
20 Hôtel de Ville
21 Arsenal
22 Colonne de Juillet
23 Theatre St. Martin